普通高等院校“十四五”规划教材

证券投资学

刘永芝　张春娇◎主　编
赵　莹◎副主编

中国铁道出版社有限公司
CHINA RAILWAY PUBLISHING HOUSE CO., LTD.

内 容 简 介

本书结合应用型本科教育的特点，详细阐述了证券市场基础知识、证券市场实际操作以及相关的案例分析。主要涉及证券投资工具、证券发行与承销、证券市场运行机制和市场监管，以及证券投资常用的投资分析方法和实际操作技能。本书结构合理、体系完整、内容丰富、材料翔实，通过理论联系实际，以职业能力为本位，把教学过程与证券市场运作充分融合，注重对学生基本证券投资知识与实际操作技能的培养。

本书既可作为金融、投资与理财等专业的核心课程教材，也可作为其他经济类专业的选修课程教材，并可供广大证券投资爱好者自学使用。

图书在版编目（CIP）数据

证券投资学/刘永芝，张春娇主编．—北京：中国铁道出版社有限公司，2021.8

普通高等院校“十四五”规划教材

ISBN 978-7-113-28228-8

Ⅰ．①证… Ⅱ．①刘… ②张… Ⅲ．①证券投资-高等学校-教材 Ⅳ．①F830.91

中国版本图书馆 CIP 数据核字（2021）第 158956 号

书　　名：证券投资学
作　　者：刘永芝　张春娇

策　　划：潘星泉　　**编辑部电话：**（010）51873090
责任编辑：潘星泉　包　宁
封面设计：刘　莎
责任校对：焦桂荣
责任印制：樊启鹏

出版发行：中国铁道出版社有限公司（100054，北京市西城区右安门西街 8 号）
网　　址：http://www.tdpress.com/51eds/
印　　刷：国铁印务有限公司
版　　次：2021 年 8 月第 1 版　2021 年 8 月第 1 次印刷
开　　本：787 mm × 1 092 mm 1/16　**印张：**16.75　**字数：**386 千
书　　号：ISBN 978-7-113-28228-8
定　　价：45.00 元

前　言

近几年来，我国市场经济取得了长足发展，证券市场作为其中一个重要组成部分也发生了革命性的变革，成为推动中国经济改革和发展的重要桥梁和平台，并且伴随中国经济的成长而逐渐发展成为一个具有国际竞争力的市场，在国际金融体系中发挥着应有的作用。证券投资也已成为当今众多机构、家庭和个人参与的一项重要的经济活动。

本书系统地介绍了各类证券投资的理论与实务，具有很强的通用性、实用性和可读性。在内容编写和结构安排上做到逻辑清晰、突出时代特色，旨在强化学生的理解能力与专业能力。在每章的最后，本书都附加了复习思考，帮助学生对各章知识进行针对性的强化练习，进一步培养学生分析和解决实际问题的能力，提高教学质量和水平。同时，本书与“双创”（创新、创业）紧密结合，不仅全面、系统地讲解了证券投资的理论知识，还侧重于分析和阐述中国当前的资本市场现状，突出本土化和实操性，更有利于学生创新创业能力的提升。

本书也非常注重实践实操性，通过在文中穿插大量的图表和参考案例，附加证券市场常用术语和证券业从业人员一般从业资格考试大纲（2020），以帮助读者多维度理解相关实务问题，方便有志进入证券业的读者进行参考，深入学习，帮助读者理解证券投资的现象和本质，提升投资水平。

本书由刘永芝（哈尔滨华德学院）、张春娇（黑龙江工商学院）任主编，负责全书的统稿工作，由赵莹（哈尔滨华德学院）任副主编。具体编写分工如下：第1、2、3、4、5、7章由刘永芝编写，第6、8、9、10章及附录A、附录B由张春娇编写，第11、12章由赵莹编写。

在本书编写过程中，参考了大量有关证券市场的著作、教材以及各大门户网站的资讯和股评高手的评论，并将其中的精华融汇、渗透和充实到了本书中，在此，一并向这些作者表示感谢。

由于编者水平有限，书中难免存在疏漏与不足之处，敬请前辈、同行和读者指正。

编　者

2021年6月

目　　录

第1章　证券投资概述

【学习目标】

- 掌握证券与有价证券的定义、分类与特征。
- 熟悉商品证券、货币证券、资本证券的含义和构成。
- 掌握证券市场的定义、特征、基本功能以及证券市场参与者的构成。
- 掌握证券投资的概念。
- 了解证券投资与实物投资、证券投资与证券投机的不同。

1.1　证券概述

1.1.1　证券的定义

证券是各类财产所有权或债权凭证的通称,是用来证明证券持有人有权取得相应权益的凭证。如股票、公债券、基金证券、票据、提单、保险单、存款单等都是证券。凡根据一国政府有关法规发行的证券都具有法律效力。

证券有广义和狭义之分。广义的证券是证明持券人享有一定的经济权益的书面凭证,包括无价证券和有价证券。无价证券包括证据证券和凭证证券两种,其中证据证券是指能够证明某项事实的文件,例如信用证、书面证明等。此外,提单作为“免责证券”也是证据证券中较特殊的一种。凭证证券指的是能够认定证券持有人是某种私权的合法权利者,并证明其履行义务的有效文件,例如定期存折、存单、借据等。与有价证券相比,凭证证券不能作为所有权证书行使权利。这类证券一般不具有市场流通性,但随着金融的不断创新,这个界限变得越来越模糊,如大额转让定期存单就不同于传统意义上的存单,可以将其纳入有价证券的范围。有价证券主要是指对某种有价物具有一定权利的证明或凭证。

狭义上的证券主要是指有价证券。本书所说的证券主要是指狭义上的证券。

1.1.2 证券的特征及票面要素

1. 证券的特征

证券具备两个最基本的特征:法律特征和书面特征。凡同时具备上述两个特征的书面凭证才可称之为证券。

法律特征,即它反映的是某种法律行为的结果,本身必须具有合法性,同时,它所包含的特定内容具有法律效力。

书面特征,即必须采取书面形式或与书面形式有同等效力的形式,并且必须按照特定的格式进行书写或制作,载明有关法规规定的全部必要事项。

随着证券发行、交易的不断电子化,在我国,股票、债券、基金的发行均已经实现了无纸化。因此,不能将证券的书面特征等同于纸面特征。《中华人民共和国公司法》(以下简称《公司法》)规定,股票采用纸面形式或国务院证券管理部门规定的其他形式。实际应用中,在交易所发行和交易的上市公司股票,都是采用电子记载形式;未上市公司的股票则大多仍采用传统的纸面形式。但这两种形式都必须包含上述证券的书面特征。

2. 证券的票面要素

证券的票面要素主要有四个:第一,持有人,即证券为谁所有;第二,证券的标的物,即证券票面上所载明的特定的具体内容,它表明持有人权利所指向的特定对象;第三,标的物的价值,即证券所载明的标的物的价值大小;第四,权利,即持有人持有该证券所拥有的权利。

1.1.3 有价证券

1. 有价证券的定义

有价证券是一种具有一定的票面金额,证明持券人有权按期取得一定收入,并可自由转让和买卖的所有权或债权证书。人们通常所说的证券,就是指这种有价证券。有价证券自身并不具有价值,它是“虚拟资本”的一种形式。“虚拟资本”是指建立在实际资本之上,可以同实际资本相分离,能够对剩余价值进行分割,并具有相对独立运动规律的各种资本凭证,如货币、票证(本票、支票、汇票等)、股票和债券、金融衍生产品等。金融衍生产品是从货币、外汇、股票、债券等传统金融品中衍生出来的,包括远期、期货、期权和掉期(互换)在内的一种金融合约,既可以用于市场风险的规避,又可以作为直接投资产品。

由于有价证券不是劳动产品,故其本身没有价值,只是由于它能为持有者带来一定的股息或利息收入,因而可以在证券市场上自由买卖和流通。影响有价证券行市的因素多种多样,但主要因素则是预期利息收入和市场利率。因此,有价证券实际上是资本化了的收入。有价证券是资金需求者筹措资本的重要手段。

有价证券是商品经济和社会化大生产发展到一定阶段的产物。从资本主义经济发展历程来看,有价证券的正常交易能起到自发地分配货币资金的作用。通过有价证券,可以吸收暂时闲置的社会资金,作为长期投资分配到国民经济各部门,从而优化资源配置。同时,由于有价证券的市场情况受主客观及国内外多种因素的影响,有价证券的价格经常出现暴涨暴跌、起伏不定的现象,由此引起的投机活动会造成资本市场的虚假供求和混乱局面,这又会造成社会资源的巨大浪费。

我国现阶段正处在商品经济和社会化大生产飞速发展的时期，有价证券及其相关市场的建设与发展也显得日益紧迫和必要。但是我们要充分借鉴发达国家市场经济的成熟经验，吸取教训，充分发挥有价证券的积极作用，尽可能减少有价证券运行过程中可能产生的不利影响。

2. 有价证券的分类

有价证券的种类多种多样，从不同的角度，按照不同的标准，可以对它们进行不同的划分。

(1)按发行主体的不同，有价证券可分为政府证券(即公债券)、金融证券和公司证券。

①政府证券。政府证券也称政府债券。它是指政府为筹措财政资金或建设资金，凭其信誉，采用信用方式，按照一定程序向投资者出具的一种债权债务凭证。政府债券又分为中央政府债券(即国家债券)和地方政府债券。

②金融证券。金融证券是指商业银行及非银行金融机构为筹措信贷资金而向投资者发行的，承诺支付一定利息并到期偿还本金的一种有价证券。主要包括金融债券、大额可转让定期存单等，尤以金融债券为主。

③公司证券。公司证券是公司为筹措资金而发行的有价证券。公司证券包括的范围比较广泛，内容也比较复杂，主要有股票、公司债券及商业票据等。

(2)按所体现的内容不同，有价证券可分为货币证券、资本证券和商品证券。

①货币证券。货币证券是指可以用来代替货币使用的有价证券，是商业信用工具。货币证券在范围和功能上与商业票据基本相同，即货币证券的范围主要包括期票、汇票、支票和本票等。

期票是指由债务人向债权人开出，在约定期限内支付款项的债务证书。这是在商品交易活动中通用的一种货币证券。期票到期，债务人必须按票面金额向持票人付款。期票到期之前，经过债权人背书之后可以转让，也可以向银行申请贴现。

汇票是指由出票人签发的、委托付款人在见票时或者在指定日期，无条件支付确定的金额给收款人或者持票人的票据。按出票人的不同，汇票分为银行汇票和商业汇票；按承兑人的不同，商业汇票又可以进一步分为银行承兑汇票和商业承兑汇票。汇票在出票人开出时并不具有法律效力，经债务人或其委托银行签字或盖章后才能成为有效的有价证券。在金融市场开放的国家和地区，汇票经受票人背书后可以转让或向银行贴现。

支票是指由出票人签发的，委托办理支票存款业务的银行或者其他金融机构在见票时，无条件支付确定的金额给收款人或者持票人的票据。开立支票存款账户和领用支票，必须有可靠的资信，并存入一定的资金。支票可分为现金支票和转账支票。支票一经背书即可流通转让，具有通货作用，成为替代货币发挥流通手段和支付手段职能的信用流通工具。运用支票进行货币结算，可以减少现金的流通且节约货币流通费用。

本票是指由出票人签发的，承诺自己在见票时无条件支付确定的金额给收款人或持票人的票据。本票的出票人必须具有支付本票金额的可靠资金来源，并保证支付。根据出票人的不同，本票可分为商业本票和银行本票，其中多为银行签发的银行本票。本票经背书后也可以流通转让，部分发挥货币职能。

②资本证券。资本证券是有价证券的主要形式，是指把资本投入企业或把资本贷给企

业和国家的一种证书。资本证券主要包括股权证券(即所有权证券)和债权证券。股权证券具体表现为股票,有时也包括认股权证;债权证券则表现为各种债券。狭义的有价证券通常仅指资本证券。

资本证券的功能和作用与经济运行中的实际资本既有相似之处,即都能给其所有者带来盈利,同时也有非常明显的差别,即资本证券并非实际资本,而是虚拟资本。它虽然也有价格,但其自身却没有价值,形成的价格只是资本化了的收入。资本证券是独立于实际资本之外的一种资本存在形式,它只间接地反映实际资本的运动状况。

资本证券与实际资本在量上也不相同。在一般情况下,资本证券的价格总额总是大于实际资本额,因而它的变化并不能真实地反映实际资本的变化,但资本证券的活动可以促使财富的大量集中和资金的有效配置。

③商品证券。商品证券是证明持有人有商品所有权或使用权的凭证,取得这种证券就等于取得这种商品的所有权,持有人对这种证券所代表的商品所有权受法律保护。属于商品证券的有提货单、运货单、仓库栈单等。

(3)根据上市与否,有价证券可分为上市证券和非上市证券。

划分为上市证券和非上市证券的有价证券是有其特定对象的。这种划分一般只适用于股票和债券。

①上市证券。上市证券又称挂牌证券,指经证券主管机关批准,并向证券交易所注册登记,获得资格在证券交易所内进行公开买卖的有价证券。为了保护投资者的利益,证券交易所对申请上市的公司都有一定的要求,满足了这些要求才准许上市。发行股票或债券的公司要在证券交易所中注册其证券,必须符合注册条件并遵守规章制度。证券交易所要求申请上市的公司提供的材料主要包括:申请上市的股票或债券的数额和市场价值;股东持有股票的情况;纳税前的收益和股利分配情况等。当上市公司不能满足证券交易所关于证券上市的条件时,证券交易所有权取消该公司证券的挂牌上市。

②非上市证券。非上市证券也称非挂牌证券、场外证券。它是指未在证券交易所登记挂牌,由公司自行发行或推销的股票或债券。非上市证券不能在证券交易所内交易,但可以在交易所以外的“场外交易市场”进行交易,有的也可以在取得特惠权的交易所内进行交易。非上市证券由于是公司自行推销的,因此与上市证券相比,筹资成本较高,难以扩大公司的社会影响和为公司赢得社会声誉。

非上市证券不等同于私募证券,所谓私募证券,是指向事先确定的少数投资者发行以募集资金的证券,其审查条件相对较松,无须经由政府监督管理部门审核或注册,投资者也较少,不采取公示制度。私募的范围有严格的规定,任何私募只限于具有一定资格的投资者和一定数量的普通投资者。美国所谓具有一定资格的投资者是指资产超过500万美元的银行、保险公司、基金及其他公司等投资机构和年收入超过30万美元的富裕家庭、年收入超过20万美元的富有个人,普通投资者虽然不具备上述条件,但应该有相关知识和风险判断能力,且数量不能超过35名。

3. 有价证券的特征

有价证券具有作为金融工具的共有特征:产权性、收益性、流通性和风险性。

(1)有价证券的产权性。拥有有价证券就意味着拥有对财产的占有、使用、收益和处置的权利。

(2)有价证券的收益性。有价证券的收益性是指持有有价证券本身可以获得一定数额的收益,这是投资者转让资本使用权的回报。

(3)有价证券的流通性(又称变现性)。有价证券的流通是通过承兑、贴现、交易实现的。

(4)有价证券的风险性。这是指有价证券持有者面临着预期投资收益不能实现,甚至本金也受到损失的可能。

1.1.4　证券的功能

1. 转化功能

转化功能是证券的基本功能,是证券其余功能存在的基础。证券可实现外部(国外、区域外、行业外、企业外等)资金向内部资金(国内、区域内、行业内、企业内等)的转化、消费资金向生产经营资金的转化、零散资金向巨额资金的转化、短期流动资金向长期稳定资金的转化。在这一系列转化过程中,证券充当了媒介,它是促使资金功能转化的工具。

2. 融资功能

融资是相对于资金需求者而言的,帮助发行人融入资金是证券的重要功能,也是证券之所以产生和不断发展的主要原因。需求资金的主体多种多样,政府和企业在运作中都可能发生资金短缺的情形。政府财政资金不能保证政府履行其职能或需要筹集资金用于发展公用事业时,可能会做出发行债券融资的决策。企业为扩大生产经营规模,提高市场占有率和竞争力,在单靠内源融资无法满足资金需求时,也会在外部以直接融资或间接融资方式筹资。直接融资是企业利用资本市场,通过发行证券直接向资本所有者(证券投资者)融入资金,主要包括股权融资和债权融资两种方式;间接融资是企业通过银行借入资金。两种融资方式相比,直接融资在资金的使用时间、融资的数量和融资的主动权等方面有较明显的优势。

3. 资金配置功能

证券的资金配置功能是证券实现转化功能具体过程的表现。包括集中资金、分配资金和引导资金流向三个方面。

(1)集中资金。证券以其标准化的形式、可能的额外高收益、较强的流动性,把社会各方面的零散资金集中于发行人手中,使闲散资金得到有效的利用。

(2)分配资金。证券不仅可以把闲散的社会资金集中起来,还可以依靠品种的多样性和价格的波动性,把有限的社会资金分配到最需要和最能有效使用资金的人手中。

(3)引导资金流向。投资的资金总是追求利润的。当某行业或企业利润率高并具增长潜力时,其发行的证券就有吸引力,资金就会流入;当利润率下降或缺乏增长潜力时,资金就会流出。

4. 投资功能

投资功能是相对于市场中证券需求者即资金供给者而言的。投资者在持有证券过程中,有享受证券发行者支付的债息或股利收入的权利,同时证券持有者还可以利用证券在市场中价格波动所形成的价差获取收益,因而成为广受社会公众欢迎的投资或投机工具。

当然市场中的投资者对风险偏好是有差别的。有些人不愿承受风险，以长期稳定收益为第一收益目标，因此，他们往往长期持有某些低风险类证券；有些人主动承担较大风险，以追求高额差价收益，他们会选择市场价格波动幅度较大的证券，并在持有过程中频繁地买进卖出以赚取更大的收益。不同品种的证券，其风险性、收益性和流动性是不同的，同一证券在不同时期不同的条件下，其风险性、收益性和流动性也是有差异的，而且受多种因素影响在不断转化。对证券这些方面特征的准确分析和把握，是投资或投机活动成功的关键。

5. 反映功能

证券的市场价格和买卖成交量，是证券供求双方对宏观经济形势、行业和区域发展前景、公司赢利能力等基本因素分析、判断和预期的结果，因而证券行市变化能在相当程度上反映甚至提前反映实际经济运行的状况，成为经济运行的“晴雨表”或“预警器”，把信息传递给市场的各个主体：发行者、投资者、中介机构和监督管理机构等。

6. 调控功能

证券的调控功能可以从宏观、中观和微观三个层次分析。在宏观层次上，证券的调控功能有两方面：一方面中央政府作为发行主体通过发行证券弥补财政收入的不足，以保证调控经济运行和发展所需的资金；另一方面，中央银行在公开市场上通过买卖高信用等级的证券如国债来调控货币供给量，实施其货币政策，以抑制经济的衰退或过热。在中观层次上，政府监督管理机构通过对不同行业不同区域证券发行和上市的区别对待，调控行业、区域的发展节奏，实现一国行业间、区域间的协调发展。在微观层次上，证券可以培育企业的注册资本，扩大或缩减企业的营运资金和经营规模，扩大或调整企业的经营方式与方向，实现公司重组以及企业对外投资和实施并购。

1.2 证券市场

1.2.1 证券市场的定义及特征

1. 证券市场的定义

证券市场是有价证券发行与流通以及与此相适应的组织与管理方式的总称。证券市场是资本市场的基础和主体，它包括证券发行市场和证券流通市场。在发达的市场经济中，证券市场是完整的市场体系的重要组成部分，它不仅反映和调节货币资金的运动，而且还对整个经济的运行具有重要影响。

2. 证券市场的特征

证券市场的形成与发展，根源于工业化以来的企业制度创新和金融制度深化。随着资本主义经济的发展，所有权与经营权分离的生产经营方式的出现，创造出了大量的证券资产，股票、公司债券及不动产抵押债券依次进入有价证券交易的行列。与一般的商品市场相比，证券市场具有以下基本持征。

(1)证券市场的交易对象是股票、债券等有价证券，而一般商品市场的交易对象是各种具有不同使用价值的商品。

(2)证券市场上的股票、债券等具有多重市场职能,既可以用来筹措资金解决资金短缺的问题,又可以用来投资,为投资者带来收益;也可以用于保值,以避免或减少物价上涨带来的货币贬值损失;还可以通过投机等技术性操作获取价差收益。一般商品市场上的商品则只能用于满足人们的特定需要。

(3)证券市场的证券价格,其实质是所有权让渡的市场评价,或者说是预期收益的市场货币价格,与市场利率关系密切;而一般商品市场的商品价格,其实质则是商品价值的货币表现,直接取决于生产商品的社会必要劳动时间。

(4)证券市场的风险较大,影响因素复杂,具有波动性和不可预期性;而一般商品市场的风险很小,实行的是等价交换原则,波动较小,市场前景具有较大的可测性。

1.2.2　证券市场的分类

证券市场的分类标准很多,最常见的有以下三种。

(1)按证券市场的性质不同,可分为股票市场和债券市场。债券市场又可进一步分为国库券市场、金融债券市场和公司(企业)债券市场。

(2)按组织形式的不同,可分为场内市场和场外市场。场内市场主要指的是证券交易所,它是交易市场的核心。证券交易所交易必须根据国家有关证券法律规定,有组织地、规范化地进行证券买卖。证券交易所交易与一般商品交易不同,在时间和场所上通常集中于某一固定的场所进行交易。一般在商业或金融中心设有交易所并配有现代化的计算机和网络、电话等设备,规定交易的开盘和收盘时间。在交易方式上,采用公平合理、持续的双向性拍卖。既有买者之间的竞争,又有卖者之间的竞争,是一种公开竞价的交易。在管理上,具有严密的组织管理机构,只有交易所的会员经纪人才能在交易市场从事交易活动,公众则通过经纪人进行证券交易。在交易所上市交易的证券必须符合有关条件,并经严格审查批准。此外,交易所还提供各项服务,为投资者提供有参考价值的情况。交易所交易作为证券流通市场的中心环节,起着重要作用。

场外市场则主要指店头市场(柜台市场)以及第三市场、第四市场。它是指在证券交易所形式之外的证券交易市场。柜台交易一般是通过证券交易商来进行的,采用协议价格成交。这种协商大多数在交易商之间进行,有时也在交易商与证券投资者之间进行。在柜台交易方式中交易的证券,有上市证券,也有一部分未上市证券。第三市场是指非证券交易所成员在交易所之外买卖挂牌上市证券的场所。它的出现,形成了对证券交易所市场的巨大冲击,增强了证券业务的竞争,促使证券交易所也要采取相应措施来吸引顾客。第四市场则是由大企业、大公司、大金融机构等团体投资者绕开通常的证券经纪人,彼此之间直接买卖或交换大宗股票而形成的场外交易市场。在这种市场上进行证券买卖,不仅可以使交易过程大大简化,而且交易费用也会大幅降低。

(3)按证券的运行过程和证券市场具体任务的不同,可分为证券发行市场和证券交易市场。

1.2.3　证券市场的产生与发展

1. 国外证券市场的产生和发展

证券市场是社会化大生产和商品经济发展的产物。随着生产力的发展,社会分工日益复杂,商品经济日益社会化。日益扩大的生产需要,大大促进了信用制度的发展。各类信用形式的发展,又引起越来越多的信用工具的出现。信用工具的转让、流通和买卖,就成为证券市场存在和运用的必要条件。1602 年,在荷兰的阿姆斯特丹成立了世界上第一个股票交易所。1817 年,参与华尔街证券交易的经纪人通过了一项正式章程,并成立了“纽约证券交易会”,1863 年正式成立“纽约证券交易所”。

20 世纪初,资本主义由自由竞争阶段过渡到垄断阶段。证券市场以其独特的形式迅速适应资本主义经济发展的需要,从而有效地促进了资本积累和资本集中,同时也使自身获得巨大发展。在这一时期,有价证券的结构也起了变化,占主要地位的已不是政府公债,而是公司股票和企业债券。第二次世界大战结束后,随着欧美和日本经济的恢复和发展以及各国的经济增长,大大地促进了证券市场的复苏和发展。20 世纪 70 年代以后证券市场出现了高度繁荣的局面,证券市场的规模不断扩大,证券的交易也越来越活跃,而且逐渐形成了融资方式证券化、投资主体法人化、证券交易多样化、证券市场自由化、证券市场国际化和证券市场计算机化的全新特征。随着国际经济金融格局的变化以及金融证券化、证券交易多样化和证券市场自由化的进一步发展,证券市场的发展将呈现两大趋势:金融创新进一步深化;发展中国家和地区的证券市场国际化将有较大发展。

2. 我国证券市场产生和发展史简述

19 世纪 70 年代以后,清政府洋务派兴办了一些企业。随着这些企业股份制的出现,中国企业的股票应运而生,随之而至的便是证券市场的产生。我国最早的证券交易市场创立于清朝光绪末年上海外商组织的“上海股份公所”和“上海众业公所”。在这两个交易所买卖的证券,主要有外国企业股票、公司债券、南洋一带的橡胶股票、中国政府的金币公债以及外国设在上海的行政机构发行的债券等,实际交易偏重于洋商的股票和橡胶股票两种。中国人自己创办的交易所在辛亥革命前还不多见。1912 年以后,证券交易规模逐渐扩大。1919 年,北京成立了证券交易所,这是全国第一家专营证券业务的交易所;随后,上海也成立“上海华商证券交易所“。这标志着中国证券市场开始向正规化发展。新中国成立之后,因为推行计划经济体制,取消了证券市场。20 世纪 80 年代以来,伴随着改革开放的深入和经济的快速发展,我国证券市场逐步成长起来。1981 年恢复国库券发行,1984 年上海、北京、深圳等地的少数企业开始发行股票和企业债券,证券发行市场重新启动。1988 年国债流通市场的建立和 80 年代中后期股票柜台交易的起步,标志着证券流通市场开始形成。1990 年底和 1991 年初,经国务院同意,上海证券交易所和深圳证券交易所相继成立,除发行 A 股外,1991 年开始发行 B 股,1993 年出现了 H 股和 N 股等境外上市外资股。1996 年以后,我国证券市场的发展速度不断加快。

1.2.4 证券市场的地位与功能

1. 证券市场的地位

证券市场是金融市场的重要组成部分,在金融市场体系中居重要地位。

从金融市场的功能看,证券市场通过证券信用的方式融通资金,通过证券的买卖活动引导资金流动,促进资源配置的优化,推动经济增长,提高经济效益。

从金融市场的运行看,金融市场体系的其他组成部分都与证券市场密切相关。

第一，证券市场与货币市场关系密切。证券市场是货币市场上的资金需求者。证券的发行通常要有证券经营机构的垫款，垫款所需要的资金通常依赖于货币市场的资金供给。当证券市场上买卖兴旺、证券价格上涨时，又需要更多的资金来补助交易的完成。引起货币市场上的资金需求增长，利率上升。

第二，长期信贷的资金来源依赖于证券市场。在资本市场内部，长期信贷市场的发展也必须依赖证券市场。作为金融机构的长期信贷资金在很大程度上是通过证券市场来筹集的，比如金融机构通过证券市场发行股票筹集资本金，通过证券市场发行金融债券筹集信贷资金等。

第三，任何金融机构的业务都直接或间接与证券市场相关，而且证券金融机构与非证券金融机构在业务上有很多交叉。在不同的社会制度、经济基础和文化传统下，证券市场在金融市场中的地位各不相同。在发达的资本主义国家，股票和债券是金融市场上最活跃、最主要的金融资产，证券市场的交易覆盖了整个金融市场，是金融市场极为重要的组成部分。中国的金融市场从萌芽到初步形成，由于社会经济制度和文化传统的不同，出现了一种独特的格局，即证券市场并非一马当先，而是以银行同业拆借市场为先导，证券市场、票据贴现市场、外汇调剂市场紧随其后。这说明中国金融市场的形成与发展有其独特的目标模式，各种子市场都服务于某一特定的领域，有着不可替代的作用。因此，在中国未来的金融市场模式中，证券市场必须与其他市场同步协调发展，并按照中国的经济体制来运转。

2. 证券市场的功能

(1)证券市场是筹集资金的重要渠道。在证券市场上进行证券投资，常常能获得高于储蓄存款利息的收益，且具有投资性质，所以，能吸引众多的投资者。对于证券发行者来说，通过证券市场可以筹集到一笔可观的资金，用这些资金或补充自有资金的不足，或开发新产品、上新项目，有利于迅速增强公司实力。要在较短时间内迅速筹集到巨额资金，只有通过证券市场这条渠道才能实现。

(2)证券市场有利于证券价格的统一和定价的合理。证券交易价格是在证券市场上通过证券需求者和证券供给者的竞争所反映的证券供求状况而最终确定的。证券商的买卖活动不仅由其本身沟通使买卖双方成交，而且通过证券商的互相联系，构成一个紧密相连的活动网，使整个证券市场不但成交迅速，而且价格统一，使资金需求者所需要的资金与资金供给者提供的资金迅速找到出路。证券市场中买卖双方的竞争，易于获得均衡价格，这比场外个别私下成交公平得多。证券的价格统一、定价合理，是保障买卖双方合法权益的重要条件。

(3)证券市场是资源合理配置的有效场所。证券市场的产生与发展适应了社会化商品经济发展的需要，同时也促进了社会化大生产的发展，它的出现在很大程度上削弱了生产要素在各部门间转移的障碍。因为在证券市场中，企业产权已商品化、货币化、证券化，资产采取了有价证券的形式，可以在证券市场上自由买卖，这就打破了实物资产的凝固和封闭状态，使资产具有最大的流动性。一些效益好、有发展前途的企业可根据社会需要，通过控股、参股方式实行兼并和重组，发展资产一体化企业集团，开辟新的经营领域。另外，在证券市场上，通过发行债券和股票广泛吸收社会资金，其资金来源不受个别资本数额的限制，这就打破了个别资本有限，从而难以进入一些产业部门的障碍，有条件也有可能筹措到进入某一产业部门最低限度的资金数额。这样,证券市场就为资本所有者自由选择投资方向和投资对象提供了十分便利的活动舞台,而资金需求者也冲破了自有资金的束缚和对银行等金融机构的绝对依赖,有可能在社会范围内广泛筹集资金。随着证券市场运作的不断高度发达,其对产业结构调整的作用将大大加强,同时得到发展的产业结构又成为证券市场组织结构、交易结构、规模结构的经济载体,促进证券市场的发展。这种证券市场与产业结构调整的关系,就在于它使资产证券化,从而有助于生产要素在部门间的转移和重组。

(4)证券市场是一国中央银行宏观调控的场所。从宏观经济角度看,证券市场不仅可以有效筹集资金,而且还有资金"蓄水池"的作用和功能,这种"蓄水池"是可调的,而不是自发的。各国中央银行正是通过证券市场这种"蓄水池"的功能来实现其对货币流通量的宏观调节,以实现货币政策目标。

1.2.5 证券市场的构成要素

1. 证券发行人

证券发行人即资金的筹资者,是指为筹措资金而发行债券、股票等证券的政府及其机构、金融机构、公司或企业。

2. 证券投资者

证券投资者是证券市场的资金供给者,也是金融工具的购买者。投资者的种类很多,既有个人投资者,也有机构投资者。

个人投资者是指从事证券投资的居民,他们是证券市场最广泛的投资者。个人投资者的主要投资目的是追求盈利,谋求资本的保值增值,所以会充分重视本金的安全性和资产的流动性。

机构投资者是指相对中小投资者而言,拥有资金、信息、人力等优势,能影响某个证券价格波动的投资者。包括企业、商业银行、非银行金融机构(如养老基金、保险基金、证券投资基金)等。

3. 中介机构

证券市场的中介机构是指为证券市场的参与者,如发行人、投资者等提供各种服务的专职机构。包括证券公司和证券服务机构。中介机构是连接证券投资者与筹资者的桥梁,证券市场功能的发挥,很大程度上取决于证券市场、中介机构的活动。

证券公司是指依法设立可经营证券业务,具有法人资格的金融机构。证券公司的主要业务有经纪、承销、自营、投资咨询、并购、受托管理资产、基金管理等。证券公司一般分为综合类证券公司和经纪类证券公司。

证券服务机构是指依法设立的从事证券服务业务的法人机构,主要包括证券登记结算公司、证券投资咨询公司、会计师事务所、资产评估机构、律师事务所、证券信用评级机构等。从我国证券法上对证券服务机构的规定来看,证券服务机构的特点表现为以下几个方面。

(1)证券服务机构是依法设立的专门从事证券服务的机构。《中华人民共和国证券法》(以下简称《证券法》)第160条规定,会计师事务所、律师事务所以及从事证券投资咨询、资产评估、资信评级、财务顾问、信息技术系统服务的证券服务机构,应当勤勉尽责、恪尽职守,按照相关业务规则为证券的交易及相关活动提供服务。

从事证券投资咨询服务业务，应当经国务院证券监督管理机构核准；未经核准，不得为证券的交易及相关活动提供服务。从事其他证券服务业务，应当报国务院证券监督管理机构和国务院有关主管部门备案。

(2)第 162 条规定，证券服务机构应当妥善保存客户委托文件、核查和验证资料、工作底稿以及与质量控制、内部管理、业务经营有关的信息和资料，任何人不得泄露、隐匿、伪造、篡改或者毁损。上述信息和资料的保存期限不得少于十年，自业务委托结束之日起算。

(3)第 163 条规定，证券服务机构为证券的发行、上市、交易等证券业务活动制作、出具审计报告及其他鉴证报告、资产评估报告、财务顾问报告、资信评级报告或者法律意见书等文件，应当勤勉尽责，对所依据的文件资料内容的真实性、准确性、完整性进行核查和验证。其制作、出具的文件有虚假记载、误导性陈述或者重大遗漏，给他人造成损失的，应当与委托人承担连带赔偿责任，但是能够证明自己没有过错的除外。

4. 自律性组织

自律性组织包括证券交易所和证券业协会。

(1)证券交易所。根据我国《证券法》的规定，证券交易所是提供证券集中竞价交易场所的不以盈利为目的的事业法人。其主要职责有：提供交易场所与设施；制定交易规则；监管在该交易所上市的证券以及会员交易行为的合规性、合法性，确保市场的公开、公平和公正。

(2)证券业协会。证券业协会是证券行业的自律性组织，是社会团体法人。证券业协会的权力机构为全体会员组成的会员大会。根据我国《证券法》规定，证券公司应当加入证券业协会，证券业协会应当履行协助证券监督管理机构组织会员执行有关法律的职责，维护会员的含法权益，为会员提供信息服务、制定规则、组织培训和开展业务交流、调解纠纷，就证券业的发展开展研究，监督、检查会员行为以及证券监督管理机构赋予的其他职责。

5. 证券监管机构

我国证券监管机构是指中国证券监督管理委员会及其派出机构，它是国务院直属的证券管理监督机构，依法对证券市场进行集中统一的监管。它的主要职责是：负责行业性法规的起草，负责监督有关法律法规的执行，负责保护投资者合法权益。对全国的证券发行、证券交易、中介机构的行为等依法实施全面监管，维持公平而有序的证券市场。

1.3　证券投资

1.3.1　证券投资的概念

证券投资是指投资者(包括个人和法人)购买股票、债券、基金等有价证券以及这些有价证券的衍生品，以获取红利、利息及资本利得的投资行为和投资过程，是直接投资的重要形式。它实际上就是投资者在金融市场中进行各种金融工具交易的活动。更准确地说，证券投资是投资者充分考虑了各种金融工具的风险与收益之后，运用资金进行的一种以盈利或者避险为目的的金融活动。这里所指的金融工具并不包含所有的金融产品，例如，银行储蓄存款、金币买卖都不在这一范围内。当然,我们也不能把证券投资单纯地理解为股票投资,实际上证券投资的范围非常广泛,除了投资股票之外,还包括债券、基金等一些能够带来收益,同时又具有一定风险的金融产品。

证券投资过程通常包括以下五个基本步骤。

(1)确定证券投资政策。证券投资政策是投资者为实行投资目标所遵循的基本方针和基本准则,它包括确定投资收益目标、投资资金的规模和投资对象三个方面的内容以及应采取的投资策略和措施等。

(2)进行证券投资分析。证券投资分析是通过各种专业性的分析方法和分析手段对来自各个渠道、能够对证券价格产生影响的各种信息进行综合分析,并判断其对证券价格发生作用的方向和力度。证券投资分析作为证券投资过程不可或缺的一个组成部分,是进行投资决策的依据,在证券投资过程中占有相当重要的地位。

(3)组建证券投资组合。组建证券投资组合就是在投资政策所允许的范围内,根据自己的投资目的和投资分析所获取的结果,在证券市场进行证券的买卖,形成一个证券的组合。

(4)对证券投资组合进行修正。对证券投资组合进行修正是根据市场行情的变动以及政策、法律等外部因素的改变对证券组合进行合理的调整,以达到在同等风险水平下追求更高收益的投资目的。

(5)评估证券投资组合的业绩。对证券投资组合业绩的评估是指投资者持有投资组合一段时间后,对投资所能获取的收益以及这一期间证券价格波动进行综合分析,为投资者以后的投资提供更多的投资信息,也是投资者对投资组合进行调整的一个依据。

1.3.2 证券投资的基本要素

证券投资由三个基本要素构成。

1. 收益

收益是投资者进行证券投资的最终目的。股票的收益主要包括股利、资本利得以及分红送股等,债券的收益主要是利息或者通过市场价格波动获得资本利得。

2. 风险

风险是相对于收益而言的另外一个概念。投资者在进行证券投资过程中,其获得的收益具有不稳定性,甚至可能招致损失。这种不稳定性就是风险,一般而言,预期收益越高,风险也就越大。

3. 时间

这里所说的时间是指投资者进行投资的期限。投资者进行投资的期限分为长期、中期和短期。一般来说,投资期限越长,可能获得的预期收益就越高,同时所伴随的风险也就越大。因此,投资者在进行投资抉择的时候就需要根据自己的具体情况来进行投资期限的选择。

1.3.3 证券投资的基本特征

证券投资属于投资的范畴。从证券投资者角度来看,它具有间接投资的特点,而从筹资者(发行者)的角度来看,它又具有直接投资的特点。证券投资的基本特征是由证券作为投资对象的一般特征派生出来的,包括以下几点。

1. 收益性

所谓收益性,是指证券投资的收益较为稳定和确定,并能获得较高的股息和利息。证券投资的收益性,除了享有作为股东和债权人的一切权利外,还可以通过证券的买卖赚取差价利润。进行证券投资,不仅是为了获利,而且还为了保本。在消费品价格长期趋涨的情况下,人们往往利用投资证券来弥补通货膨胀带来的经济损失。

2. 风险性

所谓风险性,是指证券所表示的资本可能无法增值或发生贬值的情况,从而使投资收益或投资酬金受到损失。风险可分为两大类:一是证券发行人不履行义务的风险,即证券发行人不能及时或不能按约定的数额偿还本息。二是市场风险,即证券市场价格因市场利率的上升而跌落的风险。证券投资的风险情况是由证券的未来性和未来经济条件状况的不确定性引起的。

3. 流通性

所谓流通性,是指证券能够在公开的场所进行交易。证券投资的期限一般比较长,尤其是股票,没有到期日,似乎是种永久性的投资。基于流动性需求、投资性需求和改善资产组合的目的,投资者一般不会永久地持有一种证券。证券的流动性,使证券有了变现能力,即持有人在需要现金时,可通过出售证券的方式获得,而且还可以为证券持有人改善资产组合以回避风险提供可能,即如果证券持有人的证券收益低于预期收益,则可将其持有的证券出售,以免遭受证券价格下跌的风险。

4. 成长性

所谓成长性,是指证券投资收益能够随投资时间的增长而增长。

5. 社会性

证券投资的社会性主要体现为证券投资主体的广泛性。与其他投资方式相比,证券投资对投资者的资本限制最低。持有少量闲置资金的普通社会成员都有机会参与证券投资,这就使得证券市场具有广泛的社会基础。加之高效的运作机制、广泛的服务网络,证券市场成为市场体系中参与人员最多、影响最广、规模最大的生产要素市场,能最大限度地将分散的社会资金转化为生产资本。

与证券投资相对应的是实物资产投资。实物资产投资的投入会直接增加全社会的资本存量,而证券投资是以有价证券的存在和流通为条件的金融投资,因此,证券投资除了具有以上几个基本特性外,还具有自身的特性,例如,派生性与虚拟性等。

1.3.4 证券投资与证券投机

1. 证券投资与证券投机的区别

在证券市场上既有投资,也有投机。证券投机是指在证券市场上,短期买进或卖出多种证券,以获取收益的经济行为。它是以获取较大收益为目的,以承担较大风险为代价的。因此,对待风险态度不同是投资者与投机者的区别之一。第一,投资者是风险回避者,他们购买证券一般希望获取稳定收益,本金又相对安全,而投机者恰恰相反。第二,从投资的时间长短来看,投资者着眼于长远利益,买入证券往往长期持有,按期收取稳定的股息和资本增值,而投机者热衷于在短期的股价变动中获取价差收益,因此买卖极其活跃。第三,从分析方法看,投资者注重证券内在价值的分析和评价,常用基本分析法,而投机者关心市场价格的变动,多用技术分析法。

2. 证券投机的作用

人们对于证券投资的作用和意义基本持一种肯定态度。但对于证券投机的作用,则存在着多种不同观点。其实,投机行为在证券市场上既有其积极的作用,也有负面的影响。

(1)证券投机积极作用的主要表现。证券投机的积极作用主要表现在以下方面:

①投机活动可以促进证券交易的活跃,有助于提高市场流动性。投机者一般进行的是证券短期买卖行为,买卖数量巨大。这为市场提供了充足的资金与证券的供给和需求,促进了二级市场的发展,发达的二级市场也是一级市场发展与成熟的前提。

②有助于稳定市场价格。证券投机者所注重的是价格短期波动。因此,投机者会在价格较低时买入证券,在价格较高时卖出证券,这在无形中就促使证券价格向一个平衡稳定的方向变动。同时,投机者可以通过各种渠道去发现证券的实际价值,这样也可以促使证券的价格趋向于其价值。

③投机者对风险的偏好有利于新证券的发行。新证券的发行具有一定的风险,因为其市场价格在发行时往往会偏离其实际价值,有些证券的发行价格甚至可能会低于其实际价值。市场价格不稳定正是投机者所希望的,他们会积极进行新发证券的买卖,这会大大促进新证券的顺利发行。

④投机加强了股票市场的竞争性。在正常的股市里投机性交易具有保持股市竞争性的功能。当股市中存在相当多的投机性交易时,任何人企图对市场进行垄断性控制就显得非常困难,从而对垄断产生一定的抑制作用。例如,当市场某机构或某大户操纵某只股票时,即所谓的"坐庄",另外一些投机者可乘机跟庄"坐轿",从而抑制股价的巨幅波动。

(2)证券投机负面影响的主要表现。适度投机在证券市场中的积极作用不容忽视,然而,一旦市场的主要参与者以追求买卖的短期差价为目标,为了攫取利润而不择手段,进行恶性竞争,那么过度投机和伴随投机的违规行为就会出现,必然产生一定的负面影响。

①证券有效需求萎缩,不利于形成稳定的投资群体。过度投机,股市必然暴涨暴跌,若长期维持这种高投机性,那么在投机过程中的失败者就会逐步退出股市,所以过度投机必然损害广大投资者的切身利益,这样会造成有效需求的逐步萎缩。

②限制股市在资本市场上功能的正常发挥。市值增长,投资者更愿意投资于股市,是股市成为长期资本市场的基础。在一个投机氛围浓厚的股市中,股份公司的资产增值不再是吸引投资的主要动力,股份的大幅波动代替了由资本增值而引起的市值增长,从而对投资资金的进入造成了障碍,这必然给企业的筹资带来困难。

③对证券市场乃至整个国民经济产生一定冲击。在过度投机的证券市场中,一些非法投机者利用法律机制不健全,拆借信贷资金,造成证券市场虚假繁荣,形成虚拟经济泡沫,泡沫破裂之后,最终导致股票市场萧条,影响国民经济的正常发展。

【参考案例】

案例一　聪明的投资者

股市向来被人视为精英聚集之地，华尔街则是衡量一个人智慧与胆识的决定性场所。本杰明·格雷厄姆作为一代投资宗师，他的金融分析学说和思想在投资领域引起了巨大的震动，影响了几乎三代重要的投资者，如今活跃在华尔街的数十位身价上亿美元的投资管理人都自称为格雷厄姆的信徒，格雷厄姆享有“华尔街教父”和“财务分析之父”的美誉。

在微观基本分析方面，格雷厄姆成为沃伦·巴菲特、彼得·林奇等股王、股圣的启蒙大宗师。巴菲特曾虔诚地说过，在许多人的罗盘上，格雷厄姆就是到达北极的唯一指标。大卫·刘易斯甚至说：格雷厄姆的证券分析学说是每一位华尔街人士的《圣经》，而他则是当之无愧的华尔街教父。格雷厄姆之所以被公认为“财务分析之父”，是因为在他之前还没有财务分析这个专业，只是在他之后人们才开始意识到并接受这个概念。格雷厄姆不仅是他生活的那个时代的最佳投资人之一，而且是有史以来最伟大的实践投资思想家。

格雷厄姆曾经告诉他最喜欢的学生巴菲特两条最重要的投资规则：第一条规则，永远不要亏损；第二条规则，永远不要忘记第一条。

过去 20 年来，两次大的市场崩盘、无数次财务和会计丑闻的发生、《萨班斯—奥克斯利法案》及相关法规的出台、国际市场环境的变化……这些都从根本上改变了证券分析和商业估值的基础，但在实际投资操作中，我们还是应该运用格雷厄姆告诫巴菲特的两条规则，成为聪明的投资者。

案例二　巴菲特与索罗斯

巴菲特与索罗斯，一个是投资大师，另一个是投机大师。他们二人是当今全球投资界的旗帜性人物，是投资者敬仰和效仿的标杆。虽然他们的投资方式和风格截然相反，但他们所取得的辉煌成就和所表现出来的智慧与魅力，代表着世界金融领域的两座高峰，一个代表着投资，另一个代表着投机。

巴菲特以 100 美元起家，靠着非凡的智慧、理智的头脑、长远的投资眼光，以及对市场本质的准确把握，从分析和投资股票做起，最终集腋成裘，在 50 多年的时间里创造了 470 多亿美元的巨额财富。不论是在牛市还是在熊市，不论经济是处于增长期还是衰退期，不论是在二战后纺织业发展的高峰期和越南战争中，还是在垃圾债券涌现时期和信息化的时代，巴菲特的盈利能力始终稳如泰山，从而演绎了一段从平民到世界巨富的不朽传奇，其“股神”的地位始终无人可以撼动。

索罗斯怀揣 25 万美元只身闯荡华尔街，他始终坚信“我生来一贫如洗，但决不能死时仍旧贫困潦倒”。几十年后，他打败英格兰银行，掀起东南亚金融风暴，成为量子基金的总裁，以年投资回报率 35% 的业绩，赚进无数财富，树立了自己在金融投资史上的不朽地位，堪称全球最杰出的基金经理人，被世人称为“金钱魔术师”“金融大鳄”“撼动市场的人”。

巴菲特的投资策略是“方与正”——价值投资，正大光明，走的是持股获利的道路。索罗斯的投资策略是“巧和险”——快速投机，重视趋势，走的是短期暴利的道路。

巴菲特谨慎沉着，通过阅读大量的财务报表，深入挖掘股票的内在价值，以独特的眼光和精准的判断，寻找真正优秀的、具有持续竞争力的好企业，然后大笔投入、长期持有，稳稳当当地赚钱。索罗斯狠辣凌厉，通过对市场各种不确定性的详细分析，利用反射理论和枯荣相生理论，准确找到趋势反转点，快速出手、狠辣攻击，直到把对手置于死地，然后带着巨额的“战利品”迅速撤退。

伯克希尔·哈撒韦公司和量子基金分别是巴菲特和索罗斯构筑的金融帝国。事实上，当两人刚刚走出校门，还在为别人工作的时候，他们的投资成绩就已经十分耀眼了。普通投资者只会简单地选择某一只股票进行买卖，然后获得收益，但两位大师却不同。巴菲特和索罗斯各自都有属于自己的投资理论，并且提前制定了投资原则。在进行投资之前，他们会先做充分的准备工作，然后才进行投资并最终获利。

巴菲特认为，买下伯克希尔·哈撒韦公司是一个错误，但正是在巴菲特的手上，伯克希尔·哈撒韦公司从一个日趋没落的纺织企业变成了今天规模庞大的企业集团。索罗斯人生中的前几十年经历了诸多波折，直到1973年成立了量子基金，之后基金长期保持超高的收益率，并最终发展成为对冲基金领域的领头羊，索罗斯本人也成了对冲基金领域的教父级人物。索罗斯还将自己的哲学思想与其对金融的洞察力结合起来，提出反射理论并通过市场验证其假说，再根据市场的反馈对自己的假说做出修正。

巴菲特的名言是“在别人贪婪的时候恐惧，在别人恐惧的时候贪婪”“人生就像滚雪球，重要的是找到很湿的雪和很长的坡”。这是巴菲特一生投资经验和智慧的浓缩，也是送给广大投资者最经典的忠告。索罗斯的名言是“在股票市场上，寻求别人还没有意识到的突变”“当我看到泡沫时，我就买这些泡沫资产，因为那正是我的赚钱之道”。这也是索罗斯的肺腑之言，是他对自己投机策略的总结。

巴菲特的巨大成功，不仅证明了投资是一种理性的、可以捉摸的事业，而且为世人揭开了华尔街神秘的面纱，更重要的是，他的成功成为全世界梦想家的希望和承诺。索罗斯的成功，让全世界知道了什么是“宏观预测与对冲基金”，让全世界明白了利用巨额杠杆、大肆做空也能成为世界巨富，同时也让世界认识了一位“伟大的投机者”。

巴菲特和索罗斯各自为自己的公司倾注了大量的心血。伴随着公司的成长，两人经历了自己投资生涯的挫折和挑战，也感受到了成功的喜悦。

案例三　股价突破600元大关，贵州茅台16年涨了138倍

股价与业绩齐飞，这话用来形容A股“股王”贵州茅台(600519. SH)最为合适。

2017年10月25日晚间贵州茅台披露了三季报，前三季度公司实现营业收入为424.5亿元，同比增长59.4%；归属于上市公司股东的净利润为199.84亿元，同比增长60.3%。基本每股收益15.91元。

2017年10月26日，贵州茅台跳空高开，直破600元大关，盘中最高上探613元。截至当日午盘收盘，贵州茅台股价上涨6.07%，最新价为600元整。在贵州茅台的带动下，酿酒板块整体走强。

贵州茅台以各项超越去年的业绩数据告诉市场，怎样才是绩优股该有的姿态。

2016年贵州茅台全年实现营业收入401.55亿元，实现净利润167.18亿元。公司2017年前三季度的营收、净利润便已经超过了上年全年。

其中，贵州茅台第三季度单季度营收近190亿元，同比增长116%；净利润87亿元，同比增长138%。这两项数据均创下了历史单季最高水平，增速也远超市场预期——市场预期二

者增速在50%左右。在已披露三季报的A股上市公司中,仅有中信银行(601998.SH)净利润在贵州茅台之上。

贵州茅台三季度的业绩增长与出货量大幅增加有关。第三季度,酒厂实际发送茅台酒9 000~9 500吨,同比增长50%~60%。贵州茅台在2016年年报中曾表示,2017年计划营业收入增长15%以上,即当年的营收目标约为447亿元。照此,公司第四季度只要完成37亿元营收便可完成任务。这对贵州茅台来说轻而易举,全年业绩也将远超计划。

从酒企业绩的"蓄水池"——预收款项来看,贵州茅台已连续五个季度,在季度末预收账款保持在170亿元之上。这个数据也说明公司四季度业绩无忧。在上市的16年时间里,贵州茅台累积涨幅已超过100倍。2001年8月贵州茅台上市发行价为31.39元,若以后复权计算,2017年新高价为4 359元,增幅高达138倍。

通过观察贵州茅台过往的十大流通股东名单,可见2010年之前,贵州茅台的十大流通股东榜单几乎均为内地基金公司,2011年起,境外资本开始介入,UBS AG(瑞银)、淡马锡富敦投资有限公司、摩根士丹利、新加坡政府投资公司(GIC PRIVATE LIMITED)、奥本海默基金公司、香港中央结算有限公司(陆股通)等先后大手笔投资过贵州茅台。

在2017年三季报中,外资对贵州茅台已出现减持趋势。新加坡政府投资公司已连续五个季度在减持茅台,最新一季其持股数由456万股降至429万股。三季度,奥本海默基金公司也由669万股减至533万股。减持数量最多的是证金公司。证金公司已连续六个季度减持茅台,三季度减持数量515万股,六个季度累计减持1 745万股。证金持股比例由2016年一季度末的2.95%减少至2017年三季度末的1.56%。

与此同时,港资对贵州茅台仍是喜爱有加。香港中央结算有限公司(陆股通)在第三季度增持303万股,持股数上升至7 848万股,以6.25%的持股比例牢牢占据着贵州茅台第二大股东席位。同时,贵州茅台的筹码大幅集中。股东户数从二季度末的8.07万户减少至三季度末的6.4万户,户均持股数由1.56万股上升至1.96万股。

在股价突破500元后,研究机构一边倒地调高贵州茅台的目标价。中金公司7月末就调高贵州茅台目标价至692元,10月份,国泰君安将目标价由560元上调至670元,太平洋证券上调目标价至660元,招商证券上调目标价至640元,民生证券认为合理估值在580~630元之间。

此次贵州茅台三季度公布后,机构再度上调目标价。中金公司上调贵州茅台的目标价至845元,汇丰上调目标价至720元,华泰证券上调目标价范围至676.25~730.35元,招商证券上调目标价至725元,安信证券上调目标价至710元,中信证券上调目标价至702.5元,华泰证券上调目标价至700元,中泰证券上调目标价至677.16元,并称市值"剑指万亿"。

早在2016年6月,贵州茅台屡创新高,并冲关300元之时,机构普遍保守地给出目标价在330元左右,当时中金公司便大胆将目标价直指438元。7月末中金公司又提前两个月将贵州茅台的目标价定在692元的高位。此次,中金公司再度上调22.11%至845元。

在中金公司看来,这个目标价并不高,分析师邢庭志称,"看未来3年,今天茅台的股价还是底部。"他建议继续重配茅台,确定性最强,业绩存在持续超预期空间。

中金公司通过调研发现,茅台供给仍然严重不足,主要因为部分库存基酒不达标,市场的需求在持续增加。同时,茅台的指导定价 1 299 元导致与实际市场价格 1 600 元脱节,公司的定价影响了市场价格调整需求的功能。茅台的缺货程度难以根本缓解。对于三季报数据,茅台等品牌主导的高端酒市场预计将迎来爆发性增长,特别包含 1 500 ~ 15 000 元的轻奢消费型的高端酒,包括生肖茅台、陈年茅台酒等,高端白酒消费的潜能才刚刚打开。2018—2020 年三年间飞天茅台的出厂价提升幅度分别为 22%、15%、15%,同时通过加大发货量控制零售价格过快提升。茅台的渠道预计将继续下沉,拓展到中国的三四五线城市和互联网,直接面对消费者。

当然,市场上也存在一些不同声音。否极泰基金创始人董宝珍认为,目前几乎所有的研究报告都是以无限乐观的语言推荐茅台,就像 2013 年集体看空茅台一样,差别只是方向相反。他认为,低估值提供了可以获得收益的确定性,在高估之上导致了收益确定性下降甚至消失。

独立财经撰稿人曹中铭也撰文表示,从绝对值上讲,贵州茅台股价其实已经不低,也并非小散们的投资首选。"对于贵州茅台的股价,即使没有高估,也只有大资金、大机构在自拉自唱。"在他看来,机构对于茅台的估值,是随着茅台股价的上涨而变动的。一旦茅台股价上涨至高位开始下跌,更高的目标价将难以出现。"无论贵州茅台的'顶'在哪里,事实上其股价也会有下跌调整的时候,而此时也将是风险来临的时候。"

(资料来源:作者根据相关资料整理而成。)

重要概念

证券　　有价证券　　证券市场　　证券投资

复习思考

(1)什么是证券? 有几种分类? 又有什么特性?
(2)什么是证券市场? 它具有哪些功能?
(3)证券市场产生的动因是什么? 又是如何推动经济发展的?
(4)证券市场都有哪些参与者?
(5)证券发生市场与证券流通市场有什么关系?

第2章 股　　票

【学习目标】

- 掌握股票的概念、特征。
- 掌握普通股和优先股的概念及主要区别。
- 了解我国股票的特殊分类。
- 了解我国股权分置问题产生的原因及实施股改的意义。

2.1 股票的含义与特征

2.1.1 股票的含义及性质

1. 股票的含义

股票是一种有价证券,它是股份有限公司公开发行的,用以证明投资者的股东身份权益,并据以获得股息和红利的凭证。

股票一经发行,持有者即为发行股票公司的股东,有权参与公司的决策,分享公司的利益,同时也要分担公司的责任和经营风险。股票一经认购,持有者不能以任何理由要求退还股本,只能通过证券市场将股票转让和出售。作为交易对象和抵押品,股票业已成为金融市场上主要的、长期的信用工具,但实质上,股票只是代表股份资本所有权的证书,它本身并没有任何价值,不是真实的资本,而是一种独立于实际资本之外的虚拟资本。

2. 股票的性质

股票以法律形式确定了股份有限公司的自有资本以及公司与股东之间的经济关系,具有特定的法律意义。股票的法律性质主要表现在以下几个方面。

(1)股票是反映财产权的有价证券。股票是一种代表财产权的有价证券,代表着股东获取股份有限公司按规定分配股息和红利的请求权。虽然股票本身没有价值,但股票代表的请求权却可以用财产价值来衡量,因而可以在证券市场上买卖和转让。

(2)股票是证明股东权的法律凭证。股票持有者作为股份有限公司的股东,相对于公司及公司财产,享有独立的股东权。股东权是一种综合权利,包括出席股东大会、投票表决、任免公司管理人员等“共益权”以及分取股息红利、认购新股、分配公司剩余财产等“自益权”。股票便是证明这些权利的法律凭证。法律确认并保护持有股票的投资者以股东的身份参与公司的经营决策,或者凭借手持的多数股票控制股份有限公司。公司必须依法服从股东权,执行股东大会的决策意志。

(3)股票是投资行为的法律凭证。对发行者来说,股票是筹集自身资本的手段;对认购者来说,购买股票则是一种投资行为。股票就是用来证明这种筹资和投资行为的法律凭证,或者说是投资和吸引投资的法律依据。

2.1.2 股票的特征

在市场经济运行中,股票具有以下特征。

(1)收益性。收益性是指持有者凭其持有的股票,有权按公司章程从公司领取股息和红利,获取投资收益的性能。认购股票就有权享有公司的收益,这既是股票认购者向公司投资的目的,也是公司发行股票的必备条件。

股票收益的大小取决于公司的经营状况和盈利水平。一般情况下,投资股票获得的收益要高于银行储蓄的利息收入,也高于债券的利息收入。

股票的收益性还表现在持有者利用股票可以获得价差收入和实现货币保值。也就是说,股票持有者可以通过低进高出赚取价差利润;或者在货币贬值时,股票会因为公司资产的增值而升值,或以低于市价的特价或无偿获取公司配发的新股而使股票持有者得到利益。

(2)风险性。股票的风险性是与股票的收益性相对应的。认购了股票,投资者既有可能获取较高的投资收益,同时也要承担较大的投资风险。

在市场经济活动中,由于多种不确定因素的影响,股票的收益是一个事先难以确定的动态数值,它要随公司的经营状况和盈利水平而波动,同时也受到股票市场行情的影响。公司经营得越好,股票持有者获取的股息和红利就越多。反之,公司经营不善,股票持有者能分得的盈利就会减少,甚至无利可分,这样,股票的市场价格就会下跌,股票持有者就会因股票贬值而遭受损失。如果公司破产,则股票持有者连本金也保不住。由此可见,股票的风险性是与收益性并存的,股东的收益在很大程度上是对其所担风险的补偿。股票收益的大小与风险的大小成正比。

(3)稳定性。稳定性包含两方面的含义:①股东与发行股票的公司之间存在稳定的经济关系;②通过发行股票筹集到的资金使公司有一个稳定的存续时间。

股票是一种无期限的法律凭证,它反映着股东与公司之间比较稳定的经济关系;同时,投资者购买了股票就不能退股,股票的有效存在是与公司的存续期间相联系的。对于认购者来说,只要其持有股票,公司股东的身份和股东权益就不能改变;同时,股票又代表着股东的永久性投资,他只有在股票市场上转让股票才能收回本金。对公司来说,股票则是筹集资金的主要手段,由于股票始终置身于股票交易市场而不能退出,因此,通过发行股票所筹集到的资金在公司存续期间就是一笔稳定的自有资本。

(4)流通性。股票具有很高的流通性。在股票交易市场上,股票可以作为买卖对象或抵押品随时转让。股票转让意味着转让者将其出资金额以股价的形式收回,而将股票所代表的股东身份及各种权益让渡给了受让者。

流通性是股票的一种基本特征。股票的流通性是商品交换的特殊形式,持有股票类似于持有货币,随时可以在股票市场兑现。股票的流通性促进了社会资金的有效利用和资金的合理配置。

除此之外,股票在运用过程中,还引申出了后面三个区别于其他有价证券的特征。

(5)股份的伸缩性。这是指股票所代表的股份既可以拆细,又可以合并。

①股份的拆细,即将原来的1股分为若干股。股份拆细并没有改变资本总额,只是增加了股份总量和股权总数。当公司利润增多或股票价格上涨后,投资者购入股票所需的资金增多,股票市场交易就会发生困难。在这种情况下,就可以将股份拆细,即采取分割股份的方式来降低单位股票的价格,以争取更多的投资者,扩大市场的交易量。

②股份的合并,即将若干股股票合并成较少的几股或1股。股份合并一般是在股票面值过低时采用。公司实行股份合并主要出于如下原因:公司资本减少,公司合并或是股票市价由于供应减少而回升。

(6)价格的波动性。股票价格的高低不仅与公司的经营状况和盈利水平紧密相关,而且与股票收益与市场利率的对比关系密切相连。此外,股票价格还会受到国内外经济、政治、社会以及投资者心理等诸多因素的影响。

(7)经营决策的参与性。根据有关法律的规定,股票的持有者即是发行股票公司的股东,有权出席股东大会,选举公司的董事会,参与公司的经营决策。股票持有者的投资意志和享有的经济利益,通常是通过股东参与权的行使而实现的。股东参与公司经营决策的权利大小,取决于其所持有的股份的多少。从实践中看,只要股东持有的股票数额达到决策所需的实际票数时,就能成为公司的决策者。

2.2 股票的种类

随着现代股份公司制度的不断发展完善以及投资者不断提出的投资要求,股票的形式与内容也发生了千变万化。目前的股票种类纷繁复杂,按照不同的分类方法可分出若干种。

2.2.1 按股东的权益分类

1. 普通股

普通股是指在公司的经营管理和盈利及财产的分配上享有普通权利的股份,代表满足所有债权偿付要求及优先股东的收益权与求偿权要求后对企业盈利和剩余财产的索取权。它构成了公司资本的基础,是股票的一种基本形式,也是发行量最大、最为重要的股票。按照《公司法》的规定,普通股股票持有者按其所持有的股份比例享有以下基本权利。

(1)公司决策参与权。普通股股东有权参加股东大会,在股东大会上可以就公司的财务报表和经营状况进行审查,对公司的投资计划和经营决策有发言权、建议权,有权选举董事和监事成员，对公司的合并、解散、公司章程修改及利润分配方案等具有广泛的表决权。普通股股东通过参加股东大会体现其享有公司所有权的地位，并参与公司的重大决策。股东若不参加股东大会，可填写投票委托书，委托代理人来行使其投票表决权。

（2）盈余分配权。普通股在公司盈利分配上位于优先股之后，普通股的股利完全取决于公司盈利情况及其分配政策。一般来说，公司盈利多，股利就高；反之则少，若公司亏损则可能分文没有。这种股利收益的不固定，正是普通股的重要特点。所以在证券投资中，投资普通股的风险最大。但若公司获高额利润，普通股股东可获得高额股利，有权享受利润增长所带来的利益，而一般优先股就无此项权利。

（3）剩余资产分配权。当公司因各种原因破产或需要清算时，若公司的资产在偿付债权人和优先股股东的求偿权后还有剩余，普通股有权按照股份比例取得剩余资产的权利。若清算后无剩余，普通股则只能甘受损失。

（4）优先认购权。它是指当公司增发普通股票时，现有普通股股东有权按其持股比例，以低于市价的某一特定价格优先购买一定数量的新发行股票，从而维持其在公司的权利和收益。享有优先认股权的股东有以下三种选择：①可以行使认购权，认购新发行的股票；②可以出售认股权，从中获得补偿或取得收益，正是由于认股权可以转让，就使得它有了价格，由此派生出又一个证券投资内容——认股权证交易；③可以放弃认购新股的权利而听任优先认股权过期失效。

2. 优先股

优先股源于欧洲，英国在16世纪就已发行过优先股。优先股与普通股相对应，是指股东享有某些优先权利（如优先分配公司盈利和剩余财产权）的股票。对于投资者来说，优先股比普通股安全、风险小、收入稳定且收益比债券高，因此很有吸引力。优先股的优先权主要表现在以下两个方面。

（1）领取股息优先。优先股有固定的股息，不随公司业绩好坏而波动，并且可以优先于普通股股东领取股息。无论公司经营状况好坏和利润多少，优先股都可以按照预先确定的股息率领取股息，即使普通股减少或没有股利，优先股也不会受损。但是当公司无股息可分或股东大会决定当年不分配股息时，优先股在当年也有可能分不到股息。另外，优先股一般不参加公司的红利分配，当公司经营良好、利润激增时，优先股的股息不会因此而提高，而普通股的收益却可以大增。

（2）分配剩余资产优先。当公司破产进行财产清算时，优先股股东对公司剩余财产有优先于普通股股东的要求权。但优先股持股人无表决权，不能借助表决权参加公司的经营管理，并且在股份公司发行新股票时，优先股没有普通股那样的优先认购权。

优先股又可以分为以下几种类型。

①累积优先股与非累积优先股。累积优先股是指历年股息累积发放的优先股。当公司年度没有盈利因而不能分派股息，或者盈利不足以满额分派股息，公司可以把这一年中未支付的股息累积下来，待以后年度一并支付。非累积优先股则以当年公司所得盈利为限分派股息，对于未发或未发足的股息部分以后也不再补发。

②参与优先股与非参与优先股。参与优先股是指优先股除了按规定取得固定的股息外，还有权与普通股一起参与公司本期剩余盈利分配。非参与优先股是指在优先分得事先

规定的股息外,不再参与剩余利润的分配。由于参与优先股对普通股股东的利益有很大影响,所以大多数优先股属于非参与优先股。

③可转换优先股和不可转换优先股。可转换优先股是指优先股发行后,按公司章程规定,持有者可以将一定比例的优先股转换成普通股。反之,不能转换成普通股的优先股称为不可转换优先股。

3. 其他股票

(1)决议权股。决议权股指的是股份公司对特定股东不给予多数表决权,而一般股票赋予股东一股一权。决议权股在其他方面并无任何优先利益。决议权股一般在合资公司为了限制外国持股人对本国产业的支配权而发行。

(2)无决议权股。无决议权股即对公司一切事物都无表决权的股票。

(3)否决权股。否决权股即只对指定的议案有否决权的股票。

2.2.2 按股票的面额形态分类

1. 记名股票和不记名股票

按照是否在票面上记载股东的姓名,股票可分为记名股票和不记名股票。

记名股票是指将股东姓名记载在股票票面和股东名册上的股票。认购记名股票,认购者的姓名不仅要载入股票票面,还要载入发行该股票的股份有限公司的股东名册。如果股票是归一人单独所有的单有股,就记载持有人的本名;如果股票是数人共同持有的共有股,则要记载各共有人的姓名;如果股票为国家机构或法人持有,则应记载国家机构或法人的名称,不得另立户名,也不能仅记载法定代表人的姓名。

不记名股票是指股票票面不记载股东姓名的股票,又称无记名股票。与记名股票相比,只是存在记载姓名与否的差别,股东所有权的内容并没有变化。不记名股票由两部分构成:一部分是股票的主体,记载诸如公司名称、地址、资本总额、股票所代表的股数等事项;另一部分是股息票,用于结算股息和行使增资权利。

2. 有面值股股票和无面值股股票

按照有无票面价值划分,股票可分为有面值股股票和无面值股股票。

有面值股股票是指在股票票面上记载一定金额的股票,也称有面额股股票。有面值股股票的发行价格可以与股票票面金额相一致,法律上也允许以高于票面金额的价格溢价发行,但一般都不允许以低于票面金额的价格折价发行。

无面值股股票是指股票票面不记载金额的股票,也称无面额股股票。这类股票不标明固定的金额,但要在票面上表示其在公司资本金额中所占的比例,所以,它又被称作比例股股票。无面值股股票并不是说股票没有票面价值,只是由于公司经营状况不断变动,公司资产总额经常发生变化,股票的价值也随公司实际资产的增减而升降。

无面值股股票具有其独特的特点,主要体现在:①发行价格更为灵活和自由。无面值股股票没有票面金额的限制,其发行价格可以自由确定,还能随公司的经济效益浮动。②便于进行股份分割。这类股票没有票面金额的限制,可以顺利地分割股份,划分股东。

3. 实体股票与记账股票

实体股票是指股份公司向股东发放纸制的票券作为持有股份的表现形式。记账股票是指不发行投票实体,只作股东名册登记的股票。记账股票仅限于记名股票使用。在现代证券市场上,很多交易所都借助大型计算机网络进行股份登记和股票交易,股票不再具有纸制票券的形式,而以电子符号的形式存在,人们也将其称为电子股票。

2.2.3 按照股票的收益能力和风险特征分类

1. 蓝筹股

“蓝筹”一词源于西方赌场,在西方赌场中,有三种颜色的筹码,其中蓝色筹码最为值钱,红色筹码次之,白色筹码最差,投资者把这些行话套用到股票上。在股票市场上,投资者把那些在其所属行业内占有重要支配性地位,业绩优良、成交活跃、红利优厚的大公司股票称为蓝筹股。蓝筹股并非一成不变,随着公司经营状况的改变及经济地位的升降,蓝筹股的地位也会变更。

2. 成长股

成长股是由一些正处于高速发展阶段的公司发行的股票。由于发行这种股票的公司正处于上升阶段,其销售收益处于上涨态势。公司在今后有足够的实力获得大的发展并能长期为股东带来投资收益。这类公司注重科研,会在留存大量收益时进行再投资来满足发展的需要,有大展宏图之势。购买这种股票,其股利虽然近期并不很高,但它们的股票极具成长潜力,投资者坚信它的市场价格能随着公司的发展壮大不断提高,投资者可以获得长远的利益。

3. 收入股

收入股是指当前能发放较高股利的股票。发行收入股的企业一般处于成熟阶段,无须新的投资项目,且具有较好的盈利能力。收入股留存较少,大量的利润被用作股利的分配。因其收益稳定且无须专业投资知识,一般受妇女、老年人、退休者和一些法人团体的欢迎。

4. 周期股

周期股是指那些收益随商业周期波动的股票。在西方,人们认为钢铁、机械制造、建材等行业的股票属于周期性股票。

5. 防守性股票

防守性股票是指在任何经济波动条件下收益都比较稳定的股票。这种股票与周期股票正好相反,在商业条件恶化时,它的收益要比其他股票优厚并且较为稳定。水、电和交通等公用事业公司发行的股票就属于此类。

6. 投机性股票

投机性股票是指那些价格变化大、幅度大、发展前景很难确定的股票,是由一些盈利情况极不稳定且未来收入难以确定的公司发行的。由于这种股票价格波动大且涨落频繁,给证券投机者赚取巨额差价带来了极大的可能性,因此,这种股票备受偏好高风险的证券投机者青睐。

2.3 中国现行的股票种类

2.3.1 按投资主体分类

1. 国有股

国有股又称国家股，是指有权代表国家投资的部门或者机构，以国有资产向股份有限公司投资形成的股票。国家股一般是指国家投资或国有资产经过评估并经国有资产管理部门确认的国有资产折成的股份。国有股的股权所有者是国家，国有股的股权由国有资产管理机构或其授权单位、主管部门行使国有资产的所有权职能。国有股股权也包含国有企业向股份有限公司形式转换时，现有国有资产折成的国有股份。

我国国有股的构成，从资金来源看，主要包括三部分：①国有企业由国家计划投资所形成的固定资产、国拨流动资金和各项专用拨款；②各级政府的财政部门、经济主管部门对企业的投资所形成的股份；③原有行政性公司的资金所形成的企业固定资产。

关于国有股的形式，在由国家控股的企业中，国有股应该是普通股，从而有利于国家控制和管理该企业；在不需要国家控制的中小企业中，国有股应该是优先股或参加优先股，从而有利于国家收益权的强化和直接经营管理权的弱化。

国有股股权的转让，应该按照国家的有关规定进行。

2. 法人股

法人股股票是指企业法人以其依法可支配的资产向股份公司投资形成的股票，或者具有法人资格的事业单位或社会团体以国家允许用于经营的资产向股份公司投资所形成的股票。

法人股是法人相互持股所形成的一种所有制关系，法人相互持股则是法人经营自身财产的一种投资方式。法人股股票，应记载法人名称，不得以代表人姓名记名。法人不得将其所持有的公有股份、认股权证和优先认股权转让给本法人单位的职工。

法人股主要有两种形式：①企业法人股，是指具有法人资格的企业把其所拥有的法人财产投资于股份公司所形成的股份。②非企业法人股，是指具有法人资格的事业单位或社会团体以国家允许用于经营的财产投资于股份公司所形成的股份。

3. 社会公众股

社会公众股是指股份公司公开向社会募集发行的股票，向社会所发行的部分不少于公司拟发行的股本总额的25%。这类股票是市场上最活跃的股票，它发行完毕一上市，就成为投资者可选择的投资品种。

4. 外资股

外资股是指外国和我国香港、澳门、台湾地区投资者以购买人民币特种股票的形式向境内外上市的中国股份公司投资所形成的股份，它分为境内上市外资股和境外上市外资股两种形式。

(1)境内上市外资股。境内上市外资股又称B种股票，是指以人民币标明票面价值，以外币认购,供境内外投资者买卖的股票。境内外资股在境内进行交易买卖。上海证券交易所的 B 股是以美元交易;深圳证券交易所的 B 股是以港币交易。

(2)境外上市外资股。境外上市外资股是指股份有限公司向境外投资者募集并在境外上市的股份。它也采取记名股票形式,以人民币标识,以外币认购。目前境外上市外资股常见有三种,它们分别是 H 股、N 股、S 股。

2.3.2 按上市地点和投资者不同分类

1. A 股

A 股的正式名称是人民币普通股票。由我国境内公司对境内自然人和法人(不包括台湾、香港、澳门地区投资者)发行的股票统称为 A 股。它以人民币标明面值,在境内上市,用人民币认购和交易。

2. B 股

B 股的正式名称是人民币特种股票,为境内上市外资股,是指股份有限公司向境外投资者募集并在我国境内上市的股份。它也以人民币标明股票面值,在境内上市,但它是对境外自然人和法人(包括外国和我国香港、澳门、台湾地区的法人和自然人)发行,以外币认购、买卖的股票,故属于外资股。B 股公司的注册地和上市地都在境内。经国务院批准,中国证监会决定自 2001 年 2 月下旬起,允许境内居民以合法持有的外汇开立 B 股账户,交易 B 股股票。自从 B 股市场对境内投资者开放之后,境内投资者逐渐取代境外投资者成为投资主体,B 股发生了由"外资股"演变成"内资股"的趋向,B 股的"吸引外资"性质也发生了变化。

3. H 股

H 股是境内公司发行的以人民币标明面值,供境外投资者用外币认购,在香港联合交易所上市的股票。在香港上市的外资股称为 H 股。在伦敦上市的外资股称为 L 股。

4. N 股

N 股是以人民币标明面值,供境外投资者用外币认购,获纽约证券交易所批准上市的股票。目前几乎所有的外国公司(即非美国公司,但不包括加拿大公司)都采用存托凭证(ADB)形式,而非普通股的方式进入美国市场。存托凭证是一种以证书形式发行的可转让证券,通常代表一家外国公司的已发行股票。

5. S 股

S 股是相对于那些通过间接途径(如反向收购)到新加坡上市的我国公司股票而言的,它指公司在我国注册,通过中国证监会正式批准,直接到新加坡上市的公司股票。

2.3.3 其他分类

1. S 股、ST 股与 * ST 股

S 股是指上市公司还没有完成股改的股票。ST 股是指上市公司经营连续两年亏损,已经被特别处理的股票。ST 就是特别处理的含义。* ST 股是指上市公司经营连续 3 年亏损,被退市预警,有退市风险的股票。

2. PT 股

PT 是英文 Particular Transfer(特别转让)的缩写。依据《公司法》和《证券法》规定,上市

公司出现连续3年亏损等情况，其股票将暂停上市。沪深交易所从1999年7月9日起，对这类暂停上市的股票实施特别转让服务，并在其简称前冠以“PT”，称之为PT股。

PT股的投资者只限定在周五9:30开市时间内申报转让委托（不是通常意义上的买卖，是转让），申报转让价格为上一次转让价的上下5%。周五9:30开市后只接受申报委托，不进行买卖，待15:00收市后将有效申报按集合兑价法进行撮合成交，然后再告知成交回报结果。因此，投资者的成交不是在正常交易时间内，也不是连续的，而是在周五15:00收市，是一次性的。未撮合成交的申报单无效，要等待下个周五再重新申报。转让信息在各证券营业部的行情显示栏中无显示，仅在周六指定报刊中公告。PT股期间，公司其他权利义务不变。PT类股票的交易自2002年5月1日起已停止。

【参考案例】

案例一 股票的历史

股票至今已有400多年的历史，它伴随着股份公司的出现而出现。随着企业经营规模的扩大与资本供给的不足，要求通过一种方式来让公司获得大量的资本金，于是产生了以股份公司形态出现的、股东共同出资经营的企业组织。股份公司的变化和发展产生了股票形态的融资活动，股票融资的发展产生了股票交易的需求，股票的交易需求促成了股票市场的形成和发展，而股票市场的发展最终又促进了股票融资活动和股份公司的完善及发展。

股票最早出现于资本主义国家。由于股票能够有效积聚社会闲散资金，从而成为早期资本主义国家殖民扩张的工具。世界上最早的股份有限公司制度诞生于1602年在荷兰成立的东印度公司。在股份公司这种企业组织形式出现以后，很快为资本主义国家广泛利用，成为资本主义国家企业组织的重要形式之一。伴随着股份公司的诞生和发展，以股票形式集资入股的方式也得到发展，并且产生了买卖交易、转让股票的需求。这样，就带动了股票市场的出现和形成，并促使股票市场得到完善和发展。1611年，东印度公司的股东在阿姆斯特丹股票交易市场进行了股票交易，后来有了专门的经纪人撮合交易。阿姆斯特丹股票交易市场形成了世界上第一个股票市场。目前，股份有限公司已成为最基本的企业组织形式之一，股票已成为大企业筹资的重要渠道和方式，也是投资者投资的基本选择方式，股票市场包括股票的发行和交易，与债券市场成为证券市场的重要组成部分。

（资料来源：作者根据书籍资料整理而成。）

案例二 我国的股权分置改革

由于历史原因，我国证券市场存在股权分置现象。股权分置是指A股市场上的上市公司股份按能否在证券交易所上市交易，被区分为非流通股和流通股，这是我国经济体制转轨过程中形成的特殊问题。股权分置不能适应资本市场改革开放和稳定发展的要求，必须通过股权分置改革，消除非流通股和流通股的流通制度差异。

2004年颁布的《国务院关于推进资本市场改革开放和稳定发展的若干意见》中明确指出，应“积极稳妥解决股权分置问题”，提出“在解决这一问题时要尊重市场规律，有利于市场的稳定和发展，切实保护投资者特别是公众投资者合法权益”的总体要求。2005年4月29日，经国务院批准，中国证监会发布《关于上市公司股权分置改革试点有关问题的通知》，启动了股权分置改革的试点工作。经过两批试点，取得了一定经验，具备了转入积极稳妥推进的基础和条件。经国务院批准，2005年8月23日，中国证监会、国务院国有资产监督管理委员会、财政部、中国人民银行、商务部联合发布《关于上市公司股权分置改革的指导意见》，9月4日，中国证监会发布《上市公司股权分置改革管理办法》，我国的股权分置改革进入全面铺开阶段。

上市公司股权分置改革是通过非流通股股东和流通股股东之间的利益平衡协商机制，消除A股市场股份转让制度性差异的过程，是为非流通股可上市交易作出的制度安排。上市公司股权分置改革遵循公开、公平、公正原则，由A股市场相关股东在平等协商、诚信互谅、自主决策的基础上进行。中国证监会依法对股权分置改革各方主体及其相关活动实行监督管理，组织、指导和协商推进股权分置改革工作。证券交易所根据中国证监会的授权和有关规定，对上市公司股权分置改革工作实施一线监管，协调指导上市公司股权分置改革业务，办理非流通股份可上市交易的相关手续。

公司股权分置改革的动议，原则上应当由全体非流通股股东一致同意提出。非流通股股东提出改革动议，应委托公司董事会召集A股市场相关股东举行会议，审议公司股权分置改革方案。改革方案应当兼顾全体股东的即期利益和长远利益，有利于公司发展和市场稳定，并可根据公司实际情况，采用控股股东增持股份、上市公司回购股份、预设原非流通股股份实际出售的条件、预设回售价格、认沽权等具有可行性的股价稳定措施。相关股东会议投票表决改革方案，需经参加表决的股东所持表决权的2/3以上通过，并经参加表决的流通股股东所持表决权的2/3以上通过。改革方案获得相关股东会议表决通过，公司股票复牌后，市场称这类股票为“G股”。改革后公司原非流通股股份的出售，应当遵守以下规定：自改革方案实施之日起，在12个月内不得上市交易或转让；持有上市公司股份总数5%以上的原非流通股股东在上述规定期满后，通过证券交易所挂牌交易出售原非流通股股份，出售数量占该公司股份总数的比例在12个月内不得超过5%，在24个月内不得超过10%。

股权分置改革是为解决A股市场相关股东之间的利益平衡问题而采取的举措，对于同时存在H股或B股的A股上市公司，由A股市场相关股东协商解决股权分置问题。

证券监督管理机构将根据股权分置改革进程和市场整体情况，择机实行“新老划断”，即对首次公开发行公司不再区分流通股和非流通股。

截至2006年底，沪、深两市已完成或者进入股权分置改革程序的上市公司共1 301家，占应改革上市公司的97%，对应市值占比98%，未进入改革程序的上市公司仅40家。为落实中国证监会对未股改公司实施差异化制度安排的有关精神，充分揭示存在基础制度缺陷的未股改公司风险，实现市场优胜劣汰，切实保护投资者权益，根据市场实际情况，上海证券交易所和深圳证券交易所决定调整有关公司股票简称前的标记。对于已完成股权分置改革、股票简称前冠以“G”的公司，其股票简称取消“G”标记，恢复冠以“G”标记以前的股票简称。对于尚未进行股权分置改革或者已进入改革程序但尚未实施股权分置改革方案的公司，在行情显示该股票简称前冠以“S”标记。两所决定于2007年1月8日起对未完成股权分置改革的上市公司股票（即S股）的涨跌幅比例统一调整为5%，同时对该类股票采取与ST、*ST股票相同的交易信息披露制度。这是沪、深两市对未股改公司采取的特别的差异化制度安排。

股权分置改革基本完成和其他市场化改革措施的实施，解决了长期影响我国资本市场健康发展的重大历史遗留问题，理顺了市场机制，释放了市场潜能，使资本市场融资和资源配置功能得以恢复，并引领资本市场活跃向上。更为重要的是，资本市场已经开始对中国经济社会产生重要影响，已经令中国社会各个层面感受到了其给经济发展带来的活力。

（资料来源：《北京商报》，2008-06-18。）

案例三　郁金香泡沫

郁金香泡沫又称郁金香效应，是人类历史上第一次有记载的金融泡沫。

16世纪中期，郁金香从土耳其被引入西欧，不久，人们对这种植物产生了狂热的兴趣。到17世纪初期，一些珍品卖到了不同寻常的高价，而富人们也竞相在他们的花园中展示最新和最稀有的品种。到17世纪30年代初期，这一时尚导致了一场经典的投机狂热。人们购买郁金香已经不再是为了其内在的价值或作观赏之用，而是期望其价格能无限上涨并因此获利，这种总是期望有人愿意出更高价的想法，长期以来被称为投资的博傻理论。

1635年，一种叫Childer的郁金香品种单株卖到了1 615弗罗林（荷兰货币单位）。如果你想搞清楚这样一笔钱在17世纪早期荷兰的经济中是什么价值，你只需要知道4头公牛（与一辆拖车等值）仅要花费480弗罗林，而1 000磅奶酪也仅需花费120弗罗林。可是，郁金香的价格还在继续上涨。第二年，一株稀有品种的郁金香（当时的荷兰全境只有两株）以4 600弗罗林的价格售出。除此以外，购买者还需要额外支付一辆崭新的马车、两匹灰马和一套完整的马具。当人们意识到这种投机并不创造财富，而只是转移财富时，总有人会清醒过来，到这个时候“郁金香泡沫”就该破灭了。在某个时刻，当某个无名小卒卖出郁金香——或者更有勇气些，卖空郁金香时，其他人就会跟从，很快，卖出的狂热与此前购买的狂热不相上下。于是，价格崩溃了，成千上万的人在这个万劫不复的大崩溃中倾家荡产。

（资料来源：作者根据书籍资料整理而成。）

案例四　日本泡沫经济

在第二次世界大战后，日本经济遭受严重打击，为了支持企业恢复生产，日本政府推出扶植和保护银行顺利营运的优惠措施。由于企业生产处于恢复阶段，企业利润留存严重不足，从而决定了当时以间接金融为主、直接金融为辅的金融政策，银行成为企业发展资金的主要提供者。为此，政府对金融业进行严格管制，同时也高度保护金融业，银行业在经济中发挥着关键的作用。这种金融体制使日本战后的经济得以突飞猛进地发展，但日本银行业分工过细和政府的过度保护，导致银行业出现管理呆板、竞争力差和活力不足等诸多弊端，尤其是随着经济走向成熟化，其体制的负面作用更加显著。

自20世纪80年代中期以来，日本经济急剧增长，外贸顺差逐年增加，日本中央银行一直采取低利率政策，主要是为了刺激企业长期投资和挽救深受不良债权困扰的金融机构。但是，低利率政策也带来了一些负面效应，低利率和股市的低迷导致国内日元资产的运用几乎无利可图，与此同时，美国的利率处于较高水平，吸引了大批日本投资者将日元换成美元，购买美国债券和股票，从而造成日元资产大幅外流。

1985年9月22日，西方五国财长聚首于纽约，签订了旨在扭转美元升值局面的《广场协议》。此后,西方各主要国家在外汇市场上大规模抛售美元,造成美元大幅下跌,而日元汇率大幅上升,引起了日元货币供应量的膨胀。1987—1990 年期间,日本货币供给量的增长率达到 10% 以上。从 1984 年开始,日本经济出现衰退。日本大藏省实行了大规模的缓和金融政策,中央银行的贴现率从 1985 年 1 月起连续 5 次降低,由 5% 降低到 1987 年的 2.5%。低利率和充足的货币供给为金融泡沫的产生创造了条件,大量资产流向股票市场导致股票价格迅速上升。

20 世纪 80 年代中期,日本企业在财务战略上的技术革新,促使企业将资金用于金融投资,以获取高额利润,导致企业一方面将充裕的资金投向股市和房地产市场,以获取更大收益,另一方面又趁股市上升之际,从金融市场上筹集更多的资金。企业筹集的资金并未完全用到长期投资上,很大一部分又流向股市和房地产市场,从而进一步促进了泡沫的膨胀。由于企业通过金融市场可以获得廉价资金,作为金融中介的银行业便要为自己的资金寻找投资机会。一方面,银行业直接或间接地将资金投向证券市场或房地产市场;另一方面,银行业极力开发信贷市场,积极推销土地抵押贷款和股票抵押贷款。不动产抵押贷款在银行信贷余额中所占的比重由 1984 年的 17% 上升到 20% 左右。企业资金和银行资金进入股市和房地产市场,导致了两市价格一路飙升,由此又吸引了大量居民储蓄资金进入房地产市场和金融市场,日本的金融泡沫因此迅速膨胀起来。

据估计 1990 年日本土地总市值达到 15 万亿美元,是面积比日本大 25 倍的美国土地资产总值的 4 倍,相当于日本当年国内生产总值的 5 倍多。

在土地价格暴涨的同时,日本股票市场的日经指数也飞速上升。1985 年日经指数为 12 000 点上下,1989 年为 39 000 点,股票市价总值从 1985 年底的 224.2 万亿日元升至 1989 年底的 894.9 万亿日元,增加了 3 倍,是当年名义 GDP(402 万亿日元)的 2.23 倍。据统计,1985—1989 年期间,在东京证券交易所上市的制造业企业,本业利润为 1.25 万亿日元,但在房地产市场和股票市场上的收入却达到 1.91 万亿日元。

日本从 1986 年以来实行低利率政策,由于国际协作的需要一直未能采取紧缩政策,日本银行在 1989 年针对 2% 的通货膨胀率才将再贴现利率提高到 4.25%,直至连续 5 次调高利率,投资者的信心因此遭到严重打击,股票价格开始暴跌,日经指数在 1992 年 8 月跌破 15 000 点大关。由前面的分析可知,金融泡沫破灭与房地产泡沫具有内生关系,因而金融泡沫的破灭也就导致房地产泡沫破灭。日本东京的房地产价格一路下滑,到 1997 年,商业用地价格下跌了 72%,住宅用地价格下跌了 55%。至此,日本经济泡沫已经破灭。资产价格泡沫的破灭直接导致了日本的经济衰退和企业破产。

(资料来源:作者根据书籍资料整理而成。)

重要概念

股票	普通股	优先股	国有股
法人股	社会公众股	A 股	B 股

复 习 思 考

(1)什么是股票？它有哪些特性？

(2)普通股的权益有哪些？它和优先股的区别是什么？

(3)优先股一般具有哪些优先权利？公司为什么要发行优先股？

(4)股东拥有新股优先认购权后,其处理权利的方式有几种？

(5)我国现行的股票有哪些类型？

(6)试述我国股权分置改革的现实意义。

第3章 债　　券

【学习目标】

- 掌握债券的基本含义和特征。
- 理解债券和股票两种主要投资工具的区别。
- 熟悉债券的基本分类。
- 知晓中国债券市场发展及分类情况。

3.1 债券的含义与特征

3.1.1 债券的含义

债券是一种有价证券,是社会各类经济主体(包括政府、金融机构、各类工商企业)为筹措资金而向债券投资者出具的,并且承诺以一定利率定期支付利息和到期偿还本金的债权债务凭证。购买债券实际上就是把钱借给债券的发行者,从这个意义上说,债券的性质跟借款收据是一样的。但是,债券通常有固定的格式,较为规范,因此持券人可以在债券到期前随时把债券卖给第三者,而借款收据就不能做到这一点。由于债券的利息都是事先固定的,所以,债券又叫做固定利息证券。

债券反映了一种法律和信用的经济权益关系,债务人有权利使用借款,但是也有按照约定条件偿还借款本金利息的义务。债权人拥有要求债务人履行义务的权利。

债券的定义包含四个方面的内容:债券的发行人、债券投资者、利用他人资金的条件、债权债务法律关系。

(1)债券的发行人是债务人,是借入资金的经济主体;

(2)债券的投资者是债权人,是出借资金的经济主体;

(3)债务人利用债权人资金的条件是承诺在一定时期付息还本;

(4)债券反映债权债务关系,是这一关系的法律凭证,在出现纠纷时,债券是法律依据。

3.1.2 债券的票面要素

1. 债券的票面价值

债券的票面价值包括债券的票面货币币种和票面金额两个因素。

债券的票面货币币种是指债券以何种货币作为其计量单位,要依据债券的发行对象和实际需要来确定,若发行对象是国内有关经济实体,可以选择本币作为债券价值的计量单位;若发行对象是国外的有关经济实体,可以选择发行地国家的货币或者国际通用货币作为债券价值的计量单位。

债券的票面金额要依据债券的发行成本、发行数额和持有者的分布来确定。

2. 债券的价格

(1)债券的发行价格。债券发行时确定的价格,可能不同于债券的票面金额,当债券的发行价格高于票面金额时,称为溢价发行;当债券的发行价格低于票面金额时,称为折价发行;当两者相等时,称为平价发行。选择何种方式取决于二级市场的交易价格以及市场的利率水平。

(2)债券的交易价格。债券离开发行市场进入交易市场时采用的价格,随着利率以及二级市场上的供求关系来决定,通常与票面价值是不同的。

3. 债券的偿还期限

债券的偿还期限是指从债券发行之日起到偿还本息之日的时间。一般可以分为三类:偿还期限在1年以内的是短期债券,偿还期限在1年以上10年以下的是中期债券,偿还期限在10年以上的是长期债券。债券的偿还期限的长短主要取决于债务人对资金的需求、利率变化趋势、证券交易市场的发达程度等因素。

4. 债券的利率

债券的利率是指债券的利息与债券票面金额的比率。影响债券利率高低的因素主要有银行利率、发行者的资信状况、债券的偿还期限以及资本市场资金的供求状况。

其主要关系见表3-1。

表3-1 债券利率高、低的影响因素

因素	债券利率高	债券利率低
市场利率水平	高	低
债券期限	长	短
筹资者资信	低	高

债券利率与期限的关系是较复杂的关系,它们还受其他因素的影响,所以有时也能见到短期债券利率高而长期债券利率低的现象。债券的期限大多较长。但是在我国,由于人们对债券尚未有真正的认识,各种债券尚处在幼年期,因而债券的期限也较短。债券利率有固定利率与浮动利率之分,前者是从发行时确定并延续到债券到期,后者则随某个参照利率(如优惠贷款利率)的变动而变动。债券的以上四个基本要素可能并不全都记载在票面上,同时,票面上可能记载有不止以上四个要素,还可能记载其他一些事项。

3.1.3 债券的基本特征

债券和股票是有价证券的两个基本构成要素，它们有许多共同点。但债券也有其自身的特性，这些特性主要表现在以下几个方面。

(1)偿还性。偿还性是指债券必须按照规定，在债券到期限时，由债务人按期向债权人支付利息并偿还本金。但是在历史上，英、法等国家在战争期间为了筹措经费发行过的无期公债或者永久公债是例外，这种公债不规定到期时间，债权人也不能要求清偿，只能按期支付利息。

(2)流动性。流动性是指债券能迅速转变为货币而又不会在价值上蒙受损失的一种能力。一般来说，如果一种债券在持有期内不能够转化为货币，或者转化为货币需要较大的成本，比如交易成本或者资本损失，这种债券的流动性就比较差。流动性一般与发行者的信誉和债券的期限紧密相关。

(3)安全性。债券安全性是相对于债券价格下跌的风险性而言的。一般来说，具有高流动性的债券其安全性也较高。注意这里的安全性是相对股票而言的，并不是说债券是绝对安全、没有风险的，导致债券价格下跌的风险主要有两种：一种是信用风险，指债权人不能按期支付利息和偿还本金的风险；另一种是市场风险，指债券的市场价格因为利率的上升而跌落的风险。

(4)收益性。收益性是指债券能为投资者带来一定的收入。这种收入主要有两种：一种是投资者按照债券的规定取得稳定的利息收入；另一种是投资者在市场上买卖债券取得的资本收益，但主要表现为利息。

债券的偿还性、流动性、安全性与收益性之间存在着一定的矛盾，一般来讲，一种债券难以同时满足上述四个特征。如果债券的流动性强，安全性就强，人们便会争相购买，于是该种债券的价格就上升，收益率下降；反之，如果某种债券的流动性差，安全性低，那么购买的人就少，债券的价格就低，其收益率就高。对于投资者来说，可以根据自己的财务状况和投资目的来对债券进行合理的选择与组合。

从债券的特征来看，债券区别于股票的最主要的特征是债券具有偿还性和安全性。债券投资不能回收有两种情况：债务人不履行债务和债券在市场上转让时因价格下跌而承受损失。前者就是所说的信用风险，主要与发行者的资信状况与经营状况有关。信用等级高，信用风险就小，信用风险对于每一个投资者来说都是存在的。后者就是所说的市场风险。债券的市场价格与市场利率呈现反方向变化。市场利率上升，债券价格下降；市场利率下降，债券价格上涨。债券的有效期越长，债券价格受市场利率波动的影响就越大，随着债券到期日的临近，债券的价格便趋于债券的票面价值。

3.1.4 债券的性质和功能

1. 债券的性质

(1)债券属于有价证券。债券反映和代表一定的价值，利息是债券投资者收益的价值表现，债券与其代表的权利联系在一起。

(2)债券是一种虚拟资本。债券是实际运用的真实资本的证书，债券的流动并不意味着它所代表的实际资本也同样流动,债券独立于实际资本之外。

(3)债券是债权的表现,不能直接支配财产,除了按期取得利息外,对债务人不能作其他干预。

2. 债券的功能

(1)债券具有融资的功能。债券对于国家、企业和金融机构等债务人来说,是很重要的一种融资工具。债务人通过发行债券,能够较快地筹集到所需要的资金,并且具有筹资成本低、无损公司大股东控制权等优点,通常为资金需求者所青睐。政府发行债券可以弥补财政收支缺口,减少赤字,促进经济建设,使政府对经济调控功能得到发挥。公司或企业可以以此满足其扩大再生产的资金要求,与银行贷款相比,债券使用周期长,稳定性强。金融机构可以通过发行债券获得较为稳定的资金来源,更好地开展各项金融业务。也正因如此,债券成了一种重要的融资工具。

(2)债券是一种很好的投资工具。由于债券收益稳定,风险较小,变现能力强,到期可偿还,因此债券是一种较好的投资对象,尤其对厌恶风险者来说,既可有效规避风险,又可获得稳定的收入。

(3)债券是中央银行宏观调控的重要手段。公开市场业务是中央银行实行货币政策,进行宏观调控的重要手段之一。公开市场业务就是中央银行在证券市场上买卖国债等有价证券,调节货币供应量。当经济过热、需要抽紧银根时,中央银行通过向市场抛售债券,收回一部分货币,缩小社会信用规模,抑制经济过热现象;当经济萧条时,中央银行则买入债券,增加货币投放量,扩大信用规模,刺激经济回升与复苏。

(4)债券流通是优化资源配置的有效杠杆。效益好的企业,其债券通常受投资者欢迎,筹资成本低;而效益差的企业,其债券风险大且不受投资者欢迎,筹资成本高。因此通过债券流通可使社会有限的资金从经济效益差的部门企业向经济效益好的部门企业流动,从而促进产业结构的调整,促进资源优化配置。

3.1.5 债券的偿还方式

1. 到期偿还、期中偿还和展期偿还

到期偿还也叫满期偿还,是指按发行债券时规定的还本时间,在债券到期时一次全部偿还本金的偿债方式。我国发行的许多企业债券和3年期国库券、5年期国库券等,都是在期满后一次还本付息的。采用到期偿还,手续简便,计算方法简单,但是,如果债券发行人在发行债券时考虑不一定全部在到期日还本,就必须在发行前规定特殊的还本条款,采用期中偿还甚至延期偿还。

期中偿还也叫中途偿还,是指在债券最终到期日之前,偿还部分或全部本金的偿债方式。它包括部分偿还和全额偿还两种形式,而在偿还的具体时间上,又有定时偿还和随时偿还的区别。期中偿还的目的主要在于分散债务人到期一次还本的压力,同时在某些情况下也有利于增加对投资者的吸引力。此外,还要对债券的宽限期、偿还率等事先作出规定。债券的宽限期是指债券发行后不允许提前偿还、转换的时间,它一般是根据债券偿还期的长短来确定的。偿还率是指每次偿还的债务金额占发行额的比例。比如,我国1981年至1984年发行的国债,个人购买的部分其实际宽限期为5年,从发行后的第六年开始分5年作 5 次偿还,每次偿还发行额的 20%,也就是偿还率为 20%。

展期偿还是指在债券期满后又延长原规定的还本付息日期的偿债方式,属于延期偿还的一种情况。它适用的场合通常是发行一种附设延期售回条款的债券,这种债券赋予投资者在债券到期后继续按原定利率持有债券,直到一个指定日期或者几个指定日期中的一个日期的权利。延期售回方式对发行者和投资人都有一定的吸引力,它使发行人在需要继续发行债券和投资者愿意继续购买时省去新发债券的麻烦,也使投资者可以据此灵活地调整投资组合的结构。延期偿还的另一种情况是由于债券到期时债务人无力偿还,也不能或者不便借新债还旧债,于是,征得债券持有者的同意,将到期债券予以延期。

2. 部分偿还和全额偿还

在期中偿还情况下,视偿还本金的额度,有部分偿还和全额偿还两种。部分偿还是指从债券发行日起,经过一定宽限期后,按发行额的一定比例陆续偿还,到债券期满时全部还清。不同期限的债券,其宽限期可能不一样,例如,日本公司债券的宽限期曾定为:15 年债券的宽限期为 8 年,12 年债券的宽限期为 5 年,10 年债券的宽限期为 3 年,7 年和 6 年债券的宽限期均为 2 年。这样设置的目的是为了保证这类债券投资的长期性。采用部分偿还方式,减轻了债券发行人一次偿还的负担。

全额偿还是指在债券到期之前,偿还全部本金。债券发行人采用全额偿还,主要有两个方面的目的:其一,债券发行后因各种原因,债务人拥有的资金过剩,而将债务本金全额偿还后,可以避免支付更多的利息。其二,债券发行后,市场利率下降,导致原发行的债券利率过高,如果提前偿还原来发行的全部债券,再发行较低利率的新债,就可以降低筹资成本。

3. 定时偿还和随时偿还

定时偿还也称定期偿还,是指债券宽限期过后,分次在规定的日期,按一定的偿还率偿还本金。一般的做法是在每次利息支付日,连同利息一并向投资者偿还一部分本金,到债券期满时全部还清。定时偿还可以使债券有一个平均偿还年限。在定时偿还中,偿还日期、偿还率、具体偿还方式(如以什么办法决定各张债券的先后偿还次序)等,一般在发行债券时已确定,并在发行公告中说明。

随时偿还也称任意偿还,是指债券宽限期过后,发行人可以自由决定偿还时间,任意偿还债券的一部分或全部。采用这种方式,债券发行人可以根据自己的情况,选择有利的时机偿还债务,因而对发行人较为有利。比如,当市场利率急剧降低并较大幅度地低于未到期债券的票面利率时,发行人便可以从市场上以低利率借入资金偿还原来的高利率债券,从而降低筹资成本。但反过来,在这种情况下,往往使债券投资者失去了将债券持有到期获得高利率的权利,从而蒙受损失。因此,有的国家对采用随时偿还作了专门的规定,设立了一些限制性条款。

4. 抽签偿还和买入注销

抽签偿还是指在期满前偿还一部分债券时,通过抽签方式决定应偿还债券的号码。抽签偿还有一次性抽签和分次抽签两种,前者是对发行的债券在到期前的某个时间集中一次抽签以决定各次还本债券号码;后者是对发行的债券按分批还本次数定期抽签以确定还本债券号码。采用抽签还本方式,债券发行人在发行债券时要规定抽签方式,对中签债券则应按规定的偿还日期予以清偿。债券持有者中签后，也要按规定接受偿还，未中签则不能得到清偿。

买入注销是指债券发行人在债券未到期前按照市场价格从二级市场中购买自己发行的债券而注销债务。在二级市场上，债券价格会受很多因素的影响而波动，因此，债券发行人采用这种偿还方式要选择适当的时机，一般是在债券的市场价格较低的时候进行。买入注销方式使债券发行人在清偿债务方面有了主动性，而同时又不损害债券持有者的利益，因为市场上债券转让遵循买卖自愿的原则。在许多国家，买入注销成为政府债券的一种偿还方式，政府以结余的资金通过中央银行的公开市场业务，在二级市场上陆续收购国债，当这种国债到期时，大部分已被政府持有。

3.1.6　债券与股票的比较

债券与股票一样，都属于有价证券，都是虚拟资本，它们本身都是无价值的，但又都是真实资本的代表，持有债券或股票都拥有取得发行单位一定收益的权利，并能伴随权利上的发生、行使和流通转让活动。两者都在证券市场上交易，并构成了证券市场的两大支柱。两者都是企业筹措资金的手段。但两者也存在以下的不同点。

(1)两者权利不同。债券是债权凭证，债券持有人与债券发行人之间是债权债务关系。股票是所有权凭证，股票所有者是发行股票公司的股东。

(2)两者的目的不同。发行债券是满足公司追加资金的需要，它属于公司的负债，不是资本金，通过债券筹集的资金列入公司负债项目中。股票发行则是股份公司为满足创办企业或扩充资本的需要，将筹措的资金列入公司资本。

(3)两者期限不同。债券一般在发行时都明确规定偿还期限，期满时发行人必须偿还本息。股票一经购买，不能退股，投资人只能通过市场转让的方式收回资金。

(4)两者收益和风险不同。债券有规定的利率，可获得固定利息，相对来说收益比较稳定，风险较小。股票的股息红利是不固定的，一般视公司经营情况而定。

(5)发行主体不同。债券发行主体可以是政府、金融机构或企业。股票发行主体只能是股份有限公司。

(6)两者筹资成本不同。普通股和优先股的股息是不免税的，要从税后收益中支付，即属于税后净收益的分配；而债券的利息是在税前利润中支付的，即利息支付作为费用支出是计入企业成本的，在征税前已被扣除。这就说明，公司用于支付债券利息的税前利润实际是免税的，这使公司的税务负担减轻，降低了税后资金的成本，而支付给投资人的股息则没有税收减免的优势，所以，股票的筹资成本高于债券的筹资成本。

3.2　债券的种类

债券是一种重要的筹资工具，由于它的发行不受发行单位经济性质的限制，再加之适应了债券投资者的需要，因此债券的种类非常多。

3.2.1 债券的基本分类

对债券可以从各种不同的角度进行分类，而且随着人们对资金融通需要的多元化，各种新的债券形式层出不穷。因此，对债券进行分类也就变得越来越复杂。

1. 按照发行主体划分为政府债券、金融债券、公司债券和国际债券

(1)政府债券。政府债券是中央政府和地方政府发行公债时发给债券购买人的一种格式化的债权债务凭证，是各级政府或者由政府提供信用担保的单位发行的债券，是政府承担还款责任的信用凭证。由于是政府作为借款人，因此政府债券具有信用等级高、风险小、安全可靠的特征，而且对政府债券发放的利息收入一般不征税，因此政府债券的利率一般比较低，通常低于金融债券和企业债券的利率。

政府债券又可区分为中央政府债券、地方政府债券和政府保证债券。

中央政府债券又叫国债或者公债，是国家的财政部门发行的，承诺在到期日无条件还本付息的信用凭证，其所筹资金以及还本付息都列入国家财政预算，发行的目的一般是为了弥补财政赤字，维持财政收支平衡，或者是为了进行公共设施建设以及发展基础重点产业。我国的国债可以分为凭证式国债、无记名(实物)国债和记账式国债三种。

地方政府债券是由地方政府发行的债券，其所筹资金以及还本付息列入地方的财政预算。地方政府发行债券的目的是为了进行所辖地区的经济建设。

政府担保债券是政府所属机构发行的由政府担保的债券，这种债券的发行通常具有特殊的目的。

(2)金融债券。这是由银行或非银行金融机构发行的债券。在欧美等国家，银行或者非银行金融机构发行的债券也是公司债券，但是在我国以及日本等国则是金融债券。金融债券因其发行机构的性质而介于政府债券和公司债券之间，其利率水平一般高于政府债券，低于公司债券，但是也高于同期的存款利率水平。

发行金融债券的金融机构，一般资金实力雄厚、资信度高，债券的利率要高于同期存款的利率水平。发行的目的一般也是为了筹措长期资金，解决资金来源不足和存贷期限不匹配的矛盾。其期限一般为 1 ~5 年。

(3)公司债券。这是由公司企业发行并承诺在一定时期内还本付息的债权债务凭证。发行公司债券多是为了筹措长期资金，期限多为 10 ~30 年。

公司债券一般是由企业以直接融资的方式发行，没有中间环节，因而筹资成本较低，收益率一般高于政府债券和金融债券，但是其安全性要低于前两者。同时其发行成本低于股票，借款时间长于银行短期借款，因此也有其优越性，既可以降低成本，也可以获得较大的收益。

(4)国际债券。国际债券是一国政府、金融机构、工商企业或国际组织为筹措和融通资金，在国外金融市场上发行的，以外国货币为面值的债券。国际债券的重要特征是发行者和投资者属于不同的国家，筹集的资金来源于国外金融市场。国际债券的发行和交易，既可用来平衡发行国的国际收支，也可用来为发行国政府或企业引入资金从事开发和生产。

国际债券依所用的货币与发行地点的不同，又可具体分为外国债券和欧洲债券两种。外国债券是指在某个国家的债券市场上，由外国的政府、法人或国际机构在其国内发行的债券,该债券的面值货币是债券发行市场所在国的货币。发行外国债券要受发行市场所在国政府金融法规的管制,需经市场所在国政府批准。目前世界上主要的外国债券市场在美国、日本、瑞士和德国。欧洲债券是指专门在债券面值货币国家之外的境外市场上发行的债券。欧洲债券的发行人、发行地以及面值货币分别属于三个不同的国家。例如,法国一家机构在英国债券市场上发行的以美元为面值的债券即为欧洲债券。这类债券的最大特点是不受发行者所在国及债券面额货币国的金融管制。

2. 按照计息方式划分为单利债券、复利债券、贴现债券和累进利率债券

(1)单利债券。利息的计算采取单利的计算方法,只是按本金计算利息。利不生利,计算的公式为

$$利息 = 债券面额 \times 年利率 \times 期限$$

(2)复利债券。其与单利债券相对应,是计算利息时,按一定期限将所生利息加上本金再计算利息,逐期滚算的债券。复利债券区别于单利债券的主要方面是复利债券的利息包含了货币的时间价值。另外,在名义利率相同的情况下,复利债券的实得利息要高于单利债券。

(3)贴现债券。又称贴水债券,是指券面上不附有息票,发行时按照规定的折扣率,以低于票面金额的价格售出,到期按票面价值归还的一种债券。贴现债券的票面价值和发行价格之间的差额就是债券的利息。其计算公式为

$$利率 = (面值 - 发行价)/(发行价 \times 期限) \times 100\%$$

从利息支付方式来看,贴现国债以低于面值的价格发行,可以看做是利息预付。因而又可称为利息预付债券。

(4)累进利率债券。债券的利率按照不同的期限分为不同的等级,每一个时间段按照相应的利率计算利息,最后把几个分段的利息相加就可以得到债券到期日的总的利息收入。

3. 按照债券形态划分为实物债券、凭证式债券和记账式债券

(1)实物债券。是一种具有标准格式的实物券面的债券,债券的发行和购买都是通过债券的实体来实现的,是看得见、摸得着的债券。实物债券不记名,不挂失,可上市流通。

(2)凭证式债券。是通过银行等金融机构承销后再向企事业单位和个人推销债券,同时开出债权人认购债券的收款凭证。凭证式债券可记名,可挂失,不能上市流通,但是持有者可以到原来的购买网点办理提前兑现手续,类似于储蓄存单。

(3)记账式债券。即无纸化债券,在电脑账户中以记账形式记录债权,并没有实物的凭证。记账式债券通过证券交易所的记账系统发行和交易,人们事先在证券交易所的记账系统中开立账户,买进和卖出债券只是记账系统中的变更。其特点是效率高,成本低,交易安全。

4. 按照债券的风险程度划分为固定利率债券和浮动利率债券

(1)固定利率债券。固定利率债券是指在债券存续期间,债券的票面利率不发生变化。由于其利率水平不可以发生变动,因此在偿还期内通货膨胀比较严重时,会有市场利率上升的风险。

(2)浮动利率债券。浮动利率债券是指在债券存续期间内,债券利率根据市场利率的

变动而定期调整。债券的息票利率会在事先规定的基础上定期调整。通常以一些金融指数如伦敦银行同业拆借利率或者是某种初级产品的价格作为基准。采用浮动利率形式，有利于减少持有者的利率风险，也有利于债券发行人按照短期利率筹集中长期的资金来源。

5. 按偿还期限长短可划分为长期债券、中期债券和短期债券

一般说来，偿还期限在10年以上的为长期债券；偿还期限在1年以下的为短期债券；偿还期限在1年或1年以上、10年以下（包括10年）的为中期债券。不过，我国债券按照期限划分的标准并不固定。我国国债的期限划分与上述标准相同，但我国企业债券的期限划分与上述标准有所不同。

（1）短期企业债券的偿还期限在1年以内；

（2）中期企业债券的偿还期限在1年以上、5年以下；

（3）长期企业债券的偿还期限在5年以上。

短期债券的发行者主要是工商企业和政府，金融机构中的银行因为以吸收存款作为自己的主要资金来源，并且很大一部分存款的期限是1年以下，所以较少发行短期债券。企业发行短期债券大多是为企业筹集临时性周转资金，在我国，这种短期债券的期限分别为3个月、6个月和9个月，1988年，我国企业开始发行短期债券。政府发行短期债券多是为了平衡预算开支，如美国政府发行的短期债券分为3个月、6个月、9个月和12个月四种，由于财政资金来源管理体制不同，我国政府很少发行短期债券。

中长期债券的发行者主要是政府、金融机构和企业。发行中长期债券的目的是为了获得长期稳定的资金。我国政府发行的债券主要是中期债券，集中在3～5年这段期限。1996年，我国政府开始发行期限为10年的长期债券。在2001年，我国发行了期限为30年的债券，在2009年首次发行50年期国债，我国是继英、法之后第三个发行50年期国债的国家。

还有一种债券叫永久债券（或无期债券），它并不规定到期期限，持有人也不能要求清偿本金，但可以按期取得利息。经银保监会和央行批准，中国银行于2020年11月13日在全国银行间债券市场发行总额为300亿元人民币的减记型无固定期限资本债券，并于2020年11月17日发行完毕。

6. 按债券的发行方式可分为公募债券和私募债券

（1）公募债券。公募债券是指按法定程序，经证券主管机关批准在市场上公开发行的债券。这种债券的最大特点是向社会发行，集资对象广泛。发行公募债券有一系列严格的程序和制度，大多数债券发行都采用这种形式。

（2）私募债券。私募债券是指债券只向少数与发行者有特定关系的投资者发行，如企业内部面向职工募集资金的债券。由于发行范围小，因此一般不实行向主管部门和社会公开呈报制度，转让时也受到种种限制。

7. 按债券发行时有无抵押担保可分为信用债券、抵押债券和担保债券

（1）信用债券。信用债券是指发行无担保，一般靠单位的信誉发行，主要是公债和金融债券。少数信用良好、资本雄厚的公司也可发行信用债券，但一般附有一些限制条件，以保证投资者的利益。

（2）抵押债券。抵押债券是指债券发行者以不动产（如土地、房屋、机器设备）或有价证券（如股票、国债）作为抵押品而发行的债券。如果债务人到期不能按规定条件还本付息，债权人可行使抵押权,占有或拍卖抵押品作补偿。

(3)担保债券。担保债券是指由第三方担保偿还本息的债券。这种债权的担保方一般为银行或非银行金融机构,或公司的主管部门,少数的由政府担保。如果债务人到期不能偿还,持券人有权向担保方追讨债务。

8. 按债券是否记名可分为记名债券和不记名债券

(1)记名债券。记名债券是指券面上标明债权人姓名,同时在公司名册上进行登记的债券。这种债券的优点是比较安全,债券持有人遗失后可以像定期存款那样挂失,但转让时手续复杂,流动性差。债务转让时,要在债券上背书,且在公司名册上更换债权人姓名,领取本息时必须凭记名人印鉴。

(2)不记名债券。不记名债券是指券面上不注明债权人姓名,也不在公司名册上登记,这一点与现金类似,因此债券转让时只有交易双方发生关系,债券流动性较强。其缺点是遗失或被毁损时,不能挂失,公司也不会补发,安全性较差。当然,无记名债券投资者也可以要求公司将其所持债券改成记名债券。

9. 按是否可以转换为发行公司普通股划分为可转换公司债券和不可转换债券

(1)可转换公司债券。与普通债券相比,可转换公司债券可以视作一种附有“转换条件”的公司债券。这里的“转换条件”就是一种根据事先的约定,债券持有者可以在将来某个规定的期限内按约定条件转换为公司普通股票的特殊债券,其实质就是期权(options)的一种变异形式,与股票认股权证(warrants)较为类似。因此我们可以把可转换债券视作“债券”与“认股权证”相互融合的一种创新型金融工具,即“混合债券”(hybrid bonds)。

由于这种特殊的“转换”期权特性,使得可转换公司债券得以兼具债券、股票和期权三个方面的部分特征。首先,作为公司债券的一种,可转换公司债券同样具有确定的期限和利率。其次,通过持有人的成功转换,可转换公司债券又可以以股票的形式存在,而债券持有人通过转换由债权人变为了公司股东。这一特性,主要体现在可转换公司债券较低的利率之上。显然,没有股权转换作为吸引,投资者是不可能接受这样的利率的。第三,可转换公司债券具有期权性质,即投资者拥有是否将债券转换成股票的选择权。

上述多重特征的叠加,客观上使转换公司债券具有筹资和避险的双重功能,因此,与单纯的筹资工具或避险工具相比,无论是对发行人,还是对投资者而言,可转换债券都更有吸引力。

(2)不可转换债券。就是在任何情况下都不能转换成公司股份的债券。

3.2.2 我国债券的主要分类

中华人民共和国成立后已发行过许多债券,主要包括国家债券、国家代理机构债券、金融债券以及企业债券与公司债券、国际债券等。

1. 国家债券

中华人民共和国成立后,我国国债发行基本上分为两个阶段,20 世纪 50 年代是第一阶段,20 世纪 80 年代以来是第二阶段。

(1)第一阶段(1950—1958 年)。中华人民共和国成立后我国发行过两种国债:一种是 1950 年 1 月为弥补财政赤字、遏止通货膨胀而发行的“人民胜利折实公债”,实际发行额折合人民币为2.6亿元,截至1956年11月30日,该债券已经全部还清本息。另一种是1954年至1958年,我国进入第一个五年计划建设时期后,为了加速国家经济建设,中央政府决定为筹集建设资金每年发行一期“国家经济建设公债”,发行总额为35.44亿元,相当于同期国家预算经济建设支出总额864.24亿元的4.11%。1958年后,由于历史原因,国债的发行被终止。

(2)第二阶段(1981年至今)。进入20世纪80年代以后,随着改革开放的不断深入,我国国民收入分配格局发生了变化,政府财政收入占国民收入的比重逐步下降,部门、企业和个人占的比重上升,同时也为了更好地利用国债进行经济调控,中央政府于1981年恢复发行国债。从那时至今,国债市场的发展又可细分为几个具体的阶段。

①1981—1987年间,国债年均发行规模仅为59.5亿元,且发行日也集中在每年的1月1日。这一期间并不存在国债的一、二级市场,国债发行采取行政摊派形式,面向国营单位和个人,且存在利率差别,个人认购的国债年利率比单位认购的国债年利率高四个百分点。券种比较单一,除1987年发行了54亿元3年期重点建设债券外,均为5~9年的中长期国债。

②1988—1993年间,国债年发行规模扩大到284亿元,增设了国家建设债券、财政债、特种债券、保值公债等新品种。1988年国家分两批在61个城市进行国债流通转让试点,初步形成了国债的场外交易市场。1990年后国债开始在交易所交易,形成国债的内交易市场,当年国债交易额占证券交易总额120亿元的80%以上。1991年我国开始试行国债发行的承购包销。1993年10月和12月上海证券交易所正式推出国债期货和回购两个创新品种。

③1994年,财政部首次发行了半年和一年的短期国债;1995年,国债二级市场交易活跃,特别是期货交易量屡创纪录,但“327国债事件”和回购债务链问题等违规事件的频频出现,使得国债期货交易于1995年5月被迫暂停。

④1996年,国债市场出现了一些新变化:首先是财政部改革以往国债集中发行为按月滚动发行,增加了国债发行的频度;其次是国债品种多样化,对短期国债首次实行了贴现发行,并新增了最短期限为3个月的国债,还首次发行了按年付息的10年期和7年期附息国债;再次是在承购包销的基础上,对可上市的8期国债采取了以价格(收益率)或划款期为标的的招标发行方式;最后是当年发行的国债以记账式国库券为主,逐步使国债走向无纸化。1996年以后,国债市场交易量有所下降。同时,国债市场出现了托管走向集中和银行间债券市场与非银行间债券市场相分离的情况,并呈现出“三足鼎立”之势,即全国银行间债券交易市场、深沪证交所国债市场和场外国债市场。

⑤目前,我国发行的国债在实物形态上有记账式国债、凭证式国债和储蓄国债(电子式)。其中,记账式国债的发行分为证券交易所市场发行、银行间债券市场发行以及同时在银行间债券市场和证券交易所市场发行(又称为跨市场发行)三种情况。记账式国债、凭证式国债已经在债券分类中阐述,下面介绍一下储蓄国债。

储蓄国债(电子式)是指财政部面向中国境内公民储蓄类资金发行的,以电子方式记录债权的不可流通人民币债券。企事业单位、行政机关等机构投资者不能购买这种国债。储蓄国债自发行之日起计息,付息方式分为利随本清和定期付息两种。此类国债以100元为购买单位,并按单期国债设个人国债账户最低、最高购买限制额,以区别于居民储蓄。电子式储蓄国债的利息免征所得税,到期后,承办银行自动将投资者应收本金和利息转入其资金账户。

2. 金融债券

1982年1月,中国国际信托投资公司首次在国际市场上发行金融债券。1985年,工行、农行开始在国内发行金融债券。随后,建行、中行、交行陆续发行了人民币金融债券。债券筹集的资金用于国家规定的专门项目,称为特种贷款。这是我国经济体制改革以后国内发行金融债券的开端。1993年,中国投资银行被批准在境内发行外币金融债券,这是我国首次发行境内外币金融债券。1994年,随着政策性银行的成立,政策性金融债券也相应出现。1996年,部分金融机构为筹集资金专门用于偿还不规范证券回购债务,发行了特种金融债券。发行的原因是在1995年"327国债事件"中,少数金融机构和交易场所在国债回购交易业务中违反央行、财政部、证监会的有关规定,买空卖空国债,利率过高,期限过长,资金用途不合理,扰乱了货币市场秩序,使大量已经到期的国债回购合同不能按期履约还款,出现了严重的资金拖欠,拖欠金额达800亿元。1998年国家对政策性金融债券发行机制进行了改革,从1999年开始全部实行市场化招标发行,该券种成为我国债券市场中发行规模仅次于国债的券种。近年来,我国金融债券市场飞速发展,金融债券品种不断增加,主要有政策性金融债券、商业银行债券、证券公司债券、保险公司债券和财务公司债券等,为推动我国债券市场建设发挥了重要作用。

3. 企业债券与公司债券

我国证券市场上同时存在企业债券和公司债券,它们在发行主体、监管机构以及规范的法规上有一定的区别。

我国企业发行债券,多数是从1985年和1986年开始的,主要有重点企业债券、地方企业债券、企业短期融资债券、地方投资公司债券、住宅建设债券。2007年8月,中国证监会正式颁布实施《公司债券试点办法》,标志着我国公司债券发行工作的正式启动。除了公司债券,我国还有可转换公司债券、可分离交易的可转换公司债券和可交换公司债券。

4. 国际债券

为筹措更多的资金,加快建设步伐,自20世纪80年代初期以来,我国先后在东京、法兰克福、伦敦、新加坡等地发行国际债券,发行币种包括日元、德国马克、美元等。从债券的期限结构来看,有1年、5年、7年、10年、30年等数个品种,特别是1996年我国政府成功发行4亿美元100年期扬基债券,极大地提高了我国政府的国际形象。

【参考案例】

宁波银行股份有限公司2019年第一期金融债券发行公告

1. 债券名称:宁波银行股份有限公司2019年第一期金融债券。
2. 本期债券的发行人:宁波银行股份有限公司。
3. 本期债券期限:3年。
4. 债券品种:固定利率债券。
5. 本期债券的发行规模:人民币60亿元。
6. 债券性质:本期债券属于商业银行发行的,本金和利息的清偿顺序等同于商业银行一般负债,先于商业银行长期次级债务、混合资本债券以及股权资本的无担保金融债券。

7. 债券面值:本期债券的面值为人民币 100 元,即每一记账单位对应的债券本金为人民币 100 元。

8. 发行价格:本期债券平价发行。

9. 票面利率:将通过簿记建档的方式确定;本期债券采用单利按年计息,不计复利,逾期不另计利息。

10. 牵头主承销商、簿记管理人:本期债券牵头主承销商、簿记管理人为中国工商银行股份有限公司。

11. 联席主承销商:本期债券联席主承销商为中信证券股份有限公司。

12. 发行方式:本期债券由主承销商组织承销团,通过簿记建档、集中配售的方式在全国银行间债券市场公开发行。

13. 发行期限:从 2019 年 1 月 14 日至 2019 年 1 月 16 日。

14. 起息日:2019 年 1 月 16 日。

15. 缴款日:2019 年 1 月 16 日。

16. 计息期限:本期债券计息期限自 2019 年 1 月 16 日起至 2022 年 1 月 15 日止。

17. 兑付日:本期债券兑付日为 2022 年 1 月 16 日(如遇法定节假日或休息日,则兑付顺延至下一个工作日,顺延期间本金不另计息)。

18. 付息日:本期债券的付息日为存续期限内每年的 1 月 16 日(如遇法定节假日或休息日,则付息顺延至下一个工作日,顺延期间应付利息不另计息)。

19. 到期日:本期债券的兑付日即到期日。

20. 付息兑付方式:本期债券每年于付息日付息一次,兑付日一次性兑付本金,本期债券的付息和兑付将通过托管人办理。

21. 发行范围及对象:全国银行间债券市场的机构投资者。

22. 最小认购金额:本期债券最小认购金额为人民币 1 000 万元,且必须是人民币 1 000 万元的整数倍。

23. 债券形式:本期债券采用实名制记账式,由中央国债登记公司统一托管。

24. 债券承销:本期债券由主承销商组织承销团成员发行。

25. 托管人:中央国债登记公司。

26. 募集资金用途:本期债券募集的资金将用于优化中长期资产负债匹配结构,增加稳定中长期负债来源并支持新增中长期资产业务的开展。

27. 交易流通:本期债券发行结束后,将按照银行间市场债券交易的有关规定进行交易流通。

(资料来源:作者根据相关资料整理而成。)

重 要 概 念

债券	贴现债券	凭证式债券
记账式债券	金融债券	国际债券

复习思考

(1)什么是债券？它具有哪些基本特征？

(2)简述债券与股票的区别。

(3)简述债券的分类。

(4)什么是凭证式债券和记账式债券？

(5)公司债券是如何分类的？

(6)为什么说国际债券具有良好的发展前景？

第4章 证券投资基金

【学习目标】

- 掌握证券投资基金的含义、性质及特征。
- 了解证券投资基金的主要分类。
- 理解证券投资基金同股票、债券等投资工具的关系。
- 了解中外证券投资基金的发展历程及投资运作制度规定。
- 掌握开放式基金与封闭式基金的区别。
- 理解对证券投资基金进行监管的意义。

4.1 证券投资基金概述

4.1.1 证券投资基金的含义

证券投资基金是一种利益共享、风险共担的集合投资制度。即通过发行基金证券，集中投资者的资金，交由基金托管人托管，由基金管理人管理，主要从事股票、债券等金融工具的投资，并将投资收益按基金投资者的投资比例进行分配的一种间接投资方式。证券投资基金是一种间接的证券投资方式，投资者是通过购买基金而间接投资于证券市场的。证券投资基金可以通过发行基金股份成立投资基金公司的形式设立，通常称为公司型基金；也可以由基金管理人、基金托管人和投资人三方通过基金契约设立，通常称为契约型基金。目前我国的证券投资基金均为契约型基金。

证券投资基金是一种大众化的信托投资工具，对其称谓不尽相同，如美国称“共同基金”，英国称“单位信托基金”，日本称“证券投资信托基金”等。

4.1.2 证券投资基金的产生与发展

证券投资基金起源于19世纪60年代，迄今为止，它大致经过了产生、发展和成熟三个阶段。

(1)产生阶段。1868～1920年是证券投资基金的产生阶段。19世纪60年代，随着第一次产业革命的成功，英国成为全球最富裕的国家，它的工业总产值占世界工业总产值的1/3以上，国际贸易额占世界贸易总额的25%，因此，国内资金充裕，利率较低（大约为2%）。与此相异，美国、德国、法国、意大利等国家及英属殖民地国家正开始工业革命，需要大量的资金支持，为此发行了大量的高利率债券。在这种背景下，为了提高国内投资者的资金收益，1868年英国政府出面组织了由专业人士管理运作的以投资美国、欧洲和殖民地国家证券为主要对象的“外国和殖民地政府信托投资”（the Foreign and Colonial Government Trust），它的设立标志着证券投资基金的产生，其操作方式类似于现代的封闭式契约基金，通过契约约束当事人的关系，委托代理人运用和管理基金资产。随后，1873年第一家专业管理基金的组织“苏格兰美洲信托”成立。1879年，英国《股份有限公司法》发布，从此，投资基金从契约型进入股份有限公司专业管理时代。

（2）发展阶段。1921年至20世纪70年代是证券投资基金的发展阶段。如果第一次产业革命是轻工业革命，那么第二次产业革命则是重工业革命。在这场革命中，钢铁、造船、汽车、电力、化工等工业迅猛兴起。经过19世纪70年代到20世纪初的30多年历程，美国经济跳跃式地超过了英国，国民生产总值位居世界首位。在第一次世界大战后，美国经济更是空前繁荣。在此背景下，1921年4月，美国设立了第一家证券投资基金组织——“美国国际证券投资基金”（International Securities Trust of America），标志着证券投资基金的“英国时代”结束而“美国时代”开始。

1924年3月21日，在波士顿成立的“马塞诸塞投资信托基金”，意味着美国式证券投资基金的真正起步。与英国模式相比，美国模式具有三个基本特点：一是证券投资基金的组织体系由原先英国模式中的契约型改变为公司型；二是证券投资基金的运作制度由原先英国模式中的封闭式改变为开放式；三是证券投资基金的回报方式由原先英国模式中的固定利率方式改变为分享收益、分担风险的分配方式。这种新型的证券投资基金，对投资者有着明显的吸引力，由此，在1924年以后，许多投资公司纷纷加入证券投资基金行列，使美国的证券投资基金数量在短短的几年内快速超过了英国。到1928年3月，美国已建立的公司型基金多达480家，1929年年底基金业资产高达70亿美元，为1926年的7倍。

然而，好景不长，1929年10月随着股市崩盘，经济危机爆发，绝大多数公司型基金纷纷倒闭，尚存的少部分公司型基金也处于苟延残喘状态中，投资者或因惨重损失或因对基金运作成效不满，不愿再投资于证券投资基金。1940年美国仅有证券投资基金68只，资产总值4.48亿美元。到1979年证券投资基金数量发展到524只，资产总值945.11亿美元。

（3）成熟阶段。20世纪80年代以后是证券投资基金趋于成熟的阶段。证券投资基金的“成熟”有三层含义：一是证券投资基金在整个金融市场乃至国民经济中占据了重要地位，已不再是一种可有可无的金融产品；二是证券投资基金成为一种国际性现象，在国际金融市场和国际经济中起着重要作用，已不再是一国内的现象；三是证券投资基金成为金融创新的重要组成部分，不仅在金融创新中高速发展，而且有力地促进着其他金融产品和金融运行机制的创新。

4.1.3 证券投资基金的主要特点

证券投资基金既有别于直接投资，又有别于间接投资；既不同于股票，又不同于债券。

它是一种独具特色的集诸多优点于一身的投资信托方式,具有如下特点。

(1)组合投资、分散风险。根据投资专家的经验,要在投资中做到起码的分散风险,通常要持有10只左右的股票。然而,中小投资者通常无力做到这一点。如果投资者把所有资金都投资于一家公司的股票,一旦这家公司的股票价格大幅下跌乃至公司破产,投资者便可能尽失其所有。证券投资基金通过汇集众多中小投资者的小额资金,形成雄厚的资金实力,可以同时把投资者资金分散投资于各种股票,从而分散了投资风险。

(2)专业理财。基金资产由专业的基金管理公司负责管理。基金管理公司配备了大量的投资专家,他们不仅掌握了广博的投资分析和投资组合理论知识,而且在投资领域也积累了相当丰富的经验。

(3)方便投资。证券投资基金最低投资数量一般较低(如100份基金单位),投资者可以根据自己的财力,多买或少买基金单位,从而解决了中小投资者"钱不多、入市难"的问题。为了支持基金业的发展,我国对基金的税收给予合理政策,使投资者通过基金投资证券所承担的税负不高于直接投资于证券须承担的税负。

根据各国的具体情况不同,证券投资基金的投资对象既可以是资本市场上的上市股票和债券、货币市场上的短期票据和银行同业拆借,也可以是金融期货、黄金、期权交易、不动产等,有时还包括虽未上市但具有发展潜力的公司债券和股权。

4.1.4 证券投资基金的性质

(1)证券投资基金是金融市场的一种媒介。它存在于投资者与投资对象之间,起着把投资者的资金转换成金融资产,通过专门机构在金融市场上再投资,从而使货币资产得到增值的作用。证券投资基金的管理者对投资者所投入的资金负有经营、管理的职责,而且必须按照合同或契约的要求确定资金投向,保证投资者的资金安全和收益最大化。

(2)证券投资基金是一种金融信托形式。它与一般金融信托关系一样,主要有委托人、受托人、受益人三个关系人,其中受托人与委托人之间订有信托契约。但证券投资基金作为金融信托业务的一种形式,又有自己的特点。如从事有价证券投资的主要当事人中还有一个不可缺少的托管机构,它不能与受托人(基金管理公司)由同一机构担任,而且基金托管人一般是法人;基金管理人并不对每个投资者的资金都分别加以运用,而是将其集合起来,形成一笔巨额资金再加以运作。

4.1.5 证券投资基金的作用

(1)为中小投资者拓宽了投资渠道。对中小投资者来说,存款或买债券较为稳妥,但收益率较低;投资于股票有可能获得较高收益,但风险较大。投资基金,作为一种新型的投资工具,把众多投资者的小资金汇集起来进行组合投资,由专家来管理和运作,经营稳定,收益可观,为中小投资者提供了较为理想的间接投资工具,大大拓宽了中小投资者的投资渠道。在美国,有50%左右的家庭投资于基金,基金占所有家庭资产的40%左右。因此,可以说基金已成为大众化的投资工具。

(2)有利于证券市场的稳定。一个成熟的证券市场应是一个以机构投资者为主的市场,而不是一个以中小投资者为主的市场。通过证券投资基金,可以将广大中小投资者分散的资金转变为由专门机构持有的大资金。大的机构投资者由于熟悉业务、具有经验、能够进行更改投资，因而能够减少投机性炒作，从而有利于证券市场的稳定。

(3)有利于证券市场的发展。证券市场的发展，既要规范，又要扩大规模。扩大规模就需要有更多的资金进入证券市场。通过基金就可以使许多不能投资于证券市场的资金进入证券市场，从而扩大证券市场规模。

4.1.6 证券投资基金同股票、债券等投资工具的关系

就全球范围来看，在发展完善的金融市场上有五大类常见的金融工具，即股票、债券、组合金融工具、衍生金融工具及实物金融工具。证券投资基金属于组合金融工具，与股票和债券的关系较为密切，与股票和债券一样成为证券市场或者金融市场的买卖对象。但是证券投资基金拥有一整套完整的募集和保管制度，由专业管理人员直接进行管理，是一种新的金融组织形式，这使得其与股票和债券有着不同之处。基金与股票、债券的差异主要表现为以下几个方面。

(1)从性质的角度看。股票表示的是对公司的所有权，是一种产权关系；债券表示的是债权，是一种债权债务关系；基金反映的信托投资关系，不涉及所有权的转移或者债权的拥有。

(2)从发行目的的角度看。发行股票是股份公司筹集资本的需要，所筹资金列入公司资本；发行债券是公司追加资金的需要，所筹资金列入公司负债；而发行基金股份或受益凭证是为了形成一个分散组合投资以降低风险，从而达到资产增值目的，发行基金所筹集的资金构成基金的组成单位。

(3)从发行者的角度看。一般来讲，股票的发行者是股份公司；债券的发行者是政府、金融机构或者公司企业等；基金的发行者则是一个比较松散的组织。

(4)从操作的角度看。股票和债券均属于融资工具，投资面向实业，是一种直接投资工具；基金是一种信托工具，投资面向其他证券，是一种间接投资工具。

(5)从投资回收方式的角度看。债券是债权的代表，这决定了债权要在一定时期内还本付息；股票是所有权的代表，没有到期日；基金则比较灵活，可以有期，也可以无期，有期限的基金到期时还可以延期。封闭型基金有一定的期限，期满后，投资者可以按照持有的份额分得相应的剩余资产，在封闭期内还可以在交易市场上变现；开放型投资基金一般没有期限，但投资者可随时向基金管理人要求赎回。

(6)从风险收益角度看。债券反映债权债务关系，其特点是实现双方约定借贷的利率与时间，债务人对债权人的承诺是无条件执行的，故债权人的风险相对较小，债务人的风险相对较大。

股票投资者在投资时未取得任何定期取得收入的保证，股票收益要视公司的经营情况好坏而定，并且股票无到期日，一般情况下不能赎回，而只能通过在二级市场上进行交易获得现金，故股票投资的风险相对较大。基金投资者在进行投资时不能得到一个确定的利率，也没有定期取得收入的任何保证，投资者的报酬高低完全取决于基金的经营业绩好坏。但是，基金主要用于投资有价证券，专业性的投资机构对投资者资金的运用可能会实现比投资债券更高的稳定收益，基金的组合投资也避免了投资一般股票的高风险性，故一般情况下，基金的风险介于股票和债券之间。

(7)从投机性角度看。债券一般只是单纯的投资对象,投机性很小;股票不但是投资对象,并且还带有很强的投机性,股价的频繁波动给股票的买卖投机带来可能性;基金是一种长期的信托投资工具,不能像股票那样"炒",但基金又不同于债券,基金的价格是随着投资的经营效益的高低而发生变化的,具有波动性,所以一般情况下,基金的投机性介于股票和债券之间。

股票、债券和基金的比较,可以概括为表4-1。

表4-1　股票、债券、基金的比较

项　目	股　票	债　券	基　金
性质	所有权关系	债权债务关系	信托投资关系
发行后的处理	列入公司资金	列入公司负债	构成基金组成单位
发行者	股份公司	政府、金融机构和公司企业等	组织
操作方式	直接投资工具	直接投资工具	间接投资工具
投资回收	无到期日	到期还本付息	可有期可无期
风险性	风险较大	风险较小	一般介于股票和债券之间
投机性	较强的投机性	较小的投机性	一般介于股票和债券之间

4.2　证券投资基金的种类

证券投资基金在世界范围内经过一百多年的发展,其种类较为繁杂,按照不同的分类方法可将其分为若干种类。

4.2.1　根据证券投资基金的组织形式不同分类

按照证券投资基金的组织形式,可将基金划分为公司型投资基金和契约型投资基金。

1. 公司型投资基金

公司型投资基金是由具有共同投资目标的投资者根据公司法组成以盈利为目的,投资于特定对象(如各种有价证券、货币)的股份制投资公司。公司型投资基金在组织结构上与股份有限公司较相似。公司型投资基金通过发行普通股份以募集资金,是具有法人资格的经济实体。基金持有人既是基金投资者又是公司股东,按照公司章程的规定享有权利并履行义务。公司型投资基金成立后一般委托特定的基金管理公司管理基金资产,同时还会委任第三者来保管基金资产,各当事人之间的权利和义务按照公司的章程来规范。公司型投资基金在美国比较多见。

公司型投资基金运作中的主要当事人有:投资者和发起人、董事会、基金管理人、基金托管人。

持有基金份额的投资者是基金公司的股东,享有股东的一切权力。同其他股份公司一样,基金公司是由发起人设立的,一般情况下,发起人由投资银行、信托公司、保险公司和基金管理公司充当,发起人负责向主管部门申请基金的审批和向社会公众募集基金份额,在基金未能成立时承担相应的责任。

董事会是基金公司的常设管理机构,负责基金公司的管理业务,如聘请基金公司的总经理和基金管理人，负责制定基金的投资目标和策略，并负责基金份额的销售工作。基金公司的董事一般由发起人或其他投资者担任。

2. 契约型投资基金

契约型投资基金又称信托型基金，是根据一定的信托契约原理，由基金发起人和基金管理人及基金托管人订立基金契约而组建的基金。基金管理公司按照相关法律法规和基金契约负责基金的经营与管理，基金托管人负责保管基金资产，执行基金管理人的相关指令，办理基金名下的资金往来，投资者则通过购买基金单位，享有基金投资收益。在契约型投资基金的实际运作过程中，涉及的主要当事人有：基金投资者、基金托管人和基金管理人。

基金投资者通过购买受益凭证实际参与基金投资，获取投资收益。

基金管理人受董事会的聘请负责运用基金资产进行投资并负责管理基金资产以获取收益，每年相应地按照一定比例收取管理费。

各国法律中均规定基金公司应该将基金资产存放于独立的托管人处，由托管人负责基金资产的安全保管。基金托管人一般由有实力的商业银行或信托投资公司担任，其作为基金资产的名义持有人，负责执行基金管理人的指令，办理基金名下的资金往来，一般同时负有监督基金管理人的责任。

3. 公司型投资基金与契约型投资基金的比较

这两类基金存在共性，二者的组成和运作均基于基金管理机构与基金保管机构绝对分开的原则，基金管理公司只负责基金的管理和操作，不实际接触基金资产；基金保管人则依据基金管理公司的指示办理基金名下的资金往来。

另外，契约型投资基金和公司型投资基金存在多方面的区别（见表 4-2）。

表 4-2　契约型投资基金和公司型投资基金的比较

项　目	契约型投资基金	公司型投资基金
法律依据	信托法	公司法
法人资格	无法人资格	具有法人资格
发行凭证	受益凭证	股票
投资者地位	对基金的运用无发言权	对重大决策有权表达自己的意见
基金资产运用依据	契约	公司章程
运营方式	随契约期满终止	一般会永久经营

（1）法律依据不同。契约型投资基金的组建依据的是基金契约，信托法是其设立的法律依据；公司型投资基金的依据是公司法。

（2）基金的资格不同。契约型投资基金没有法人资格，而公司型投资基金具有法人资格。

（3）发行的凭证不同。契约型投资基金发行的是受益凭证，即基金单位；公司型投资基金发行的是股票。

（4）投资者的地位不同。契约型投资基金的投资者购买受益凭证后，即成为契约关系的当事人。受益人对基金的运用没有发言权；公司型投资基金的投资者担当着公司的股东，可以参加股东大会，有权对公司的重大决策表达自己的意见，行使股东权力。

（5）基金资产的运用依据不同。契约型投资基金依据契约来运用基金资产，公司型投资基金则依据公司章程规定来运用基金资产。

(6)基金运营方式不同。契约型投资基金依据公司契约建立、运作,契约期满,基金的运营也相应终止;公司型投资基金则像一般的股份公司一样,除非依据《公司法》规定进入了破产清算阶段,否则一般公司会永久经营下去。

4.2.2 按照证券投资基金能否赎回分类

按证券投资基金设定后能否追加投资份额或赎回投资份额,可以将证券投资基金分为封闭式投资基金和开放式(或称固定型和追加型)投资基金。

1. 封闭式投资基金

封闭式投资基金是指经核准的基金份额总额在基金合同期限内固定不变,基金份额可以在依法设立的证券交易场所交易,但基金份额持有人不得申请赎回的基金。由于封闭式基金在封闭期内不能追加认购或赎回,投资者只能通过证券经纪商在二级市场上进行基金的买卖。封闭式基金的期限是指基金的存续期,即基金从成立起到终止之间的时间。决定基金期限长短的因素主要有两个。一是基金本身投资期限的长短。如果基金的目标是进行中长期投资,其存续期间就可长一些;如果基金的目标是进行短期投资(如货币市场基金),其存续期间就可短一些。二是宏观经济形势。如果经济稳定增长,基金存续期可长一些,否则应相对短一些。当然,在现实中,存续期还应依据基金发起人和众多投资者的要求来确定。基金期限届满即为基金终止,管理人应组建清算小组对基金资产进行清产核资,并将清产核资后的基金净资产按照投资者的出资比例进行公正合理的分配。

2. 开放式投资基金

开放式投资基金是指基金份额总额不固定,基金份额可以在基金合同约定的时间和场所申购或者赎回的基金。为了满足投资者赎回资金、实现变现的要求,开放式基金一般都从所筹资金拨出一定比例,以现金形式保持这部分资产。这虽然会影响基金的盈利水平,但作为开放式基金来说是必需的。

3. 封闭式投资基金与开放式投资基金的区别

(1)期限不同。封闭式投资基金有固定的封闭期,通常在5年以上,一般为10年或15年,经受益人大会通过并经主管机关同意可以适当延长期限。开放式投资基金没有固定期限,投资者可随时向基金管理人赎回基金份额,若大量赎回甚至会导致清盘。

(2)发行规模限制不同。封闭式投资基金的基金规模是固定的,在封闭期限内未经法定程序认可不能增加发行。开放式投资基金没有发行规模限制,投资者可随时提出申购或赎回申请,基金规模随之增加或减少。

(3)基金份额交易方式不同。封闭式投资基金的基金份额在封闭期限内不能赎回,持有人只能在证券交易场所出售给第三者,交易在基金投资者之间完成。开放式投资基金的投资者可以在首次发行结束一段时间后,随时向基金管理人或中介机构提出申购或赎回申请,绝大多数开放式基金不上市交易,交易在投资者与基金管理人或其代理人之间进行。

(4)基金份额的交易价格计算标准不同。封闭式投资基金与开放式投资基金份额除了首次发行价都是以面值加一定百分比的购买费计算外,以后的交易计价方式都不相同。封闭式投资基金的买卖价格受市场供求关系的影响,常出现溢价或折价现象,并不必然反映单位基金份额的净资产值。开放式投资基金的交易价格则取决于每一基金份额净资产值的大小,其申购价一般是基金份额净资产值加一定的购买费,赎回价是基金份额净资产价减去一定的赎回费,不直接受市场供求影响。

(5)基金份额资产净值公布的时间不同。封闭式投资基金一般每周或更长时间公布一次,开放式投资基金一般在每个交易日连续公布。

(6)交易费用不同。投资者在买卖封闭式投资基金时,在基金价格之外要支付手续费;投资者在买卖开放式投资基金时,则要支付申购费和赎回费。

(7)投资策略不同。封闭式投资基金在封闭期内基金规模不会减少,因此可以进行长期投资,基金资产的投资组合能有效地在预定计划内进行。开放式投资基金因基金份额可随时赎回,为应付投资者随时赎回兑现,所募集的资金不能全部用来投资,更不能把全部资金用于长期投资,必须保持基金资产的流动性,在投资组合上需保留一部分现金和高流动性的金融工具。

4.2.3　按照证券投资基金的投资标的分类

证券投资基金按照投资标的可分为如下11类。

1. 股票型基金

股票型基金(equity funds)是市面上最常见的一种基金,其投资对象是股票。股票型基金的投资目标以追求资本成长为主,但其必须面对股票价格波动的风险,一般来说,股票型基金的获利性是最高的,但相对来讲投资的风险也较大,因此,比较适合稳健型或是积极型的投资人。

股票型基金可以按照不同的标准进一步划分为不同的类别。按股票种类的不同,股票型基金分为优先股基金和普通股基金。优先股基金是一种可以获得稳定收益、风险较小的股票型基金,其投资对象以各公司发行的优先股为主,收益主要来自股利收入。普通股基金以追求资本利得和长期资本增值为投资目标,风险要比优先股基金高。

按基金投资分散化程度,股票型基金分为一般普通股基金和专门化基金,前者是指将基金资产分散投资于各类普通股票上,后者是指将基金资产投资于某些特殊行业股票上,风险较大,但可能具有较好的潜在收益。

按基金投资的目的不同,股票型基金分为资本增值型基金、成长型基金及收入型基金。资本增值型基金投资的主要目的是追求资本快速增长,以此带来资本增值,该类基金风险高,同时收益也高。成长型基金投资于那些具有成长潜力并能带来收入的普通股票,具有一定的风险。收入型基金投资于具有稳定发展前景的公司所发行的股票,追求稳定的股利分配和资本利得,这类基金风险小,收入相对也要低一些。

与其他种类的基金相比,股票型基金有其自身的特点:

(1)与其他基金相比,股票型基金的投资对象具有多样性,投资目的也具有多样性。

(2)与投资者直接投资于股票市场相比,股票基金具有分散风险、费用较低等特点。

(3)从资产流动性来看,股票基金具有流动性强、变现性高的特点。

(4)对投资者来说,股票型基金经营稳定、收益可观。

(5)股票型基金还具有在国际市场上融资的功能和特点。

2. 债券型基金

以国债、金融债等固定收益类金融工具为主要投资对象的基金称为债券型基金(bond funds),因其投资的产品收益比较稳定,又被称为固定收益基金。债券型基金是基金市场的重要组成部分,其规模仅次于股票型基金,债券投资对象主要是政府公债、市政公债、公司债券等。债券是一种获利稳定、风险较小和具有一定期限结构的有价证券。一般来说,债券型基金不收取认购或申购的费用,赎回费率也较低。

债券型基金可以进一步分为不同的类别。根据投资股票的比例不同,可以将债券型基金分为纯债券型基金与偏债券型基金。两者的区别在于,纯债券型基金不投资股票,而偏债券型基金可以投资少量的股票;偏债券型基金的优点在于可以根据股票市场走势灵活地进行资产配置,在控制风险的条件下分享股票市场带来的机会。

债券型基金有其自身的特点:

(1)低风险,低收益;

(2)费用较低;

(3)收益稳定;

(4)注重当期收益。

债券型基金的优点有以下几个方面:

(1)风险较低;

(2)专家理财;

(3)流动性强。

债券型基金的缺点包括以下几个方面:

(1)只有在较长时间持有的情况下,才能获得相对满意的收益;

(2)在股市高涨的时候,收益也还是稳定在平均水平上,相对股票型基金而言,收益较低,在债券市场出现波动的时候,甚至有亏损的风险。

3. 货币市场基金

货币市场基金(money market funds)是指投资于货币市场上短期有价证券的一种基金。该基金资产主要投资于短期货币工具,如国库券、商业票据、银行定期存单、政府短期债券、企业债券等短期有价证券。

货币市场基金的产品特征包括如下几个方面:

(1)本金安全;

(2)资金流动强;

(3)收益率较高;

(4)投资成本低;

(5)分红免税。

另外,一般货币市场基金还可以与该基金管理公司旗下的其他开放式基金进行转换,高效灵活、成本低。

4. 指数型基金

指数型基金(index funds)是指基金的操作按所选定指数(如美国标准普尔 500 指数、日本日经 225 指数等)的成分股在指数中所占的比重,选择同样的资产配置模式投资,以获取和大盘同步的收益，是一种以拟合目标指数、跟踪目标指数变化为原则，实现与市场同步成长的基金品种。

指数型基金的投资采取拟合目标指数收益率的投资策略，分散投资于目标指数的成分股，力求股票组合的收益率拟合该目标指数所代表的资本市场的平均收益率。

指数型基金跟踪股票和债券市场业绩，所遵循的策略稳定，在证券市场上的优势不仅包括可以有效规避非系统风险、交易费用低廉和延迟纳税，而且还具有监控投入少和操作简便的特点。因此，从长期来看，其投资业绩优于其他基金。

指数型基金是一种按照证券价格指数编制原理，构建投资组合进行证券投资的一种基金。从理论上来讲，指数型基金的运作方法简单，只要根据每一种证券在指数中所占的比例购买相应比例的证券，长期持有即可。

指数型基金有以下特点：

(1)费用低廉；

(2)分散和防范风险；

(3)延迟纳税；

(4)监控较少。

5. 不动产基金

不动产基金(real estate funds)也称为不动产投资信托，是指主要在房地产公司发行的证券或与房地产抵押有关公司的股票上从事投资的一种基金。按其是否直接投资于房地产又可进一步分为直接投资于房地产公司发行股票和通过投资房地产抵押市场而间接投资于房地产公司发行股票，后者又被称为房地产抵押基金。在实务中，间接投资于房地产业的基金较为多见。

6. 创业基金

创业基金(venture capital)又称置业基金或风险基金，指由专业投资人提供的快速成长并且具有很大升值潜力的新兴公司的一种资本。它主要是一种以私募方式募集资金，以公司等组织形式设立，投资于未上市的新兴中小型企业(尤其是新兴高科技企业)的一种承担高风险、谋求高回报的资本形态。在我国，通常所说的“产业投资基金”即属于创业基金。其经营方针是在高风险中追求高回报。

7. 贵金属基金

贵金属基金(precious metals funds)是投资黄金、白银和其他贵金属相关证券的基金。以黄金基金为例，其投资标的涵盖的范围可能包括黄金矿源、制造和行销等一切和黄金有关的企业证券。投资贵金属基金比直接购买贵金属具有流动性强、投资分散的优势，对投资者颇具吸引力。

8. 期货基金

期货基金(future funds)是以期货合约为主要投资对象的投资基金。期货是一种合约，只需一定的保证金(一般为 5% ~ 10%)即可买进合约。期货可以用来套期保值，也可以以小搏大，如果预测准确，短期能够获得很高的投资回报；如果预测不准，遭受的损失也很大，具有高风险高收益的特点。因此，期货基金是一种高风险的基金。

9. 期权基金

期权基金(option funds)是以期权合约为主要投资对象的投资基金。期权是一种合约,是指在一定时期内按约定的价格买入或卖出一定数量的某种投资标的的权利。作为对这种权利占有的代价,期权购买者需要向期权出售者支付一笔期权费(期权的价格)。期权基金的风险较小,适合于收入稳定的投资者。其投资目的是为了获取最大的当期收入。

10. 认股权证基金

认股权证基金(warrant funds)是以认股权证为投资对象的投资基金。基于认股权证有高杠杆、高风险的产品特性,此类型基金的波动幅度亦较股票型基金要大,属于冒险性的基金。

11. 对冲基金

对冲基金(hedge funds)又称避险基金或套利基金,意为"风险对冲过的基金",起源于20世纪50年代初的美国。当时的操作宗旨在于利用期货、期权等金融衍生产品以及对相关联的不同股票进行卖空、风险对冲的操作技巧,在一定程度上可规避和化解投资风险。经过几十年的演变,对冲基金已失去其初始的风险对冲的内涵,而是成为基于最新的投资理论和极其复杂的金融市场操作技巧,充分利用各种金融衍生产品的杠杆效用,承担高风险,追求高收益的投资模式。

4.2.4 按照证券投资基金收益风险目标分类

证券投资基金按照收益风险目标可分为如下5类。

1. 积极成长型基金

积极成长型基金(aggressive growth funds)又称高成长基金(high growth funds)、资本增值基金(capital appreciation funds)、最大成长基金(maximum growth funds)或投机性投资基金(go-go funds)。与普通成长型基金追求资本的长期增长不同,积极成长型基金的主要目标在于尽可能争取资本的快速增长,有时是短期内的最大增值。这种基金的资产适合投资于有高成长潜力的新兴产业公司、高科技公司以及刚刚建立的公司。

2. 成长型基金

成长型基金(growth funds)又称长期成长型基金(long term growth funds),这种投资基金注重资本的长期增值,也兼顾为投资者带来一定的经常性收益,但基金的投资对象主要集中于升值潜力较大的股票,特别是把市场表现良好的绩优股作为投资的首选目标。基金的管理公司在进行投资操作时,把握最有利的价格买入股票,以便获得最大的资本利得。一旦买入这类股票,基金将在较长时期内持有。

3. 成长兼收入型基金

成长兼收入型基金(growth and income funds)是利用投资于可带来收入的证券及有成长潜力的股票,来达到既有收入又能使资本增值的双重目的。通常这种基金的投资目标成长稍重于收入,同时也要兼顾收入的目标。因此,在选择投资的股票品种时,要求能从这些股票中获得股息和红利,这与成长型基金选择具有较大成长潜力但股利很少的股票作为投资目标具有很大的区别。成长兼收入型基金是成长型基金中投资策略较保守的一种,它既可以满足投资者希望资本能不断增值的心理预期,又可以为投资者带来一定量的当期收入。

4. 平衡型基金

平衡型基金(balanced funds)的投资策略也是既注重资本的长期增值,又注重当期的收入。所不同的是,作为成长型基金的派生产品——成长兼收入型基金的资产主要集中于股票投资;而平衡型基金的资产则分别投向优先股与债券、普通股,因此,投资策略更为保守。在实践中,这类基金的资产常投资在不同行业的不同公司债券、优先股和普通股上,其比例大致在25%~50%的资产投资于优先股及债券,其余投资于普通股,以确保基金资产的安全性。在某些平衡型基金的投资组合中,优先股与债券、普通股各占一半。无论市场下跌或上升,基金资产的价值都不会有很大的变化。

5. 收入型基金

收入型基金(income funds)是以当期收入最大化为投资目标,把基金资产运用于利息较高的货币市场或债券以及分配股利较多的股票。这类基金损失本金的风险较小,但资本成长的潜力也较小。收入型基金通常又可以分为两个类型:固定收入型基金和股票收入型基金。

4.2.5　按照证券投资基金的投资样本不同分类

证券投资基金按照投资样本不同可分为 ETF 基金和 LOF 基金。

1. ETF 基金

ETF 是英文 exchange traded funds 的简称,常被译为"交易所交易基金",上海证券交易所则将其定名为"交易型开放式指数基金"。ETF 是一种在交易所上市交易的、基金份额可变的基金运作方式。ETF 结合了封闭式基金与开放式基金的运作特点,投资者一方面可以像封闭式基金一样在交易所二级市场进行 ETF 的买卖,另一方面又可以像开放式基金一样申购、赎回。不同的是,它的申购是用一揽子股票换取 ETF 份额,赎回时也是换回一揽子股票而不是现金。这种交易制度使该类基金存在一、二级市场之间的套利机制,可有效防止类似封闭式基金的大幅折价。

ETF 出现于 20 世纪 90 年代初期。多伦多证券交易所于 1991 年推出的指数参与份额(TIPS)是严格意义上最早出现的交易所交易基金,但于 2000 终止。现存最早的 ETF 是美国证券交易所(AMEX)于 1993 年推出的标准普尔存托凭证(SPDRS)。

ETF 运行特点如下。

(1)参与主体。ETF 主要涉及三个参与主体,即发起人、受托人和投资者。发起人即基金产品创始人,一般为证券交易所或大型基金管理公司、证券公司。受托人受发起人委托托管和控制股票信托组合的所有资产。

(2)基础指数选择及模拟。指数型 ETF 能否发行成功与基础指数的选择有密切关系。基础指数应该是有大量的市场参与者广泛使用的指数,以体现它的代表性和流动性,同时,基础指数的调整频率不宜过于频繁,以免影响指数股票组合与基础指数间的关联性。

(3)构造单位的分割。指数型 ETF 的发起人将组成基础指数的股票依照组成指数的权数交付信托机构托管成为信托资产后,即以此为实物担保通过信托机构向投资者发行 ETF。

(4)构造单位的申购与赎回。ETF 的重要特征在于它独特的双重交易机制。ETF 的双重交易特点表现在它的申购和赎回与赎回本身的市场交易是分离的,分别在一级市场和二级市场进行。也就是说,ETF 同时为投资者提供了两种不同的交易方式,一方面投资者可以在一级市场交易 ETF,即进行申购与赎回;另一方面,投资者可以在二级市场交易 ETF,即在交易所挂牌交易。

2. LOF 基金

LOF 是英文 listed open-ended funds 的简称,常被称为"上市开放式基金",是一种可以同时在场外市场进行基金份额申购、赎回,在交易所进行基金份额交易,并通过份额转托管机制将场外市场与场内市场有机地联系在一起的新的基金运作方式。

尽管同样是交易所交易的开放式基金,但就产品特性看,深圳证券交易所推出的 LOF 在世界范围内具有首创性。与 ETF 相区别,LOF 不一定采用指数基金模式,同时,申购和赎回均以现金进行。2004 年 10 月 14 日,南方基金管理公司募集设立了"南方积极配置证券投资基金",并于 2004 年 12 月 20 日在深圳证券交易所上市交易。截至 2021 年 5 月,已经有"国金鑫新""互联医疗""生物科技"等 100 只 LOF 基金在深圳证券交易所上市交易。

4.2.6 按照证券投资基金的地域不同分类

证券投资基金按照地域不同可分为 QFII 和 QDII 基金。

1. QFII

QFII 是英文 qualified foreign institutional investor(合格的境外机构投资者)的首字母缩写。它是一国在货币没有实现完全可自由兑换、资本项目尚未开放的情况下有限度地引进外资、开放资本市场的一项过渡性的制度。这种制度要求外国投资者若要进入一国证券市场,必须符合一定的条件:得到该国有关部门的审批通过后汇入一定额度的外汇资金,并转换为当地货币,通过严格监管的专门账户投资当地证券市场。

2. QDII

QDII 是英文 qualified domestic institutional investor(合格的境内机构投资者)的首字母缩写。它是在一国境内设立,经该国有关部门批准从事境外证券市场的股票、债券等有价证券业务的证券投资基金。与 QFII 一样,它也是在货币没有实现完全可自由兑换、资本项目未开放的情况下,有限度地允许境内投资者投资境外证券市场的一项过渡性的制度。

4.3 证券投资基金的参与主体

对证券投资基金基本运作的了解是进行基金投资的基础。本节主要介绍证券投资基金有关当事人的权利责任、基金基本的运作机会、投资限制、投资组合以及基金的信息披露等内容。

4.3.1 证券投资基金管理人

基金管理人是负责基金发起设立与经营管理的专业性机构。《中华人民共和国证券投资基金法》(以下简称《证券投资基金法》)规定,基金管理人由依法设立的基金管理公司担任。基金管理公司通常由证券公司、信托投资公司或其他机构等发起成立,具有独立的法人地位。基金管理人作为受托人，必须履行“诚信义务”。基金管理人的目标是受益人利益的最大化，因而，不得在处理业务时考虑自己的利益或为第三者牟利。

基金管理人的主要业务是发起设立基金和管理基金，由于基金份额持有人通常是人数众多的中小投资者，为了保护这些投资者的利益，必须对基金管理人的资格作出严格规定，使基金管理人更好地负起管理基金的责任。我国《证券投资基金法》的第二章具体规定了设立基金管理公司的条件、基金管理人的职责、基金管理人不得有的行为，以及基金管理人的更换条件。

4.3.2 证券投资基金托管人

基金托管人又称基金保密人，是依据基金运行中“管理与保管分开”的原则对基金管理人进行监督和保管基金资产的机构，是基金持有人权益的代表，通常由有实力的商业银行或信托投资公司担任。基金托管人与基金管理人签订托管协议，在托管协议规定的范围内履行自己的职责并收取一定的报酬。基金托管人在基金的运行过程中起着不可或缺的作用。

我国《证券投资基金法》第三章具体规定了基金托管人的资格、基金托管人的职责以及基金托管人的更换条件。

4.3.3 证券投资基金份额持有人

证券投资基金份额持有人是指持有基金份额或基金股份的自然人和法人，也就是基金的投资人，他们是基金资产的实际所有者，享有基金信息的知情权、表决权和收益权。基金的一切投资活动都是为了增加投资者的收益，一切风险管理都是围绕保护投资者利益来考虑的。因此，证券投资基金份额持有人是基金一切活动的中心。

证券投资基金份额持有人的基本权利包括对基金收益的享有权、对基金份额的转让权利和在一定程度上对基金经营决策的参与权。我国《证券投资基金法》第九章具体规定了基金份额持有人享有的权利和必须承担的义务。

4.3.4 证券投资基金当事人之间的关系

1. 持有人与管理人之间的关系

在基金的当事人中，基金份额持有人通过购买基金份额或基金股份，参加基金投资并将资金交给基金管理人管理，享有基金投资的收益权，是基金资产的终极所有者和基金投资收益的受益人。基金管理人则是接受基金份额持有人的委托，负责对所筹集的资金进行具体的投资决策和日常管理，并有权委托基金托管人保管基金资产的金融中介机构。因此，基金份额持有人与基金管理人之间的关系是委托人、受益人与受托人的关系，也是所有者和经营者之间的关系。

2. 管理人与托管人之间的关系

基金管理人与托管人的关系是相互制衡的关系。基金管理人由投资专业人员组成，负责基金资产的经营；托管人由主管机关认可的金融机构担任负责基金资产的保管，依据基金管理机构的指令处置基金资产并监督管理人的投资运作是否合法合规。对基金管理人而言，处理有关证券、现金收付的具体事务交由基金托管人办理，自己就可以专心从事资产的运作和投资决策。基金管理人和基金托管人均对基金份额持有人负责。他们的权利和义务在基金合同或基金公司章程中已预先界定清楚,任何一方违规之处,对方都应当监督并及时制止,直至请求更换违规方。这种相互制衡的运行机制,有利于基金信托财产的安全和基金运用的绩效。但是,这种机制的作用得以有效发挥的前提是基金托管人与基金管理人必须严格分开,由不具有任何关联关系的不同机构或公司担任。两者在财务上、人事上及法律地位上应该完全独立。

3. 持有人与托管人之间的关系

证券投资基金份额持有人与托管人的关系是委托与受托的关系,也就是说,证券投资基金份额持有人将基金资产委托给基金托管人保管。对持有人而言,将基金资产委托给专门的机构保管,可以确保基金资产的安全。对基金托管人而言,必须对证券投资基金份额持有人负责,监管基金管理人的行为,使其经营行为符合法律法规的要求,为证券投资基金份额持有人的利益而勤勉尽职,保证资产安全,提高资产的报酬。

4.4 证券投资基金的费用、收益与利润分配

4.4.1 证券投资基金的费用

证券投资基金所支付的费用通常包括以下几项。

(1)基金管理费。基金管理费是指从基金资产当中提取的,支付给为基金提供专业化服务的基金管理人的费用,也就是基金管理人为管理和操作基金而收取的报酬。基金管理费通常按照每个估值日基金净资产的一定比率(年率)逐日计提,累计至每月月底,按月支付。管理费率的大小通常与基金规模成反比,与风险成正比。不同的国家及不同的基金,管理费率不完全相同。我国股票型基金大部分按 1.5% 的比例提取,债券基金一般低于 1%,货币基金为 0.33%。

(2)基金托管费。基金托管费是指基金托管人为保管基金资产而从基金资产中收取的费用。托管费通常按照基金资产净值的一定比率提取,逐日计算并累计,按月支付给托管人。托管费用从基金资产中提取,费率也会因基金种类不同而异。我国投资基金的年托管费最初为基金资产净值的 0.25%,随着基金规模的扩大,托管费出现了下调趋势。

(3)基金合同生效后的信息披露费用。

(4)基金合同生效后的会计师费和律师费。

(5)基金份额持有人大会费用。

(6)基金的证券交易费用。这部分费用与基金在投资管理时的周转率有关,周转率越高,交易费用就越高。

(7)基金分红手续费。

(8)基金清算费用。

(9)销售费用。销售费用是货币市场基金和短债基金所特有的费用,一般的费率标准为 0.15%,由于这些基金不收取申购和赎回的费用,所以就需要通过营销费用来弥补发行渠道的成本。

上述费用由基金托管人根据法律、法规及基金契约的相应规定,按费用的实际支出金额支付。费用从基金总资产中直接扣除,按照“基金资产净值 × 相应的费率 ÷ 当年天数”公

式按日提取,并体现在基金净值中。虽然不需要投资者付费,但这些费率的高低,也会对投资者的收益产生一定的影响。

4.4.2　证券投资基金的收益

1. 证券投资基金的收益来源

投资基金的收益是指投资基金管理人通过募集的资金获得的投资收益。证券投资基金主要投资于股票、债券等金融工具,因此它的收益来源主要有三部分:第一部分是买卖股票、债券等有价证券的价差;第二部分是基金投资所得红利、股息、债息收入;第三是存款利息收入。此外,因运用投资基金资产带来的成本或费用的节约也计入证券投资基金的收益。

2. 基金份额持有人收益

基金份额持有人投资于投资基金的收益可来自几个渠道,一是买卖投资基金的价差收益,二是投资基金的分红派息。无论是开放式基金还是封闭式基金,价格都是波动的,封闭式基金的价格取决于市场供求,开放式基金的价格由单位基金的资产净值和手续费两部分组成。由于投资基金是一种代人理财的投资机制,因此,基金分红派息收入应是投资者的主要追求对象。

4.4.3　证券投资基金的利润分配

证券投资基金的利润是指基金在一定会计期间的经营成果。证券投资基金在获取投资收入扣除有关费用后,需将利润分配给投资者。分配通常有两种方式,一是分配现金,二是分配基金份额。不同的国家、不同的投资基金的收益分配方案都不尽相同。我国的《证券投资基金法》规定,证券投资基金收益分配应该采用现金形式,每年至少 1 次,证券投资基金收益分配比例不得低于投资基金会计年度净收益的90%。证券投资基金收益每会计年度结束后4 个月内分配一次,采用现金形式分配;证券投资基金当年收益先弥补上一年度亏损,证券投资基金投资当年亏损则不进行收益分配;每份证券投资基金单位享有同等分配权;证券投资基金收益分配方案由证券投资基金管理人拟定,经证券投资基金托管人核实后,报中国证监会备案后公告。

【参考案例】

证券投资基金禁忌之:短线操作,开放基金

背景资料:

李先生曾有过一段对开放式基金频繁进行短线操作的经历。下面我们将李先生进行操作的过程描述出来,然后我们计算一下李先生到底挣了多少钱。

某年初,李先生购买了净值为 1.100 0 元/份的开放式基金 A 共 20 000 份,短期持有后,该基金净值上升为 1.150 0 元/份,李先生将该基金出售;同时,李先生申购了净值为 0.950 0 元/份的开放式基金 B 两万份,短期持有后,该基金净值上升为 0.980 0 元/份,李先生再次将该基金抛售。下面我们计算一下李先生经过两次短线操作后到底挣了多少钱?

申购基金单位金额计算方法如下:

申购金额 = 申购份额 × 交易日基金单位净值 + 申购费用

申购费用 = 申购份额 × 交易日基金单位净值 × 申购费率

赎回基金单位金额计算方法如下：

赎回金额 = 赎回份额 × 交易日基金单位净值 − 赎回费用

赎回费用 = 赎回份额 × 交易日基金单位净值 × 赎回费率

假设开放式基金的赎回费率为 1.5% 左右，申购费率为 1.0%。那么我们可以计算出来李先生申购开放式基金 A 的价格为

开放式基金 A 的申购费用为：20 000 份 ×1.100 0 元/份 ×1% ＝220 元

开放式基金 A 申购价为：20 000 份 ×1.100 0 元/份 +220 元 ＝22 220 元

开放式基金 A 的赎回费用为：20 000 份 ×1.150 0 元/份 ×15% ＝345 元

开放式基金 A 的赎回金额为：20 000 份 ×1.150 0 元/份 −345 元 ＝22 655 元

李先生对开放式基金 A 的短线操作利润为：22 655 −22 220 ＝435 元

李先生申购、赎回基金 A 的交易费用共计：220 元 +345 元 ＝565 元

交易费用是所获利润的 1.30 倍。

开放式基金 B 的申购费用为：20 000 份 ×0.950 0 元/份 ×1.0% ＝190 元

开放式基金 B 的申购价为：20 000 份 ×0.950 0 元/份 +190 元 ＝19 190 元

开放式基金 B 的赎回费用为：20 000 份 ×0.980 0 元/份 ×1.5% ＝294 元

开放式基金 B 的赎回价格为：20 000 份 ×0.980 0 元/份 −294 元 ＝19 306 元

李先生对开放式基金 B 的短线操作利润为：19 306 元 −19 190 元 ＝116 元

李先生申购、交易基金 B 的交易费用共计：190 元 +294 元 ＝484 元

李先生对基金 B 的交易费用是其利润的 4.17 倍。

假如不存在交易费用，那么李先生所获得的毛利是多少呢？是 1 600 元。在扣除交易费用后李先生获得了多少利润呢？仅仅 551 元！毛利中的 65.6% 就这样被交易费用所吞噬。

（资料来源：作者根据相关新闻报道整理而成。）

重要概念

证券投资基金　封闭式投资基金　开放式投资基金　公司型投资基金　契约型投资基金　股票型基金　货币市场基金　指数型基金　LOF 基金　ETF 基金　QDII　QFII

复习思考

(1)什么是证券投资基金？它具有哪些特点？

(2)证券投资基金与股票、债券的联系与差异表现在哪些方面？

(3)证券投资基金都有哪些分类？

(4)封闭式投资基金与开放式投资基金的主要区别是什么？

(5)什么是货币市场基金？它有哪些特点？

(6)什么是指数型基金？它有什么优点？

(7)LOF 基金与 ETF 基金有何异同？

(8)基金管理人与基金托管人都有哪些权责及相互关系？

第5章 金融衍生工具

【学习目标】

● 掌握金融远期、金融期货、期权、权证、可转换证券、存托凭证等金融衍生工具的含义及本质特征。

● 理解主要投资衍生工具的基本经济功能。

● 知晓金融期权与金融期货的主要区别。

● 了解股指期货交易的特点。

● 掌握期货套期保值的基本操作方法。

● 理解衍生产品所具有的双刃剑作用。

5.1 金融衍生工具概述

金融衍生工具又称金融衍生产品，是与基础金融产品相对应的一个概念，是指建立在基础产品或基础变量之上，其价格取决于基础金融产品价格（或数值）变动的衍生金融产品。作为金融工具基础的变量因素繁多，主要是股票和债券的资产价格、价格指数、利率、汇率、费率、通货膨胀以及信用等级等。近年来，某些自然现象（如气温、降雪量、霜冻、飓风）甚至人类行为（如选举、温室气体排放）也逐渐成为金融衍生工具的基础变量。衍生产品所具有的杠杆交易、高效率等特征成为个体管理和金融投资的利器，但是，衍生工具在特定的条件下，如果监管不当又能引起风险总量的净增长，酝酿出巨大的金融灾难。因此，强化对金融衍生产品的学习就成为当务之急。

5.1.1 金融衍生工具的概念

金融衍生工具是给予交易对手的一方，在未来的某个时间点，对某种基础资产拥有一定债权和相应义务的合约，也可以理解为一种双边合约或付款交换协议，其价值取自于或派生于相关基础资产的价格及其变化。由于金融衍生工具正处于发展过程中，其称谓也不统一，如金融衍生产品、金融衍生工具、金融衍生品等。对金融衍生工具含义的理解包含以下几个方面。

(1)金融衍生工具是从基础金融工具派生出来的。

(2)金融衍生工具是对未来的交易。

(3)金融衍生工具的构造是比较复杂的。

(4)金融衍生工具的设计具有充分的灵活性。

5.1.2 金融衍生工具的特征

(1)杠杆效应。金融衍生工具是通过预测原生工具的市场行情走势,以支付少量保证金签订远期合约或互换不同金融商品的衍生交易合约。参与者利用少量资金就可以进行几十倍金额的金融衍生工具交易,参与交易的各方讲求信用,具有以小博大的高杠杆效应。

(2)高风险。金融衍生工具的交易后果取决于交易者对基础工具(变量)未来价格(数值)的预测和判断的准确程度。基础工具价格的变幻莫测决定了金融衍生工具交易盈亏的不稳定性,这是金融衍生工具高风险性的重要诱因。

(3)虚拟性。虚拟性是指在信用制度膨胀下,金融活动与实体经济偏离或完全独立的那一部分经济形态。它以金融系统为主要依托,其行为表现在虚拟资本(如有价证券、产权、物权、金融衍生工具、资本证券化等)的循环运动上。

5.1.3 金融衍生工具的分类

随着金融创新的发展,金融衍生工具经过不断地衍生再衍生、组合再组合,品种不断增加。按照不同的分类标准,金融衍生工具具有不同的分类。

1. 按交易方式划分

按交易方式划分,金融衍生工具分为金融远期、金融期货、金融期权、金融互换与结构化金融衍生工具。

金融远期是指合约双方同意在未来日期按照固定价格买卖基础金融资产的合约,金融远期规定了将要交割的资产、交割的日期、净额的价格和数量,合约条款根据双方需求协商确定。金融远期合约主要包括远期利率协议、远期外汇合约和远期股票合约。

金融期货是指买卖双方在有组织的交易所内以公开竞价的形式达成的,在将来某一特定时间交收标准数量特定金融工具的协议,主要包括货币期货、利率期货和股票指数期货三种。

金融期权是指合约双方按约定价格,在约定日期内就是否买卖某种金融工具所达成的契约,包括现货期权和期货期权两大类。

金融互换是指两个或两个以上的当事人按共同商定的条件,在约定的时间内,交换一定的支付款项的金融交易,主要有货币互换和利率互换两类。

上述四种常见的金融衍生工具通常也被称为建构模块工具,是最简单和最基础的金融衍生工具。利用其结构化特性,通过相互结合或者与基础金融工具相结合,能够开发设计出更多具有复杂特性的衍生金融产品。通常被称为结构化的金融衍生工具或简称为结构化产品,例如,在股票交易所的各类结构化票据、目前我国各家商业银行推广的外汇结构化理财产品等都是其典型代表。

2. 按基础工具种类划分

按基础工具种类划分，金融衍生工具分为股权式衍生工具、货币式衍生工具、利率衍生工具、信用衍生工具与其他衍生工具。

股权式衍生工具是以股票或股票指数为基础工具的金融衍生工具，主要包括股票期货、股票期权、股票指数期货、投票指数期权以及上述合约的混合交易合约。

货币式衍生工具是指以各种货币作为基础工具的金融衍生工具，主要包括远期外汇合约、货币期货、货币期权、货币互换以及上述合约的混合交易合约。

利率衍生工具是指以利率或利率的载体为基础工具的金融衍生工具，主要包括远期利率协议、利率期货、利率期权、利率互换以及上述合约的混合交易合约。

信用衍生工具是指以基础产品所蕴含的信用风险或违约风险为基础变量的金融衍生工具，用于转移或防范信用风险，是 20 世纪 90 年代以来发展最为迅速的一类衍生产品，主要包括信用互换、信用联结票据等。

其他衍生工具是指除以上四类金融衍生工具以外，还有相当数量金融衍生工具是在非金融变量的基础上开发的，例如，用于管理气温变化风险的天气期货、管理政治风险的政治期货、管理巨灾风险的巨灾衍生产品等。

3. 按金融衍生工具的收益风险划分

按收益风险划分，金融衍生工具分为远期类工具与选择权类工具。

在远期类工具交易中，交易双方均负有在将来某一日期按一定条件进行的权利和义务，双方的风险收益是对称的。属于这一类的有远期合约、期货合约和互换合约。

在选择权类工具交易中，合约的买方有权根据市场情况选择是否履行合约，即合约的买方拥有不执行合约的权利，而合约的卖方则负有在买方履行合约时执行合约的义务。因此，双方的权利、义务以及风险收益是不对称的。属于这一类的有期权合约以及期权合约的变形，如认股权证、可转换证券等。

当然，上述分类并不是固定不变的，随着金融衍生工具日新月异的发展，新出现的再衍生工具（如期货期权、互换期权、远期互换等）使传统的分类模糊难辨。

5.1.4　金融衍生工具的功能

1. 转移风险的功能

现货市场的价格常常是松散短促多变的，处于不断的波动之中，这给生产者和投资者带来了价格波动的风险。传统的证券投资组合理论以分散非系统风险为目的，但对于占市场风险 50% 以上的系统性风险却无能为力。金融衍生工具恰是一种系统性风险转移市场，主要通过套期保值业务发挥转移风险的功能。正是因为衍生工具市场具有转移价格风险的功能，才吸引了越来越多的投资者，这也是其生命力所在。

2. 定价功能

定价功能是市场经济运行的客观要求。在市场经济中，价格信号应当真实、准确，如果价格信号失真，必然影响经营者的主动性和决策的正确性，打击投资者的积极性。在金融衍生工具交易中，市场参与者根据自己了解的市场信息和对价格走势的预期，反复进行衍生金融产品的交易，在这种交易活动中，通过平衡供求关系，能够较为准确地为金融产品形成统一的市场价格。

3. 转化功能

转化功能是金融衍生工具最主要的功能，也是金融衍生工具一切功能得以存在的基础。通过金融衍生工具，可以实现外部资金向内部资金的转化、短期流动资金向长期稳定资金的转化、零散资金向巨额资金的转化及消费资金向生产经营资金的转化。

4. 提高资产管理质量功能

就投资者来讲，为了提高资产管理的质量，降低风险，提高收益，必须进行资产组合管理。衍生工具的出现，为投资者提供了更多的选择机会和对象。同时，工商企业也可利用衍生工具达到优化资产组合的目的。

5. 盈利功能

金融衍生工具的盈利包括投资人进行交易的收入和经纪人提供服务的收入。

金融衍生工具所具有的上述功能对现代经济的发展起到了有力促进作用，甚至可以说，没有金融衍生工具，今天的经济运作是难以想象的，但衍生工具的发展也促成了巨大的世界性投机活动。

目前世界性的投机资本，其运作的主要手段就是衍生工具。在国际金融中，投机资本利用衍生工具冲击一国金融市场并造成该国金融动荡和危机的事层出不穷，例如，由于受到国际投机资本的冲击，1992 年英镑市场退出欧洲汇率体系，1997 年 7 月泰国放弃泰铢对美元的固定汇率并引发东南亚的金融大震荡等。

5.2 期　货

5.2.1 期货概述

1. 期货的含义及交易特征

(1)期货的含义。期货就是标准化合约，是一种统一的、远期的“货物”合同，是相对现货而言的。买卖期货合约，实际上就是承诺在将来某一天买进或卖出一定量的“货物”。从严格意义上来说，期货并不是商品，而是一种标准化的商品合约，在合约中规定双方于未来某一天就某种特定商品或金融资产按合约记载内容进行交易。期货交易是通过在期货交易所买卖标准化的期货合约而进行的一种有组织的交易方式。期货交易的对象并不是商品(标的物)本身，而是商品(标的物)的标准化合约。

(2)期货交易的特征。期货交易是一种独立的交易方式，与现货交易相比，它具有以下的特征。

①交易对象不同。商品现货交易的交易对象是某一具体形态的商品。证券现货交易的对象是代表着一定所有权或债权关系的股票或债券，这些有价证券可以在未来的时间内为它的持有人带来一定的收益，因此是一种具有“内在价值”的金融资产。期货交易的交易对象是期货合约。期货合约并不是一种有形的书面合同，而是由期货交易所设计的一种具有固定内容和形式的统一协议书，买卖双方如果愿意接受合约上规定的条件，就在经纪公

司开立账户并作相应记载,期货交易是通过入账和销账来记录交易情况的。期货合约也没有固定的内在价值,它的价值在于合约指定的金融资产的价格是否波动。如果合约中金融资产价格高度稳定,就没有必要进行期货交易,期货合约也就没有"价值"了。

②交易目的不同。商品交易的目的是为了取得商品的使用价值和实现商品价值。证券交易的目的是为了生产和经营筹集必要的资金及为暂时闲置的货币资金寻找生息获利的投资机会。期货交易活动既不能提供筹资的渠道,也不能提供真正的投资机会,而是为不愿承担价格风险的生产者或经营者提供稳定成本、保住盈利从而保证生产和经营活动正常进行的保值机会,也为一部分投机者提供了投机获利的机会。

③现货交易一般以商品、证券和货币的转手而结束活动。期货交易中,仅有极少数的合约到期进行实物交割,接近98%的期货合约是通过做相反交易平仓了结的,这种以结清差价平仓了结的方式称为"对冲"。

期货交易方式产生和存在的前提条件是有价格风险,即金融资产有利率、汇率和价格变动的风险。因为有风险,才有人利用期货交易来转移风险达到保值目的,也有人要利用价格变动从中获取投机利润。价格风险越大,对期货交易的需求越大;价格稳定,期货交易趋于平淡。但是,期货交易的发展,特别是期货市场上的投机活动,又会影响金融资产的汇率、利率、价格的变动程度。

2. 期货交易的功能

期货交易之所以产生,并得到较快速度地发展,原因在于期货与现货相比有着自身独特的功能,主要体现在以下三个方面。

(1)价格发现功能。价格发现是期货市场的一项重要功能。价格发现是指在一个公开、公平、高效、竞争的期货市场中,通过期货交易双方的竞争性报价成交,形成一系列期货价格的过程。期货价格具有真实性、预期性、连续性和权威性的特点,能够比较真实地反映出商品价格的变动趋势。

(2)风险转移功能。风险转移功能是指参与期货交易的套期保值者通过期货交易将价格风险转移给其他市场预期相反的套期保值者或者愿意承担风险的投机者,从而起到风险转移和分散的作用,这是期货交易最基本也是最根本的功能。

期货交易的风险转移功能主要通过套期保值交易来实现,即在现货市场上买进或卖出某种金融资产的同时,做一笔与现货数量相当但方向相反的期货交易,以期在未来一段时间通过期货合约的对冲来弥补因现货价格变动而带来的风险。具体而言,对持有现货的人来说,若担心现货价格变动会带来风险,可以做对等并相反的期货交易,即卖出品种、数量、日期相当的期货合约。如果在持有期货期间,价格下跌,现货因买高而发生亏损,但期货交易会因低价补回对冲了结而有盈利,盈利和亏损冲销后,可达到保值目的;如果在持有现货期间,价格上升,现货就会盈利,但期货到期前以高价买回对冲了结时会亏损,盈亏相抵后,仍可达到保值目的。这种先卖后买的期货交易方式被称作"空头套期保值"。相反,对准备在未来买入现货的人来说,若担心现货价格变动带来风险,可先买入相应的期货合约,到期前卖出对冲了结,也可达到保值目的。这种先买后卖的期货交易方式被称作"多头套期保值"。

(3)投机功能。期货投机是指期货交易者根据自己对期货市场未来价格走势的预期,在没有任何商品或金融资产现货的情况下，买进或卖出相关商品或金融资产期货，以期获得巨额利润的行为。由于期货具有高杠杆的特点，使得期货投机行为较之现货投机行为具有更高的收益性和风险。

3. 期货的产生与发展

在期货市场的发展过程中，交易品种不断增加，交易规模不断扩大，先后经历了商品期货和金融期货。

期货交易最初产生于商品的远期交易并取得成功，然后才被移植到金融资产交易中。商品期货交易早在中世纪就在欧洲进行，但现代期货交易是在 19 世纪从美国首先发展起来的。

(1)商品期货。商品期货是指标的物为实物商品的期货合约。商品期货历史悠久，种类繁多，主要包括农产品期货、金属期货和能源期货三类。

农产品期货是产生最早的期货品种，也是目前世界商品期货市场的重要组成部分。除小麦、玉米、大豆等谷物期货外，随着新的交易所的不断涌现，又出现了像棉花、咖啡、可可等经济作物，黄油、鸡蛋、生猪、猪肚等畜禽产品，木材、天然橡胶等林木产品等约 20 种商品期货。

金属期货最早诞生于 19 世纪 70 年代的英国，自创立以来一直发展良好。金属期货的交易品种有黄金、白银、铜、铝、锡、铅、锌、镍、钯、铂。

能源期货产生于 20 世纪 70 年代，因为发生石油危机导致能源产品价格剧烈波动，直接导致了石油等能源期货的产生，后续发展很快，包括原油、取暖用油、汽油、丙烷、无铅普通汽油等。

(2)金融期货。金融期货是指以金融工具为标的物的期货合约，它作为期货交易中的一种，具有期货交易的一般特点，与商品期货相比，其合约标的物不是实物商品，而是传统的金融商品，如证券、货币、汇率、利率等。

1975 年芝加哥商业交易所开展房地产抵押券的期货交易，标志着金融期货交易的开始。

金融期货主要有以下三大类。

①利率期货是指以利率为标的物的期货合约。世界上最先推出的利率期货是于 1975 年由美国芝加哥商业交易所推出的美国国民抵押协会的抵押证期货。利率期货主要包括以长期国债为标的物的长期利率期货和以两个月短期存款利率为标的物的短期利率期货。

②外汇期货是指以汇率为标的物的期货合约。外汇期货是适应各国从事对外贸易和金融业务的需要而产生的，目的是借此规避汇率风险，1972 年美国芝加哥商业交易所的国际货币市场推出第一张货币期货合约并获得成功。目前国际上货币期货合约交易所涉及的货币主要有英镑、美元、德国马克、日元、瑞士法郎、加拿大元、法国法郎、澳大利亚元以及欧洲货币单位等。

③股票价格指数期货是指以股票指数为标的物的期货合约。1982 年 2 月，美国堪萨斯期货交易所开发了价值线综合指数期货合约，使股票价格指数成为期货交易的对象。股票价格指数期货是目前金融期货市场最热门和发展最快的期货交易。股票价格指数期货不涉及股票本身的交割，其价格根据股票指数计算，合约以现金清算形式进行交割。

（3）其他创新期货品种。

①经济指数期货。由于股指期货运作成功，经济发达国家出现了一批以经济发展指数为标的的期货合约。其中，较有影响力的是 CRB 商品指数期货。CRB 商品指数期货是由美国商品调查局（Commodity Research Bureau）依据世界市场上22种基本的经济敏感商品价格编制的一种期货价格指数，通常简称为 CRB 指数。

桥讯系统公司在 CRB 指数基础上适当调整了17种商品期货合约，编制了 CRB 商品指数期货（Commodity Research Bureau futures price index）。CRB 商品指数期货反映的是17种商品的价格，是用算术平均与几何平均的方法计算，它不仅是17种商品没有加权的价格平均数，同时也收入了每种商品在不同时间的价格平均数。一个组成成分的价格变动的百分率不会改变该组成成分在指数中的相对比重。在这17种商品中，每个商品在指数中的比重相同，没有哪一个月或哪一种商品对该指数的影响过大。这17种商品分成6组。

农作物与油籽（18%）：玉米、大豆、小麦。

能源（18%）：原油、热油、天然气。

工业（11%）：铜、棉。

家畜（11%）：活牛、活猪。

贵金属（18%）：黄金、铂金、银。

软饮料（24%）：可可、咖啡、橙汁、糖。

由于 CRB 指数包括了核心商品的价格波动，因此，总体反映了世界主要商品价格的动态信息，广泛用于观察和分析商品市场的价格波动与宏观经济波动，并能在一定程度上揭示宏观经济的未来走向。它能比较好地反映出生产者物价指数（PPI）和消费者物价指数（CPI）的变化。

研究表明，CRB 指数是一种较好反映通货膨胀的指标，它与通货膨胀指数在同一个方向波动，与债券收益率在同一方向上波动。可以说，CRB 指数在一定程度上反映着经济发展的趋势，与经济波动也具有较强的趋同性。

另外，芝加哥商业交易所推出了 Goldman-sachs 商品指数，芝加哥期货交易所推出了道·琼斯AIG 商品指数，纽约期货交易所推出了 S&P 商品指数等。

②天气指数期货。天气风险管理是针对天气风险而产生的一种全新的资本管理方式，与天气风险管理相关的天气衍生品合约最初由美国能源企业在1996年推出，并以场外交易（OTC）的方式开展起来，逐渐吸引了保险业、零售业、农业、建筑业和管理基金的广泛参与。随着天气衍生品合约在 OTC 市场的日益发展和成熟，期货交易所开始引入天气指数的期货和期权交易。

天气指数期货是商品期货中的新成员，在类别上它属于能源类期货交易品种。

目前，全球有数个交易所提供天气指数期货合约，包括伦敦国际金融期货期权交易所、芝加哥商品交易所和位于亚特兰大的洲际交易所等。

③保险期货。保险业作为分散风险、分摊损失的一种特殊行业，几百年来始终遵循着稳健经营的原则，但随着全球经济的发展，风险性质的变化和巨额损失的频繁发生均给保险经营者带来了挑战，对保险风险转移形式提出了更高的要求，在这种背景下，保险期货便应运而生了。

1992 年 12 月,美国芝加哥商业交易所推出巨灾保险期货,拉开了保险期货发展的序幕。如果保险公司预测到巨灾损失会发生,便会购买巨灾保险期货,到期时该损失没有发生或是低于某一特定界限,则保险公司将会在期货市场上遭受损失,但是,同时因为保险损失较小,保险公司可以用保险业务获得的收益弥补其期货交易的损失,在一定程度上达到保值增值的目的。

另外,目前国际期货市场不断出现创新的期货品种,某些交易所已开始着手上市污染指数、自然灾害等没有基础现货市场的衍生产品。

4. 期货合约

期货合约本质上是标准化的远期商品买卖合同,其内容一般包括以下几个方面。

(1)交易品种。交易品种是指期货合约交易的标的物,目前在我们国家,主要的期货品种有以下种类。

①大连商品交易所的大豆、豆粕、豆油、玉米。

②上海期货交易所的铜、铝、橡胶、燃料油。

③郑州商品交易所的白糖、棉花、小麦。

④中国金融期货交易所拟上市的沪深 300 股票指数期货。

(2)交易数量和单位条款。每种商品的期货合约规定了统一的、标准化的数量和数量单位,统称交易单位。例如大连商品交易所规定豆粕期货合约的交易单位是 10 吨,用期货的术语表达就是“1 手”,是最小的交易单位,在期货市场上买进或卖出合约数量必须是“1 手”的整数倍。

(3)最小变动价位。最小变动价位是指期货交易是买卖双方报价所允许的最小变动幅度,每次报价时,价格的变动必须是这个最小变动价位的整数倍。

(4)每日价格最大波动限制。每日价格最大波动限制即涨跌停板幅度限制,指交易日期货合约的成交价格不能高于或低于该合约上一交易日结算价的一定幅度。

(5)最后交易日。最后交易日即期货合约停止买卖的最后截止日期。每种期货合约都有一定的月份限制,到了合约月份的一定日期就要停止合约的买卖,准备进行交割。

(6)交割时间。交割时间是规定某种期货合约到期交割的月份,一般以固定月份为交割月。

(7)交割标准和等级。期货合约规定了统一的、标准化的质量等级。交易所一般采用国家制定的商品质量等级标准,并规定期货交割的标准品、替代品标准。

(8)交割地点。期货合约中会规定为期货交易提供交割服务的指定交割仓库,以保证实物交割的正常进行。

(9)保证金。保证金是指交易双方向交易所所缴纳的用于履约担保的资金。

(10)交易手续费。交易手续费是指交易商向交易所缴纳的费用。

5.2.2 金融期货

1. 金融期货的特征

金融期货作为一种标准化的远期交易,具有如下特点。

(1)期货合约的标准化。期货交易对象是标准化期货合约。期货交易通过买卖期货合约进行，期货合约是指由期货交易所统一制订的、标准化的合约，期货合约对期货交易的品种、数量和数量单位、质量等级、最小变动价位、涨跌停板、合约月份、交易时间、最后交易日、交割日期、交割地点、合约到期日等内容都有统一规定，它唯一的变量是标的的交易价格，这是在交易所内以竞价方式产生的。期货合约的标准化，大大简化了交易手续，降低了交易成本，最大程度地了结交易双方因对合约条款理解不同而产生的争议与纠纷。期货合约的标准化是期货交易最显著、最重要的特征，也是期货交易区别于现货交易的又一个重要方面。

(2)交易所集中交易。期货交易是在专门的期货交易所内进行交易，一般不允许场外交易，期货转现货交易是唯一合法的场外交易方式。这就使期货合约具有很好的流动性。期货交易所不仅为期货交易者提供了一个专门的交易所和进行期货交易所必需的各种设备及服务，而且还为期货交易制定了严密的规章制度，使期货交易成为一个组织化、规范化程度很高的市场，同时，它还为所有在期货交易所内达成的交易提供财务和合约履行方面的担保。但交易所本身并不介入期货交易活动，也不干预期货价格的形成。

(3)公开竞价。期货交易的早期，由于没有计算机，故在交易时都采用公开喊价方式。公开喊价方式通常有两种形式，一是连续竞价制，它是指在场内的交易者在交易所的交易池内面对面的公开喊价，表达各自买进或卖出合约的要求。这种竞价方式是期货交易的主流，欧美期货市场都采用这种方式。这种方式的好处是场内气氛活跃，但其缺陷是人员规模受到场地限制。众多的交易者拥挤在交易池内，人声鼎沸，以至于交易者不得不使用手势来帮助传递交易信息。这种方式的另一个缺陷是场内交易员比场外交易者有更多的信息和时间优势，抢帽子交易往往成了场内交易员的专利。

公开喊价的另一种形式是日本的一节一价制。一节一价制是把每个交易日分成若干节，每节交易中一种合约只有一个价格。每节交易先由主持人叫价，场内交易员根据其叫价申报买卖数量。如果买量比卖量多，则主持人另报一个更高的价；反之，则报一个更低的价，直至在某一价格上，买卖双方的交易数量相等时为止。

计算机技术普及后，世界各国的交易所纷纷改弦更张，采用计算机来代替原先的公开喊价方式。计算机撮合成交是根据公开喊价的原理设计而成的一种自动化交易方式，它具有准确、连续、速度快、容量大等优点。

(4)对冲交易。对冲交易又称套利交易，是指期货市场参与者利用不同月份、不同市场与不同商品之间的差价，同时买入和卖出两张不同类的期货合约，以从中获取风险利润的交易行为。正如一种商品的现货价格与期货价格经常存在差异一样，同种商品不同交割月份的合约价格之间也存在差异，同种商品在不同交易所的交易价格变动也存在差异。这些差异的存在，使期货市场的对冲交易成为可能。

在期货市场中，对冲有时能以单纯的长线交易提供更可靠的潜在收益，尤其当交易者对对冲的季节性和周期性趋势进行深入研究和有效使用时，其功效更大。它是期货投机的特殊方式。它丰富和发展了期货投机的内容，并使期货投机不仅仅局限于期货合约绝对价格的水平变化，更多地转向期货合约相对价格的水平变化。

(5)杠杆交易。杠杆交易实际上是交易商为投资者提供放大若干倍的融资额度，供投资者运作，投资者只需要投入少量保证金，即可操控数十甚至数百倍的资金量进行运作，获利的速度也是数百倍的提升。杠杆交易制度产生的初衷是金融机构用于服务资金量大的实盘投资者，让它们解放出99%的资金用于其他项目周转，以灵活提高资金利用率，后来，投资者发现它可以实现小本钱获取快速暴利，因此，越来越受资本炒家和个人投资者的青睐。

(6)逐日盯市。逐日盯市是指结算部门在每日闭市后计算、检查保证金账户余额，通过适时发出追加保证金通知，使保证金余额维持在一定水平之上，防止负债现象发生的结算制度。其具体执行过程为：在每一交易日结束之后，交易所结算部门根据全日成交情况计算出当日结算价，据此计算每个会员持仓的浮动盈亏，调整会员保证金账户的可动用余额，若调整后的保证金余额小于维持保证金，交易所便发出通知，要求在下个交易日开市之前追加保证金，若会员单位不能按时追加保证金，交易所将有权强行平仓。

2. 金融期货的交易制度

(1)保证金制度。在期货交易中，任何一个交易者必须按照其所买卖期货合约价值的一定比例(通常为5%~10%)缴纳少量资金，作为其履行期货合约的财力担保，然后才能参与期货合约的买卖，并视价格变动情况确定是否追加资金。这种制度就是保证金制度，所交的资金就是保证金。保证金的收取是分级进行的，可分为期货交易所向会员收取的保证金和期货经纪公司向客户收取的保证金，即分为会员保证金和客户保证金。为了控制期货交易的风险，提高效率，期货交易所的会员经纪公司必须向交易所或结算所缴纳结算保证金，而期货交易双方在成交后都要通过经纪人向交易所或结算所缴纳一定数量的保证金，设立保证金的目的是当交易者出现亏损时能及时制止，防止出现不能偿付的现象。

由于在期货交易中买卖双方都有可能在最后结算时发生亏损，所以双方都要缴纳保证金。双方成交时缴纳的保证金称为初始保证金。以后每天都要以结算所公布的结算价格与成交价格加以对照，调整保证金账户余额。因市场行情的变化，交易者的保证金账户会产生浮动盈亏，因而保证金账户中实际可用于弥补亏损和提供担保的资金就会随时发生变动。保证金账户必须保持一个最低的水平，称为维持保证金，该水平由交易所规定。当交易者连连亏损，保证金余额不足以维持最低水平时，结算所会通过经纪人发出追加保证金的通知，要求交易者在规定时间内追缴保证金至初始保证金水平。交易者如果不能在规定时间内补足保证金，结算交易所将交易者的期货合约平仓了结，所导致的亏损由交易者负责。

所有的买方和卖方均须交存保证金方能进入期货币场。保证金是一项履约担保金，证明买方或卖方的诚意，有助于防止违约并确保合约的完整性。保证金可以是现金、交易所允许的国库券、标准仓单等。每一个客户部必须向期货经纪公司缴存一定数量的交易保证金，经纪公司把客户的保证金存入专门的账户，与公司的自有资金区分开来，然后，由经纪公司统一将保证金存入交易所。买卖期货合约所要求的保证金不尽相同，但通常占合约价值的比例很小，一般在合约价值的5%~15%之间。保证金的多少在期货合约中载明。一般而言，期货合约的价格波动越大，所要求的保证金就越多。

(2)每日无负债制度。每日无负债制度是指每日交易结束后，交易所按当日各合约结算价结算所有合约的盈亏、交易保证金及手续费、税金等费用，对应收应付的款项实行净额一次划转，相应增加或减少会员的结算准备金。经纪会员负责按同样的方法对客户进行结算。

结算是指根据交易结果和交易所有关规定对会员交易保证金、盈亏、手续费、交割货款和其他有关款项进行的计算和划拨。结算包括交易所对会员的结算和期货经纪公司会员对其客户的结算，其计算结果将被计入客户的保证金账户。与期货市场的层次结构相适应，期货交易的结算也是分级、分层的。交易所只对会员结算，非会员单位和个人通过期货经纪公司会员结算。

期货经纪公司对客户的结算如下。

①期货经纪公司对客户的结算与交易所的方法一样，即每一交易日交易结束后对每一客户的盈亏、交易手续费、交易保证金等款项进行结算。交易手续费一般不低于期货合约规定的交易手续费标准的3倍，交易保证金一般至少高于交易所收取的交易保证金比例3个百分点。

②期货经纪公司在闭市后向客户发出交易结算单。

③当每日结算后，客户保证金低于期货交易所规定的交易保证金水平时，期货经纪公司按照期货经纪合同规定的方式通知客户追回保证金，客户不能按时追回保证金的，期货经纪公司应当将该客户的全部持仓强行平仓，直至保证金余额能够维持其剩余头寸。

(3)涨跌停板制度。涨跌停板制度是指期货合约在一个交易日中的成交价格不能高于或低于以该合约上一个交易结算价为基准的某一涨跌幅度，超过该范围的报价将视为无效，不能成交。在涨跌停板制度下，前一交易日结算价加上允许的最大涨幅构成当日价格上涨的上限，称为涨停板；前一交易日结算价减去允许的最大跌幅构成价格下跌的下限，称为跌停板。因此，涨跌停板又称每日价格最大波动幅度限制。涨跌停板的幅度有百分比和固定数量两种形式。如上海金属交易所的铜、铝涨跌幅度为3%，涨跌停的绝对幅度随上日结算价而变动；而郑州商品交易所绿豆合约则是以昨日结算价为基准，上下波动1 200元吨为涨跌停板幅度。

涨跌停制度与保证金制度相结合，对于保障期货市场的运转、稳定期货市场的秩序以及发挥期货市场的功能具有十分重要的作用。

①涨跌停制度为交易所、会员单位及客户的日常风险控制创造了必要的条件。

②涨跌停制度的实施，可以有效地减缓和抑制突发事件和过度投资行为对期货价格的冲击，给市场一定的时间来充分化解这些因素对其所造成的影响，防止价格的狂涨暴跌，维护正常的市场秩序。

③涨跌停板制度使期货价格在更为理性的轨道上运行，从而使期货市场更好地发挥价格发现的功能。

④在出现过度投机和操纵市场等异常现象时，调整涨跌停板幅度往往成为交易所控制风险的一个重要手段。

(4)持仓限额制度。持仓限额制度是期货交易所为了防止市场风险过度集中于少数交易者和防范操纵市场行为，对会员和客户的持仓数量进行限制的制度。为了使合约期满的实物交割数量不至于过大，引发大面积交割违约风险，一般情况下，距离交割期限越近的合约月份，会员和客户的持仓限量越小。根据不同的目的，限仓又分为以下几种。

①根据保证金的数量规定持仓限额。持仓限额制度最原始的含义，就是根据会员承担风险的能力规定会员的交易规模。在期货交易中，交易所通常会根据会员和客户投入的保

证金的数量,按照一定比例给出持仓限额,此限额即为该会员在交易中持仓的最高水平。

②对会员的持仓量限制。为了防止市场风险过度集中于少数会员,我国期货文易所一般规定一个会员对某种合约的单边持仓量不得超过交易所此种合约持仓量(单边计算)的15%,否则交易所将对会员的超量持仓部分进行强制平仓。此外,期货交易所还按合约离交割月份的远近,对会员规定了持仓限额,距离交割期越近的合约,会员的持仓限量越小。

(5)大户报告制度。大户报告制度是交易所建立限仓制度后,当会员或客户的持仓量达到交易所规定的数量时,必须向交易所申报有关开户、交易、资金来源、交易动机等情况,以便交易所审查大户是否有过度投机和操纵市场行为,并判断大户的交易风险状况的风险控制制度。通常,交易所规定的大户报告限额小于限仓限额,所以大户报告制度是限仓制度的一道屏障,以防止大户操纵市场的违规行为。对于有操纵市场嫌疑的会员和客户,交易所有权随时限制其建立新的头寸或要求其平仓。如果会员或客户不在交易所规定的时间内自行平仓,交易所有权对其强行平仓。

(6)风险准备金制度。风险准备金制度是指期货交易所从自己收取的会员交易手续费中提取一定比例的资金,作为确保交易所担保履约的准备金制度。

交易所风险准备金的设立,是为了维护期货市场正常运转而提供财务担保或弥补不可预见的风险带来的亏损。交易所不但要从交易手续费中提取风险准备金,而且要针对股指期货特殊风险建立由会员缴纳的股指期货特别风险准备金。风险准备金必须单独核算、专户存储,除用于弥补风险损失外,不能挪作他用。风险准备金的动用应遵循事先规定的法定程序,经交易所理事会批准,报中国证监会备案后按规定程序进行。

(7)信息披露制度。根据我国《期货交易管理条例》规定,期货公司应当建立健全并严格执行业务管理规则、风险管理制度,遵守信息披露制度,保障客户保证金的存管安全,按照期货交易所的规定,向期货交易所报告大户名单、交易情况。

信息披露是投资者获得信息的主要渠道,是衡量市场"三公"原则的重要指标。信息披露制度的完善对期货市场的发展十分重要。

①信息披露制度有助于降低期货市场风险。

②信息披露制度有助于保护投资者合法利益。

③公开的信息披露制度,相当于为期货市场建立一套由市场各类主体共同参与的风险预防、风险预警体系。

3. 金融期货的种类

(1)外汇期货。在金融期货中,外汇期货是最先产生的一个品种。外汇期货是指以外汇为标的物的期货合约,外汇期货交易是指在集中性的交易市场以公开竞价的方式进行的外汇期货合约的交易。外汇期货合约是由交易所规定的,约定在未来某日期以成交时所确定的汇率交收一定数量的某种外汇的标准化合约。

在外汇现货市场,不仅美国因采取间接标价而在报出各种货币的汇率时均以美元为标准,而且在美国以外的其他主要的外汇现货市场也比较普遍地实行美元标价法。因此,在外汇现货市场,各种货币的即期汇率和远期汇率一般即以 1 美元折合若干单位的某种其他货币来表示。我国外汇报价采用直按标价法,即以每 100 外币折合人民币多少来表示汇率。

外汇期货交易区别于远期外汇交易的一个最重要的特点在于其合约的标准化。因此,外汇期货的合约规格是每个外汇期货的参与者所必须了解的又一个重要内容。与其他各种金融期货合约一样,外汇期货合约也包括交易单位、最小变动价值、每日价格波动限制、合约月份、交易时间、最后交易日、交割日期和交割地点等基本要素。但是,由于外汇期货的标的物不同于其他期货品种,因此,外汇期货合约的各项基本要素也有着不同于其他期货合约的独特的内容或独特的规定。其中,交易单位、最小变动价位及每日价格波动限制这 3 个方面因货币不同而有不同的规定,而合约月份、交易时间、最后交易日、交割日期及交割地点这 5 个方面则各种货币均相同。

外汇期货的交易单位都以各种货币的某一特定的数量来表示。这一特定的数量由交易所根据各种标的货币同结算货币之间的某一正常的汇率确定。外汇期货的最小变动单位通常以一定的"点"来表示。"点"是指外汇市场所报出的外汇汇率中小数点之后最后一位的数字。但是,由于各种货币的汇率在小数点以后的位数不同,所以,同为 1 个点,不同的货币有不同的含义。外汇期货的最小变动价位是指每一单位标的货币的汇率变动一次的最小幅度,这一最小幅度与交易单位的乘积便是每份外汇期货合约的最小变动价位。

外汇期货的每日价格波动限制一般也以一定的点数来表示,但不同货币的点数有不同的含义。因此,外汇期货的每日价格波动限制不仅根据报点数的绝对值来比较其大小,还要考虑到交易单位的大小。

(2)利率期货。利率期货是继外汇期货之后产生的又一个金融期货类别。利率期货是指以利率相关凭证(如国债、票据、CDS、100 万美元以及 100 万欧元)为标的物的期货合约。利率期货交易是指投资者在集中性的市场以公开竞价的方式所进行的利率期货合约购买;而利率期货合约是指由交易双方订立的,约定在未来某日期以成交时确定的价格交收一定数量的某种利率相关商品(亦即各种债务凭证)的标准化契约。

利率期货产生于 1975 年 10 月。就产生的先后而言,它比外汇期货晚了 3 年多,但就发展的速度而言,利率期货却远较外汇期货来得迅速,就应用的范围而言,利率期货也远较外汇期货来得广泛。目前,在期货交易比较发达的国家和地区,利率期货早已超过农产品期货而成为成交量最大的一个类别。在美国,利率期货的成交量占据整个期货交易总量的一半以上。

作为一种套期保值的工具,利率期货是应人们管理利率和风险的需要而产生的。利率风险是指人们在经济生活中,因市场利率的不确定变动而遭受损失的可能性。利率风险是利率波动的必然结果。若没有利率波动,也就没有利率风险,而若没有利率风险,也就不会产生利率期货。美国之所以在 20 世纪 70 年代中期产生利率期货,正是因为当时已存在着比较严重的利率波动,并由此产生了比较严重的利率风险。利率期货之所以有如此迅猛的发展,主要是因为 20 世纪 70 年代中期以来,随着西方各国相继实行金融自由化,纷纷放松甚至取消利率管制,使得利率波动日益频繁而剧烈,利率风险日益成为各经济主体尤其是各金融机构所普遍面临的一个重大的金融风险。因此,作为一种既简便易行,又切实有效的管理利率风险的工具,利率期货自然比其他任何一种期货品种都更为重要,人们对它的需求也更为迫切,它的发展前景也更为广大。

(3)股票期货。股票期货是以股票为标的物的期货合约。与股指期货一样,同样是股票交易市场的衍生交易。差别仅仅在于股票期货合约的对象是单一的股票,而股指期货合约的对象是代表一组股票价格的指数。因而市场上也通常将股票期货称为个股期货。

股票期货的交易费用低廉,每张股票期货合约相等于数千股股票的价值,而买卖合约的佣金则视张数而定,所以交易成本相对合约价值而言极低,沽空股票更便捷。由于投资者可以便捷地沽空股票期货,所以在跌市时,投资者可借着沽空股票期货而获利。股票期货的杠杆效应使投资者买卖股票期货合约只需缴付占合约面值一小部分的保证金,令对冲及交易更合乎成本效益,从而能够降低海外投资者的外汇风险。股票期货合约为海外投资者提供了投资本地优质股票的途径,因为买卖股票期货只需要缴付保证金,而非全部的合约价值,故大大降低了海外投资者所要承受的外汇风险。为确保市场的流通量充裕,股票期货实行庄家制度。注册庄家会在一个指定差价范围内同时提供买入价和卖出价,庄家的报价再加上其他会员的参与,使股票期货市场变得更活跃、更流通,令投资者可以轻松地开仓或平仓,并通过电子交易系统进行买卖,所有买卖盘会按价格及时间的先后次序执行对盘,并能即时显示买入价、卖出价和成交价,令市场透明度达到最高水平,在交易过程中,结算公司提供履约保证。由于结算公司是所有未平仓合约的对手,因此,参与者之间将无须承担对手风险。

股票期货交易提供了一种相对便宜、方便和有效的替代或补充股票交易的工具,使投资者有机会增强其股权组合的业绩,使之成为一种更灵活、更简便的管理风险和定制投资策略的创新产品。这种特征主要表现在以下几方面:为投资提供一个快速、简单的机制增加或者减少对股票的敞口暴露,卖空期货不受卖空股票的限制,股票期货交易的杠杆性能增强资本效率,提供一种低成本的投资方法,使投资者在不打乱投资组合的情况下方便地实现股票敞口暴露的转换,以实现调整投资组合、获取超额收益,从而使投资者能够进行非单一股票的基差交易和套利策略,并将在不同市场上的同一股票的期货整合在一个交易平台上,受统一的规则体系规制,用一个演算和保证金系统,促进市场的统一和效率提高。

(4)股票价格指数期货。股票价格指数期货是金融期货中产生的最晚的一个品种,是20 世纪 80 年代金融创新中最重要、最成功的金融工具之一。

股票价格指数是由证券交易所或金融服务机构编制的表明股票行市变动的一种供参考的指示数字。编制股票指数,通常以某年某月为基础,以这个基期的股票价格作为 100,用以后各时期的股票价格和基期价格比较,计算出升降的百分比,就是该时期的股票指数。投资者根据指数的升降,可以判断出股票价格的变动趋势。并且为了能实时地向投资者反映股市的动向,所有的股市几乎都是在股价变化的同时即时公布股票价格指数。编制股票指数要考虑三个因素:一是抽样,即在众多股票中抽取少数具有代表性的成分股;二是加权,按单价或总值加权平均或不加权平均;三是计算程序,计算算术平均数、几何平均数,或兼顾价格与总值。

股票价格指数期货是指期货交易所与期货买卖者签订买卖股票价格指数合约,并在将来指定的日期用现金办理交割的一种期货交易方式。股票价格指数期货合约的价值是以现货的某一倍数为基准,这种倍数通常是 500,也有用 100 的。例如,沪深 300 指数期货规定每份合约价值为指数数字的 300 倍,即指数每升降一点,指数期货价格就加减300 元。升降点乘以 300,合约买卖初始保证金最低为合约价值的 12%。目前,世界上著名的股指期货合约有标准 · 普尔 500 指数、日经 225 股价指数期货。其中,标准 · 普尔

500 指数合约见表 5-1。

表 5-1　标准·普尔 500 指数合约

合约名称	S&P500	E-miniS&P500
代码	SP	ES
合约规格	500 美元′S&P500 期货价格	50 美元′E-miniS&P500 期货价格
价格波动限制	按上一交易日结算价的 5%、10%、15% 和 20% 的跌幅逐级放开，与证券市场挂牌的相关股票的交易中止相协调	按上一交易日结算价的 5%、10%、15% 和 20% 的跌幅逐级放开，与证券市场挂牌的相关股票的交易中止相协调
最小跳动点	0.01 个指数点（每张合约 25 美元） 套利交易为 0.05 个指数点（每张合约 12.50 美元）	0.25 个指数点（每张合约 12.50 美元） 套利交易为 0.10 个指数点（每张合约 5 美元）
合约月份	3 月、6 月、9 月、12 月	3 月、6 月、9 月、12 月
交易时间（中部时间）	场内：周一至周五，上午 8:30 至下午 15:15 GLOBEX：周一至周四，下午 15:45 至次日上午 8:15；周日或假期，下午 17:30 至次日上午 8:15	GLOBEX：周一至周四，下午 15:45 至次日上午 8:15；周日或假期，下午 17:30 至次日上午 8:15
最后交易日	合约月份第三个周五之前的走势	合约月份第三个周五芝加哥时间上午 8:30
最后结算日	合约月份第三个周五	合约月份第三个周五
头寸限制	净多或净空 20 000 张（所有月份合约合计）	结合 S&P500 的头寸限制
交割	现金交割	现金交割

股票价格指数期货是为了适应人们管理股市风险，尤其是系统性风险的需要而产生的。严格地讲，股票价格指数期货交易与股票期货交易都是转移股票价格风险的手段，不同之处在于，股票期货交易转移的是某只股票价格涨落的风险，而股票价格指数期货交易转移的则是所有的主要股票价格涨落的风险。因此，股票期货交易的对象是某只股票，而股票价格指数期货交易的对象是股票价格指数。

股票价格指数期货同其他期货交易一样，其参与者可以利用期货交易转移风险，也有投机者可以在承担风险的前提下赚取利润。具体说来，股票价格指数期货交易买进卖出的都是股票指数期货合同。这种合同订立后，要在规定的日期履行交易双方约定的事项。双方就买卖之间的差额用现金交割。大部分合同在到期时用相反的买卖合同来对冲。

标准·普尔500 指数是由标准·普尔公司1957 年开始编制的。从1976 年7 月1 日开始，其成分股改由 400 种工业股票、20 种运输业股票、40 种公用事业股票和 40 种金融业股票组成。它以 1941 年至 1942 年为基期，基期指数定为 10，采用加权平均法进行计算，以股票上市量为权数，按基期进行加权计算。标准·普尔 500 指数具有采样面广、代表性强、精确度高、连续性好等特点，被普遍认为是一种理想的股票指数期货合约的标的。标准·普尔 500 指数期货一经推出，就受到机构法人与基金经理人的青睐，成为测量操作绩效的重要参考指标。

①股票价格指数期货的特点。分析股票价格指数期货交易，可以发现它有几个显著的特点。

● 交易对象是经过统计处理的股票综合指数，而不是股票。股票价格指数是用“点”来表示的，股票价格指数期货合同的价格也以“点”来计算。一般来说，投资者在购买股票时所遇到的一个最大难题就是已知整个股市的走势，但对选择哪种股票却难以做出决策。股票价格指数期货交易正好解决了此难题，从事一笔交易便可以达到参与整个股市的目的，而不必考虑选择购买哪一种股票。

- 采用现金结算，不用实物交割。因为指数代表的是若干种股票当期价格与基期价格的变动情况而不是若干数量的某种股票，因此，只能用现金进行股票指数期货合同的清算。这与一般期货交易有较大区别，从而使投资者无须持有股票就可以涉足股票市场。

- 把正常交易先买后卖的程序颠倒过来。当投资者预计市场趋势下降时，可以先卖出，当指数下降时，再买进一个合约来对冲。指数期货和保证金信用交易的卖空行为不同。卖空者只有在市场趋势是向上时才能做交易，在出售时虽然还没持有股票，但要向证券商借股票交割，同时还要交保证金。股票指数买卖的是一份合同，一般保证金只按合约价值的10% 交付，从而可以用较小的资金获取较大利润，这是指数期货最引人关注的地方。

- 可以进行套期保值。这是以价格和价格指数的变动趋势是同向的、同幅度的原理为依据。因为股票价格指数是一组价格变动情况的指数，所以股票的现货市场与股票的期货市场进行相反操作就可以抵消出现的风险。例如，手中拥有股票想保存或要卖出者，为避免或减少股票价格下跌带来的风险损失，应在期货市场上做空头，即卖出指数期货；要购买股票者，为防止股票价格上涨的不测风险，应做多头，即买入指数期货。

②股票价格指数期货交易。实际上，股票价格指数期货交易主要是用来套期保值的，例如，在股票市场总趋势下降时，如果投资者持有股票，就会担心股票价格下跌，这时投资者又不愿立即出售，就可以用股票价格指数期货交易办法，来避免股票价格下跌，尽量减少损失。假如投资者持有1 000 股甲公司的股票，在2021 年3 月1 日这一天股票价格指数为117，每股甲公司股票价格为45 元，则投资者持有股票价值为45 000 元。为防止股价下跌造成的损失，投资者可以在2021 年3 月1 日这一天，在股票价格指数期货市场上卖出一个6 月1 日到期的股票价格指数期货合同，价值为 $117 \times 500 = 58\ 500$ 元。如果股份如投资者所料地下跌，在6 月1 日股票价格指数降为112，甲公司股票每股降为43 元，那么，投资者手里的股票价值降为43 000元，损失2 000 元。但是，在股票价格指数期货市场，投资者按指数112 再进一个股票价格指数期货合约，价值 $112 \times 500 = 56\ 000$ 元，前后两个合约对冲，投资者可以获取差价2 500 元（58 500 − 56 000），这样，抵消了现货损失，投资者可赚500 元，其具体操作见表5-2。

表5-2　股票价格指数期货交易操作表（一）

现货市场	股票指数期货市场
2021 年3 月1 日： 股票每股市价45 元，买入1 000 股，价值：45 × 1 000 = 45 000（元） 2021 年6 月1 日： 股票每股市价43 元，价值： 43 × 1 000 = 43 000（元） 投资结果： 由于股份下跌，损失2 000 元	2021 年3 月1 日： 股票价格指数117，卖出股票指数期货，价值：58 500 元 2021 年6 月1 日： 股票价格指数112，买进股票指数期货合同，价值：56 000元 对冲结果： 股指期货交易产生2 500 元利润

再如，在股票市场价格总趋势上升时，投资者可以改变原来在期货市场上先卖出后买入的做法，采取先买后卖方式进行套期保值。具体说来就是，投资者预计在3个月后可以有一笔45 000元的收入，按目前市价能买1 000股股票，可由于股价上升，投资者担心在收到款时股票会涨价，就买不进1 000股股票了，这时投资者就买进一个股票价格指数期货合同，价值为117×500=58 500元。假如3个月后，2021年6月1日，股票确实上扬了，该公司股票每股涨到50元，股票价格指数上升到127点，那么，投资者可以在股票价格指数期货市场上卖出一个股票价格指数合约，价值为127×500=63 500元，进行对冲，这样，在股票价格指数期货市场上的交易中，投资者获利的5 000元利润，恰好就可以加到45 000元的预期收入上，并用来购买1 000股股票。其具体的操作可见表5-3。

表5-3　股票价格指数期货交易操作表(二)

现货市场	股票指数期货市场
2021年3月1日： 投资者预计6月1日可取得45 000元收入，现货市场按当期股价可买入1 000股股票 2021年6月1日： 投资者用50 000元买入价格50元的股票1 000股 投资结果： 由于股价上扬，投资者发生了5 000元的机会损失	2021年3月1日： 投资者买进股票价格指数期货合约，价值：117×500=58 500元 2021年6月1日： 投资者卖出股票价格指数期货合约，价值127×500=63 500(元) 计算结果： 股指期货交易产生5 000元利润

此例说明，只要预测准确，便可获取大利，至少是可以减少损失，但事实并非如此，因为证券市场上是通过喊价竞争成交的。想买进的必须要有人卖出才能成交，想卖出的也必须有人买进，缺一不可，因此，市场作为一个总体，买进的合约必须等于卖出的合约，总盈余必须等于总亏损，也就是说，有赚钱的必然有赔钱的，总数是相等的。

5.3　金融期权与期权类衍生产品

5.3.1　金融期权

金融期权又称金融资产选择权，是指持有者在规定的期限内具有按照交易双方商定的价格购买或出售一定数量某种金融资产的权利。

金融期权交易是对一定期限内的选择权的买卖，即期权购买者以支付一定数量的期权费为代价，拥有在规定期限内以双方约定的价格购买或出售约定数量的某种金融资产的权利，而不用承担必须买进或卖出的义务；金融期权的卖方在收取一定数量的期权费后，在约定期限内必须无条件服从买方的选择并履行成交时的允诺。也就是说，期权交易实际上是一种权利的单方面有偿让渡。期权的买方以支付一定数量的期权费为代价而拥有这种权利，但不承担必须买进或卖出的义务；期权的卖方则在收取了一定数量的期权费后，在一定期限内必须无条件服从买方的选择并履行成交时的允诺。在权利的有效期内，如果标的金融资产的价格变化不利于期权买方，也可以选择放弃履约。在权利的有效期内，期权也可以转让，超过有效期，合约失效，买方的权利随之作废，卖方的义务也被解除。金融期权交易双方就权利约定的内容需要借助于标准化的期权合约来完成，由此期权合约成为一种重要的衍生工具，对期权合约的交易成为一种新型的交易方式。

1. 金融期权的特征

(1)金融期权交易仅仅是一种权利的交易，并不是现实金融资产的买卖。尽管在期权成交时，双方就可能发生的现实金融资产的成交价格达成协议，但这种资产的交易是否发生，要取决于期权买方的选择。期权买方的选择权具有很强的时间限制，一旦过期，权利就作废。

(2)期权交易双方的权利和义务是不对称的。期权合约赋予买方的是权利，即买方只有权利，而没有义务，他可以在期权的到期日放弃期权的执行而不采取任何行动；而合约赋予出售方的是履行合约的义务，即卖方只有义务，没有权利，一旦期权的买方要求行使其权利，卖方就必须无条件地履行相应的义务。因此，买方为获取权利需要支付期权费，卖方为了保证履行义务需要缴纳保证金。

(3)双方的风险与收益是不对称的。买方所承担的最大风险是为购买期权所支付的期权费，当其在有利情况下行使期权时，取得的收益可能是无限的，而卖方可能获得的最大利润就是期权费，当买方行使期权时，则可能遭受无限的风险损失。实际上，期权交易是一种"零和博弈"，其买方的盈利就是卖方的亏损，而买方的亏损就是卖方的盈利。

(4)期权价格是期权合约唯一的变量。期权交易的实质是选择权交易，因此，期权的价格是为拥有这种权利而支付的费用，即期权费。期权费随距离到期日时间的变化而变化，而合约中的执行价格是合约中事先确定的常量。

2. 金融期权的类型

(1)按赋予权利不同划分。按赋予权利不同，金融期权可以分为看涨期权、看跌期权与双向期权。

看涨期权又称买入期权，是指期权合约赋予期权的购买者在预先规定的时间以约定的价格从期权出售者手中买入一定数量的某种特定金融资产的权利。

看跌期权又称卖出期权，是指期权合约赋予期权购买者在预先规定的时间以约定的价格向期权出售者卖出一定数量的某种特定金融资产的权利。它与看涨期权相反，是人们预期某种金融资产的未来价格下跌时购买的期权，所以称为看跌期权。如果卖方预测该金融资产的市场价格不会下跌或可能上涨，那么他将卖出看跌期权。

双向期权是指期权的买方既享有在规定的有效期限内按一具体的价格买进某一特定数量的金融资产的权利，又享有在有效期限内按同一价格卖出某一特定数量的金融资产的权利。

(2)按执行期限不同划分。按执行期限不同，金融期权可以分为欧式期权和美式期权。

欧式期权是指期权持有人只有在期权到期日才有权行使其交易权利。

美式期权是指期权持有人在期权的交易期限内(到期前)任何一个时点上都有权行使交易权利。

美式期权比欧式期权具有更大的灵活性，这是因为购买者买入美式期权后，可以在期权有效期内根据市场价格的变化和自己的实际需要比较灵活而主动地选择履约时间。期权出售者必须随时为履约做好准备，这意味着美式期权比欧式期权更能使期权出售者承担更大的风险。因此，在其他情况一定时，美式期权的出售者所需要的风险补偿即期权费通常比欧式期权更高一些。目前，美式期权更为流行。

（3）按交易对象不同划分。按交易对象不同，金融期权可以分为现货期权与期货期权。

现货期权是指以各种金融现货工具本身作为期权合约标的资产的期权，如各种股票期权、股票指数期权、外汇期权、债券期权等。

期货期权是指以各种金融期货合约作为期权合约标的资产的期权。如各种外汇期货期权、利率期货期权以及股票指数期货期权等。

3. 金融期权与金融期货的区别

金融期权交易与金融期货交易的不同之处表现在如下几个方面。

（1）交易者的权利与义务的对称性不同。期权交易对象不是证券本身而是一种权利。期货交易对象是证券，只是把订约和履约的时间隔离开来。期权是一种权利，而不是一种义务，这是期权交易吸引投资者的关键所在。因为期权的购买者只有权利没有义务，所以只有当其肯定获利时，他才会执行期权。期货交易则不然。期货合同一旦签订，买方或卖方不仅有权利买进或卖出，而且也有义务买进或卖出，否则，就违反了期货交易的规则，从而将受到惩罚。期权合同签订后，期权持有人可以买进或卖出，也可以不买进或不卖出，买进或卖出的实施与否，完全是期权持有人的权利，而不是必须履行的义务。因此，也可以说，期权合同属于单向合同，期货合同属于双向合同。

（2）履约保证不同。金融期货交易双方均需开立保证金账户，并按规定缴纳履约保证金，如果发生亏损，还要追加保证金。期权交易中，只有期权出售者尤其是无担保期权的出售者才需要开立保证金账户，并按规定缴纳保证金，以保证其履约的义务。至于期权购买者，因期权合约未规定其义务，故无须开立保证金账户，也无须缴纳保证金。

（3）盈亏特点不同。金融期货双方都无权违约，也无权要求提前交割或不交割，合同到期要求合同双方签订人必须执行，如果在规定的时间内不执行，那么由此而引起的损失由违约方承担。因此，从理论上说，金融期货交易中双方潜在的盈利和亏损都是无限的。在期权交易中，由于期权购买者与出售者在权利和义务上的不对称性，因此他们交易中的盈亏也具有不对称性。期权是一种权利合同，这种权利有严格而明确的期限，一般为 3 个月到 12 个月，如果在权利期限内不行使这种权利，一旦期满，这种权利便自动失效，而不需要办理什么特别的手续。因此，从理论上说，期权购买者在交易中的潜在亏损是有限的，仅限于他所支付的期权费，而他可能取得的盈利却是无限的；相反，期权出售者在交易中取得的盈利是有限的，仅限于他所收到的期权费，而他可能遭受的损失却是无限的。

（4）交割时间不同。期权持有人可以在合同期限内的任何一天执行合同，而期货合同则往往规定特定的合同执行时间，提前或推后都不行。

（5）现金流转不同。金融期货交易双方在成交时不发生现金收付关系，但在成交后，由于实行逐日结算制度，交易双方每日都将因市场价格的变动而可能发生保证金账户的现金流转。金融期权交易中，在成交时，期权购买者必须向期权出售者支付一定的期权费以取得期权合约所赋予的权利，除了到期履约外，交易双方在整个合约有效期内将不发生任何的现金流转。

5. 3. 2　认股权证

认股权证是一种允许其持有人在指定的期限内购买或出售相关资产(如股票)的一种权利,由基础证券发行人或其以外的第三人(以下简称"发行人")发行的,约定持有人在规定期间内或特定到期日,有权按约定价格向发行人购买或出售标的证券,或以现金结算方式收取结算差价的有价证券。从产品属性看,权证是一种期权类衍生金融品,权证与交易所交易期权的主要区别在于,交易所挂牌交易的期权是交易所制定的标准化合约,具有同一基础资产、不同行权价格和行权时间的多个期权形成期权系列进行交易,而权证则是权证发行人发行的合约,发行人作为权利的授予者承担全部责任。

1. 权证的分类

根据各种标准,可以把权证分为以下类型。

(1)按基础资产分类。根据权证行使的基础资产和标的资产,可将权证分为股权类权证、债权类权证以及其他权证。目前我国证券市场推出的权证均为股权类权证,其标的资产可以是单只股票或股票组合(ETFS)。以下介绍的权证均指股权类权证。

(2)按基础资产的来源分类。根据权证行权所买卖的标的股票来源不同,权证分为认股权证和备兑权证。公司认股权证由公司发行,是一种允许其持有人(投资者)在指定的期限内以确定的价格直接向发行公司购买或出售股票的权利。它对可以购买或出售的股票的份数、执行价格以及到期日等都有详细说明。通常所说的认股权证一般就是指公司认股权证,按照规定的权利可分为认购认股权证和认售认股权证。认购认股权证赋予持有人的是购买股票的权利,而出售认股权证的是出售股票的权利。

备兑认股权证类似于公司认股权证,不同之处在于备兑认股权证一般由上市公司以外的第三者发行,如投资银行等,它的目的也不是为了筹资,而是给投资者提供一种管理投资组合的工具。认股权证与备兑权证的比较见表5-4。

表5-4　认股权证与备兑权证的比较

比较项目	认股权证	备兑权证
发行人	标的证券发行人	标的证券发行人以外的第三方
标的证券	增发和新股	已在交易所挂牌交易的证券
发行目的	筹资或高管激励	为投资者提供避险、套利工具
行权结果	股份增加、权益稀释	不造成股本增加或权益稀释

(3)按持有人权利分类。按持有人权利的性质不同,权证分为认购权证和认沽权证。前者属于看涨期权,其持有人有权按规定价格购买基础资产;后者属于看跌期权,其持有人有权按规定价格卖出基础资产。

(4)按行权的时间分类。按权证持有人行权的时间不同,可以将权证分为美式权证、欧式权证、百慕大权证等类别。美式权证可以在权证失效日之前任何交易日行权;欧式权证仅可以在失效日当日行权;百慕大权证则可在失效日之前一段规定时间内行权。

(5)按权证的内在价值分类。按权证的内在价值可以将权证分为平价权证、价内权证和价外权证,其原理与期权相同。

2. 权证要素

权证要素包括权证类别、标的、行权类别、存续时间、行权日期、行权结算方式、行权比例等。

（1）权证类别。即标明该权证属于认购权证还是认沽权证。

（2）标的。权证的标的物种类涵盖股票、债券、外币、指数、商品或其他金融工具，其中股票权证的标的可以是单一股票或是一揽子股票组合。

（3）行权价格。即发行人发行权证时所约定的，权证持有人向发行人购买或出售标的证券的价格。若标的证券在发行后除息、除权，通常要对认股权证的认股价格进行调整。

（4）存续时间。即权证的有效期，超过有效期，认股权自动失效。目前上海证券交易所、深圳证券交易所均有规定，权证自上市之日起存续时间为 6 个月以上 24 个月以下。

（5）行使日期。权证持有人有权行使权利的日期。

（6）行权结算方式。分为证券给付结算方式和现金结算方式两种。前者指权证持有人行权时，发行人有义务按照行权价格向权证持有人出售或购买标的证券，后者指权证持有人行权时，发行人按照约定向权证持有人支付行权价格与标的证券结算价格之间的差额。

（7）行权比例。行权比例是指单位权证可以购买出售的标的证券数量。目前，上海证券交易所和深圳证券交易所规定，标的证券发行除权时，行权比例应进行相应调整，除息时则不做调整。

【例】A 公司发行以该公司股票为标的证券的权证，假定发行时股票市场价格为 15 元，发行公告书列举的发行条件如下：

发行日期：2020 年 8 月 8 日

存续期间：6 个月

权证类型：欧式认购权证

发行数量：50 000 000 份

发行价格：0.66 元

行使价格：18.00 元

行权期限：到期日

行权结算方式：证券给付结算

行权比例：1 ∶ 1

上述条款告诉投资者由 A 公司发行的权证是一种股本认购权证，该权证每份权利金是 0.66 元，发行总额为 5 000 万份，权证可以在 6 个月内买卖，但行权则必须在 6 个月后的到期日进行。如果到期时 A 公司股票市场价格为 20 元，高于权证的行权价 18 元，投资者可以 18 元/股的价格向发生人认购市价 20 元的 A 公司股票，每股净赚 1.34 元（20 − 18 − 0.66）；如果到期时 A 公司股价为 15 元，低于行权价 18 元，投资者可以不行权，从而仅损失权利金 0.66 元/股。

3. 权证产生的必然性

认股权证之所以能够形成新的投资工具，有其必然性。对于公司来说，发行认股权证是引诱投资者去购买那些他们认为收益太低或风险太大的证券，并希望投资者在将来股票高于市价时才来认购股票，以增加公司的资本，从而防止过早地摊薄每股盈利。所以，认股权证实际上是一种远期的集资方式，它不仅对公司现时财务状况有好处，而且可在较长的有效期限内一直为公司带来灵活集资的机会，使公司的资金周转更灵便。

最初推出认股权证，是一些发展速度较快的成长型小公司发行优先股或进行债券筹集资金时，为了使这些优先股或债券更具有吸引力，又为了降低筹资资本，在发行优先股或债券的同时向投资者发行一种认购股份权利的书。例如，某公司发行优先股，股息率为 7%。为减轻优先股股息负担，减少股息支付对公司利润的影响，将 7% 的股息率改为 5%，并发行认股权证。该证书规定，只要购买优先股股票 1 000 股，该公司就配给优先股持有人在 10 年内的任何时间以每股 10 元的价格购买该公司 100 股普通股票的认股权利，当然，认股价格的制定要高于发行时的市场价格，目的是当公司发展壮大时，股票市场价格就会高于认股价格，认股权证持有者就可能择机执行认股获利，也可以将认股权证售出，赚取价差收益，假如公司普通股票从每股 10 元上涨到 15 元，认股权证持有人就可以向发行公司以每股 10 元的价格认购股票 100 股，然后到流通市场以每股 15 元的价格卖出股票，从而获利 500 元。可见，认股权证具有期权性质。另外，在公司急用资金时，发行认股权证集资较发售新股集资更容易为证券市场所接受。再者，如果遇到股市低潮或公司经营不景气，公司派息有困难，公司还可以利用认股权证代替派息，使公司的现金或流动资金得以保留，有助于公司渡过难关。所以，认股权证也备受各类股份公司的欢迎。随着金融市场的不断发展，在认股权证的基础上又出现了买卖方向相反的认沽权证等。

5.3.3 可转换证券

1. 可转换证券的定义及分类

可转换证券是指在发行时附有一定条件的债券和优先股，规定持有人可以在将来某一特定时间，按发行企业所规定的转换价格及相关条件转换成企业的普通股股票。可转换证券实际上是一种长期的普通股票的看涨期权。

可转换证券主要分为可转换债券和可转换优先股票两类。可转换债券，即可将信用债券转换成本公司的普通股票；可转换优先股，即可将优先股转换成本公司的普通股票。从国内外的情况看，尤其是从我国近年来的经济实践看，可转换证券一般是指可转换公司债券，简称可转换债券。

2. 可转换证券的特征

(1)可以转换成普通股票。可转换证券的最主要特征是可以在一定条件下转换成普通股票。

(2)有事先规定的转换期限。我国现行法规规定，可转换公司债券的最短期限为 3 年，最长为 5 年，发行后 6 个月可转换。

(3)可转换证券的形式和持有者的身份随着证券的转换而相应转换。

(4)可转换证券的市场价格变动比一般债券频繁，并随本公司普通股票价格的升降而增减。

(5)附有认股权的债券，兼有公司债券和股票的双重特征。

(6)具有双重选择权的特征。持有人具有是否转换的权利，发行人具有是否赎回的权利。

(7)可赎回。赎回是发行人提前买回未到期的发行在外的可转换债券。前提往往是公司股票价格连续高于转股价格一定幅度。

(8)可回售。回售是公司股票在一段时间内连续低于转换价格达到一定幅度时，可转债持有人按事先约定的价格卖给发行人。

(9)可转换价格修正条款。由于公司送股等原因导致股票名义价格下降时需要调整转化价格。

3. 可转换证券的基本要素

(1)标的股票。一般是发行公司自己的股票，也可以是其他公司的股票，如发行公司的上市子公司的股票。

(2)转换期限。转换期限是指可转换债券持有者有权将债券转换成公司股份的有效时间区域。从实际看，转换期限通常为可转换债券发行日之后的若干年起至债券到期日止。

(3)转换比率。转换比率是指每一份可转换债券可以换取普通股股票的股数。

转换比率 = 可转换证券面值/转换价格

(4)转换价格。转换价格是指在发行可转换债券时即已确定的，规定持有者在行使转换权的有效期内，据以将可转换证券转换为普通股的每股价格。

转换价格 = 可转换证券面值/转换比率

转换价格一般不进行调整，但是发生诸如发售新股、配股、送股、派息、股份拆细与合并，以及公司兼并、收购等特殊情况时，转换价格就要作相应调整。

(5)赎回条款。发行条件中规定，发行公司可以在到期日之前按约定的赎回价格提前赎回的条款，通常为溢价赎回。

(6)票面利率或股利率。一般低于同等风险水平的不可转换证券，持有者因获得了未来将其转换为股票从而享有股票利得的可能，而愿意接受较低的投资报酬率。

4. 可转换证券的价值和市场价格

可转换证券赋予投资者将其持有的债务或优先股按规定的价格和比例，在规定的时间内转换成普通股的选择权。

(1)可转换证券的价值。可转换证券有两种基本价值，理论价值和转换价值。

①理论价值。可转换证券的理论价值是指当可转换证券作为不具有转换选择权的一种证券的价值。估计可转换证券的理论价值，必须首先估计与它具有同等资信和类似投资特点的不可转换证券的必要收益率，然后利用这个必要收益率算出它未来现金流量的现值。

②转换价值。如果一种可转换证券可以立即转让，那么这种可转换证券可转换的普通股票的市场价值与转换比率的乘积便是转换价值，即

转换价值 = 普通股票市场价值 × 转换比率

式中，转换比率为债权持有人获得的每一份债券可转换的股票数。

只有当股票价格上涨至债券的转换价值大于债券的理论价值时，投资者才会行使转换权。

③非转换价值。如果不规定转换条件，那么作为不可转换证券出售时的发行价格，就由市场利率水平和违约风险程度决定。

④期权价值。可转换证券的市场价值高出转换价值与非转换价值二者中较高者的部分，称为期权价值。

(2)可转换证券的市场价格。在证券市场上成交的价格,由可转换债券的转换价值和非转换价值中的较大者加上期权价值决定。

可转换证券的市场价值 = MAX(转换价值,非转换价值) + 期权价值。

可转换债券的市场价格必须保持在它的理论价值和转换价值之上。

①转换平价。转换平价是可转换证券持有人在转换期限内可以依据可转化证券的市场价格和转换比例把债券转换成公司普通股票的每股价格,除非发生特定情形,如发售新股、配股、送股、派息、股份的拆细与合并,以及公司兼并、收购等情况,转换价格一般不作任何调整。前文所说的转换比率,实质上就是转换价格的另一种表示方式。

转换平价 = 可转换证券的市场价格/转换比率

转换平价是一个非常有用的数字,因为一旦实际股票市场价格上升到转换平价水平,任何进一步的股票价格上升肯定会使可转换证券的价值增加。因此,转换平价可视为一个盈亏平衡点。

②转换升水和转换贴水。一般来说,投资者在购买可转换证券时都要支付一笔转换升水。每股的转换升水等于转换平价与普通股票当期市场价格(也称为基准股价)的差额,或是可转换证券持有人在将债券转换成股票时,相对于当初认购转换证券时的股票价格(即基准股价)而做出的让步,通常被表示为当期市场价格的百分比,公式为

转换升水 = 转换平价 - 基准股价

转换升水比率 = 转换升水/基准股价

如果转换平价小于基准股价,基准股价与转换平价的差额就被称为转换贴水,公式为

转换贴水 = 基准股价 - 转换平价

转换贴水比率 = 转换贴水/基准股价

转换贴水的出现与可转换证券的溢价出售相关。

概括说来,当市场价格等于理论价格即为转换平价,当市场价格大于理论价格即为转换升水,当市场价格小于理论价格即为转换贴水。

5. 发行可转换证券的原因和意义

(1)发行可转换证券的原因。当公司准备发行证券筹集资金时,可能由于市场条件不利,不适合发行普通股票,可能由于市场利率过高,发行一般信用债券必须支付较高的利息,也可能由于公司正在面临财务或者是经营上的困难,投资者对其发行的普通股票和一般信用债券缺乏信心,此时,公司为降低发行成本,及时募集所需资金,会发行可转换证券。由于可转换证券给予了投资者一定的转换权利,从而增强了对投资者的吸引力,所以其利率或者优先股股息率一般比同类的信用债券略低,因而节省了发行成本。

另外,很多国家的法律禁止商业银行和其他金融机构投资普通股票,而可转让证券属于债券或优先股,特别是可转让债券,不在禁止的范围内。发行公司为吸引这些大机构投资者,也为了满足他们资产组合和享受普通股增值收益的需要,发行可转让证券。

(2)发行可转换证券的意义。对公司而言,可转换证券不仅以它较低的利率或优先股股息为公司提供财务杠杆作用,而且今后一旦转换成普通股票,既能使公司将原来筹集的期限有限的资金转化成为长期稳定的股本,又可节省一笔可观的股票发行费用。

对投资者来说,可转换证券的吸引力在于,当普通股票市场疲软或发行公司财务状况

不佳、股价低迷时，可以得到稳定的债券利息收入，并有本金安全的法律保障，或是得到固定的优先股股息；当股票市场趋于好转或公司经营状况有所改观、股价上扬时，又可享受普通股股东的丰厚股息和资本利得。所以当投资者对公司普通股票的升值抱有希望时，愿意以接受略低的利率或优先股股息率为代价而购买可转换证券。

6. 与可转换证券发行有关的中介机构

(1)主经办人。主经办人主要负责分析市场形势，订立最终发行条款等工作，以确保发行工作的顺利进行与最终完成；而其他承销团成员只是参与可转换证券的销售工作。

(2)受托人。受托人主要是根据受托协议代表投资者的权益，他们的工作是要确保可转换证券的发行公司履行应承担的义务。

(3)代理支付人。代理支付人代表可转换证券的发行公司向投资者支付利息和本金，并存放发行公司的年报以供投资者查阅。

(4)上市协调人。上市协调人的主要工作是辅导可转换证券发行公司的上市工作。

(5)律师。律师要负责准备所有与证券发行有关的协议文本。并对发行过程中遇到的法律问题提供专业意见。除国内律师外，必要时还可以聘请国外律师。

5.3.4 其他的衍生产品——存托凭证

1. 存托凭证的定义

存托凭证(depository receipts，DR)，又称存券收据或存股证，是指在一国证券市场流通的代表外国公司有价证券的可转让凭证。存托凭证一般代表的是外国公司的股票，有时也可代表公司的债券，属公司融资业务范畴的金融衍生工具。存托凭证起源于1927年的美国证券市场，它是为便利美国投资者投资于非美国股票而产生的。因此，直到现在国际上的存托凭证也主要是以美国存托凭证(American depository receipts，ADR)的形式存在，即主要是面向美国投资者发行并在美国证券市场上交易的存托凭证。

2. 存托凭证的分类

存托凭证按其发行或交易国家的不同冠以名称，如美国存托凭证、欧洲存托凭证(European depository receipts，EDR)、全球存托凭证(global depository receipts，GDR)、中国存托凭证(Chinese depository receipts，CDR)等。

3. 存托凭证的产生

以股票为例：某国的上市公司为使其股票在外国流通，就将一定数额的股票，委托某一中间机构(通常为一银行，称为保管银行或受托银行)保管，由保管银行通知外国的存托银行在当地发行代表该股份的存托凭证，之后存托凭证便开始在外国证券交易所或柜台市场交易。

4. 中国存托凭证的定义和发行存托凭证的意义

中国存托凭证是指在中国境内发行流通的，代表内地以外上市公司有价证券的一种可转让凭证。它是在美国存托凭证的启发下推出的一个金融创新品种。中国发行存托凭证，有如下几点意义。

(1)有利于我国资本市场开放程度的提高。

(2)有利于降低红筹股公司的筹资成本。

(3)有利于国内投资者丰富证券组合,分散投资风险。

(4)有利于提高上市公司质量,推动证券市场的规范。

【参考案例】

案例一 国债期货案例——“327 国债事件”始末

327 是一个国债产品,兑付办法是票面利率 8% 加保值贴息。由于保值贴息的不确定性,该产品在期货市场上有一定的投机价值,成为当年最热门的炒作素材,而由此引发的 327 案,也成为中国证券史上的“巴林事件”。

“327 国债事件” 背景

“327”是“92(3)国债 06 月交收”国债期货合约的代号,对应 1992 年发行、1995 年 6 月到期兑付的 3 年期国债,该券发行总量是 240 亿元人民币。

当时,我国国债发行极难。在 1990 年以前,国债一直是靠行政分配的方式发行的。国债的转让流通起步于 1988 年,1990 年才形成全国性的二级市场。个人投资者普遍把国债作为一种变相的长期储蓄存款,很少有进入市场交易的兴趣。

通过多次国际考察,决策者对国际金融市场有了较多的了解,感觉应当有金融工具的创新。在当时的体制框架内和认识水平上,搞股票指数期货是不可能的,而国债的发行正在受到国家的大力鼓励。借鉴美国的经验,上海证券交易所首次设计并尝试推出了 12 个品种的期货合约。

在国债期货试行的两周内,交易清淡,仅成交 19 手。1993 年 7 月 10 日,情况发生了历史性的变化。在这一天,财政部颁布了《关于调整国库券发行条件的公告》,公告称:在通货膨胀居高不下的背景下,政府决定将参照中央银行公布的保值贴补率给予一些国债品种保值补贴。自此,国债收益率开始出现不确定性,因而国债期货市场的炒作空间扩大了。所谓的保值贴息是指,由于通货膨胀带来人民币贬值,从而使国债持有者的实际财富减少,为了补偿国债持有人的这项损失,财政部会拿出一部分钱作为利息的增加,称为保值贴息。从经济学的角度来看,保值贴息应该与通货膨胀率的实际值相等,而在国际惯例上,大多数国家,包括现在的中国已经取消了这一补贴。其原因在于国债购买者在购买时应当自行预见金融产品收益的不确定性。

20 世纪 90 年代中期,我国开放了国债期货交易试点,采用国际惯例实行保证金制度,虽然它远高于 1% 的国际标准,但 2.5% 的保证金制度仍然把可交易量扩大到 40 倍,从而有效提高了国债期货产品的流动性。

由于期货价格主要取决于相应的现货价格预期,因此影响现货价格的因素也就成了期货市场的炒作题材。影响 1992 年 3 年期国债现券价格的主要因素有以下几个。

①基础价格。92(3)现券的票面利率为 9.5% ,如果不计保值和贴息,到期本息之和为 128.50 元。

②保值贴补率。92(3)现券从 1993 年 7 月 11 日起实行保值,在 1995 年 7 月到期兑付时保值贴补率的高低,影响着 92(3)现券的实际价值。

③贴息问题。1993 年 7 月 1 日,人民币三年期储蓄存款利率上调至 12.24%,这与 92(3)现券的票面利率拉出了 2.74 个百分点的利差,而 1994 年 7 月 10 日财政部发布的公

告仅仅规定了92(3)等国债品种将与居民储蓄存款一样享受保值贴补,并未说明92(3)现券是否将随着储蓄利率的提高进行同步调整。因此92(3)现券是否加息成为市场一大悬念,直接影响到92(3)现券的到期价值。

④1995年新券流通量的多寡也直接影响到92(3)期券的炒作。由于上海证券交易所采用混合交收的制度,如果新券流通量大,且能成为混合交收的基础券种,那么空方将有更多的选择余地,市场将有利于空方;如果相反,则对多方有利。这些价格的不确定因素为92(3)国债期货的炒作提供了空间。

事件的发展经过

1995年,国家宏观调控提出三年内大幅降低通货膨胀率,到1994年底1995年初时,通胀率已经被下调了2.5个百分点左右。在1991—1994年中国通胀率一直居高不下的三年里,保值贴息率一直处在7%~8%的水平上。根据这些数据,时任万国证券总经理、有中国证券教父之称的管金生预测327国债的保值贴息率不可能上调,即使不下降,也应维持在8%的水平上。按照这一计算327国债将以132元的价格兑付。因此,当市价在147~148元波动时,万国证券联合辽宁国发公司(以下简称“辽国发”)成为市场空头主力。另一边是当时隶属于财政部的中国经济开发有限公司(以下简称“中经开”),有理由认为,它当时已经知道财政部将上调保值贴息率。因此,中经开成为多头主力。

1995年2月23日,财政部发布公告称:国债将按148.50元兑付,空头判断彻底错误。当日,中经开率领多方借利好大肆买入,将价格推到了151.98元。随后,辽国发的高岭、高原兄弟在形势对空头极其不利的情况下由空翻多,将其50万手做空单迅速平仓,反手买入50万手做多,327国债在1分钟内涨了2元。这对于万国证券意味着一个沉重打击——60亿元人民币的巨额亏损。管金生为了维护自身利益,在收盘前8分钟,做出避免巨额亏损的疯狂举措,大举透支并卖出国债期货,做空国债。下午16:22,在手头并没有足够保证金的前提下,空方突然发难,先以50万手把价位从151.30元轰到150元,然后把价位打到148元,最后一个730万手的巨大卖单把价位打到147.40元。这笔730万手卖单面值1 460亿元。当日开盘的多方全部爆仓,并且由于时间仓促,多方根本没有来得及有所反应,使得这次激烈的多空绞杀终于以万国证券盈利而告终,而另一方,以中经开为代表的多头,则出现了约40亿元的巨额亏损。

2月23日晚22:00,上海证券交易所在经过紧急会议后宣布:23日16:22:13之后的所有交易是异常的、无效的,经此调整,当日国债成交额为5 400亿元,当日327国债的收盘价为违规前最后签订的一笔交易价格151.30元。也就是说,当日收盘前8分钟内多头的所有卖单无效,327国债的兑付价由会员协议确定。上海证券交易所的这一决定,使万国证券的尾盘操作收获瞬间化为泡影。万国证券亏损56亿元人民币,濒临破产。

2月24日,上海证券交易所发出《关于加强国债期货交易监管工作的紧急通知》,就国债期货交易的监管问题做出六项规定:①从2月24日起,对国债期货交易实行涨(跌)停板制度;②严格加强最高持仓合约限额的管理工作;③切实建立客户持仓限额的规定;④严禁会员公司之间相互借用仓位;⑤对持仓限额使用结构实行控制;⑥严格国债期货资金使用管理。与此同时,为了维持市场稳定,开办了协议平仓专场。

事件尾声

1995年3月份，全国“两会”召开之际，全国政协委员、著名经济学家戴园晨发言：要求对万国证券的违规予以严肃查处。

5月17日，中国证监会鉴于中国当时不具备开展国债期货交易的基本条件，发出《关于暂停全国范围内国债期货交易试点的紧急通知》，开市仅两年零六个月的国债期货无奈地画上了句号。中国第一个金融期货品种宣告夭折。

9月20日，国家监察部、中国证监会等部门都公布了对“327国债事件”的调查结果和处理决定，决定如下：“这次事件是一起在国债期货市场发展过快、交易所监管不严和风险控制滞后的情况下，由上海万国证券公司、辽宁国发（集团）公司引起的国债期货风波。”该决定认为，上海证券交易所对市场存在过度投机所带来的风险其估计严重不足，交易规则不完善，风险控制滞后，监督管理不严，致使在短短几个月内屡次发生严重违规交易引起的国债期货风波，在国内外造成了极坏的影响。经过四个多月深入调查取证，国家监察部、中国证监会等部门根据有关法规，对有关责任人分别做出了开除公职、撤销行政领导等纪律处分和调离、免职等组织处分，涉嫌触犯刑律的移送司法机关处理，对违反规定的证券机构进行经济处罚。

（资料来源：作者根据相关事件的报道文字整理而成。）

案例二　苏州华源控股股份有限公司公开发行可转换公司债券网上中签结果公告

苏州华源控股股份有限公司（以下简称“华源控股”或“发行人”）和广发证券股份有限公司根据相关规定组织实施本次公开发行可转换公司债券（以下简称“可转债”）。

本次发行采用向原股东优先配售及原股东优先配售后余额部分（含原股东放弃优先配售部分）网下对机构投资者配售和网上向社会公众投资者通过深圳证券交易所（以下简称“深交所”）交易系统发售的方式进行。参与申购的投资者请认真阅读本公告及深交所网站（www. szse. cn）公布的《实施细则》。

本次可转债发行，在发行流程、申购和缴款、投资者弃购处理等方面有重大变化，主要变化如下。

1. 网上投资者申购可转债中签后，应根据《苏州华源控股股份有限公司公开发行可转换公司债券网上中签结果公告》履行缴款义务，确保其资金账户在2018年11月29日（T+2日）日终有足额认购资金，投资者款项划付需遵守投资者所在证券公司的相关规定。投资者认购资金不足的，不足部分视为放弃认购，由此产生的后果及相关法律责任，由投资者自行承担。

2. 网下投资者申购保证金不足应缴纳的认购款金额，须在2018年11月29日（T+2日）17:00之前（指资金到账时间）及时足额补缴申购资金。若获得配售的机构投资者未能在2018年11月29日（T+2日）17:00之前及时足额补足申购资金，其配售资格将被取消，其所缴纳的申购保证金不予退还，其放弃认购的华源转债由广发证券包销。

3. 当原股东优先认购和网上网下投资者申购的可转债数量合计不足本次公开发行数量的70%时；或当原股东优先认购和网上网下投资者缴款认购的可转债数量合计不足本次公开发行数量的70%时，发行人和保荐机构（主承销商）将协商是否采取中止发行措施。如果中止发行，发行人和保荐机构（主承销商）将及时向中国证监会报告，并就中止发行的原因和后续安排进行信息披露。

本次发行认购金额不足40 000.00万元的部分由保荐机构（主承销商）包销。保荐机构（主承销商）根据网上网下资金到账情况确定最终配售结果和包销金额，包销比例原则上不超过本次发行总额的30%，即原则上最大包销金额为12 000.00万元。当实际包销比例超过本次发行总额的30%时，保荐机构（主承销商）将启动内部承销风险评估程序，并与发行人协商沟通：如确定继续履行发行程序，保荐机构（主承销商）将调整最终包销比例，并及时向中国证监会报告；如确定采取中止发行措施，保荐机构（主承销商）和发行人将及时向中国证监会报告，公告中止发行原因，并将在批文有效期内择机重启发行。

4. 网上投资者连续12个月内累计出现3次中签但未足额缴款的情形时，自结算参与人最近一次申报其放弃认购的次日起6个月（按180个自然日计算，含次日）内不得参与新股、存托凭证、可转换公司债券、可交换公司债券网上申购。

根据《苏州华源控股股份有限公司公开发行可转换公司债券发行公告》，华源控股及本次发行保荐机构（主承销商）于2018年11月28日（T+1日）主持了华源控股可转换公司债券（以下简称"华源转债"）网上发行中签摇号仪式。中签摇号仪式按照公开、公平、公正的原则在有关单位代表的监督下进行，摇号结果经广东省深圳市罗湖公证处公证。现将中签结果公告如下：

凡参与华源转债网上申购的投资者，其持有的申购配号尾数与上述号码相同的，则为中签号码。中签号码共有359 735个，每个中签号码只能认购10张华源转债。

特此公告。

发行人：苏州华源控股股份有限公司

保荐机构（主承销商）：广发证券股份有限公司

2018年11月29日

（资料来源：作者根据相关事件的报道文字整理而成。）

重要概念

金融期货	金融期权	可转换证券	认股权证
看涨期权	看跌期权	欧式期权	美式期权

复习思考

（1）什么是金融衍生工具？有什么特征？可分为哪些种类？

（2）什么是金融期货、金融期权？二者有何区别？

（3）什么是金融期货的套期保值功能？

（4）什么是股票价格指数期货？有何经济功能？

（5）什么是期权合约？

（6）什么是权证？有什么性质？有哪些分类？

（7）试述可转换债券的含义、特点和公司发行可转换债券的意义。

第6章 证券发行与承销

【学习目标】

- 掌握证券发行的类型及当事人。
- 掌握股票公开发行和承销的一般流程。
- 掌握证券发行与承销中的有关技术问题。
- 了解债券的发行和证券私募。

6.1 股票的发行与承销

6.1.1 首次公开发行股票申请文件的准备

1. 保荐机构和保荐代表人开展保荐业务的基本要求

为了规范证券发行上市保荐业务，提高上市公司质量和证券公司执业水平，保护投资者的合法权益，促进证券市场健康发展，2020年6月1日，中国证券监督管理委员会2020年第5次委员会议审议通过《证券发行上市保荐业务管理办法》。要求发行人就下列事项聘请具有保荐机构资格的证券公司履行保荐职责：首次公开发行股票并上市；上市公司发行新股、可转换公司债券及中国证监会认定的其他情形。

2. 保荐业务规程

(1)保荐业务管理。保荐机构承担企业发行、上市的责任。规范保荐机构业务管理，才能更好地履行将符合条件的企业推荐上市的职责。

①保荐业务内部管理制度。保荐机构应当建立健全保荐工作的内部控制体系，切实保证保荐业务负责人、内核负责人、保荐业务部门负责人、保荐代表人、项目协办人及其他保荐业务相关人员勤勉尽责，严格控制风险，提高保荐业务整体质量。

保荐机构应当建立健全证券发行上市的尽职调查制度、辅导制度、对发行上市申请文件的内部核查制度、对发行人证券上市后的持续督导制度。保荐机构应当建立健全对保荐代表人及其他保荐业务相关人员的持续培训制度。保荐机构应当建立健全工作底稿制度，为每一项目建立独立的保荐工作底稿。

保荐机构的保荐业务负责人、内核负责人负责监督、执行保荐业务各项制度并承担相应的责任。

②保荐代表人。保荐代表人必须为其具体负责的每一项目建立尽职调查工作日志，作为保荐工作底稿的一部分存档备查；保荐机构应当定期对尽职调查工作日志进行检查。保荐工作底稿应当真实、准确、完整地反映整个保荐工作的全过程，保存期不少于 10 年。

（2）保荐业务规则。保荐机构应当尽职推荐发行人证券发行上市。发行人证券上市后，保荐机构应当持续督导发行人履行规范运作、信守承诺、信息披露等义务。

①尽职调查。保荐机构推荐发行人证券发行上市，应当遵循诚实守信、勤勉尽责的原则，按照中国证监会对保荐机构尽职调查工作的要求，对发行人进行全面调查，充分了解发行人的经营状况及其面临的风险和问题。

②推荐发行和推荐上市。保荐机构应当确信发行人符合法律、行政法规和中国证监会的有关规定，方可推荐其证券发行上市。保荐机构决定推荐发行人证券发行上市的，可以根据发行人的委托，组织编制申请文件并出具推荐文件。

保荐机构推荐发行人发行证券，应当向中国证监会提交发行保荐书、保荐代表人专项授权书、发行保荐工作报告以及中国证监会要求的其他与保荐业务有关的文件。

③配合中国证监会审核。保荐机构提交发行保荐书后，应当配合中国证监会的审核。

④持续督导。保荐机构应当针对发行人的具体情况，确定证券发行上市后持续督导的内容，督导发行人履行有关上市公司规范运作、信守承诺和信息披露等义务，审阅信息披露文件及向中国证监会、证券交易所提交的其他文件，并承担下列工作：督导发行人有效执行并完善防止控股股东、实际控制人、其他关联方违规占用发行人资源的制度；督导发行人有效执行并完善防止其董事、监事、高级管理人员利用职务之便损害发行人利益的内控制度；督导发行人有效执行并完善保障关联交易公允性和合规性的制度，并对关联交易发表意见；持续关注发行人募集资金的专户存储、投资项目的实施等承诺事项；持续关注发行人为他人提供担保等事项，并发表意见；中国证监会、证券交易所规定及保荐协议约定的其他工作。

6.1.2　在主板上市公司首次公开发行股票的条件

依据中国证监会于 2020 年 7 月发布实施的《关于修改〈首次公开发行股票并上市管理办法〉的决定》的规定，首次公开发行股票的条件如下。

1. 主体资格

（1）发行人应当是依法设立且合法存续的股份有限公司。

（2）经国务院批准，有限责任公司在依法变更为股份有限公司时，可以采取募集设立方式公开发行股票。

（3）发行人自股份有限公司成立后，持续经营时间应当在 3 年以上，但经国务院批准的除外。

（4）有限责任公司按原账面净资产值折股整体变更为股份有限公司的，持续经营时间可以从有限责任公司成立之日起计算。

(5)发行人的注册资本已足额缴纳,发起人或者股东用作出资的资产的财产权转移手续已办理完毕,发行人的主要资产不存在重大权属纠纷。

(6)发行人的生产经营符合法律、行政法规和公司章程的规定,符合国家产业政策。

(7)发行人最近3年内主营业务和董事、高级管理人员没有发生重大变化,实际控制人没有发生变更。

(8)发行人的股权清晰,控股股东和受控股股东、实际控制人支配的股东持有的发行人股份不存在重大权属纠纷。

2. 规范运行

(1)发行人已经依法建立健全股东大会、董事会、监事会、独立董事、董事会秘书制度,相关机构和人员能够依法履行职责。

(2)发行人的董事、监事和高级管理人员已经了解与股票发行上市有关的法律法规,知悉上市公司及其董事、监事和高级管理人员的法定义务和责任。

(3)发行人的董事、监事和高级管理人员符合法律、行政法规和规章规定的任职资格,且不得有下列情形:

①被中国证监会采取证券市场禁入措施尚在禁入期的;

②最近36个月内受到中国证监会行政处罚,或者最近12个月内受到证券交易所公开谴责;

③因涉嫌犯罪被司法机关立案侦查或者涉嫌违法违规被中国证监会立案调查,尚未有明确结论意见。

(4)发行人的内部控制制度健全且被有效执行,能够合理保证财务报告的可靠性、生产经营的合法性、营运的效率与效果。

(5)发行人不得有下列情形:

①最近36个月内未经法定机关核准,擅自公开或者变相公开发行过证券;或者有关违法行为虽然发生在36个月前,但目前仍处于持续状态;

②最近36个月内违反工商、税收、土地、环保、海关以及其他法律、行政法规,受到行政处罚,且情节严重;

③最近36个月内曾向中国证监会提出发行申请,但报送的发行申请文件有虚假记载、误导性陈述或重大遗漏;或者不符合发行条件以欺骗手段骗取发行核准;或者以不正当手段干扰中国证监会及其发行审核委员会审核工作;或者伪造、变造发行人或其董事、监事、高级管理人员的签字、盖章;

④本次报送的发行申请文件有虚假记载、误导性陈述或者重大遗漏;

⑤涉嫌犯罪被司法机关立案侦查,尚未有明确结论意见;

⑥严重损害投资者合法权益和社会公共利益的其他情形。

(6)发行人的公司章程中已明确对外担保的审批权限和审议程序,不存在为控股股东、实际控制人及其控制的其他企业进行违规担保的情形。

(7)发行人有严格的资金管理制度,不得有资金被控股股东、实际控制人及其控制的其他企业以借款、代偿债务、代垫款项或者其他方式占用的情形。

3. 财务与会计

（1）发行人资产质量良好，资产负债结构合理，盈利能力较强，现金流量正常。

（2）发行人的内部控制在所有重大方面是有效的，并由注册会计师出具了无保留结论的内部控制鉴证报告。

（3）发行人会计基础工作规范，财务报表的编制符合企业会计准则和相关会计制度的规定，在所有重大方面公允地反映了发行人的财务状况、经营成果和现金流量，并由注册会计师出具了无保留意见的审计报告。

（4）发行人编制财务报表应以实际发生的交易或者事项为依据；在进行会计确认、计量和报告时应当保持应有的谨慎；对相同或者相似的经济业务，应选用一致的会计政策，不得随意变更。

（5）发行人应完整披露关联方关系并按重要性原则恰当披露关联交易。关联交易价格公允，不存在通过关联交易操纵利润的情形。

（6）发行人应当符合下列条件：

①最近 3 个会计年度净利润均为正数且累计超过人民币 3 000 万元，净利润以扣除非经常性损益前后较低者为计算依据；

②最近 3 个会计年度经营活动产生的现金流量净额累计超过人民币 5 000 万元；或者最近 3 个会计年度营业收入累计超过人民币 3 亿元；

③发行前股本总额不少于人民币 3 000 万元；

④最近一期末无形资产（扣除土地使用权、水面养殖权和采矿权等后）占净资产的比例不高于 20%；

⑤最近一期末不存在未弥补亏损。

（7）发行人依法纳税，各项税收优惠符合相关法律法规的规定。发行人的经营成果对税收优惠不存在严重依赖。

（8）发行人不存在重大偿债风险，不存在影响持续经营的担保、诉讼以及仲裁等重大或有事项。

（9）发行人申报文件中不得有下列情形：

①故意遗漏或虚构交易、事项或者其他重要信息；

②滥用会计政策或者会计估计；

③操纵、伪造或篡改编制财务报表所依据的会计记录或者相关凭证。

（10）发行人不得有下列影响持续盈利能力的情形：

①发行人的经营模式、产品或服务的品种结构已经或者将发生重大变化，并对发行人的持续盈利能力构成重大不利影响；

②发行人的行业地位或发行人所处行业的经营环境已经或者将发生重大变化，并对发行人的持续盈利能力构成重大不利影响；

③发行人最近 1 个会计年度的营业收入或净利润对关联方或者存在重大不确定性的客户存在重大依赖；

④发行人最近 1 个会计年度的净利润主要来自合并财务报表范围以外的投资收益；

⑤发行人在用的商标、专利、专有技术以及特许经营权等重要资产或技术的取得或者

使用存在重大不利变化的风险;

⑥其他可能对发行人持续盈利能力构成重大不利影响的情形。

6.1.3 在主板上市公司首次公开发行股票的核准程序

(1)申报。发行人应当按照中国证监会的有关规定制作申请文件,由保荐人保荐并向中国证监会申报。特定行业的发行人应当提供管理部门的相关意见。

(2)受理。中国证监会收到申请文件后,在5个工作日内作出是否受理的决定。

(3)初审。中国证监会受理申请文件后,由相关职能部门对发行人的申请文件进行初审。中国证监会在初审过程中,将征求发行人注册地省级人民政府是否同意发行人发行股票的意见,并就发行人的募集资金投资项目是否符合国家产业政策和投资管理的规定征求国家发改委的意见。

(4)预披露。根据《证券法》第二十条的规定,发行人申请首次公开发行股票的,在提交申请文件后,应当按照国务院证券监督管理机构的规定预先披露有关申请文件。因此,发行人申请文件受理后、发审委审核前,发行人应当将招股说明书(申报稿)在中国证监会网站预先披露。

(5)发审委审核。相关职能部门对发行人的申请文件初审完成后,由发审委组织发审委会议进行审核。

(6)决定。中国证监会依照法定条件对发行人的发行申请作出予以核准或者不予核准的决定,并出具相关文件。自中国证监会核准发行之日起,发行人应在6个月内发行股票;超过6个月未发行的,核准文件失效,须重新经中国证监会核准后方可发行。此外,发行申请核准后、股票发行结束前,发行人发生重大事项的,应当暂缓或者暂停发行,并及时报告中国证监会,同时履行信息披露义务。影响发行条件的,应当重新履行核准程序。股票发行申请未获核准的,自中国证监会作出不予核准决定之日起6个月后,发行人可再次提出股票发行申请。

6.1.4 首次公开发行股票的估值和询价

股票的发行价格可以等于票面金额,也可以超过票面金额,但不得低于票面金额。股票的定价不仅仅是估值及撰写投资价值研究报告,还包括发行期间的具体沟通、协商、询价、投标等一系列定价活动。

1. 股票的估值方法

对拟发行股票的合理估值是定价的基础。通常的估值方法有两大类:一类是相对估值法;另一类是绝对估值法。

(1)相对估值法。相对估值法亦称可比公司法,是指对股票进行估值时,对可比较的或者代表性的公司进行分析,尤其注意有着相似业务公司的新近发行以及相似规模的其他公司新近的首次公开发行,以获得估值基础。主承销商审查可比较的发行公司的初次定价和它们的二级市场表现,然后根据发行公司的资质进行价格调整,为新股发行进行估价。在运用可比公司法时,可以用比率指标进行比较,比率指标包括 P/E(市盈率)、P/B(市净率)、EV/EBITDA(企业价值与利息、所得税、折旧、摊销前收益的比率)等。其中最常用的比率指标是市盈率和市净率。

(2)绝对估值法。绝对估值法亦称贴现法,主要包括公司贴现现金流量法(DCF)、现金分红折现法(DDM)。

相对估值法反映的是市场供求决定的股票价格,绝对估值法体现的是内在价值决定价格,即通过对企业估值,而后计算每股价值,从而估算股票的价值。

2. 首次公开发行股票的询价与定价

首次公开发行股票,应当通过向特定机构投资者(以下简称“询价对象”)询价的方式确定股票发行价格。发行人及其主承销商应当在刊登首次公开发行股票招股意向书和发行公告后向询价对象进行推介和询价,并通过互联网向公众投资者进行推介。询价分为初步询价和累计投标询价。发行人及其主承销商应当通过初步询价确定发行价格区间,在发行价格区间内通过累计投标询价确定发行价格。首次发行的股票在中小企业板上市的,发行人及其主承销商可以根据初步询价结果确定发行价格,不再进行累计投标询价。

(1)询价对象。询价对象是指符合《证券发行与承销管理办法》规定条件的证券投资基金管理公司、证券公司、信托投资公司、财务公司、保险机构投资者、合格境外机构投资者,以及经中国证监会认可的其他机构投资者。

(2)投资价值研究报告。主承销商应当在询价时向询价对象提供投资价值研究报告。发行人主承销商和询价对象不得以任何形式公开披露投资价值研究报告的内容。投资价值研究报告应当由承销商的研究人员独立撰写并署名,承销商不得提供承销团以外的机构撰写的投资价值研究报告。出具投资价值研究报告的承销商应当建立完善的投资价值研究报告质量控制制度,撰写投资价值研究报告的人员应当遵守证券公司内部控制制度。

(3)询价与定价。询价对象可以自主决定是否参与初步询价,询价对象申请参与初步询价的,主承销商无正当理由不得拒绝。未参与初步询价或者参与初步询价但未有效报价的询价对象,不得参与累计投标询价和网下配售。

询价结束后,公开发行股票数量在4亿股以下、提供有效报价的询价对象不足20家的,或者公开发行股票数量在4亿股以上、提供有效报价的询价对象不足50家的,发行人及其主承销商不得确定发行价格,并应当中止发行。

发行人及其主承销商中止发行后重新启动发行工作的,应当及时向中国证监会报告。

询价对象应当遵循独立、客观、诚信的原则合理报价,不得协商报价或者故意压低或抬高价格。主承销商的证券自营账户不得参与本次发行股票的询价、网下配售和网上发行。与发行人或其主承销商具有实际控制关系的询价对象,不得参与本次发行股票的询价、网下配售,可以参与网上发行。

发行人及其主承销商在发行价格区间和发行价格确定后,应当分别报中国证监会备案,并予以公告。发行人及其主承销商在推介过程中不得误导投资者,不得干扰询价对象正常报价和申购,不得披露招股意向书等公开信息以外的发行人其他信息;推介资料不得有虚假记载、误导性陈述或者重大遗漏。

6.1.5 首次公开发行股票的发行方式

根据《证券发行与承销管理办法》,首次公开发行股票可以根据实际情况,采取向战略投资者配售、向参与网下配售的询价对象配售以及向参与网上发行的投资者配售等方式。

1. 向战略投资者配售

首次公开发行股票数量在 4 亿股以上的，可以向战略投资者配售股票。发行人应当与战略投资者事先签署配售协议，并报中国证监会备案。发行人及其主承销商应当在发行公告中披露战略投资者的选择标准、向战略投资者配售的股票总量、占本次发行股票的比例以及持有期限制等。战略投资者不得参与首次公开发行股票的初步询价和累计投标询价，并应当承诺获得本次配售的股票持有期限不少于 12 个月，持有期自本次公开发行的股票上市之日起计算。

2. 向参与网下配售的询价对象配售

发行人及其主承销商应当向参与网下配售的询价对象配售股票，并应当与网上发行同时进行。公开发行股票数量少于 4 亿股的，配售数量不超过本次发行总量的 20%；公开发行股票数量在 4 亿股以上的，配售数量不超过向战略投资者配售后剩余发行数量的 50%。询价对象应当承诺获得本次网下配售的股票持有期限不少于 3 个月，持有期自本次公开发行的股票上市之日起计算。

本次发行的股票向战略投资者配售的，发行完成后无持有期限制的股票数量不得低于本次发行股票数量的 25%。

股票配售对象限于下列类别：经批准募集的证券投资基金；全国社会保障基金；证券公司证券自营账户；经批准设立的证券公司集合资产管理计划；信托投资公司证券自营账户；信托投资公司设立并已向相关监管部门履行报告程序的集合信托计划；财务公司证券自营账户；经批准的保险公司或者保险资产管理公司证券投资账户；合格境外机构投资者管理的证券投资账户；在相关监管部门备案的企业年金基金；经中国证监会认可的其他证券投资产品。

3. 向参与网上发行的投资者配售

向参与网上发行的投资者配售方式是指通过交易所交易系统公开发行股票。投资者参与网上发行应当遵守证券交易所和证券登记结算机构的相关规定。网上发行时发行价格尚未确定的，参与网上发行的投资者应当按价格区间上限申购，如最终确定的发行价格低于价格区间上限，差价部分应当退还给投资者。

6.1.6 股票的上市条件、保荐和申请

1. 股票上市的条件

股票上市是指经核准，同意股票在证券交易所挂牌交易。根据《证券法》及交易所上市规则的规定，股份有限公司申请其股票上市必须符合下列条件。

(1)股票经中国证监会核准已公开发行。

(2)公司股本总额不少于人民币 5 000 万元。

(3)公开发行的股份达到公司股份总数的 25% 以上；公司股本总额超过人民币 4 亿元的，公开发行股份的比例为 10% 以上。

(4)公司最近 3 年无重大违法行为，财务会计报告无虚假记载。

(5)交易所要求的其他条件。

2. 股票的上市保荐

根据交易所股票上市规则，交易所实行股票和可转换公司债券（含分离交易的可转换公司债券）的上市保荐制度。发行人（上市公司）申请其首次公开发行的股票、上市后发行的新股和可转换公司债券上市，以及公司股票被暂停上市后申请恢复上市的，应当由保荐人保荐。

保荐人应当为经中国证监会注册登记并列入保荐人名单，同时具有交易所会员资格的证券经营机构；恢复上市保荐人还应当具有中国证券业协会《证券公司从事代办股份转让主办券商业务资格管理办法（试行）》中规定的从事代办股份转让主办券商业务资格。

保荐人应当与发行人签订保荐协议，明确双方在发行人申请上市期间、申请恢复上市期间和持续督导期间的权利和义务。保荐协议应当约定保荐人审阅发行人信息披露文件的时点。

首次公开发行股票的，持续督导的期间为股票上市当年剩余时间及其后两个完整会计年度。持续督导的期间自股票或者可转换公司债券上市之日起计算。

保荐人应当在签订保荐协议时指定两名保荐代表人具体负责保荐工作，并作为保荐人与交易所之间的指定联络人。保荐代表人应当为经中国证监会注册登记并列入保荐代表人名单的自然人。

保荐人保荐股票上市（股票恢复上市除外）时，应当向交易所提交上市保荐书、保荐协议、保荐人和相关保荐代表人已经中国证监会注册登记并列入保荐人和保荐代表人名单的证明文件、保荐人向保荐代表人出具的由保荐人法定代表人签名的授权书，以及与上市保荐工作有关的其他文件。

3. 股票上市申请

经中国证监会核准发行的股票发行结束后，发行人方可向证券交易所申请其股票上市。

发行人向证券交易所申请其首次公开发行的股票上市时，应当按照中国证监会有关规定编制上市公告书。

发行人及其董事、监事、高级管理人员应当保证向交易所提交的上市申请文件真实、准确、完整，不存在虚假记载、误导性陈述或者重大遗漏。

证券交易所在收到发行人提交的全部上市申请文件后7个交易日内，作出是否同意上市的决定并通知发行人。出现特殊情况时，证券交易所可以暂缓作出是否同意上市的决定。证券交易所设立上市委员会对上市申请进行审议，作出独立的专业判断并形成审核意见。证券交易所根据上市审核委员会的审核意见，作出是否同意上市的决定。本节“股票上市的条件”所列条件为上市的必备条件，证券交易所并不保证发行人符合上述条件时，其上市申请一定能够获得同意。

发行人向证券交易所申请其股票上市时，控股股东和实际控制人应当承诺：自发行人股票上市之日起36个月内，不转让或者委托他人管理其直接和间接持有的发行人首次公开发行股票前已发行股份，也不得由发行人回购该部分股份。但转让双方存在控制关系，或者均受同一实际控制人控制的，自发行人股票上市之日起1年后，经控股股东和实际控制人申请并经交易所同意，可豁免遵守前款承诺。发行人应当在上市公告书中披露上述承诺。

发行人应当于其股票上市前5个交易日内,在指定媒体或网站上披露下列文件和事项:上市公告书;公司章程;上市保荐书;法律意见书;交易所要求的其他文件。上述文件应当置备于公司住所,供公众查阅。发行人在提出上市申请期间,未经证券交易所同意,不得擅自披露与上市有关的信息。

发行人在股票首次上市前应与证券交易所签订股票上市协议。

6.1.7 上市公司发行新股

上市公司发行新股,可以公开发行,也可以非公开发行。其中:上市公司公开发行新股是指上市公司向不特定对象发行新股,包括向原股东配售股份(以下简称"配股")和向不特定对象公开募集股份(以下简称"增发");上市公司非公开发行新股是指向特定对象发行股票,《证券法》第十三条规定:"上市公司非公开发行新股,应当符合经国务院批准的国务院证券监督管理机构规定的条件,并报国务院证券监督管理机构核准。"

1. 上市公司公开发行新股的法定条件

上市公司计划公开发行新股前,保荐人和上市公司必须首先判断发行主体是否符合公开发行新股的法定条件,这是上市公司成功公开发行新股的基本前提。

根据《证券法》第十二条的有关规定,上市公司公开发行新股,必须具备下列条件。

(1)具备健全且运行良好的组织机构。

(2)具有持续经营能力。

(3)最近三年财务会计报告被出具无保留意见审计报告。

(4)发行人及其控股股东、实际控制人最近三年不存在贪污、贿赂、侵占财产、挪用财产或者破坏社会主义市场经济秩序的刑事犯罪。

(5)经国务院批准的国务院证券监督管理机构规定的其他条件。

根据《证券法》第十四条的规定,公司对公开发行股票所募集资金,必须按照招股说明书或者其他公开发行募集文件所列资金用途使用;改变资金用途,必须经股东大会作出决议。擅自改变用途,未作纠正的,或者未经股东大会认可的,不得公开发行新股。"

2. 非公开发行股票的条件

非公开发行股票,是指上市公司采用非公开方式,向特定对象发行股票的行为。

非公开发行股票的特定对象应当符合的规定如下。

(1)特定对象符合股东大会决议规定的条件。

(2)发行对象不超过10名。发行对象为境外战略投资者的,应当经国务院相关部门事先批准。

3. 新股发行的申请程序

根据《上市公司证券发行管理办法》,上市公司发行新股的申请程序如下。

(1)聘请保荐人(主承销商)。上市公司公开发行股票,应当由证券公司承销;非公开发行股票,如发行对象均属于原前10名股东的,则可以由上市公司自行销售。上市公司申请公开发行证券或者非公开发行新股,应当由保荐人保荐,并向中国证监会申报。

(2)董事会作出决议。上市公司董事会依法就下列事项作出决议:新股发行的方案、本次募集资金使用的可行性报告、前次募集资金使用的报告、其他必须明确的事项,并提请股东大会批准。

(3)股东大会批准。股东大会应当就本次发行证券的种类和数量、发行方式、发行对象及向原股东配售的安排、定价方式或价格区间、募集资金用途、决议的有效期、对董事会办理本次发行具体事宜的授权、其他必须明确的事项进行逐项表决。股东大会就发行证券事项作出决议,必须经出席会议的股东所持表决权的 2/3 以上通过。向本公司特定的股东及其关联人发行证券的,股东大会就发行方案进行表决时,关联股东应当回避。

上市公司就发行证券事项召开股东大会,应当提供网络或者其他方式为股东参加股东大会提供便利。上市公司发行新股决议 1 年有效;决议失效后仍决定继续实施发行新股的,须重新提请股东大会表决。

(4)编制和提交申请文件。保荐人应当按照中国证监会的有关规定编制和报送发行申请文件。

(5)重大事项的持续关注。上市公司发行证券前发生重大事项的,应暂缓发行,并及时报告中国证监会。该事项对本次发行条件构成重大影响的,发行证券的申请应重新经过中国证监会核准。

4. 上市公司发行新股的推荐核准程序

上市公司公开发行新股的推荐核准,包括由保荐人(主承销商)进行的内核、出具发行保荐书、对承销商备案材料的合规性审核,以及由证监会进行的受理文件、初审、发行审核委员会审核、核准发行等。

(1)保荐人(主承销商)的推荐。保荐人的职责就是协助上市申请人进行上市申请,负责对申请人的有关文件做出仔细的审核和披露并承担相应的责任,保荐人在公开、公平、公正、规范、自愿的原则下,在本所核准的范围内从事业务。

①内核。所谓的内核是指保荐人(主承销商)的内核小组对拟向中国证监会报送的发行申请材料进行核查,确保证券发行不存在重大法律和政策障碍以及发行申请材料具有较高质量的行为。内核小组通常由 8～15 名专业人士组成,这些人员要保持稳定性和独立性;公司主管投资银行业务的负责人及投资银行部门的负责人通常为内核小组的成员。此外,内核小组成员中应有熟悉法律、财务的专业人员。为了做好内核工作,保荐人(主承销商)必须建立和健全以尽职调查为基础的发行申请文件的质量控制体系;建立和健全尽职调查工作流程,明确调查要点;形成调查报告;建立科学的项目决策体系;建立和完善内核工作会议程序和规则。

②出具发行保荐书和发行保荐工作报告。保荐人(主承销商)应当在内核程序结束后作出是否推荐发行的决定。决定推荐发行的,应出具发行保荐书和发行保荐工作报告。对于发行人的不规范行为,保荐人(主承销商)应当要求其整改,并将整改情况在尽职调查报告或核查意见中予以说明。

③对承销商备案材料的合规性审核。中国证券业协会对承销商备案材料的要求与首次公开发行股票的要求大致相同。

(2)中国证监会的核准。根据《证券法》的有关规定,股票发行核准程序如下:

①受理申请文件。发行申请人按照中国证监会颁布的《公开发行证券的公司信息披露内容与格式准则》制作申请文件,由保荐人(主承销商)推荐,并向中国证监会申报。中国证

监会收到申请文件后，在 5 个工作日内作出是否受理的决定。未按规定的要求制作申请文件的，中国证监会不予受理。

②初审。中国证监会受理申请文件后，对发行人申请文件的合规性进行初审。在初审过程中，中国证监会将就发行人的投资项目是否符合国家产业政策征求国家发改委的意见。国家发改委自收到文件后，在 15 个工作日内，将有关意见函告中国证监会。

③发行审核委员会审核。发审委会议审核上市公司公开发行股票申请，适用普通程序。

中国证监会将初审报告和申请文件提交发审委审核。发审委在审核时将重点关注一些问题，并就这些问题是否影响公司发行上市作出独立判断。发审委按照国务院批准的工作程序开展审核工作。委员会进行充分讨论后，以投票方式对发行申请进行表决，提出审核意见。根据是否符合有关规定以及投票情况，可将审核意见分为不同的类型。发审委会议表决采取记名投票方式。表决票设同意票和反对票，发审委委员不得弃权。发审委委员在投票时应当在表决票上说明理由。同意票数未达到 5 票为未通过；同意票数达到 5 票为通过。发审委会议对发行人的股票发行申请表决通过后，中国证监会在网站上公布表决结果。

发审委委员发现存在尚待调查核实并影响明确判断的重大问题，应当在发审委会议前以书面方式提议暂缓表决。发审委会议首先对该股票发行申请是否需要暂缓表决进行投票，同意票数达到 5 票的，可以对该股票发行申请暂缓表决；同意票数未达到 5 票的，发审委会议按正常程序对该股票发行申请进行审核。发审委会议对发行人股票发行申请作出的表决结果及提出的审核意见，中国证监会有关职能部门应当向发行人聘请的保荐人进行书面反馈。

④核准发行。依据发审委的审核意见，中国证监会对发行人的发行申请作出核准或不予核准的决定。予以核准的，中国证监会出具核准公开发行的文件；不予核准的，中国证监会出具书面意见，说明不予核准的理由。证券发行申请未获核准的上市公司，自中国证监会作出不予核准的决定之日起 6 个月后，可再次提出证券发行申请。

中国证监会自受理申请文件到作出决定的期限为 3 个月，发行人根据要求补充、修改发行申请文件的时间不计算在内。自中国证监会核准发行之日起，上市公司应在 6 个月内发行证券；超过 6 个月未发行的，核准文件失效，须重新经中国证监会核准后方可发行。

上市公司发行证券前发生重大事项的，应暂缓发行，并及时报告中国证监会。该事项对本次发行条件构成重大影响的，发行证券的申请应重新经过中国证监会核准。

6.2　债券的发行与承销

6.2.1　我国国债的发行与承销

我国首次国债发行始于 1950 年，当时称为人民胜利折实公债，1954—1958 年又相继发行了国家经济建设公债，其后相当长的一个时期终止了政府举债融资，我国成为世界上既无内债又无外债的国家。随着改革开放政策的实施，我国从 1981 年开始恢复发行国债，国债的发行主要用于筹集建设资金、弥补财政赤字。

1998年以来，因实施积极的财政政策，国债发行规模迅速增加；我国政府和企业先后发行多批债券，为弥补国家财政赤字和国家的许多重点建设项目筹集了大量资金。在"八五"期间，我国企业通过发行债券共筹资820亿元，重点支持了三峡工程、上海浦东新区建设、京九铁路、沪宁高速公路、吉林化工、北京地铁、北京西客站等能源、交通、重要原材料等重点建设项目以及城市公用设施建设。

债券市场自20世纪90年代成立以来，不断发展壮大，债券市值过20万亿元，和股票市场市值接近。管理层在2012年证券监管工作会议讲话上指出"要积极稳妥发展债券市场"，"显著提高公司类债券融资在直接融资中的比重，研究探索和试点推出高收益企业债、市政债、机构债等债券新品种"。债券市场正面临着重大的发展机会，前途不可限量。

我国国债包括记账式国债、凭证式国债和储蓄国债3类。其中，储蓄国债是财政部于2006年7月1日推出的新品种。所谓储蓄国债，是指财政部在中华人民共和国境内发行，通过试点商业银行面向个人投资者销售的、以电子方式记录债权的不可流通人民币债券。储蓄国债发行对象为个人投资者，企事业单位、行政机关和社会团体等机构投资者不得购买。储蓄国债以电子方式记录债权，通过投资者在试点商业银行开设的人民币结算账户进行资金清算。储蓄国债不可流通转让，但可以办理提前兑取、质押贷款、非交易过户等。储蓄国债个人债权托管账户实行实名制，具体办法比照《个人存款账户实名制规定》（中华人民共和国国务院令第285号）执行。

中国人民银行发布的2020年金融市场运行情况显示，2020年我国债券市场发行规模显著增长，债券交易量增加，市场存量规模已突破100万亿元。市场投资者结构进一步多元化，货币市场利率显著下行，银行间货币市场交易量增加，利率衍生品成交量同比上升，互换及期货价格小幅下降。数据显示，2020年，我国债券市场共发行各类债券57.3万亿元，较上年增长26.5%。其中银行间债券市场发行债券48.5万亿元，同比增长27.5%。截至2020年12月末，债券市场托管余额为117万亿元，其中银行间债券市场托管余额为100.7万亿元。2020年，国债发行7万亿元，地方政府债券发行6.4万亿元，金融债券发行9.3万亿元，政府支持机构债券发行3 580亿元，资产支持证券发行2.3万亿元，同业存单发行19万亿元，公司信用类债券发行12.2万亿元。

截至2020年末，银行间债券市场各类参与主体共计27 958家，较上年末增加3 911家。其中境内法人类共3 123家，较上年末增加41家；境内非法人类产品共计23 930家，较上年末增加3 734家；境外机构投资者905家，较上年末增加136家。2020年末，银行间市场存款类金融机构持有债券余额57.7万亿元，持债占比57.4%，与上年末基本持平；非法人机构投资者持债规模28.8万亿元，持债占比28.6%，较上年末下降1个百分点。公司信用类债券持有者中存款类机构持有量较上年末有所增加，存款类金融机构、非银行金融机构、非法人机构投资者和其他投资者的持有债券占比分别为27.9%、6.4%、63%。

1. 我国国债的发行方式

1988年以前，我国国债发行采用行政分配方式；1988年，财政部首次通过商业银行和邮政储蓄柜台销售了一定数量的国债；1991年，开始以承购包销方式发行国债；1996年起，公开招标方式被广泛采用。目前，凭证式国债发行完全采用承购包销方式，记账式国债发行完全采用公开招标方式。

(1)公开招标方式。公开招标方式是通过投标人的直接竞价来确定发行价格(或利率)水平,发行人将投标人的标价自高价向低价排列,或自低利率排到高利率,发行人从高价(或低利率)选起,直到达到需要发行的数额为止。因此,所确定的价格恰好是供求决定的市场价格。我国国债发行招标规则的制定借鉴了国际资本市场中的美国式、荷兰式规则,并发展出混合式招标方式。

①荷兰式招标。标的为利率或利差时,全场最高中标利率或利差为当期国债票面利率或基本利差,各中标机构均按面值承销;标的为价格时,全场最低中标价格为当期国债发行价格,各中标机构均按发行价格承销。

②美国式招标。标的为利率时,全场加权平均中标利率为当期国债票面利率,中标机构按各自中标标位利率与票面利率折算的价格承销;标的为价格时,全场加权平均中标价格为当期国债发行价格,中标机构按各自中标标位的价格承销。

背离全场加权平均投标利率或价格一定数量的标位视为无效投标,全部落标,不参与全场加权平均中标利率或价格的计算。

③混合式招标。标的为利率时,全场加权平均中标利率为当期国债票面利率,低于或等于票面利率的标位,按面值承销;高于票面利率一定数量以内的标位,按各中标标位的利率与票面利率折算的价格承销;高于票面利率一定数量以上的标位,全部落标。标的为价格时,全场加权平均中标价格为当期国债发行价格,高于或等于发行价格的标位,按发行价格承销;低于发行价格一定数量以内的标位,按各中标标位的价格承销,低于发行价格一定数量以上的标位,全部落标。

背离全场加权平均投标利率或价格一定数量的标位视为无效投标,全部落标,不参与全场加权平均中标利率或价格的计算。

(2)承购包销方式。承购包销方式是由发行人和承销商签订承购包销合同,合同中的有关条款是通过双方协商确定的。对于事先已确定发行条款的国债,我国仍采取承购包销方式,目前主要运用于不可上市流通的凭证式国债的发行。

2. 国债承销程序

(1)记账式国债的承销程序。记账式国债的承销程序主要有招标发行和分销。

①招标发行。记账式国债是一种无纸化国债,主要通过银行间债券市场向具备全国银行间债券市场国债承购包销团资格的商业银行、证券公司、保险公司、信托投资公司等机构,以及通过证券交易所的交易系统向具备交易所国债承购包销团资格的证券公司、保险公司和信托投资公司及其他投资者发行。

②分销。指在规定的分销期内,国债承销团成员将中标的全部或部分国债债权额度销售给非国债承销团成员的行为。采取场内挂牌分销、场外签订分销合同和试点商业银行柜台销售的方式。国债承销团成员间不得分销,通过分销获得的国债债权额度,在分销期内不得转让,自定价格分销。

(2)凭证式国债的承销程序。凭证式国债是一种不可上市流通的储蓄型债券,由具备凭证式国债承销团资格的机构承销。财政部和中国人民银行一般每年确定一次凭证式国债承销团资格,各类商业银行、邮政储蓄银行均有资格申请加入凭证式国债承销团。财政部一般委托中国人民银行分配承销数额。承销商在分得所承销的国债后,通过各自的代理网点发售。发售采取向购买人开具凭证式国债收款凭证的方式,发售数量不能突破所承销的国债量。由于凭证式国债采用“随买随卖”、利率按实际持有天数分档计付的交易方式,因此,在收款凭证中除了注明投资者身份外,还须注明购买日期、期限、发行利率等内容。从2002年第2期开始,凭证式国债的发行期限改为1个月,发行款的上划采取一次缴款办法,国债发行手续费也由财政部一次拨付。各经办单位对在发行期内已缴款但未售完及购买者提前兑取的凭证式国债,仍可在原额度内继续发售,继续发售的凭证式国债仍按面值售出。为了便于掌握发行进度,担任凭证式国债发行任务的各个系统一般每月要汇总本系统内的累计发行数额,上报财政部及中国人民银行。

3. 国债销售价格及其影响因素

(1)国债销售的价格。在传统的行政分配和承购包销的发行方式下,国债按规定以面值出售,不存在承销商确定销售价格的问题。在现行多种价格的公开招标方式下,每个承销商的中标价格与财政部按市场情况和投标情况确定的发售价格是有差异的。如果按发售价格向投资者销售国债,承销商就可能发生亏损,因此,财政部允许承销商在发行期内自定销售价格,随行就市发行。

(2)影响国债销售价格的因素。影响国债销售价格的因素有如下几点:

①市场利率。市场利率的高低及其变化对国债销售价格起着显著的导向作用。市场利率趋于上升,就限制了承销商确定销售价格的空间;市场利率趋于下降,就为承销商确定销售价格拓宽了空间。

②承销商承销国债的中标成本。国债销售的价格一般不应低于承销商与发行人的结算价格;反之,就有可能发生亏损。所以,通过投标获得较低成本的国债,有利于分销工作的顺利开展。

③流通市场中可比国债的收益率水平。如果国债承销价格定价过高,即收益率过低,投资者就会倾向于在二级市场上购买已流通的国债,而不是直接购买新发行的国债,从而阻碍国债分销工作顺利进行。

④国债承销的手续费收入。在国债承销中,承销商可获得其承销金额一定比例的手续费收入。对于不同品种的国债,该比例可能不一样,一般为千分之几。由于该项手续费收入的存在,为了促进分销活动,承销商有可能压低销售价格。

⑤承销商所期望的资金回收速度。降低销售价格,承销商的分销过程会缩短,资金的回收速度会加快,承销商可以通过获取这部分资金占用其中的利息收入来降低总成本,提高收益。

⑥其他国债分销过程中的成本。

6.2.2 我国金融债券的发行与承销

我国国内金融债券的发行始于1985年,当时中国工商银行和中国农业银行开始尝试发行金融债券。1994年,我国政策性银行成立后,发行主体从商业银行转向政策性银行,首次发行人为国家开发银行;随后,中国进出口银行、中国农业发展银行也加入到这一行列。后来,商业银行中断了对金融债券的发行。2005年4月27日,中国人民银行发布了《全国银行间债券市场金融债券发行管理办法》,对金融债券的发行行为进行了规范,发行体也在原来单一的政策性银行的基础上,增加了商业银行、企业集团财务公司及其他金融机构。

2021年国务院发布了《关于加快建立健全绿色低碳循环发展经济体系的指导意见》(以下简称《意见》)。《意见》提出大力发展绿色金融,发展绿色信贷和绿色直接融资,统一绿色债券标准,建立绿色债券评级标准。在促进经济社会发展全面绿色转型的背景下,《意见》对绿色金融的发展提出了更高的要求。在各种政策的支持和指导下,我国绿色债券市场的发展保持了快速增长的态势,发行量和市场规模不断扩大,创新产品不断涌现。我国已成为世界上最重要的绿色债券发行市场之一,其年发行量居世界首位。根据中国人民银行的数据,截至2020年底,我国绿色债券存量为8 132亿元,居世界第二。

1. 金融债券的发行条件

(1)政策性银行。这里所指的政策性银行包括国家开发银行、中国进出口银行、中国农业发展银行。这3家政策性银行作为发行体,天然具备发行金融债券的条件,只要按年向中国人民银行报送金融债券发行申请,并经中国人民银行核准后便可发行。政策性银行金融债券发行申请应包括发行数量、期限安排、发行方式等内容,如需调整,应及时报中国人民银行核准。

(2)商业银行。商业银行发行金融债券应具备以下条件:具有良好的公司治理机制;核心资本充足率不低于4%;最近3年连续盈利;贷款损失准备计提充足;风险监管指标符合监管机构的有关规定;最近3年没有重大违法、违规行为;中国人民银行要求的其他条件。根据商业银行的申请,中国人民银行可以豁免前款所规定的个别条件。

(3)企业集团财务公司。根据《全国银行间债券市场金融债券发行管理办法》(中国人民银行2005年4月27日发布)和《中国银监会关于企业集团财务公司发行金融债券有关问题的通知》(银监发〔2007〕58号),企业集团财务公司发行金融债券应具备以下条件:

①具有良好的公司治理结构、完善的投资决策机制、健全有效的内部管理和风险控制制度及相应的管理信息系统。

②具有从事金融债券发行的合格专业人员。

③依法合规经营,符合中国银监会有关审慎监管的要求,风险监管指标符合监管机构的有关规定。

④财务公司已发行、尚未兑付的金融债券总额不得超过其净资产总额的100%,发行金融债券后,资本充足率不低于10%。

⑤财务公司设立1年以上,经营状况良好,申请前1年利润率不低于行业平均水平,且有稳定的盈利预期。

⑥申请前1年,不良资产率低于行业平均水平,资产损失准备拨备充足。

⑦申请前1年,注册资本金不低于3亿元人民币,净资产不低于行业平均水平。

⑧近3年无重大违法违规记录。

⑨无到期不能支付债务。

⑩中国人民银行和中国银监会规定的其他条件。

(4)其他金融机构。其他金融机构发行金融债券应具备的条件由中国人民银行另行规定。

2. 金融债券发行的操作要求

(1)发行方式。金融债券的发行方式主要包括以下两种：

①金融债券可在全国银行间债券市场公开发行或定向发行。

②金融债券的发行可以采取一次足额发行或限额内分期发行的方式。

发行人分期发行金融债券的,应在募集说明书中说明每期发行安排。发行人应在每期金融债券发行前 5 个工作日将相关的发行申请文件报中国人民银行备案,并按中国人民银行的要求披露有关信息。

(2)担保要求。商业银行发行金融债券没有强制担保要求;而财务公司发行金融债券,则需要由财务公司的母公司或其他有担保能力的成员单位提供相应担保,经中国银监会批准免于担保的除外。

(3)信用评级。金融债券的发行应由具有债券评级能力的信用评级机构进行信用评级。金融债券发行后,信用评级机构应每年对该金融债券进行跟踪信用评级。如发生影响该金融债券信用评级的重大事项,信用评级机构应及时调整该金融债券的信用评级,并向投资者公布。

(4)发行的组织。在进行金融债券发行时,要组建承销团,并确定承销方式和承销人的资格条件。

①承销团的组建。发行金融债券时,发行人应组建承销团,承销人可在发行期内向其他投资者分销其所承销的金融债券。

发行人和承销人应在承销协议中明确双方的权利与义务,并加以披露。

②承销方式及承销人的资格条件。发行金融债券时,发行人应组建承销团,可采用协议承销、招标承销等方式。以招标承销方式发行金融债券的,发行人应与承销团成员签订承销主协议。以协议承销方式发行金融债券的,发行人应聘请主承销商。

3. 金融债券的登记、托管与兑付

国债登记结算公司为金融债券的登记、托管机构。金融债券发行结束后,发行人应及时向国债登记结算公司确认债权债务关系,由国债登记结算公司及时办理债券登记工作。金融债券付息或兑付日前(含当日),发行人应将相应资金划入债券持有人指定的资金账户。

4. 金融债券的信息披露

发行人应在金融债券发行前和存续期间履行信息披露义务。信息披露应通过中国货币网、中国债券信息网进行。发行人应保证信息披露真实、准确、完整、及时,不得有虚假记载、误导性陈述或重大遗漏。发行人及相关知情人在信息披露前不得泄露其内容。

6.2.3　我国企业债券的发行与承销

企业债券是指在中华人民共和国境内具有法人资格的企业在境内依照法定程序发行、约定在一定期限内还本付息的有价证券,但是,金融债券和外币债券除外。《公司法》和《证券法》对于公司债券的发行和上市也作了具体规定。

1. 发行条件

(1)基本条件。根据《企业债券管理条例》规定,企业发行企业债券必须符合下列条件:①企业规模达到国家规定的要求;②企业财务会计制度符合国家规定;③具有偿债能力;

④企业经济效益良好，发行企业债券前连续 3 年盈利；⑤所筹资金用途符合国家产业政策。

根据《证券法》和《企业债券管理条例》规定，公开发行企业债券必须符合下列条件：

①股份有限公司的净资产额不低于人民币 3 000 万元，有限责任公司和其他类型企业的净资产额不低于人民币 6 000 万元。

②企业发行企业债券的总面额不得大于该企业的自有资产净值。

③企业债券的利率不得高于银行相同期限居民储蓄定期存款利率的百分之四十。

④企业发行企业债券用于固定资产投资的，依照国家有关固定资产投资的规定办理。

⑤国家规定不得用于购买企业债券的其他资金。办理储蓄业务的机构不得将所吸收的储蓄存款用于购买企业债券。

⑥企业发行企业债券所筹资金应当按照审批机关批准的用途，用于本企业的生产经营。企业发行企业债券所筹资金不得用于房地产买卖、股票买卖和期货交易等与本企业生产经营无关的风险性投资。

⑦企业发行企业债券，应当由证券经营机构承销。

(2)募集资金的投向。根据《企业债券管理条例》第二十条规定，企业发行企业债券所筹资金应当按照审批机关批准的用途用于本企业的生产经营。企业发行企业债券所筹资金不得用于房地产买卖、股票买卖和期货交易等与本企业生产经营无关的风险性投资。《证券法》第十五条规定，公开发行公司债券筹集的资金，必须用于核准的用途，不得用于弥补亏损和非生产性支出。根据《国家发展改革委关于推进企业债券市场发展、简化发行核准程序有关事项的通知》，企业债券筹集的资金可用于固定资产投资项目、收购产权(股权)、调整债务结构和补充营运资金。

2. 企业债券发行的申报与核准

原来发行企业债券，需要经过向有关主管部门进行额度申请和发行申报两个过程。额度申请受理的主管部门为国家发改委；发行申报的主管部门主要为国家发改委，国家发改委核准通过并经中国人民银行和中国证监会会签后，由国家发改委下达发行批复文件。其中，中国人民银行主要是核准利率，中国证监会对证券公司类承销商进行资格认定和发行与兑付的风险评估。根据《国家发展改革委关于推进企业债券市场发展、简化发行核准程序有关事项的通知》，为进一步推动企业债券市场发展，扩大发行规模，经国务院同意，对企业债券发行核准程序进行改革，将先核定规模(额度)、后核准发行两个环节，简化为直接核准发行一个环节。

在发行的具体申报上，仍然采取如下方式报送国家发改委：中央直接管理企业的申请材料直接申报；国务院行业管理部门所属企业的申请材料由行业管理部门转报；地方企业的申请材料由所在省、自治区、直辖市、计划单列市发展改革部门转报。国家发改委受理企业发债申请后，依据法律法规及有关文件规定，对申请材料进行审核。符合发债条件、申请材料齐全的，直接予以核准。申请材料存在不足或需要补充有关材料的，应及时向发行人和主承销商提出反馈意见。发行人及主承销商根据反馈意见对申请材料进行补充、修改和完善，重要问题应出具文件进行说明。国家发改委自受理申请之日起 3 个月内(发行人及主承销商根据反馈意见补充和修改申报材料的时间除外)作出核准或者不予核准的决定，不予核准的，应说明理由。企业债券得到国家发改委批准并经中国人民银行和中国证监会会签后,即可进行具体的发行工作。

3. 企业债券在交易所市场的上市流通

企业债券发行完成后,经核准可以在证券交易所上市,挂牌买卖。根据2018年12月7日颁布实施的《上海证券交易所公司债券上市规则》(本章所涉及债券在交易所上市时,仅以在上海证券交易所上市为例),企业债券申请上市,需要参照此规则的要求,向证券交易所上报上市申请材料。

4. 企业债券在银行间市场的上市流通

除在交易所市场上市外,企业债券也可以进入银行间市场交易流通。

(1)准入条件。符合以下条件的公司债券可以进入银行间债券市场交易流通,但公司债券募集办法或发行章程约定不交易流通的债券除外:

①依法公开发行。

②债权债务关系确立并登记完毕。

③发行人具有较完善的治理结构和机制,近两年没有违法和重大违规行为。

④实际发行额不少于人民币5亿元。

⑤单个投资人持有量不超过该期公司债券发行量的30%。

(2)审批程序。国债登记结算公司和同业拆借中心应按照上述条件对要求进入银行间债券市场交易流通的公司债券进行筛选,符合条件的,确定其交易流通要素,在其债权、债务登记日后的5个工作日内安排其交易流通。发行人要求安排其发行的公司债券进入银行间债券市场交易流通的,应在国债登记结算公司和同业拆借中心安排其发行的债券交易流通时,向国债登记结算公司提交材料。

(3)信息披露。在债券交易流通期间,发行人应在每年6月30日前向市场投资者披露上一年度的年度报告和信用跟踪评级报告。发行人发生主体变更或经营、财务状况出现重大变化等重大事件时,应在第一时间向市场投资者公告,并向中国人民银行报告。发行人的信息披露应通过中国货币网、中国债券信息网或《金融时报》《中国证券报》进行,并保证其披露信息的真实、准确、完整,不得有虚假记载、误导性陈述或重大遗漏。国债登记结算公司应在安排公司债券交易流通后的5个工作日内,向中国人民银行书面报告公司债券交易流通审核情况。在每季度结束后的10个工作日内,向中国人民银行提交该季度公司债券托管结算情况的书面报告(书面报告应包括公司债券总体托管、跨市场转托管、结算、非交易过户以及交易流通核准情况等内容)。公司债券发行人未按要求履行信息披露等相关义务的,由同业拆借中心和国债登记结算公司通过中国货币网和中国债券信息网向市场投资者公告。

6.2.4　我国公司债券的发行与承销

公司债券是指公司依照法定程序发行、约定在一年以上期限内还本付息的有价证券。

1. 发行条件

(1)基本条件。根据《公司债券发行与交易管理办法》,发行公司债券应当符合下列条件:

①具备健全且运行良好的组织机构;

②最近三年平均可分配利润足以支付公司债券一年的利息；

③具有合理的资产负债结构和正常的现金流量；

④ 国务院规定的其他条件。

(2)募集资金投向。公开发行公司债券筹集的资金，必须按照公司债券募集说明书所列资金用途使用；改变资金用途，必须经债券持有人会议作出决议。非公开发行公司债券，募集资金应当用于约定的用途；改变资金用途，应当履行募集说明书约定的程序。公开发行公司债券筹集的资金，不得用于弥补亏损和非生产性支出。发行人应当指定专项账户，用于公司债券募集资金的接收、存储、划转。

(3)不得再次发行的情形。存在下列情形之一的，不得再次公开发行公司债券：

①对已公开发行的公司债券或者其他债务有违约或者延迟支付本息的事实，仍处于继续状态；

②违反《证券法》规定，改变公开发行公司债券所募资金用途。

2. 公司债券发行的申报与核准

(1)发行申报。公司债券需要按照严格的流程进行发行申报。

①公司决议。申请发行公司债券，应当由公司董事会制订方案，由股东会或股东大会作出决议。

②保荐与申报。发行公司债券应当由保荐人保荐，并向中国证监会申报。保荐人应当按照中国证监会的有关规定编制和报送募集说明书和发行申请文件。

(2)受理与核准。中国证监会依照下列程序审核发行公司债券的申请：

①收到申请文件后，5 个工作日内决定是否受理。

②中国证监会受理后，对申请文件进行初审。

③发行审核委员会按照《中国证券监督管理委员会发行审核委员会办法》规定的特别程序审核申请文件。

④中国证监会作出核准或者不予核准的决定。

发行公司债券，可以申请一次核准，分期发行。自中国证监会核准发行之日起，公司应在 6 个月内首期发行，剩余数量应当在 24 个月内发行完毕。超过核准文件限定的时效未发行的，须重新经中国证监会核准后方可发行。首期发行数量应当不少于总发行数量的 50%，剩余各期发行的数量由公司自行确定，每期发行完毕后 5 个工作日内报中国证监会备案。发行人应当在发行公司债券前的 2 ~ 5 个工作日内，将经中国证监会核准的债券募集说明书摘要刊登在至少一种中国证监会指定的报刊，同时将其全文刊登在中国证监会指定的互联网网站。

3. 对公司债券发行的监管

(1)发行人。根据《公司债券发行试点办法》，发行人违反本办法规定，存在不履行信息披露义务，或者不按照约定召集债券持有人会议，损害债券持有人权益等行为的，中国证监会可以责令整改；对其直接负责的主管人员和其他直接责任人员，可以采取监管谈话、认定为不适当人选等行政监管措施，记入诚信档案并公布。

(2)保荐人。保荐人出具有虚假记载、误导性陈述或者重大遗漏的发行保荐书，保荐人或其相关人员伪造或变造签字、盖章，或者不履行其他法定职责的，依照《证券法》和保荐制度的有关规定处理。

(3)其他中介机构。为公司债券发行出具审计报告、法律意见、资产评估报告、资信评级报告及其他专项文件的证券服务机构和人员,在其出具的专项文件中存在虚假记载、误导性陈述或者重大遗漏的,依照《证券法》和中国证监会的有关规定处理。

(4)债券受托管理人。债券受托管理人违反《公司债券发行试点办法》规定,未能履行债券受托管理协议约定的职责,损害债券持有人权益的,中国证监会可以责令整改;对其直接负责的主管人员和其他直接责任人员,可以采取监管谈话、认定为不适当人选等行政监管措施,记入诚信档案并公布。

4. 公司债券在交易所市场上市

为规范公司债券上市管理,强化投资者合法权益保护,促进债券市场平稳健康发展,2018 年 12 月 7 日上海证券交易所对《上海证券交易所公司债券上市规则(2015 年修订)》进行了修订,并已经中国证监会批准,现予发布实施。

(1)公司债券上市条件。公司债券申请上市,应当符合下列条件。

①债券信用评级达到 AA 级或以上;

②发行人最近一期末的净资产不低于 5 亿元人民币,或最近一期末的资产负债率不高于 75%;

③发行人最近 3 个会计年度实现的年均可分配利润不少于债券一年利息的 1.5 倍;

④本所规定的其他条件。

⑤债券存续期交易方式的动态调整由本所另行规定。

(2)公司债券上市的核准。公司债券上市由证券交易所核准。证券交易所设立的上市委员会对债券上市申请进行审核,作出独立的专业判断并形成审核意见,证券交易所根据上市委员会意见作出是否同意上市的决定。债券发行人在提出上市申请至其债券核准上市前,未经证券交易所同意不得擅自披露有关信息。发行人和上市推荐人必须在债券上市交易前完成上市债券在证券交易所指定托管机构的托管工作,并将债券持有人名册核对无误后报送证券交易所指定托管机构。发行人和上市推荐人对该名册的准确性负全部责任。发行人应当在债券上市交易前在中国证监会指定的信息披露报刊或证券交易所网站上公布债券上市公告书,并将上市公告书、核准文件及有关上市申请文件置备于指定场所供公众查阅。债券上市前,发行人应与证券交易所签订上市协议。

6.3　证券投资基金的发行与承销

基金单位的发行是指基金单位发起人在基金设立申请经基金主管单位——中国证监会批准之后,向社会公众公开发行基金单位、募集资金的过程,它是基金运作过程中的一个基本而重要的环节。

1. 基金单位发行公告

基金设立经中国证监会批准后,发起人即可发行基金,基金发起人应当于基金发行前三天在中国证监会指定的全国性报刊上刊登招募说明书,依据《证券投资基金管理暂行办法》实施准则的规定主要包括以下几方面的内容。

①基金设立的依据、基金契约等。

②基金的投资方向。

③风险揭示。

④基金的收益与分配政策。

⑤基金发起人的权利和义务。

⑥基金管理人的权利和义务。

⑦基金托管人的权利和义务。

⑧基金的信息披露形式和内容。

⑨其他按规定应说明的事项。

2. 发行方式

基金的发行方式主要有以下四种：

①直接销售发行，不通过任何专门的承货商，直接按基金的净值销售给投资人，所以也称为不收费基金。

②包销方式发行，也就是由包销商包销，再以公开销售的价格出售给投资人。

③集团销售方式，是由包销商为主承销商组织多个承销成员的承销集团向社会广泛发行。

④计划公司方式，是销售商和投资人中间的销售经理人，也可称为中间销售人，他使基金的发行能以分期付款的方式销售出去。

契约型封闭式基金主要是上网定价发行，开放式基金主要采用商业银行柜台销售。

【参考案例】

证监会审查 IPO 申请

(一) 证监会集中公布 35 家终止审查及 18 家未通过发审会的 IPO 企业情况

为进一步提升首发企业申报质量，加强市场引导，证监会集中公布 2017 年 1 ~4 月终止审查(申请撤回)和未通过发审会(被否决)IPO 企业情况。其中，终止审查 IPO 企业 35 家，未通过发审会 IPO 企业 18 家，具体情况如下。

(1)35 家终止审查 IPO 企业存在的问题主要包括以下几个方面：一是经营状况或财务状况异常，22 家企业存在此类问题，占比 62. 86%；二是会计核算的规范性存疑，5 家企业存在此类问题，占比 14. 28%；三是业绩下滑，4 家企业存在此类问题，占比 11. 43%；四是股权或战略调整，4 家企业存在此类问题，占比 11. 43%。

(2)18 家未通过发审会 IPO 企业存在的问题主要包括以下几个方面：一是内控制度的有效性及会计基础的规范性存疑，6 家企业存在此类问题，占比 33. 33%；二是经营状况或财务状况异常，5 家企业存在此类问题，占比 27. 78%；三是持续盈利能力存疑，3 家企业存在此类问题，占比 16. 67%；四是关联交易及关联关系存疑，3 家企业存在此类问题，占比 16. 67%；五是申请文件的真实、准确、完整和及时性存疑，1 家企业存在此类问题，占比 5. 55%。

证监会严把审核质量关，采取多种措施和手段，严格实施 IPO 各环节的全过程监管，通过反馈、检查、初审、发审等审核流程和审核机制的有机配合，有效遏制问题苗头和“带病申报”情形，净化审核环境，强化中介机构责任，严厉打击利润操纵、欺诈发行、包装上市、虚假披露等行为，以从严监管促进优质企业上市，发挥资本市场资源配置功能，促进供给侧结构性改革，切实服务实体经济。根据统计，截至2017年5月19日，证监会共审结IPO企业257家，其中，已核准的IPO企业188家；未通过发审会（被否决）的IPO企业24家；终止审查（申请撤回）的IPO企业45家。IPO审结通过率约为73.15%，未通过（包括终止审查和否决）率约为26.85%。

（二）证监会对5宗案件作出行政处罚

证监会依法对5宗案件作出行政处罚，其中包括：1宗中介机构违法违规案，3宗信息披露违法违规案，1宗限制期内交易股票案。

1宗中介机构违法违规案中，西南证券股份有限公司（简称西南证券）在担任浙江九好办公服务集团有限公司（简称九好集团）与鞍山重型矿山机器股份有限公司（简称鞍重股份）重大资产重组的独立财务顾问期间，未按照规定与委托人鞍重股份签订委托协议，对并购重组活动未履行充分、广泛、合理调查的职责，未发现九好集团2013年至2015年通过虚构业务、改变业务性质等多种方式虚增服务费收入和贸易收入的事实，未发现九好集团虚增3亿元银行存款及未披露3亿元定期存单质押信息的事实；西南证券2016年4月出具的《关于鞍山重型矿山机器股份有限公司重大资产置换及发行股份购买资产并募集配套资金暨关联交易之独立财务顾问报告》存在虚假记载、重大遗漏。西南证券的上述行为违反了相关规定。

3宗信息披露违法违规案中，一是黄某于2013年10月11日成为太原天龙集团股份有限公司（后更名为“山西广和山水文化传播股份有限公司”，简称“公司”）第一大股东。2013年10月18日、2014年2月26日及8月13日，黄某未按照相关规定披露其最近5年内的职业详细情况、控制企业情况，未披露近5年涉及与经济纠纷有关的重大民事诉讼等情况。二是公司董事会会议于2014年2月25日通过与广西钲德宇胜投资有限责任公司（简称广西钲德）签署相关非公开发行股票认购协议书的议案，约定由广西钲德认购本次非公开发行的全部股票。广西钲德2014年2月26日、5月23日及8月13日未披露或未完整披露其控股股东黄某控制核心企业的情况及黄某涉及的上述诉讼情况。三是丁某控制的北京六合逢春文化产业投资有限公司（简称北京六合逢春）于2014年5月4日成为公司的第二大股东。2014年5月23日、8月13日，北京六合逢春未披露及未完整披露丁某最近5年涉及与经济纠纷有关的重大民事诉讼、仲裁情况。黄某、广西钲德、北京六合逢春的行为违反了《上市公司收购管理办法》第3条规定，黄某、丁某分别是广西钲德、北京六合逢春违法行为直接负责的主管人员。依据《证券法》第193条规定，山西证监局决定对黄国忠给予警告，并处以60万元罚款；对广西钲德给予警告，并处以40万元罚款；对北京六合逢春给予警告，并处以45万元罚款；对丁磊给予警告，并处以30万元罚款。

1宗限制期内交易股票案中，陈某于2011年1月至2016年5月10日期间任南兴装备股份有限公司（简称南兴装备）副董事长、董事，2016年5月11日正式离职。2016年5月31日，南兴装备披露《关于首次公开发行前已发行股份解除限售上市流通的提示性公告》，陈某在其中承诺：离职后6个月内，不转让所持有的发行人股份；按持股比例计算，陈某通过有广州暨南投资有限公司（简称暨南投资）等间接持有“南兴装备”276 791 股，暨南投资在出售股份时将严格履行陈某所作出的有关承诺。2016 年 6 月 2 日至 7 月 6 日，暨南投资将持有的“南兴装备”全部卖出，由于工作人员的失误操作，暨南投资将其中为陈某预留的作为其离职后 6 个月内不减持的股份也全部卖出，导致陈某违法减持 276 791 股“南兴装备”，违法减持金额 13 003 641. 18 元。陈某在离职后半年内转让所持有的“南兴装备”股份，违反了《公司法》第 141 条和《证券法》第 38 条规定。鉴于陈俊岭为防止违法减持采取了相应的措施，违法行为的发生系参股公司工作人员的失误造成，具有从轻处罚的酌定情节。依据《证券法》第 204 条、《行政处罚法》第 27 条规定，广东证监局决定责令陈俊岭改正，给予警告，并处以 40 万元罚款。

（资料来源：作者根据相关资料改写而成。）

重要概念

相对估值法　　公开招标方式　　荷兰式招标　　美国式招标　　混合式招标

复习思考

（1）股票发行的条件有哪些？
（2）证券承销方式的优劣。
（3）如何完善证券发行核准制度？
（4）公司债券的发行条件有哪些？

第7章 证券上市与交易

【学习目标】

- 了解证券交易市场的类型及层次划分。
- 理解设立证券上市标准的意义。
- 知晓企业上市的利弊。
- 掌握证券交易所交易的规则与原理。
- 掌握交易所的功能与作用。
- 知晓证券交易市场的发展趋势。

7.1 证券交易市场概述

证券交易市场是已经发行的债券或股票按现行价格进行转让、买卖和流通的市场。其建立在发行市场基础之上,因此又称作二级市场或次级市场。证券交易市场的交易活动既可以在固定的场所集中进行,也可以在不固定的场所分散进行。证券交易市场是证券发行市场正常发展的重要支撑。证券发行市场和证券交易市场紧密联系,相辅相成,共同构成一个完整的证券市场。相比而言,证券交易市场的结构和交易活动比发行市场更为复杂,其作用和影响也更大。

在证券交易市场中,资金拥有者充分利用其所持有的货币资金,实现投资获利的目的,同时证券的持有者可随时出售所持有的证券,以获得所需资金。因此,证券交易市场的存在为投资者提供了灵活方便的变现场所,使投资者放心地参加证券发行市场的认购活动,对证券的发行起积极的推动作用;同时,证券交易市场的变化是反映经济发展趋势的晴雨表,是政府宏观经济政策及金融政策调整的依据之一,在商品经济的发展中起着越来越重要的作用。

证券交易市场包括交易所市场和场外交易市场两部分。证券交易所市场是高度组织化的市场,是证券市场的主体与核心;场外交易市场是分散的、非组织化的交易市场,是证券交易所的必要补充。但二者的交易对象和交易过程并不是截然分开的,而是相互交织在一起,并由此形成了所谓的第三市场和第四市场。

7.1.1 证券交易的概念与原则

1. 证券交易的概念

证券交易是已发行的证券在证券市场上买卖或转让的活动。投资者持有的证券必须能够进行交易,亦即能够很方便地把证券变成现金,证券的投资者也能很方便地买到证券。在我国,证券交易主要是在证券交易所的交易市场中采用集中总价交易的方式进行的。证券交易的本质,在于证券的流动性特征。

2. 证券交易的原则

证券交易的原则是指金融管理当局对证券交易设立的具有共性的规定,它是参加证券交易的各方必须共同遵守的准则。各个国家对此做出的规定虽然有差异,但基本原则是一致的。

(1)公开、公平、公正原则。公开原则是指证券交易是一种面向社会的、公开的交易活动;公平原则是指证券交易的各方享有的权利和义务必须是公平的,他们应当在相同的条件下和平等的机会中进行交易;公正原则是指应当公正地对待证券交易的参与各方以及处理证券交易事务。

(2)价格优先原则。在证券交易中,委托代理买入证券的买入价格高的优先于出价较低的买入者成交;委托代理卖出证券的卖出价低的优先于出价高的卖出者成交。该原则主要适用于公开挂牌交易的证券。

(3)时间优先原则。在代理买卖证券的委托价格相同的条件下,按委托时间先后确定成交对象,委托时间在先者优先成交。在相同时间内委托且委托价格相同时,买者或卖者之间进行抽签,决定成交的先后。在价格优先与时间优先发生矛盾时,应优先考虑价格优先原则。

(4)知情者回避原则。证券经营机构的各类职员不得向他人公开或泄露客户的证券买卖和其他交易情况,禁止证券交易所工作人员向他人泄露证券交易的内幕消息。

7.1.2 证券交易市场的构成

证券交易市场的构成要素一般有两个方面:一是证券交易市场的组织形式,二是证券交易市场的参与者。

1. 证券交易市场的组织形式

证券交易市场的组织形式,一般包括场内集中竞价的证券交易场所和场外非集中竞价的证券交易场所。场内集中竞价的证券交易场所即指证券交易所,在证券交易所内,证券交易价格是通过集中竞价的方式确定的。而场外非集中竞价的证券交易场所是指证券交易所以外的证券交易场所,如柜台(店头)市场及第三市场和第四市场。场外证券交易市场的证券交易价格不是通过集中竞价的方式确定,而是由证券交易双方以协商等方式来确定。

2. 证券交易市场的参与者

证券交易市场的参与者除了证券买卖双方外,还包括证券经纪商和证券自营商,他们在证券交易市场的证券交易活动中起着十分重要的作用。

7.1.3　证券交易市场的功能

证券交易市场的功能表现在五个方面。

(1)为证券的流动提供条件。证券作为一种金融资产,只有在市场上具有随时转让出售的功能时,才能体现出证券所固有的流动性特性。投资者在需要资金的时候,可以随时在证券交易市场上出售所持有的证券,收回其投资于证券的资金。如果没有证券的流通市场,证券就不能够流通,对投资者而言,证券就失去了它的吸引力,发行者就难以筹集到资金。只有证券交易市场的存在,才能够保障投资者进行证券投资的权益,才能够保证证券发行者筹集到资金。

(2)为形成合理的证券价格创造条件。证券交易市场可以为证券交易的各方提供公开的服务,使证券交易各方能够在一个公开的市场上进行买卖。证券的供求关系也能够在证券交易市场上充分体现出来,尤其是在大规模的公开竞争的条件下形成的价格,一般是比较公平、合理的,体现了买卖各方的利益。

(3)为资金合理流动起导向作用。证券交易市场的存在使投资者可以随时投资,也可以随时卖出所持有的证券而收回资金。证券交易市场上证券供求的多少决定了证券价格的高低。投资者一般愿意投资经营良好、市场前景看好的公司所发行的证券。当一种证券在证券交易市场被竞相争购时,就表明投资者愿意对发行这种证券的公司和产业进行投资,引导社会资金的合理流动。

(4)为制定经济政策提供依据。证券交易市场是体现经济发展的"晴雨表",它能够及时反映一个国家经济生活中的某些状况。当证券交易市场的价格波动异常,这个国家的经济政策和经济状况就可能存在着一定的问题,这就需要一个国家的宏观经济管理部门及时根据市场情况制定有利于经济发展的政策。

(5)为证券成为银行贷款质押品创造条件。证券交易市场的存在使证券的变现变得容易。银行以证券作为质押品发放贷款是比较安全的,一旦借款人不能够如期偿还贷款,银行就可以依照法律行使质押权,在证券交易市场出售所质押证券,避免或减少经济损失。

7.2　证券交易所

7.2.1　证券交易所的定义与特征

1. 证券交易所的定义

证券交易所是依据国家有关法律经政府证券主管机关批准设立的证券集中竞价交易的有形场所,由证券经纪商进场买卖。证券交易所是法人,它本身并不参与证券买卖,只提供交易场所和服务,同时也兼有管理证券交易的职能。

证券交易所应在指定的地点公开营业,经营业务应限于章程所规定的业务范围,不得擅自经营范围之外的业务,一切交易必须在场内公开作价成交,并每天向顾客公布证券交易的行市、数量等信息。

2. 证券交易所的特征

证券交易所作为高度组织化的有形市场,其特征可以概括为以下几个方面:

(1)证券交易所仅以有价证券作为交易对象。

(2)证券交易所拥有固定的交易场所和严格的交易时间。

(3)参加交易者为具备会员资格的证券公司,交易采取经纪制,即一般投资者不能直接进入交易所买卖证券,只能委托会员证券公司作为经纪人间接进行交易。

(4)证券交易所是一种特殊的法律主体。

(5)通过公开竞价的方式决定交易价格。

(6)集中了证券的供求双方,具有较高的成交速度和成交率。

(7)实行"公开、公平、公正"原则,并对证券交易加以严格管理。

简言之,证券交易所是有组织地进行证券交易的固定市场,同时具有经济学和法学上的双重性质。

7.2.2 证券交易所的功能和组织形式

1. 证券交易所的功能

一般来讲,作为证券市场的组织者,证券交易所具有以下功能:

(1)提供证券交易的场所和设施。

(2)制定证券交易所的业务规则。

(3)接受上市申请、安排证券上市。

(4)组织、监督证券交易,对会员进行监督管理。

(5)对上市公司进行监督管理,设立证券登记结算机构。

(6)管理和公布市场信息。

(7)保证证券市场运行的连续性,实现资金的有效配置。

(8)证券交易所能够较正确地反映出股票的供求关系。

(9)是调节资金市场的一种有效机制。

(10)是反映市场经济运行状态的"晴雨表"。

(11)国务院证券监督管理机构许可的其他职能。

2. 证券交易所的组织形式

证券交易所有两种基本组织形式:公司制证券交易所和会员制证券交易所。

(1)公司制证券交易所。公司制证券交易所是以营利为目的,为证券商提供证券交易所需的交易场地、交易设备和服务人员,以便利证券商独立进行证券买卖的证券交易所形式。

公司制证券交易所具有如下特点:证券交易所是独立的法律主体;证券交易所是独立的经济实体;证券交易所有权向证券发行公司索取证券上市费等其他费用。

(2)会员制证券交易所。会员制证券交易所是一个由会员自愿组成、不以营利为目的的社会法人团体。会员大会是证券交易所的最高权力机构,理事会是证券交易所的决策机构。

目前，世界上许多著名的证券交易所都采取会员制证券交易所形式。它具有如下特点：是非营利的事业法人；由证券商组成；强调自律性原则的管理方式。

我国内地目前有两家证券交易所，即上海证券交易所和深圳证券交易所。上海证券交易所于 1990 年 11 月 26 日成立，同年 12 月 19 日正式营业。深圳证券交易所于 1989 年 11 月 15 日筹建，于 1990 年 12 月 1 日成立，1991 年 7 月 3 日正式营业。两家证券交易所均按会员制方式组成，是非营利性的事业法人。业务范围包括：提供证券集中交易的场所，管理上市证券的买卖，办理上市证券交易的清算交割和过户、保管服务，提供证券市场的信息服务，证券主管部门许可或委托的其他业务。

7.2.3 证券交易所的成员

不论是公司制的交易所还是会员制的交易所，其参加者都是证券经纪人和自营商，统称为证券商。

证券商是由证券主管机关批准在证券市场上经营代理证券发行、买卖和自营证券等业务及代理证券还本付息和支付红利等业务的金融机构或个人。证券商作为证券交易的中介人，在证券市场上有特别重要的地位。

证券商根据业务性质不同，可分为两大类：一类是在证券发行市场上的证券商，即投资银行等；另一类是在证券交易市场上的证券商，包括证券经纪商、证券自营商以及一些具有特殊性质的证券商。

1. 证券经纪商

证券经纪商指在证券市场上专门进行代客买卖证券，为交易双方充当媒介并从中取得佣金收入的证券商。作为证券市场的主要参加者，其特点是本身并不经营证券，只是根据委托人的委托以最低的成本购入证券或以最高的价格售出证券，在交易中，它不承担市场风险。目前，我国具有法人资格的证券经纪商是指在证券交易中代理买卖证券，从事证券业务的证券公司。由于证券交易所通常都规定一般的投资者不得进入交易所参加交易，必须由经纪商代理交易，因此，经纪商在交易中的地位极为重要。

证券经纪人(商)可以分为以下几种：

(1)佣金经纪人。佣金经纪人，指接受顾客委托买卖证券并在买卖成交后收取佣金的经纪人。佣金经纪人也就是一般所说的证券经纪人，他们是证券交易所中数量最多、最为活跃的经纪人，是证券交易所的主要会员。佣金经纪人是作为证券交易所会员的经纪商行进入证券交易所的代表。他们一般是通过电话、电传等通信手段与其所代表的公司联系。大的经纪商行在全国各地均有分支机构，在接受顾客买卖证券委托后，即通知其在交易所的代表(佣余经纪人)给予执行。

(2)独立经纪人。独立经纪人一般不接受客户委托，而在佣金经纪人业务繁忙或业务发生困难时，接受佣金经纪人的委托，代其进行证券买卖并收取佣金。独立经纪人也称两元经纪人。“两元”是由于最初其每买卖 100 股收取 2 美元佣金而得名。独立经纪人对于加速交易成交或提高佣金经纪人的效率作用明显。此外，独立经纪人也可自行买卖证券。

(3)专家证券交易经纪人。在纽约证券交易所的交易活动中，专家证券交易经纪人有双重作用：首先，专家证券交易经纪人以经纪人的身份协助其他经纪人经营业务，完成客户的限价委托。在一般情况下,经纪人的业务比较繁重,他们对客户的限价委托往往无暇顾及。在这种情况下,由于专家证券交易经纪人一般对股市有较深的了解,所以,他们往往就把这种限价委托再委托给专家证券交易经纪人。所以,专家证券交易经纪人又有“经纪人的经纪人”之称,但他们一般不直接接受客户的委托。其次,专家证券交易经纪人有维持证券市场供求平衡和价格稳定的责任和职能。在执行这一职能时,专家证券交易经纪人以自营商的身份在交易所内从事证券交易,他们通过卖出和买进证券为其所负责的证券“制造市场”。

(4)债券经纪人。有一种会员在交易所内从事证券经纪活动,有时,他们也参加债券交易活动,所以,他们又被称为债券经纪人或债券交易商。在纽约证券交易所,这种会员仅有10多名。

2. 证券自营商

证券自营商指自行投资买卖证券,独立承担风险,从自行投资买卖的证券中得到差价收益的证券商。与经纪人的不同之处在于自营商不办理公众委托的证券买卖,因而收入来源不是替客户买卖证券所收取的佣金,而是从自营业务的证券中牟取利润。

证券自营商不与投资者发生直接联系,也无须支付佣金,可随时观察市场行情,及时抓住时机买卖,处于较为有利的地位。直接经营的自营商的买卖不限于特定的品种,不负有维持市场公平合理的责任。

证券交易所还有一种交易商是零股交易商。纽约证券交易所一般以100股为交易单位,100股以上的交易称为整数交易,100股以下称为零股交易。尽管零股交易实际上不在交易所内进行,但其价格则完全由整数交易的行情来决定。零股交易几乎由少数证券公司包办,他们以交易商之身份买进或卖出零股股票。

以上对证券商根据业务性质不同作了基本分类。但在有些情况下,一些证券商常常身兼两职,如既做自营商又做经纪商。当然,对于身兼两职的证券商,法律有相应的限制规定。

从目前来看,证券商的职能随着经济的发展有不断分离的趋势,其主要原因是佣金制度的改革和场外交易的活跃,产生了一批专门为机构投资者服务的证券商。

3. 客户和经纪人之间的关系

在股票投资交易活动中,客户与经纪人是相互依赖的关系,主要表现在下列四方面:

(1)授权人与代理人的关系。客户作为授权人,经纪人作为代理人,经纪人必须为客户着想,为其利益提供帮助。经纪人所得收益为佣金。

(2)债务人与债权人的关系。这是在保证金信用交易中客户与经纪人之间关系的表现。客户在保证金交易方式下购买股票时,仅支付保证金若干,不足之数向经纪人借款。不管该项借款是由经纪人贷出或商业银行垫付,这时的经纪人均为债权人,客户均为债务人。

(3)抵押关系。客户在需要款项时,须持股票向经纪人作抵押借款,客户为抵押人,经纪人为被抵押人,等股票售出时,经纪人可从其款项中扣除借款数目。在经纪人本身无力贷款的情况下,可以客户的股票向商业银行再抵押。

(4)信托关系。客户将金钱和证券交由经纪人保存,经纪人为客户的准信托人。经纪人在信托关系中不得使用客户的财产为自身谋利。客户若想从事股票买卖，须先在股票经纪人公司开立账户，以便获得各种必要资料，然后再行委托，而经纪人则不得违抗或变动客户的委托。

7.2.4　证券交易程序

证券交易程序是指证券交易市场买进或者卖出证券的具体步骤。由于证券交易有场内与场外之分，它们的交易程序并不完全相同。场内交易，即证券交易所条件下的证券交易具有具体、严格的特点，其步骤主要分为开户、委托、成交、清算、交割、过户等步骤。

1. 证券交易所证券交易程序

(1)开立证券交易账户。开立证券交易账户，是证券投资者在进行证券买卖前到证券公司开设证券账户和资金账户的行为。这是从事交易的前提。证券交易账户根据规定包括证券账户和资金账户。

证券账户是存储、管理投资者所持证券的特别账户，无论是买方还是卖方，其买卖的证券都存在此账户上。在我国，证券不同，投资者开立账户时遵守的规定也不同。但都应当向设在当地的证券登记公司办理相关手续。证券账户有深圳交易所、上海交易所之区别。

投资者开立证券账户后，就可以选择一家证券公司申请开立资金账户。投资者在证券公司完成开户手续即意味着双方建立了委托关系。证券公司有义务执行投资者下达的委托指令，为投资者代理买卖证券并保守机密，同时有权力依法收取佣金。

(2)竞价成交。竞价成交是指证券商接受投资者委托后就迅速将委托指令传入本公司驻交易所的场内交易员，各会员单位的场内交易员通过双边拍卖的方式申报竞价。时间优先、价格优先是最基本的规则。目前，证券交易所一般采用两种竞价方式，即在每日开盘时采用集合竞价方式，在日常交易中采用连续竞价方式。

我国上海、深圳证券交易所同时采用集合竞价和连续竞价两种竞价方式，即对每个交易日上午9:15至9:25撮合系统接受的全部有效委托进行集合竞价处理，对其余交易时间的有效委托进行连续竞价处理。

集合竞价是这样确定成交价的：

①系统对所有买入有效委托按照委托限价由高到低的顺序排列，限价相同者按照进入系统的时间先后排列；所有卖出有效委托按照委托限价由低到高的顺序排列，限价相同者按照进入系统的先后排列。

②系统根据竞价规则自动确定集合竞价成交价，所有成交均以此价格成交；集合竞价成交价的确定原则是：以此价格成交能得到最大成交量。

③系统依序逐步将排在前面的买入委托和卖出委托配对成交，即按照“价格优先、同等价格下时间优先”的成交顺序依次成交，直到不能成交为止，即所有买委托的限价均低于卖委托的限价。未成交的委托排队等待成交。

集合竞价后新的委托逐笔进入系统，与排队的委托进行连续竞价撮合。

连续竞价是这样确定成交价格的：对新进入的一个买入有效委托，若不能成交，则进入买委托队列排队等待成交；若能成交，即其委托买入限价高于或等于卖出委托队列的最低卖出限价，与卖出队列顺序成交，其成交价格取卖方叫价。对新进入的一个卖出有效委托，若不能成交,则进入卖出委托队列排队等待成交;若能成交,即其委托卖出限价低于或等于买入委托队列的最高买入限价,与买入委托队列顺序成交,其成交价格取买方叫价。这样循环往复,直至收市。

(3)交易委托。交易委托是指投资者决定买卖证券时,通过委托单、电话等形式向证券商发出买卖指令的过程。由于投资者不能进入交易所直接交易,所有的买卖都是通过证券商来完成的。

投资者进行证券交易委托前,必须与证券公司签订委托协议。委托协议是一种格式合同,由中国证券业协会规定,主要有风险提示书、证券交易委托代理协议、授权委托书、网上委托协议书等。

交易委托指令应当详细说明买卖方向、证券名称、买卖数量、证券代码及买卖价格等因素。委托方式目前已从早期单一的柜台委托发展为电话委托、磁卡委托、远程终端委托(网上委托)等。投资者的委托指令一经下达,即开始生效。在其委托未成交之前,如果反悔可以进行撤单处理,撤单程序与买卖委托的过程基本相同。

(4)清算与交割。清算是指证券买卖双方在证券交易所进行的证券买卖成交以后,通过证券交易所将各证券商买卖证券的数量和金额分别予以抵消,计算应收、应付证券和应收、应付股款差额的一种程序。交割是指投资者与接受委托的证券商就已成交的买卖办理股款以及证券数量清算的手续。

清算交割的具体程序如下:证券公司营业部在委托成交后的第二个交易日(通常称为T+1)将成交情况进行公告,投资者可以此公告为准,也可通过证券商的行情系统自行查询,在确认自己的委托已成交后,可到证券商营业部的交割柜台办理交割,打印交割单。交割单的内容包括成交的证券名称、成交数量、成交时间、价格以及投资者成交前的资金余额、成交后资金余额和成交的清算金额等。投资者应妥善保管交割单,以备查询使用。

(5)登记过户。股票过户是办理股权变更的一种程序,投资者持有的股票只有在该公司的登记部门或代理机构办理了股东名册变更以后才能成为该公司的股东,享有应有的股权。

过户有两种形式,即交易过户和非交易过户。交易过户是指投资者在证券市场上买卖股票而引起的过户,对此投资者不需要亲自去办理过户,而由证券登记结算公司通过电脑统一办理,过户与交易同步进行。非交易过户是指由于婚变、继承、赠送等原因形成,一般均需投资者亲自办理过户登记,各地证券登记结算公司是专门的办理机构。

2. 证券交易的委托方式

(1)按委托方式不同分类可分为:柜台当面委托,电话委托,电报、传真、信函委托和网上委托。

①柜台当面委托。这是传统的一种委托方式,投资者亲自到证券公司营业部,填写买卖委托单,经证券公司业务员审核后将委托指令传给公司派驻证券交易所场内的代表完成交易。中小投资者多采用这种方式。

②电话委托。即通过电话向证券经纪商发出交易委托指令。大投资者采用这种方式比较多。

③电报、传真、信函委托。由异地投资者采用。用电报、传真方式,可以迅速明确地向

证券公司发出指示,但电报、传真的内容往往过于简单,可能产生理解上的错误。证券公司在接受客户电报、传真委托时要将电报或传真单作为委托单附件附后。信函委托也是异地投资者采用的委托方式。用信函方式传递委托指令,可以详细指示买卖要求并可作必要的说明,但信函委托传递时间较慢,往往会错过有利的买卖时机。

④网上委托。目前大多数的证券公司都提供网上委托,投资者安装特定的软件后即可在网上实时观察行情,取得各种股市信息资料,并直接在网上进行委托交易。随着网络时代的来临,网上交易已是大势所趋。

(2)按照委托的买卖价格不同分类可分为市价委托和限价委托。

①市价委托(market order)。市价委托也称"随行就市委托",指投资者并不规定买入或卖出的价格,而是要求证券经纪商按照当时的市场价格购买或出售证券。此时,证券经纪商有义务以最有利的价格为委托人成交。市价委托一般都在客户迫切需要买卖股票时使用,其特点是委托人不限定价格,经纪人可按市场价格灵活掌握,随机应变。它的优点是指令下达后成交速度快,成交率高,且比限价委托优先,只要有交易对手,就可成交。投资者在市场价格急剧变化并急于成交时,使用这种委托方式可避免或减少因价格急速下跌所带来的损失或因价格快速上升而错失投资时机。它的缺点是只有在成交后投资者方知实际执行价格。尽管经纪商会尽可能为客户争取最优的价格,但因市场变化极快,有时为了完成委托,会出现价格不尽如人意的情况,此时投资者必须接受这一实际成交价格。

②限价委托(limit order)。限价委托指客户向证券经纪商发出买卖某种股票的指令时,不仅提出买卖的数量,而且对买卖的价格做出限定,即在买入股票时,限定一个最高价,只允许证券经纪人按其规定的最高价或低于最高价的价格成交;在卖出股票时,限定一个最低价,只允许证券经纪人按其规定的最低价或高于最低价的价格成交。限价委托的一个最大的特点是,股票的买卖可以按照投资人希望的价格或者更好的价格成交,有利于投资人实现预期投资,谋求最大利益。

(3)国际上存在的其他委托方式。国际上还存在定价即时交易委托、定价全额即时委托、止损委托以及开市和收市委托。

①定价即时交易委托(immediate or cancel)。客户根据市场上现行的价格水平,要求经纪人按照给定的委托价格立即到市场上进行交易。如委托进入市场时,市场上的价格正好是委托价格或比委托价格更好的价格,则可马上成交,否则其委托自动取消。这种委托报价方式与限价委托方式的主要区别是,它要求即时交易而不等待。

②定价全额即时委托(fill or kill)。客户根据市场上现行的价格水平,要求经纪人按照给定的委托价格和交易数量立即到市场上进行交易。如委托进入市场时,市场上的价格正好是委托价格或比委托价格更好的价格,同时又能全额满足,则可马上成交,否则其委托自动取消。与定价即时交易委托方式相比,定价全额即时委托要求必须是全额交易。

③止损委托(stop order)。这种委托要求经纪人和交易商在市场价格达到一定水平时,立即以市价或以限价按客户指定的数量买进或卖出,目的在于保护客户已获得的利润。

在实际运作中,限价委托和止损委托经常结合运用。比如,客户在给出一个10元买进A公司股票的限价委托时,可加上一个12元按市价买进的止损委托。当市场价格从12元的价位继续回落时,交易可按10元的价格进行,这样客户买卖A公司股票的理论投资收益就是其实际成交价格与12元止损报价之间的价差额，达到降低投资风险的目的。

④开市和收市委托(market at open and close)。开市和收市委托要求经纪人在开市或闭市时按市价或限价委托方式买卖股票。与前几种委托报价方式相比，开市和收市委托的主要区别在于限定成交时间，而对具体的报价方式没有严格要求；各国股票市场由于历史成因和交易制度的差异，在交易委托方式的选择上各有侧重。

纽约证券交易所几乎涵盖了上述各种委托报价类型；而市价委托和限价委托则在世界主要证券市场普遍采用。一般说来，电子竞价方式的广泛采用和高科技通信手段的出现，证券市场的委托报价形式也将趋于简单化。

7.2.5 证券上市

1. 证券上市的条件

证券上市的条件是指法律规定的或证券交易所规定的公司发行的股票或债券在证券交易所集中竞价交易所必须达到的标准。对于证券上市的条件，国外一般由证券交易所根据具体情况制定一些规则。也有一些国家先由证券交易法规定上市的基本要求，再由各证券交易所规定具体的上市条件。在我国，因证券市场相对还不够成熟，我国证券上市的条件是由《公司法》《证券法》等法律法规直接规定的。

(1)股票(A股)上市条件。根据我国《公司法》《证券法》《股票发行与交易管理暂行条例》等规定，A股股票的上市条件如下：

①公司股票经证券监督管理部门批准已经公开发行。

②发行后公司股本总额不少于人民币5千万元。

③持有股票面值达人民币1千元以上的股东不少于1千人，个人持有的股票面值总额不少于1千万元。

④社会公众股不少于公司总股本的25%，公司总股本超过4亿元的，社会公众股的比例不少于15%。

⑤发起人持有的股份不少于公司股本总额的35%，在公司拟发行的股本总额中，发起人认购的部分不少于人民币3千万元，但国家另有规定者除外。

⑥内部职工股不超过社会公众股的10%。

⑦股票发行后，公司净资产在总资产中的比例不低于30%。

⑧公司最近3年财务会计报告无虚假记录，最近3年无重大违法行为。

⑨公司最近3年连续盈利，原国有企业改组设立为股份有限公司，或者公司主要发起人为国有大中型企业的，可连续计算。

⑩证券主管部门规定的其他条件。

(2)普通公司债券上市条件。普通公司债券上市条件如下：

①公司债券的期限为1年以上。

②公司债券实际发行额不少于人民币5千万元。

③股份有限公司的净资产不低于人民币3千万元，有限责任公司的净资产不低于人民币6千万元。

④累计债券总额不超过公司净资产额的40%。

⑤最近3年平均分配利润足以支付公司债券1年的利息。

⑥筹集的资金投向符合国家产业政策,并符合审批机关批准的用途,不得用于弥补亏损和非生产性支出。

⑦债券的利率不得超过国务院限定的利率水平。

⑧国务院规定的其他条件。

(3)重点国有企业可转换公司债券上市条件。重点国有企业可转换公司债券上市条件有:

①公司债券的期限为1年以上。

②公司债券实际发行额不少于人民币5千万元。

③累计债券余额不超过公司净资产额的40%。

④募集资金的投向符合国家产业政策。

⑤可转换公司债券的利率不超过银行同期存款利率水平。

⑥可转换公司债券的发行额不少于人民币1亿元。

⑦最近3年连续盈利,最近3年的财务报告已经具有从事证券业务资格的会计师事务所审计。

⑧有明确、可行的企业改制和上市计划。

⑨有可靠的偿债能力。

⑩有具有代为清偿债务能力的保证人的担保。

⑪证券管理部门规定的其他条件。

2. 证券上市规定

申请证券上市交易,应当向证券交易所提出申请,由证券交易所依法审核同意,并由双方签订上市协议。证券交易所根据国务院授权的部门的决定安排政府债券上市交易。证券上市的具体规定,参见《证券法》第四十七条至第四十九条。

《证券法》第四十七条:申请证券上市交易,应当符合证券交易所上市规则规定的上市条件。证券交易所上市规则规定的上市条件,应当对发行人的经营年限、财务状况、最低公开发行比例和公司治理、诚信记录等提出要求。

第四十八条　上市交易的证券,有证券交易所规定的终止上市情形的,由证券交易所按照业务规则终止其上市交易。证券交易所决定终止证券上市交易的,应当及时公告,并报国务院证券监督管理机构备案。

第四十九条　对证券交易所作出的不予上市交易、终止上市交易决定不服的,可以向证券交易所设立的复核机构申请复核。

证券上市的程序是指公开发行的可交易证券,其发行者依法向有关部门申请,经有关部门批准后,在证券交易所上市交易的过程。股份公司申请其股票上市交易或公司申请其发行的公司债券上市交易,必须报经国务院证券监督管理机构核准,国务院证券监督管理机构可以授权交易所依照法定条件和程序核准股票或公司债券上市申请。因此,我国证券上市的审核机构包括国务院证券监督管理机构和证券交易所。申请证券上市的基本程序如下:

(1)上市申请的提出。上市申请即发行的公司向交易所做出要求上市的意思表示,实质是表示同意接受交易所按照其上市规则对公司进行上市监督管理的行为。

上市程序因上市申请人提出上市申请而开始。如前所述，由于证券的公开发行与上市通常是一揽子安排，所以证券发行人在发行阶段即应确保自己在发行完毕后应完全符合上市的条件。但是，证券监督管理部门的发行审批或核准并不能取代证券上市的核准——证券发行完成后，发行人申请其证券上市交易的，必须向证券监督管理部门提出上市申请。在成熟的证券市场上，即使是采取发行核准制的国家，证券上市的要求一般都由发行人向证券交易所直接提出，由交易所的上市委员会等机构根据交易所的上市条件来决定是否同意申请人的上市请求，此时，证券交易所并非一个公共权力机构，而只是一个私主体。根据我国《证券法》所确立的上市程序，在经过严格的发行核准程序后，上市的申请仍须向"国务院证券监督管理机构"提出，由后者核准(第169条)。这种独特的上市体制存在两方面的问题：一方面，政府权力侵蚀了证券交易所的传统职能，导致了过多的行政干预，有可能造成证券市场效率的损失；另一方面，在现行体制下，发行审核与上市审核存在重叠，必然导致后者的形式化。

根据《证券法》第十三条的规定，向证券监督管理机构申请股票上市的，应向其提交下列文件：公司营业执照；公司章程；股东大会决议；招股说明书或者其他公开发行募集文件；财务会计报告；代收股款银行的名称及地址。依照本法规定聘请保荐人的，还应当报送保荐人出具的发行保荐书。依照本法规定实行承销的，还应当报送承销机构名称及有关的协议。第十四条规定，公司对公开发行股票所募集资金，必须按照招股说明书或者其他公开发行募集文件所列资金用途使用；改变资金用途，必须经股东大会作出决议。擅自改变用途，未作纠正的，或者未经股东大会认可的，不得公开发行新股。

根据该法第十五条的规定，申请公司债券上市交易的。应提交审查的文件包括：公司营业执照；公司章程；公司债券募集办法；国务院授权的部门或者国务院证券监督管理机构规定的其他文件。依照本法规定聘请保荐人的，还应当报送保荐人出具的发行保荐书。

(2)审查批准。证券监督管理机构根据上市申请人提交的文件对上市申请进行审查。

由于发行人往往刚刚经过严格的发行审核，故此阶段的上市审查主要为形式审查。凡证券系依法获核准后公开发行并且发行成功的，除个别例外情况以外(例如在完成上市申请程序之前发现发行人有欺诈上市情形的)，上市的申请都会获得批准。

证券监督管理部门批准证券上市申请的，将在参考申请人意愿的前提下，指定接受证券上市的证券交易所。

(3)上市协议书的签订。证券上市申请获得证券监督管理部门的核准之后，上市申请人应该核准文件并将其向证券监督管理部门提交的所有文件提交给证券交易所。证券交易所应当在法定期限内安排申请人的证券上市，应向申请人签发上市通知。上市申请人收到上述通知书后，应当与证券交易所签订上市协议书，明确双方的权利与义务。

上市协议书的内容包括(但不仅限于)：

①证券上市的费用项目及金额。

②证交所应为证券发行与上市提供的技术服务。

③要求公司指定专人负责证券事务。

④上市公司定期报告、临时报告程序及对交易所质询进行答复等具体规定。

⑤证券停牌事宜。

⑥协议双方违反上市协议的处理。

⑦仲裁条款等。

根据上市协议书,证券交易所承担的主要义务是为证券交易提供技术服务,而上市公司承担的主要义务包括服从交易所的信息披露规则及其他规则,依规定的费率缴纳上市费用(上市初费、年费)等。

(4)上市公告书披露。信息披露是证券法的核心制度,它贯穿于证券发行与交易的各个环节。在证券上市的环节,信息公开同样受到《证券法》的强调。证券一旦上市流通,该种证券的潜在投资者就需要对其进行投资价值与风险的评估,从而形成对信息的需求。《证券法》规定的上市信息披露制度旨在为二级市场上的投资者提供充分的信息,它对形成合理的交易价格是十分重要的。

根据《证券法》的规定,证券发行申请经注册后,发行人应当依照法律、行政法规的规定,在证券公开发行前公告公开发行募集文件,并将该文件置备于指定场所供公众查阅。

(5)挂牌交易。发行人完成上述证券上市程序后,将按上市公告书披露的日期挂牌交易,上市的挂牌价根据上市首日的集合竞价结果确定。

7.2.6 证券交易所的管理

《证券法》第九十六条明确,证券交易所、国务院批准的其他全国性证券交易场所为证券集中交易提供场所和设施,组织和监督证券交易,实行自律管理,依法登记,取得法人资格。

证券交易所履行自律管理职能,应当遵守社会公共利益优先原则,维护市场的公平、有序、透明。设立证券交易所必须制定章程。证券交易所章程的制定和修改,必须经国务院证券监督管理机构批准。

1. 证券交易所的组织

证券交易所设会员大会、理事会和专门委员会。

会员大会为证券交易所的最高权力机构,每年至少召开一次。会员大会的职权主要有:制定证券交易所章程;选举和罢免理事;审议、通过理事会、总经理的工作报告;审议、通过证券交易所财务预算、决算报告;决定证券交易所的其他重大事项。

理事会对会员大会负责,是证券交易所的决策机构,每届任期3年。理事会的职责主要包括;执行会员大会的决议;拟定、修改证券交易所的业务规则;聘任总经理和根据总经理的提名聘任副总经理;审定总经理提出的工作计划、财务预算及决算方案;审定对会员的接纳与处分;根据需要决定专门委员会的设置等。证券交易所设总经理1人,副总经理1~3人;总经理与副总经理的任期为3年。总经理在理事会的领导下负责证券交易所的日常管理工作,是证券交易所的法定代表人。总经理因故不能履行职责时,由副总经理代其履行职责。

专门委员会主要有上市委员会和监察委员会。上市委员会由13名委员组成(律师、注册会计师、证券交易所所在地会员和外地会员代表各2人;中国证券监督管理委员会和证券交易所所在地人民政府授权的机构各委派1人;证券交易所理事长、总经理;证券交易所其他理事1人)。其职责主要有审批股票的上市及拟定上市规定和提出修改上市规则的建议。监察委员会由8名委员组成(证券交易所所在地会员2人,外地会员4人,律师、注册会计师各 1 人,理事 1 人),每届任期 3 年。其主要职责有:监察理事、总经理等高级管理人员执行会员大会、理事会决议的情况;监察理事、总经理及其他工作人员遵守法律、法规和证券交易所章程、业务规则的情况;监察证券交易所的财务情况等。

2. 对股票交易的监督管理

证券交易所对股票交易活动的监督管理主要包括下列内容。

(1)证券交易所应当即时公布行情,并按制作股票行情表,记载并以适当方式公布下列事项:上市股票的名称;开市、最高、最低及收市价格;与前一交易日收市价比较后的涨跌情况;成交量、值的分计及合计;股票指数及其涨跌情况等。

(2)证券交易所应当就市场内的成交情况编制日报表、周报表、月报表和年报表并及时向社会公布。

(3)证券交易所应当监督上市公司按照规定披露信息。

(4)证券交易所应当与上市公司订立上市协议,以确定相互间的权利义务关系。

(5)证券交易所应建立上市推荐人制度,以保证上市公司符合上市要求。

(6)证券交易所应当依照股票法规和证券交易所的上市规则、上市协议的规定,或者根据中国证券监督管理委员会的要求,对上市股票作出暂停、恢复或者取消其交易的决定。

(7)证券交易所应当设立上市公司的档案资料,并对上市公司的董事、监事及高级管理人员持有上市股票的情况进行统计,并监督其变动情况。

(8)证券交易所的会员应当遵守证券交易所的章程、业务规则,依照章程、业务规则的有关规定向证券交易所缴纳席位费、手续费等费用,并缴存交易保证金。

(9)证券交易所的会员应当向证券交易所和中国证券监督管理委员会提供季度、中期及年度报告,并主动报告有关情况;证券交易所有权要求会员提供有关报表、账册、交易记录及其他文件。

3. 对证券交易所的管理与监督

(1)证券交易所不得以任何方式转让其依照股票交易法规取得的设立及业务许可。

(2)证券交易所的非会员理事及其他工作人员不得以任何形式在证券交易所会员公司兼职。

(3)证券交易所的理事、总经理、副总经理及其他工作人员不得以任何方式泄露或者利用内幕信息,不得以任何方式从证券交易所的会员、上市公司获取利益。

(4)证券交易所的高级管理人员及其他工作人员在履行职责时,凡有与本人有亲属关系或者其他利害关系情形时,应当回避。

(5)证券交易所应当建立符合股票监督管理和实施监控要求的系统,并根据证券交易所所在地人民政府和中国证券监督管理委员会的要求,向其提供股票市场信息。

(6)证券交易所所在地人民政府授权机构和中国证券监督管理委员会有权要求证券交易所提供会员和上市公司的有关材料。

(7)证券交易所应当于每一年财政年度终了后 3 个月内,编制经具有股票从业独立核算资格的会计师事务所审计的财务报告,报证券交易所所在地人民政府授权机构和中国证券监督管理委员会备案,同时抄报国务院证券管理委员会。

(8)证券交易所不可预料的偶发事件导致停市,或者为维护证券交易所正常秩序采取技术性停市措施必须立即向证券交易所所在地人民政府和中国证券监督管理委员会报告，并抄报国务院证券管理委员会。

(9)证券交易所所在地人民政府授权机构和中国证券监督管理委员会有权要求证券交易所提供有关业务、财务等方面的报告和材料，并有权派员检查证券交易所的业务、财务状况以及会计账簿和其他有关资料。

(10)证券交易所应当按照国家有关规定将其会员缴存的交易保证金存入银行专门账户，不得擅自使用。

(11)证券交易所及其会员涉及诉讼，以及这些单位的高级管理人员因履行职责涉及诉讼或者依照股票法规应当受到解除职务的处分时，证券交易所应当及时向证券交易所所在地人民政府授权机构和中国证券监督管理委员会报告。

7.3　场外交易市场

7.3.1　场外交易市场的定义与特征

1. 场外交易市场的定义

场外交易市场也称柜台交易市场或店头交易市场，是指证券经纪人或证券商不通过证券交易所，将未上市的证券或已上市的证券直接同顾客进行买卖的市场。

柜台交易或店头交易市场，在交易所外由证券买卖双方当面议价成交，它没有固定的场所，其交易主要利用电话进行，交易的证券以不在交易所上市的证券为主，在某些情况下也对在证券交易所上市的证券进行场外交易。场外交易市场中的证券商兼具证券自营商和代理商的双重身份。作为自营商，他可以把自己持有的证券卖给顾客或者买进顾客的证券，赚取买卖价差；作为代理商，又可以客户代理人的身份向别的自营商买进卖出证券。近年来，国外一些场外交易市场发生很大变化，它们大量采用先进的电子化交易技术，使市场覆盖面更加广阔，市场效率有很大提高。这方面，以美国的纳斯达克市场为典型代表。

国外各种场外交易市场有一个共同特点，就是它们都是在国家法律限定的框架内，由成熟的投资者参与，接受政府管理机构的监督管理。目前我国的证券市场还处于发展初期，法律不健全，监督管理力量和监督管理经验不足，缺乏成熟的理性投资者，应该首先办好证券交易所市场，而不能盲目发展其他非交易所市场，以免引发市场风险。

2. 场外交易市场的特征

(1)分散性。场外交易是各证券商的店头交易，而证券商又分散于全国许多地区或一个城市的许多不同地域，且场外交易又是在各证券商之间进行的，所以它具有分散性。场外交易市场没有像证券交易所那样设立中央市场，但它实际上遍布于各地，通过电信、邮政系统等连接起来。

(2)无形的交易市场。场外交易业务大部分是通过证券商之间的电信联系进行的，通过营业厅的柜台直接与客户交易只是其一小部分，所以，就整个交易市场而言，相对于证券交易所来说，场外交易是无形的。

(3)证券交易所交易的证券必须是经过批准登记的证券,交易所每年对这些证券进行评定,未批准上市的证券不得在证券交易所内交易。柜台交易的证券大量的是未在交易所登记上市的证券,少量上市的证券也可在柜台交易进行买卖。在场外交易市场上交易的证券大大多于在交易所交易的证券。

(4)场外交易风险大。尽管有些场外交易市场经营也很好,红利也丰厚,但尚未在交易所挂牌的股票很多是不被允许在交易所上市的质量较差的股票。这些股票的发行公司或太小,或经营不佳,或利润较薄,总之,信誉不如挂牌股票的发行公司好,所以经营这种股票可能会冒较大的风险。另外,由于场外交易的非集中竞价、信息阻塞等原因,可能造成场外交易的不公平,从而增加交易的风险。

(5)场外交易的报价与询价之间的时间间隔较长。由于场外交易的分散性,使交易不能集中竞价,只能通过个别议价来进行,所以时间间隔较长。

(6)证券交易所交易的证券必须有一定的数额为一个单位,即最低交易额,而且必须是整数。柜台交易中没有起点和单位限制。

(7)证券交易所的价格和行市是采用拍卖方式得出来的,经纪人不断报出买进和卖出价格,随着情况的变化价格不断变动。柜台交易则用协议价格,交易双方通过协商决定价格,形成行市。

(8)同一时间交易存在差价。由于交易的分散进行,各证券商的买卖价格报价不一,客户就可能在各证券商报出的价格之间进行对比选择,所以在场外交易市场上,成交的价格总会出现差异。

(9)场外交易的价格不像交易所挂牌的证券价格那样每小时都有波动。交易所集中竞价由于时间的先后,成交的价格时刻都在波动;而场外交易,特别是证券的自营买卖,总是在一定时间内(一般为一天)确定一个买卖价格,并在一天内相对不动,所以其波动就不像交易所内的价格那么频繁。

7.3.2 场外交易市场的功能及类型

1. 场外交易市场的功能

场外交易市场的主要功能如下:

(1)为已发行的证券提供转让的场所。这一点是场外交易市场作为证券流通市场一部分的基本功能。

(2)通过承销机构,场外交易市场将公开发行的新证券分售给投资公众。

(3)巨额证券次级分配。所谓次级分配,是指巨额证券的持有者,如信托基金、保险公司与养老基金等,以包销或协议的方式清算其投资,以防止压低市价。

2. 场外交易市场的类型

场外交易市场主要有三类:

(1)柜台交易,或称"店头市场"。在二级市场上,不少证券交易并不是在证券交易所完成的,而是在许多分布广泛的证券中介机构如证券公司中进行的。很多证券公司没有专门的证券柜台,通过柜台进行证券交易就是柜台交易市场。

(2)第三市场。指在店头市场上从事已在交易所挂牌上市的证券交易。近年来,由于这部分交易量增大，特别是其中的债券交易量增加更多，其地位日益提高。严格地讲，第三市场既是场外交易市场的一部分，又是证券交易所市场上的一部分，准确地说，它是“已上市证券的场外交易市场”。第三市场的出现是与证券交易所固定佣金制密切相关的。固定佣金制使证券交易的成本非常昂贵，而交易所之外的证券商则不受证券交易所佣金制的约束，因而大量证券交易都在交易所之外的第三市场上进行。

(3)第四市场。指投资者和筹资者不经过证券商直接进行的证券交易。第四市场目前只有美国有所发展，其他一些国家正在尝试和刚刚开始出现这种市场。第四市场的主要吸引力在于：

①交易成本低。这是因为买卖双方直接交易而不需要中间人，有时即使需要中间人，通过第三者来安排，佣金也要比其他市场低得多。

②有利于保持交易的秘密性。

③由于双方直接谈判，所以可望获得双方满意的价格。

3. 我国的代办股份转让市场

代办股份转让市场简称三板市场，是指非证券交易所成员在交易所外买卖挂牌上市公司的场所。我国的三板市场于 2001 年 7 月 16 日正式开办。

截至 2021 年 5 月，超过 100 家券商拥有代办股份转让资格。投资者如要参与股份转让交易，必须开立专门的“非上市公司股份转让账户”。开户时需要携带本人身份证及复印件，到具有代办转让业务资格的证券公司营业网点开支账户，并与证券公司签订股份转让委托协议书。持有已退市公司股票的投资者要进入三板市场转让股份，也要开立账户。

从 2002 年 9 月 20 日开始，根据股份转让公司的质量，在三板市场上实行股份分类转让制度。净资产为负和为正的公司分别实行每周 3 次(周一、三、五)和 5 次(周一至周五)的转让方式，转让委托申报时间为上午 9:30 至 11:30，下午 11:30 至 3:00，委托申报之后以集合竞价方式进行集中配对成交，涨、跌停板限制为 5%。

4. 美国纳斯达克市场

纳斯达克，即全美证券交易商协会自动报价系统(National Association of Securities Dealers Automated Quotations，NASDAQ)，是全美证券交易商协会(National Association of Securities Dealers，NASD)于 1971 年在华盛顿建立并负责其组织和管理的一个自动报价系统，是世界上第一个电子股票市场。其最大特色在于利用现代信息技术建立了自己的电子交易系统，现已成为全球最大的无形交易市场。

经过 50 年的发展，NASDAQ 建立了自己独立上柜交易的全国市场，即 NASDAQ 全国市场(The NASDAQ national market)。此外，1992 年又设立了 NASDAQ 小型资本市场(The NASDAQ small cap market)，也称小盘股市场，其上市标准更低，没有业绩要求。

NASDAQ 小型资本市场的对象是高成长的中小企业，其中高科技企业占有相当的比重；全国市场的对象是世界范围的大型企业和经过小型资本市场发展起来的企业。NASDAQ 拥有完全的电子化交易系统，使得交易自动化，增加了证券交易的透明度，并能加强对交易的管理。通过电子交易系统和网络技术，努力为投资者提供高质量的信息服务，创造了一个公平交易的市场环境。

NASDAQ 市场在美国高科技产业发展过程中扮演了极其重要的角色。它培育了美国的一大批高科技巨人,如微软、英特尔、苹果、戴尔、网景、亚马逊等。如今,NASDAQ 已成为外国公司在美国上市的主要场所。在 NASDAQ 证券市场发行的外国公司股票数量,已超过纽约证券交易所和美国证券交易所的总和。NASDAQ 市场现已成为继纽约证券交易所之后的全球第二大证券市场,被人们称作"21 世纪的证券市场"。

证券发行市场是交易市场的基础和前提,交易市场又是发行市场得以存在和发展的条件。发行市场的规模决定了交易市场的规模,影响着交易市场的交易价格。没有发行市场,交易市场就成为无源之水、无本之木。在一定时期内,发行市场规模过小,容易使交易市场供需脱节,造成过度投机,股价飘升;发行节奏过快,股票供过于求,对交易市场形成压力,股价低落,市场低迷,反过来影响发行市场的筹资。所以,发行市场和交易市场是相互依存、互为补充的整体。

7.3.3 场外交易市场的参与者和交易对象

1. 场外交易市场的参与者

场外交易市场的参与者与证券交易所的参与者不同。在证券交易所内,只允许交易所会员从事证券交易。场外交易市场的参与者包括投资者、证券商和代理银行三者。

(1)投资者。投资者包括团体投资者和个人。

(2)证券商。场外交易市场的证券商规模很大,它们可以分为以下几种:

①自营商(包括自营经纪商)。一般来说,自营商既是交易所的会员,又直接参加场外交易。

②店头证券商。即非证券交易所会员,但是经过批准设立的证券营业机构,以买卖未上市证券(小企业的证券)及公债券为主要业务。

③自营银行和承销商。前者不是交易所会员,只从事债券的买卖业务,不买卖股票;后者专门承购推销新发行的证券,它既上市推销,也在场外推销。

④证券交易所会员经纪商。此类经纪商以在证券交易所交易为主,但也设立独立机构,经营店头市场业务,收取佣金。

⑤政府债券商。这类证券商专门买卖政府债券,包括中央和地方政府债券。

⑥地方共同团体债券商。这类证券商专门买卖地方共同团体债券。

(3)投资银行和代理银行。投资银行代理股票和公司债券的承销发行事宜,同时也从事场外证券交易,且交易额很大。

代理银行主要指商业银行和信托银行。美国证券法禁止商业银行等金融机构从事证券业务,但商业银行代理政府发行公债和从事政府公债交易是允许的。代理银行为政府公债和地方政府公债创造市场。

参加店头市场交易所得的店头收入包括承销报酬、股息、利息、佣金以及差价利润等项目。凡是承销新发行的证券者,以较低价格承购,以较高价格推销,获得承销报酬。凡购买了证券不再卖出者,获得股息或红利;凡代客买卖者获得佣金;凡以较低价买进,以较高价卖出者获得自营差价利润。

2. 场外交易市场的交易对象

按产业的性质划分,大致可以把在场外市场交易的证券分为以下几种:银行与信托公司的股票、外国公债、保险公司的股票、政府公债与票据、铁路等公用事业股票、登记的公司债券、市政公债、铁路设备公司债券、地产证券。

在有组织的交易所内，交易采用公开竞价方式决定价格，而场外交易价格是协商决定的。其中证券究竟适合于哪种市场交易，应看具体情况而定。通常，具有以下特征的证券趋向于场外交易。

(1)金融机构发行的股票和债券。由于金融机构的证券是高级证券，故其吸引力较大，多为团体投资者购买，一般不需要进入证券交易所交易，而在场外交易。

(2)大公司或大企业的股票和债券。当其发行量少时，常不办理上市手续，而在场外交易。

(3)在交易所中不易成交的债券。因为在交易所讨价还价，差距很大，很难成交。因此只有通过店头市场进行交易。

(4)买卖双方愿意按净值来交易的证券，即不考虑其价格波动，愿意按其净值成交。

(5)上市发行，分期还本付息的公司债券和公债券。这类债券价格较平稳，流通性不强，适宜在场外进行交易。

(6)级别较差的证券。这类证券在证券交易所很少有人购买，有的被迫下市，于是只有在场外寻求出路。这类证券的发行者一般处在危难之中，是风险较大、获利又少的证券。

此外，场外交易中出现的还有一些小公司的达不到上市标准的证券。

【参考案例】

案例一　中民投深陷“违约”风波，“借新还旧”不可持续

被称为国内最大民营投资集团的中民投又掀起了一场“违约”风波。中民投申请在上交所上市的三只公司债券暂停竞价系统交易。其发行的“17 中民 G1”债券价格也惨遭腰斩，还有 30 亿元债券出现“技术性违约”。雪上加霜的是，旗下最赚钱的房地产公司中民嘉业股权也已被司法冻结。如今的中民投深陷“违约”风波，这也恰恰暴露了其“借新还旧”模式的风险和不可持续性。

成立之初如火如荼

2014 年 8 月 21 日，上海黄浦江畔，由全国工商联牵头组织、59 家知名民营企业发起设立的中民投(中国民生投资股份有限公司)成立，注册资本高达 500 亿元。四年多的时间，其快速成长为总资产超 3 000 亿元的民企投资航母，是名副其实的投资界“巨无霸”，被称为“中国版的摩根士丹利”“民间版的中投公司”。成立之初，中民投便公开宣布对光伏、钢铁、物流、船舶等产能过剩产业进行整合是公司的重要业务之一。此后，中民投确立了“产融结合，两翼齐飞”的战略，即做一个产业和金融相结合的集团，并兼顾国内和国际两个市场。

在实体产业方面，中民投重点布局光伏产业。在其成立之初，中民投就曾表示，要在 5 年内投资 2 000 亿元，建设 20 GW 左右的光伏电站项目，打造新能源领域最大能源投资运营集团。除此之外，在社区生活服务、装配式建筑、通用航空、大健康等产业板块也均有涉及。

在金融领域方面，中民投也大放手笔。2015 年 8 月，中民投通过旗下海外投资平台中民国际，收购美国再保险集团思诺保险。此外，还在海外多地分别成立股权投资平台、民生金融、资产管理中心。2017 年 1 月，中民投租赁集团成立，以图在租赁行业占得一席之地。自此中民投便步入发展的快车道。

据其财报显示，中民投 2015 年、2016 年和 2017 年的归母净利润分别为 47.30 亿元、

27.67 亿元和 35.54 亿元，3 年合计归母净利润约为 110 亿元。截至 2018 年三季度，中民投累计实现归母净利润 152 亿元，纳税 102 亿元，股东分红 81 亿元。截至 2018 年上半年，中民投的资产总规模从成立之初的 335 亿元增长至近 3 100 亿元，增幅超过 800%，累计实现利润超 180 亿元。

命运急转直下

然而，以产业为基础、以金融为支撑的业务布局并未能让中民投一直顺风顺水，很快其顺境便戛然而止。取而代之的是利润下降、负债攀升。

据上海清算所资料显示，截至 2018 年 6 月 30 日，中民投总资产达 3 096.51 亿元。然而，在其资产快速增长的同时，负债率也步步攀升。截至 2018 年 9 月末，中民投负债率高达 74.89%，负债总额约 2 328 亿元。而账面上的货币资金仅为 229.3 亿元。同时，中民投 2018 年上半年归母净利润仅为 4.47 亿元，同比大幅下降超过 80%。自此，这艘业界的投资航母经历的不再是乘风破浪，而是船头急转直下。

2019 年初，中民投违约风波集中爆发。先是公司 30 亿元债券发生技术性违约，后在 2 月12 日，中民投又申请在上交所上市的三只公司债券暂停竞价系统交易。其发行量 44.8 亿的“17 中民 G1”也在过去 10 个交易日内腰斩。据悉，自步入 2019 年，“17 中民 G1”便出现波动。1 月 22 日下跌 16.46%，1 月 23 日又下跌近 30%。到了 2 月 11 日，“17 中民 G1”的走势更是一路跳水，盘中曾两度临时停牌，当日成交 2 513 万元。1 月 29 日，“16 民生投资 PPN001”到期，虽然这笔债券已经得到兑付，但市场仍指其技术性违约。至此，中民投背负的短期偿债压力也被揭开。

据发行资料显示，“17 中民 G1”发行规模为 44.80 亿元，原定 20 亿元用于补充流动资金、24.8 亿元用于偿还借款。不过最后综合公司及子公司资金需求及借款到期状况等因素，调整为 38.25 亿元用于偿还借款、6.55 亿元用于补充流动资金。截至 2018 年 9 月末，中民投一年内到期的非流动负债为 429.76 亿元，其面临的短期偿债压力巨大。据不完全统计，中民投 2019 年需要还本付息的债务规模达 198.05 亿元，涉及 15 只债券。此外，令中民投雪上加霜的是旗下最赚钱的房地产公司中民嘉业的股权也已被司法冻结。至此，这个被称为“中国版的摩根士丹利”投资巨无霸已在危险的边缘挣扎。

“借新还旧”不可持续

中民投之所以会上演债券价格大跌、技术性违约的一幕，究其原因，除了“金融去杠杆”的大环境，更重要的还是出于自身。在公司的 2 328 亿元负债中，流动负债占比 62%。其中，短期借款 398 亿元，其他应付款 214 亿元，一年内到期的非流动负债为 429.76 亿元。2018 年是债券到期高峰，中民投采取“借新还旧”模式，注册了 100 亿元超短期融资券额度，基本全部用来偿还金融机构借款、到期超短融，而公司债募资也基本用于偿还到期债务。在 2019 年，中民投更是面临 198.05 亿元境内债券到期的压力。

据其发行文件显示，由于中民投部分存量债务到期后不再续借，导致其筹资活动中的现金流净流出 145.13 亿元。中民投表示，金融机构投放市场资金有一定程度收缩，使得整个市场资金成本提高，将间接增加公司的融资压力，有可能对其业务的开展造成影响。此前，就曾有一些民营企业依赖短债生存。在信用市场资金充裕时，企业觉得短债成本更低，于是通过不停滚动发行短债来支持长期投资，然而一旦停止滚动，其面临的流动性压力便立时凸显。加上当下“金融去杠杆”的大背景，“借新还旧”的模式显然已很难持续。而中民投的“违约”风波，也恰恰暴露了“借新还旧”模式的风险和不可持续性。

（资料来源：作者根据相关资料改写而成。）

案例二　360 借壳

2015 年 6 月，周鸿祎借一封员工内部信宣布了 360 回归 A 股计划。2017 年 11 月，周鸿祎又用在朋友圈感谢员工付出的方式，宣告 360 回归 A 股落定。

在过去两年半的时间里，这家巨无霸每靠近 A 股一步，市场对其猜测便增加一分。借壳还是排队 IPO、拆分还是整体上市，估值到底是多少……这些疑问随着 2017 年 11 月 3 日凌晨江南嘉捷（601313）的一纸公告，揭开了谜底。

11 月 3 日，信息安全板块集体异动，中孚信息早盘直线拉升 8%，卫士通、绿盟科技早盘一度涨逾 2%；参与 360 私有化的相关概念股扶摇直上，中信国安、天业股份、电广传媒早盘涨停。回到这份 828 页的重组草案本身，周鸿祎时隔 6 年再次站到上市起跑线上，他的 360 能给投资者带来什么？等待他的又会是什么？

拆分上市

首先令投资者注意的是重组标的 360 股份有限公司（下称 360）的股权架构。众所周知，Qihoo 360 与其他回归 A 股的海外上市公司一样，需要先经过私有化，然后再拆除 VIE 结构，最后将各个业务条线重新进行整合并估值。

根据江南嘉捷的重组草案，在 2016 年 7 月完成境外退市后，Qihoo 360 曾先后三次进行股权架构调整。

第一步，通过重组将天津奇思变为内资企业。

第二步，将鑫富恒通、北京远图等与天津奇思主营业务相关的主体重组至天津奇思架构下，同时拆除天津奇思子公司的 VIE 架构，并将奇步天下、Tech Time 等与天津奇思主营业务不相关的主体重组至天津奇思体系外，从而完成标的公司境内外架构的调整。

第三步，天津奇思吸收合并私有化主体奇信通达，并更名为 360 股份有限公司，形成本次借壳交易的标的公司。

正如上文所述，Qihoo 360 在退市以后曾对原有业务进行调整，所以此次借壳上市的主体 360 与此前登陆纳斯达克的 Qihoo 360 有所区别。

具体来看，周鸿祎保留了奇虎科技、奇虎 360 科技、奇虎测腾等涉足互联网安全技术、网络安全产品的公司，而奇信健控、奇信富控、奇信智控、奇信欧控、北京良医、奇步天下等非互联网安全业务则剔除在上市公司体系之外。

奇信健控、奇信富控、奇信智控主要涉足股权投资，投资方向分别为健康、互联网金融、手机研发及销售。其中，北京良医为奇信健控全资子公司，酷派电子商务有限公司则被奇信智控全资控股。

这部分剔除在上市公司体系之外的公司经营状况都不是很好。奇信健控在 2017 年上半年仅实现净利润 3 600 元。奇信富控、奇信欧控、奇信智控在同气分别实现净利润 7 700 元、20.9 万元、332.8 万元。

对于这样的拆分，互联网独立分析师付亮对界面新闻表示：“360 实际上一直在把它的业务做细分，根据业务内容不同，把业务分单元进行推广。该公司的确有一些业务是规模比较小的，但是现在把精力放在主体业务互联网安全上，这是该公司整体的定位。”

除了上述几家公司,Qihoo 360 的企业安全业务也未置于上市范围内。

公开资料显示,Qihoo 360 的企业安全业务原本通过北京奇信安科技有限公司开展,后者由奇智软件通过协议控制的方式控制。在 2016 年 7 月,齐向东与宁波梅山保税港区安源创志股权投资合伙企业(有限合伙)双双向北京奇信安增资,奇虎科技的持股比例由 75% 下滑至 33.75%,从而失去了对北京奇信安的控制。

有分析人士认为,由于分拆业务以及不纳入 Qihoo 360 一些业务的关系,此次借壳的 360 体量要小一些。因此,360 借壳 504 亿元估值相较私有化的 651 亿元人民币更低。不过,360 的业绩体量不容小觑。

重组方案显示,2014 年到 2017 年上半年,360 业务的营业收入分别为 78.2 亿元、93.6 亿元、99 亿元和 52.9 亿元,归属于母公司股东的扣除非经常性损益后的净利润分别为 5.3 亿元、10.7 亿元、7.4 亿元和 10 亿元。同期,360 毛利率分别达到 82.85%、76.47%、69.44%、72.01%,完全盖过腾讯、百度、搜狐、新浪、网易等一众互联网公司。

360 业务分为互联网广告及服务、互联网增值服务、智能硬件三大板块,其中,360 互联网广告的收入占比最大,毛利也最高。数据显示,自 2014 年以来,360 互联网广告及服务为 360 贡献了 50% 以上的营收,并在 2017 年上半年达到 72%,其毛利则始终在 80% 附近徘徊。

互联网广告及服务成为公司收入的主要来源也使得 360 的前五大销售客户中聚集了利欧股份、菲索等一众广告代理商,还有阿里巴巴、京东等广告客户。相较而言,公司的互联网增值服务业务看点便少了许多。数据显示,360 互联网增值服务业务的营收则从 2014 年的 35.34 亿元下滑至 2016 年的 26.24 亿元,同期毛利则从 88.07% 下滑至 66.16%。

对此,360 表示,公司互联网增值服务业务的主要毛利来自于游戏业务收入。在互联网游戏经历了前几年的爆发式增长后市场规模逐渐放缓,行业进入稳定期。同时,互联网游戏行业的参与者越来越多,竞争日益加剧,导致了游戏行业采购流量来获取游戏用户的成本也随之日益上升,最终导致公司毛利率下滑。

总体来看,360 通过免费的互联网安全产品及服务聚积用户流量,进而实现广告变现。同时,互联网广告的超高毛利掩盖了公司互联网增值服务业务毛利快速下滑的事实,也使得 360 整体毛利甩开同行。如此一来,360 产品的用户数量,即流量则显得极为重要,这一关键点也被上交所注意到了。

在上交所 2017 年 11 月 3 日晚间下发的问询函中,360 卫士、360 杀毒等主要产品的活跃用户数、软件使用时长、市场占有率变化情况成为其关注的重点,同时要求 360 结合主要产品目前的市场占有率及竞争情况、用户黏性情况,说明业务模式未来是否具备持续的增长性。

(资料来源:作者根据相关资料改写而成。)

案例三　江阴农商行成首家登陆 A 股的农商行

在 2016 年 1 月 15 日晚间获得证监会首发上市通过后,经过半年多时间的等待,江阴农商行终于获得了证监会核发的 IPO 首发申请。这也意味着,江阴农商行成为首家登陆 A 股的农商行。江阴农商行八年的 IPO 长跑终于要划下一个句号。

2016 年 7 月 28 日,在深交所挂名江阴银行(002807)(002807.SZ)的江阴农商行终于正式开启了其此次 IPO 的询价日程。按照其有关发行计划,其在 7 月 29 日完成询价过程后,8 月 2 日将组织网上路演,在 8 月 3 日开始网上和网下申购,8 月 5 日公告中签结果并投资者缴款。9月2日，江苏江阴农村商业银行股份有限公司在深圳证券交易所正式挂牌，股票代码002807，股票简称"江阴银行"，这意味着农村商业银行A股上市实现零的突破。首日涨幅为43.97%。

江阴本次公开发行2.09亿股，占发行后总股本的比例11.85%，发行价为每股4.64元，募集资金总额为9.72亿元。据悉，扣除发行费用后，募集资金将全部用于补充资本金，不断提升该行可持续发展能力。

江阴银行是全国首批成立的3家农村商业银行之一。多年来，该行立足"三农"、服务地方，已成为江阴地区服务"三农"和中小微企业的金融服务主力军。截至2015年末，该行在江阴辖内设立1家营业部、26家支行和47家分理处；总资产904.78亿元，各项存款余额676.53亿元，各项贷款余额498.57亿元，实现净利润8.15亿元。

农商行登陆主板一方面有利于这些银行以上市直接融资方式充实资本，从而更好地化解不良贷款上升风险，进一步提高信贷资产质量。

众所周知，随着我国经济进入增长速度换挡期、结构调整阵痛期、前期刺激政策消化期的"三期叠加"时期，银行业特别是城商行和农商行将面临更多挑战。虽然银行业不良率总体处于低位，但逐年上升趋势值得关注。相比大型商业银行和股份制银行，城商行和农商行竞争压力更大，不良率上升势头更快。另一方面，在商业银行普遍惜贷、风险偏好降低、不愿向小微企业和"三农"投放更多信贷的背景下，让城商行和农商行登陆资本市场，有利于其提高竞争实力，优化信贷结构，更好地支持小微企业和"三农"等薄弱环节。

（资料来源：作者根据相关资料改写而成。）

案例四　国泰君安砸盘新三板股票被公开谴责

为减少做市业务当年浮盈，在2015年的最后一个交易日恶意砸盘的国泰君安，收到了全国股转公司一纸纪律处分的罚单，国泰君安被公开谴责，其做市业务部负责人以及交易执行人员分别被公开谴责、通报批评。

股权系统的信息显示，为执行本部门"卖出做市股票、减少做市业务当年浮盈"的交易策略，国泰君安做市业务部对圆融科技、凌志软件、福昕软件、中兴通科、卡联科技、搜才人力、智通建设、许继智能、梓橦宫、粤林股份、青雨传媒、首都在线、伊赛牛肉、中喜生态、ST复娱、蓝天环保等16只股票以明显低于当时成交价的价格进行卖出申报，造成上述股票尾盘价格大幅波动。其中，圆融科技、凌志软件等13只股票当日收盘价跌幅超过10%，跌幅最大的达19.93%。

全国股转系统表示，上述行为严重影响了多只股票的正常转让价格，扰乱了正常市场秩序，市场影响恶劣。王仕宏作为做市业务部负责人，是做市业务的直接主管人员，同时具有向他人透露做市交易策略的行为，负有主要责任。陈扬作为场外市场部总经理，召集了讨论决定交易策略的部门会议，负有领导责任。李仲凯作为交易总监，直接指示交易员执行了当日的交易行为，负有直接责任。鉴于上述违规事实，股转系统给予国泰君安证券股份有限公司公开谴责，给予王仕宏公开谴责，给予陈扬、李仲凯通报批评的处分。处分同时记入诚信档案。

全国股转系统同时发文《执纪问责没有"化外之地"》，文中表示，主办券商是新三板市场的中坚力量，在挂牌推荐、交易组织、流动性提供、投融资对接等方面发挥着核心作用，应当切实承担起维护市场秩序、遵守市场规则、树立市场信誉的模范职责。对于市场规则和市场纪律，主办券商不可谓不知，"知法犯法"情节尤为严重。如果做市商枉顾交易组织者、流动性提供者和价格稳定者的核心角色，利用自身资源优势操纵价格、牟取私利，对市场伤害尤甚。对于做市商行为扭曲走样等异化行为，必须警惕、警醒、警示。

（资料来源：作者根据相关资料改写而成。）

重要概念

证券交易　证券交易所　证券自营商　会员制证券交易所　竞价成交　证券经纪商　场外交易市场

复习思考

(1)简述证券上市的含义并分析其利弊。
(2)试述证券交易所和场外交易市场的特点及主要功能。
(3)证券交易所有哪两种组织形式？各具有什么优缺点？
(4)什么叫竞价？竞价有哪些方式？集合竞价如何产生开盘价？
(5)什么是信用交易？如何理解信用交易的作用？
(6)目前沪、深两家证券交易所实行的证券存管制度有何区别？

第 8 章 股票价格指数

【学习目标】

- 掌握股价平均数的计算。
- 掌握股票价格指数的含义、作用。
- 掌握股票价格指数的几种计算方法。
- 了解中外著名股票价格指数及其特点。

8.1 股票价格指数概述

由于经济、市场、政治、技术、心理等种种因素的影响，股票价格经常处于变动之中。为了能够及时、准确地反映这种变化趋势，世界各大金融市场都编制或参考编制了股票价格指数，将某一时点上成千上万种此起彼伏的股票价格变现为一个综合指标。

反映股票市场一定标准的价格水平和变动情况，一般采用股价平均数和股价指数两种方法。

8.1.1 股价平均数

股价平均数反映多种股票价格变动的一般水平，是一定时点股票价格水平的绝对数。人们通过对不同时期股价平均数的比较，可看出多种股票价格涨跌状态。此外，股价平均数也是编制股票价格指数的依据。股票价格平均数可分为简单算术股价平均数、修正的股价平均数、加权股价平均数三类。

1. 简单算术股价平均数

简单算术股价平均数是将样本股票每日收盘价之和除以样本数得出的，即

$$简单算术股价平均数 = (P_1 + P_2 + P_3 + \cdots + P_n)/n$$

世界上第一个股票价格平均数——道·琼斯股价平均数在 1928 年 10 月 1 日前就是使用简单算术平均法计算的。

【例 8-1】现假设从某一股市采样的股票为 A、B、C、D 四种，在某一交易日的收盘价分

别为 10 元、16 元、24 元、30 元，计算该市场股价平均数。

将上述数值代入公式中，即得

$$\begin{aligned}股价平均数 &= (P_1 + P_2 + P_3 + \cdots + P_n)/n \\ &= (10 + 16 + 24 + 30)/4 \\ &= 20(元)\end{aligned}$$

简单算术股价平均数计算较简便，但它有两个缺点：一是它未考虑各种样本股票的权数，从而不能区分重要性不同的样本股票对股价平均数的不同影响；二是当样本股票发生股票分割派发红股、增资等情况时，股价平均数会产生断层从而失去连续性，使时间序列前后的比较发生困难。

例如，上述 D 股票发生以 1 股分割为 3 股时，股价势必从 30 元下调为 10 元，这时平均数就不是按上面计算得出的 20 元，而是(10 + 16 + 24 + 10)/4 = 15(元)。这就是说，由于 D 股分割技术上的变化，导致股价平均数从 20 元下跌为 15 元(这还未考虑其他影响股价变动的因素)，显然不符合平均数作为反映股价变动指标的要求。

2. 修正的股价平均数

修正的股价平均数有两种：除数修正法和股价修正法。通常采用的是除数修正法。

除数修正法又称道式修正法。这是美国道·琼斯在 1928 年创造的一种计算股价平均数的方法。该法的核心是求出一个常数除数，以修正因股票分割、增资、发放红股等因素造成股价平均数的变化，以保持股价平均数的连续性和可比性。

具体作法是以新股价总额除以旧股价平均数，求出新的除数，再以计算期的股价总额除以新除数，这就得出修正的股价平均数。即

$$新除数 = 变动后的新股价总额/旧的股价平均数$$

$$修正的股价平均数 = 报告期股价总额/新除数$$

在前面的例子中除数是 4，经调整后的新的除数应是

$$新的除数 = (10 + 16 + 24 + 10)/20 = 3$$

将新的除数代入下列式中，则

$$修正的股价平均数 = (10 + 16 + 24 + 10)/3 = 20(元)$$

得出的平均数与未分割时计算的一样，股价水平也不会因股票分割而变动。

再例如，2009 年 4 月 18 日 A 股票为 260 元，B 股票为 140 元，其单纯平均股价为：(260 + 140)/2 = 200(元)。4 月 19 日 A 股票发生股份分割，面额减半，则分割后的股价为 130 元，此时若不进行修正，平均股价变为：(130 + 140)/2 = 135(元)，比 18 日下跌 65 元，但事实上股价并没有下跌，故有修正的必要。方法是，先计算除数为

$$新除数 = (130 + 140)/200 = 1.35$$

$$修正股价平均数 = (130 + 140)/1.35 = 200(元)$$

若 4 月 20 日其他情况不变，只是股价发生变化，A 股票升为 145 元，B 股票升为 152 元，则其修正平均价为

$$(145 + 152)/1.35 = 220(元)$$

比前一天上升 20 元，符合股票升值的实际，这说明修正平均股价更接近于现实。

3. 加权股价平均数

加权股价平均数是根据各种样本股票的相对重要性进行加权平均计算的股价平均数，其权数(Q)可以是成交股数、股票总市值、股票发行量等。其计算公式为

$$P = \frac{\sum_{i=1}^{n} P_i Q_i}{\sum_{i=1}^{n} Q_i} \times 100$$

式中　P——加权股价平均数；

P_i——第 i 种样本股的收盘价；

Q_i——第 i 种样本股的发行量或成交量。

8.1.2　股票价格指数

1. 股票价格指数的概念和基本公式

股票价格指数(stock price index)是反映不同时期的股价变动情况的相对指标，本身就包含了股价平均数的计算，就一个较长的时期来说，股票指数比股价平均数能更为精确地衡量股价的变动。其基本计算方法为

股票价格指数 =(报告期股价水平/基期股价水平)×100

一般认为，股票价格指数是一个国家宏观经济的“晴雨表”，股价指数上涨时，该国经济、政治形势看好；指数下跌时，该国经济、政治形势看淡。因此，认真研究股价指数，对于投资者进行股票投资，对于政府官员、研究人员研究一个国家经济发展现状和趋势，都具有很重要的意义。

2. 股票价格指数的编制方法

(1)股票价格指数编制的要求。由于上市股票种类繁多，计算全部上市股票的价格平均数或指数的工作是艰巨而复杂的，因此人们常常从上市股票中选择若干种富有代表性的样本股票，并计算这些样本股票的价格平均数或指数，以表示整个市场的股票价格总趋势及涨跌幅度。计算股价平均数或指数时要注意以下四点。

①要正确选择若干种股票作为计算对象。选择的计算对象又称样本，样本股票必须具有典型性、普遍性，为此选取样本时应综合考虑其行业分布、市场影响力、股票等级、适当数量等因素。

②采用恰当的计算方法进行科学地编制计算。对于股价平均数和股价指数的计算，计算方法应具有高度的适应性，能对不断变化的股市行情做出相应的调整或修正，使股价指数或平均数具有良好的敏感性。

③要有科学的计算依据和手段。对于股价指数的计算，其计算依据的口径必须统一，一般均以收盘价作为计算依据，但随计算频率的增加，有的以小时价格甚至更短的时间价格计算。因此，计算依据一般与计算时间间隔相适应，随着科学技术的发展，计算手段也需要不断完善，使股价指标更准确、更客观地反映股市行情。

④基期应有较好的均衡性和代表性。在计算股价指数时需选好基期，基期应该有较好的代表性和均衡性，要能够代表正常情况下股票市场的均衡水平。基期只有定得合适才有

可比性,据此计算出来的股价指数也才能如实地反映股市活动的全部情况。

(2)股票价格指数编制的一般步骤。世界各地的股票市场都有自己独特的价格指数,尽管这些股价指数各有特点,但其编制原理大致相同,主要经过如下几个步骤。

①选取有代表性的公司。一般机构计算股票指数并把所有上市公司的股票价格都加以平均,因为上市公司可能数量繁多,并且在各自市场中的作用也不尽相同。全部加以计算一是工作量大,二是没必要,一般都是选取具有代表性的较大公司的股票。这些大公司股票的市场价值占全部股票市场价值的较大部分,据此计算的股票价格指数更能反映整个市场情况。

根据上市公司的行业分布、经济实力、资信等级等因素,选择适当数量的有代表性的股票,作为编制指数的样本股票,样本股票可随时变换或作数量上的增减,以保持良好的代表性。

②按期到股票市场上采集样本股票的价格,加以平均化,计算出平均价格。采样的时间取决于股价指数的编制周期。以往的股价指数较多为按天编制,采样价格即为每一交易日结束时的收盘价。近年来,股价指数的编制周期日益缩短,由"天"到"时"直至"分",采样频率由一天一次变为全天随时连续采样。

采样价格也从单一的收盘价发展为每时每刻的最新成交价或一定时间周期内的平均价。计算平均价格有三种办法,可以用算术平均法,也可以用几何平均法,但一般机构都采用加权平均法。如遇到有些公司拆股等情况,会影响到股价平均数,为保持股价指数的可比性,还需要加以适当修正。

一般来说,编制周期越短,股价指数的灵敏性越强,越能及时地体现股价的涨落变化。

③确定股价指数。股价指数是一种定基指数,它是以某个特定的年份或具体日期为基期(基期的股价水平为 100 或 1 000),将报告期的股价水平与基期的股价水平相比就可以求出股价指数。

为保持股价指数的连续性,使各个时期计算出来的股价指数相互可比,有时还需要对指数作相应的调整。

3. 股票价格指数的计算

股票价格指数通常是将计算期的股票价格与所定的基期价格相比,并将两者的比值乘以基期的指数值,即为该计算期的股票指数,基期值通常为 100。股票价格指数的计算方法有简单算术平均法、加权法。

(1)简单算术平均法。简单算术平均法又有相对法和综合法之分。

①相对法。相对法就是先计算各样本股票指数,再加总,而后求总的算术平均数。英国《经济学家》杂志中所讲的普通股票指数就使用这种计算法。其计算公式为

$$P' = \frac{1}{n}\sum_{i=1}^{n}\frac{P_{1i}}{P_{0i}} \times 100$$

式中 P'——股价指数;

P_{0i}——基期第 i 种股票价格;

P_{1i}——计算期第 i 种股票价格;

n——样本数。

【例 8-2】某股市四种股票交易表见表 8-1，基期值为 100 点，请计算报告期股价指数点位。

表 8-1　某股市四种股票交易表

项目	股价（元）		交易量（股）	
	基期	报告期	基期	报告期
A	5	8	1 000	1 500
B	8	12	500	900
C	10	14	1 200	700
D	15	18	600	800

报告期股价指数 = [（8/5 + 12/8 + 14/10 + 8/15）× 1/4] × 100 = 142. 5

这说明报告期比基期上升了 42. 5 个百分点。

②综合法。综合法是先将样本股票的基期和报告期价格分别加总，然后相比求出股票指数。即股票指数 = 报告期股价之和/基期股价之和

$$P' = \frac{\sum_{i=1}^{n} P_{1i}}{\sum_{i=1}^{n} P_{0i}} \times 100$$

【例 8-3】根据例 8-2 数据，计算报告期股价指数点位。

报告期股价指数 = [（8 + 12 + 14 + 18）/（5 + 8 + 10 + 15）] × 100 = 52/38 × 100 = 136. 8

即报告期的股价比基期上升了 36. 8 点。

从平均法和综合法计算股票指数来看，两者都未考虑到由各种采样股票的发行量和交易量的不相同，而对整个股市股价的影响不一样等因素，因此，计算出来的指数亦不够准确。为使股票指数计算精确，则需要加入权数，这个权数可以是交易量，亦可以是发行量。

（2）加权法。加权股票指数是根据各期样本股票的相对重要性予以加权，其权数可以是成交股数、股票发行量等。按时间划分，权数可以是基期权数，也可以是计算期权数。

①以基期成交股数（或发行量）为权数的指数称为拉斯拜尔指数（Laspeyres index），简称拉氏指数。拉氏指数偏重基期成交股数（或发行量）。基期加权股价指数计算公式为

$$P' = \frac{\sum_{i=1}^{n} P_{1i}Q_{0i}}{\sum_{i=1}^{n} P_{0i}Q_{0i}} \times 100$$

式中　Q_{0i}——第 i 种股票的基期发行量或成交量。

②以计算期成交股数（或发行量）为权数的指数称为派许指数（Paasche index），简称派氏指数。派氏指数偏重计算期的成交股数（或发行量）。目前世界上大多数股票指数都是派许指数。计算公式为

$$P' = \frac{\sum_{i=1}^{n} P_{1i}Q_{1i}}{\sum_{i=1}^{n} P_{0i}Q_{1i}} \times 100$$

式中　Q_{1i}——第 i 种股票的计算期发行量或成交量。

【例 8-4】根据例 8-2 数据,计算报告期股价指数点位。

P' = [(8 ×1 500 + 12 ×900 + 14 ×700 + 18 ×800)/(5 ×1 500 + 8 ×900 + 10 ×700 + 15 ×800)] ×100 = 139.47

③加权几何平均法。又称费雪理想公式(Fisher's index formula),是对两种指数作几何平均,由于计算复杂,很少实际应用。计算公式为

$$P' = \sqrt{\frac{\sum_{i=1}^{n} P_{1i}Q_{0i}}{\sum_{i=1}^{n} P_{0i}Q_{0i}} \times \frac{\sum_{i=1}^{n} P_{1i}Q_{1i}}{\sum_{i=1}^{n} P_{0i}Q_{1i}}} \times 100$$

8.2　世界著名股票价格指数

8.2.1　道·琼斯股票价格平均指数

道·琼斯股票价格平均指数是世界上历史最为悠久的股票指数,它是在 1884 年由道·琼斯公司的创始人查理斯·道编制的。其最初的股票价格平均指数是根据 11 种具有的代表性的铁路公司的股票,采用算术平均法进行计算编制而成的。

现在的道·琼斯股票价格平均指数是以 1928 年 10 月 1 日为基数,因为这一天收盘时的道·琼斯股票价格平均指数恰好约为 100 美元,所以就将其定为基准日。而以后股票价格同基准日相比计算出的百分数,就成为各期的股票价格指数,所以现在的股票指数普遍用点来做单位,而股票指数每一点的涨跌就是相对于基数日的涨跌百分数。道·琼斯股票价格平均指数最初的计算方法是用简单算术平均法求得,当遇到股票的除权除息时,股票指数将发生不连续的现象。1928 年后,道·琼斯股票价格平均指数采用了新的计算方法,即在计点的股票除权或除息时采用连接技术,以保证股票指数的连续,从而使股票指数计算方法得到了完善,并逐渐推广到全世界。

目前,道·琼斯股票价格平均指数共分四组。第一组是工业股票价格平均指数。它由 30 种有代表性的大工商业公司的股票组成,且随经济变化而发展,大致上反映了各个时期美国整个工商业股票的价格水平,这也就是人们通常所引用的道·琼斯工业股票价格平均数。第二组是运输业股票价格平均指数。它包括 20 种有代表性的运输业公司的股票。第三组是公用事业股票价格平均指数,由代表着美国公用事业的 15 家煤气公司和电力公司的股票所组成。第四组是平均价格综合指数。它是综合前三组股票价格平均指数所选用的、共 65 种股票而得出的综合指数,这组综合指数虽然为优等股票提供了直接的股票市场状况参数,但现在通常引用的是第一组工业股票价格平均指数。

道・琼斯股票价格平均指数是目前世界上影响最大、最有权威性的一种股票价格指数,其股票行情为世界股票市场所瞩目,道・琼斯作为反映美国股市行情变化最敏感的股票价格平均指数之一,是观察市场动态和从事股票投资的投资者的主要参考,并针对我国的股票市场编制了道・琼斯中国股票指数。道・琼斯中国 88 指数是第一个由全球指数编制机构道・琼斯公司为中国大陆股票市场编制的指数,是道・琼斯中国指数系列中的一种,由道・琼斯中国指数中按照自由流通市值和交易流动性综合排名的前88 名家上市公司构成。

8.2.2　标准・普尔股票价格指数

除了道・琼斯股票价格指数外,标准・普尔股票价格指数在美国也很有影响,它是由美国最大的证券研究机构——标准・普尔公司编制的股票价格指数。该公司于 1923 年开始编制发表股票价格指数,最初采选了 230 种股票,编制两种股票价格指数。到 1957 年,这一股票价格指数的范围扩大到 500 种股票,分成 95 种组合。其中最重要的四种组合是工业股票组、铁路股票组、公用事业股票组和 500 种股票混合组。从 1976 年 7 月 1 日开始,改为 40 种工业股票、20 种运输业股票、40 种公用事业类股票和 40 种金融业股票。几十年来,虽然有股票更迭,但始终保持为 500 种。

标准・普尔公司股票价格指数以 1941 年至 1993 年抽样股票的平均市价为基期,以上市股票数为权数,按基期进行加权计算。

8.2.3　美国纳斯达克指数

NASDAQ 市场设立了 13 种指数,NASDAQ 综合指数是以在 NASDAQ 市场上市的、所有本国和外国上市公司的普通股为基础计算的。该指数按每个公司的市场价值来设权重,这意味着每个公司对指数的影响是由其市场价值决定的。市场总价是所有已公开发行的股票在每个交易日的卖出价总和。现在 NASDAQ 综合指数包括 3 300 多家公司,远远超过其他市场指数。该指数是在 1971 年 2 月 5 日启用的,基准点为 100 点。

8.2.4　金融时报指数

伦敦金融时报指数,是伦敦《金融时报》工商业普通股票平均价格指数的简称。由英国著名的报纸——《金融时报》编制和公布,用以反映英国伦敦证券交易所的行情变动。该指数分三种:一是由 30 种股票组成的价格指数;二是由 100 种股票组成的价格指数;三是由 500 种股票组成的价格指数。通常所讲的英国金融时报指数指的是第一种。该指数以 1935 年 7 月 1 日为基期日,以该日股价指数为 100 点,以后各期股价与其比较,所得数值即为各期指数,该指数也是国际上公认的重要股价指数之一。

8.2.5　日经股价指数

日经平均股价指数系由日本经济新闻社编制并公布的反映日本股票市场价格变动的股票价格平均数。该指数从 1950 年 9 月开始编制。最初根据东京证券交易所第一市场上市的 225 家公司的股票算出修正平均股价,当时称为“东证修正平均股价”。1975 年 5 月 1

日，日本经济新闻社向道·琼斯公司买进商标，采用美国道·琼斯公司的修正法计算，这种股票指数也就改称为"日经道·琼斯平均股价"。1985 年 5 月 1 日在合同期满 10 年时，经两家商议，将名称改为"日经平均股价"。

按计算对象的采样数目不同，该指数分为两种。一种是日经 225 种平均股价。其所选样本均为在东京证券交易所第一市场上市的股票，样本选定后原则上不更改。由于日经 225 种平均股价从 1950 年一直延续下来，因而其连续性及可比性较好，成为考察和分析日本股票市场长期演变及动态的最常用和最可靠的指标。另一种是日经 500 种平均股价。由于其采样包括 500 种股票，其代表性就相对更为广泛，但它的样本是不固定的，每年 4 月份要根据上市公司的经营状况、成交量和成交金额、市价总值等因素对样本进行更换。

8.3　中国的股票价格指数

目前，我国股价指数多达上百个，按照编制主体的不同，可以分为四大类：上海证券交易所股价指数、深圳证券交易所股价指数、中证指数和恒生指数。

8.3.1　上海证券交易所股价指数

由上海证券交易所编制并发布的上证指数系列是包括上证综合指数类、成分指数类。

1. 综合指数类

(1) 上证综合指数。上证综合指数是上海证券交易所编制的，以上海证券交易所挂牌上市的全部股票为计算范围，以发行量为权数的加权综合股价指数。该指数自 1991 年 7 月 15 日起开始实时发布，基准日定为 1990 年 12 月 19 日，基日指数定为 100 点，1992 年 2 月 21 日第一只 B 股上市后，又增设了上证 A 股指数和 B 股指数，分别反映全部 A 股和全部 B 股的股价走势，上证综合指数综合反映上交所全部 A 股、B 股上市股票的股价走势。

上证综合指数计算公式为

$$本日股价指数 = (本日市价总值/基期市价总值) \times 100$$

在遇到不同情况时，上述计算公式需作调整，当股票增资扩股时，公式变为

$$本日股价指数 = 本日市价总值/新基期市价总值 \times 100$$

$$新基期市价总值 = 修正前基期日市价总值 \times (修正前市价总值 + 市价总值变动额)/修正前市价总值$$

(2) 新上证综合指数。新上证综合指数简称新综指，指数代码为 000017，于 2006 年 1 月 4 日首次发布。新综指选择已完成股权分置改革的沪市上市公司组成样本，实施股权分置改革的股票在方案实施后的第 2 个交易日纳入指数。新综指是一个全市场指数，它不仅包括 A 股市值，对于含 B 股的公司，其 B 股市值同样计算在内。

上证综合指数系列还包括 A 股指数、B 股指数及工业类指数、商业指数，地产类指数、公用事业类指数、综合类指数、中型综指、上证流通指数等。

上海证券交易所按全部上市公司的主营范围、投资方向及产出分别计算工业类指数、

商业类指数、地产类指数、公用事业类指数和综合类指数。上证工业类指数、商业类指数、地产类指数、公用事业类指数、综合类指数均以1993年4月30日为基期,基期指数设为1 358.78点,于1993年6月1日正式对外公布。以在上海证券交易所上市的全部工业类股票、商业类股票、地产类股票、公用事业类股票、综合类股票为样本,以全部发行股数为权数进行计算。

上海证券交易所编制和发布的指数还有上证行业指数系列、策略指数系列、上证风格指数系列、上证主题指数系列等。

2. 成分指数类

(1)上证180指数。上证180指数是上海证券交易所对原上证30指数进行了调整并更名而成的,其样本股是在所有A股股票中抽取的最具市场代表性的180种样本股票,自2002年7月1日起正式发布。作为上证指数系列核心的上证180指数的编制方案,目的在于建立一个反映上海证券市场的概貌和运行状况、具有可操作性和投资性、能够作为投资评价尺度及金融衍生产品基础的基准指数。

上证180指数的样本空间为剔除下列股票后的所有上海A股股票。

①上市时间不足一个季度的股票。

②暂停上市股票。

③经营状况异常或最近财务报告严重亏损的股票。

④股价波动较大、市场表现明显受到操纵的股票。

⑤其他经专家委员会认定的应该剔除的股票。

然后以摩根斯坦利和标准·普尔公司联合发布的全球行业分类标准(GICS)为基础,结合我国上市公司实际特点进行调整,将上市公司分为十大行业。

在确定样本空间的基础上,上证180指数根据以下四个步骤进行选样。

①根据总市值、成交金额对股票进行综合排名。具体方法是,根据过去一年的日均数据,先对各指标分别排名,然后将各指标的排名结果相加,所得和的排名作为股票的综合排名。

②按照各行业的自由流通调整市值比例分配样本只数。具体方法是,第i行业样本配额=第i行业所有候选股票自由流通调整市值之和/上海市场所有候选股票自由流通调整市值之和×180。

③按照行业的样本分配只数,在行业内选取综合排名靠前的股票。

④对各行业选取的样本作进一步调整,使成分股总数为180家。

上证成分指数依据样本稳定性和动态跟踪相结合的原则,每半年调整一次成分股,每次调整比例一般不超过10%。特殊情况时也可能对样本进行临时调整。

上证成分指数采用派许加权综合价格指数公式计算,以样本股的调整股本数为权数。

$$报告期指数=报告期成分股的调整市值/基日成分股的调整市值\times 1\ 000$$

其中,调整市值$=\sum$(市价×调整股本数),基日成分股的调整市值亦称为除数,调整股本数采用分级靠档的方法对成分股股本进行调整。根据国际惯例和专家委员会意见,上证成分指数的分级靠档方法见表8-2。

表 8-2 上证成分指数的分级靠档方法

流通比例(%)	≤10	(10,20]	(20,30]	(30,40]	(40,50]	(50,60]	(60,70]	(70,80]	>80
加权比例(%)	流通比例	20	30	40	50	60	70	80	100

比如,某股票流通股比例(流通股本/总股本)为 7%,低于 10%,则采用流通股本为权数;某股票流通比例为 35%,落在区间(30,40]内,对应的加权比例为 40%,则将总股本的 40% 作为权数。

上证 180 指数需要修正的情况以及修正的方法与上证综指相同。

(2)上证 50 指数。2004 年 1 月 2 日,上海证券交易所发布了上证 50 指数。上证 50 指数根据流通市值、成交金额对股票进行综合排名,从上证 180 指数样本中挑选上海证券市场规模大、流动性好的最具的 50 只股票组成样本股,以综合反映上海证券市场最具影响力的一批龙头企业的整体状况。

(3)上证 380 指数。上海证券交易所和中证指数有限公司于 2010 年 1 月 29 日发布上证 380 指数。上证 380 指数样本股的选择主要考虑公司规模、盈利能力、成长性、流动性和新兴行业的代表性,侧重反映在上海证券交易所上市的中小盘股票的市场表现。

8.3.2 深圳证券交易所股价指数

1. 综合指数类

深证系列综合指数包括深证综合指数、深证 A 股指数、深证 B 股指数、行业分类指数、中小板综合指数、创业板综合指数、深证新指数、深市基金指数等全样本类指数。

(1)深证综合指数。深证综合指数是深圳证券交易所编制的,以深圳证券交易所挂牌上市的全部股票为计算范围,以发行量为权数的加权综合股价指数。该指数以 1991 年 4 月 3 日为基日,基日指数定为 100 点。深证综合指数综合反映深交所全部 A 股和 B 股上市股票的股价走势。此外还编制了分别反映全部 A 股和全部 B 股股价走势的深证 A 股指数和深证 B 股指数。

指数 = 现时采样股总市值/基期采样股总市值

为了方便工作,后来指数采用“每日连锁办法”计算公式为

今日即时指数 = 上一营业日收市指数 ×(今日现时总市值/上一个营业日收市总市值)

(2)深证 A 股指数。深证 A 股指数以在深圳证券交易所主板、中小板、创业板上市的全部 A 股为样本股,以样本股发行总股本为权数,进行加权逐日连锁计算。

(3)深证 B 股指数。深证 B 股指数以在深圳证券交易所上市的全部 B 股为样本,以样本股发行总股本为权数,进行加权逐日连锁计算。

(4)行业分类指数。以在深圳证券交易所主板、中小板、创业板上市的按行业进行划分的股票为样本。行业分类指数依据《上市公司行业分类指引》中的门类划分,编制 13 个门类指数;依据制造业门类下的大类划分,编制 9 个大类指数,共有 22 条行业分类指数。行业分类指数以样本股发行总股本为权数,进行加权逐日连锁计算。

(5)中小板综合指数。以在深圳证券交易所中小企事业板上市的全部股票为样本。中小企业板指数权可流通股本数为权数,进行加权逐日连锁计算。中小板综合指数以 2005 年

6 月 7 日为基日，基日指数为 1 000 点，2005 年 12 月 1 日开始发布。

（6）创业板综合指数。以在深圳证券交易所企业板上市的全部股票为样本。创业板指数以可流通股本数为权数，进行加权逐日连锁计算。创业板综合指数以 2010 年 5 月 31 日为基日，基日指数为1 000点，2010 年 8 月 20 日开始发布。

（7）深证新指数。以在深圳证券交易所主板、中小板、企业板上市的正常交易的且已完成股改的 A 股为样本股。深证新指数以可流通股本数为权数，进行加权逐日连锁计算。

2. 成分指数类

（1）深证成分股指数。深证成分指数是深圳证券交易所从上市的所有股票中抽取具有市场代表性的40 家上市公司的股票作为计算对象，并以流通股为权数计算得出的加权股价指数，综合反映深交所上市 A、B 股的股价走势。该指数取 1994 年 7 月 20 日为基日，基日指数定为 1 000 点。成分股指数于 1995 年 1 月 23 日开始试发布，1995 年 5 月 5 日正式启用。

成分指数计算公式为

即日成分股指数 = 即日成分股可流通总市值/基期成分股可流通总市值

成分股可流通总市值 = 成分股可流通 A 股总市值 + 成分股可流通 B 股总市值

（2）深证 100 指数。深圳证券信息有限公司于 2003 年年初发布深证 100 指数。深证 100 指数成分股的选取主要考察 A 股上市公司流通市值和成交金额两项指标，从在深圳证券交易所上市的股票中选取 100 只 A 股作为成分股，以成分股的可流通 A 股数为权数，采用派许综合法编制。根据市场动态跟踪和成分股稳定性原则，深证 100 指数将每半年调整一次成分股。

8.3.3　中证指数

中证指数有限公司成立于2005 年 8 月 25 日，是由上海证券交易所和深圳证券交易所共同出资发起设立的一家专业从事证券指数及指数衍生产品开发服务的公司。

1. 沪深 300 指数

沪深 300 指数简称沪深 300，成分股数量为 300 只，指数基日为 2004 年 12 月 31 日，基点为 1 000 点。

指数成分股的选择空间是：上市交易时间超过 1 个季度（流通市值排名前 30 位的除外）；非 ST、*ST 股票，非暂停上市股票；公司经营状况良好，最近 1 年无重大违法违规事件、财务报告无重大问题；股票价格无明显的异常波动或市场操纵；剔除其他经专家委员会认定的不能进入指数的股票。选样标准是选取规模大、流动性好的股票作为样本股。对样本空间股票在最近 1 年（新股为上市以来）的日均成交金额由高到低排名，剔除排名后 50% 的股票，然后对剩余股票按照日均总市值由高到低进行排名，选取排名在前 300 名的股票作为样本股。选样方法是，先计算样本空间股票最近 1 年（新股为上市以来）的日均总市值、日均流通市值、日均流通股份数、日均成交金额和日均成交股份数 5 个指标，再将上述指标的比重按 2 ∶ 2 ∶ 2 ∶ 1 ∶ 1 进行加权平均，然后将计算结果从高到低排序，选取排名在前 300 的股票。

指数以调整股本为权重。例如，某股票流通股比例（流通股本/总股本）为 7%，低于

10%,则采用流通股本为权数;某股票流通比例为35%,落在区间(30,40]内,对应的加权比例为40%,则将总股本的40%作为权数。

指数成分股原则上每半年调整一次,一般为1月初和7月初实施调整,调整方案提前两周公布。近一次财务报告亏损的股票原则上不进入新选样本,除非这只股票影响指数的代表性。

沪深300指数以2004年12月31日为基日,以该日300只成分股的调整市值为基期,基期指数定为1 000点,自2005年4月8日起正式发布。

计算公式为:报告期指数 = 报告期成分股的调整市值/基日成分股的调整市值 ×1 000

其中,调整市值 = $\sum$(市价 × 调整股本数),基日成分股的调整市值又称除数,调整股本数采用分级靠档的方法对成分股股本进行调整。

2. 中证规模指数

中证规模指数包括中证100指数、中证200指数、中证500指数中证700指数、中证800指数和中证流通指数。

中证100指数定位于大盘指数,中证200指数为中盘指数,沪深300指数为大中盘指数,中证500指数为小盘指数,中证700指数为中小盘指数,中证800指数则由大中小盘指数构成。

8.3.4 恒生指数

恒生指数由香港恒生银行全资附属的恒生指数服务有限公司编制,是以香港股票市场中的33家上市股票为成分股样本,以其发行量为权数的加权平均股价指数,是反映香港股市价格趋势最有影响的一种股价指数。该指数于1969年11月24日首次公开发布,基期为1964年7月31日,基期指数定为1 000点。恒生指数成分股具有广泛的市场代表性,其总市值占香港联合交易所市场资本额总和的70%左右。为了进一步反映市场上各类股票的价格走势,恒生指数于1985年开始公布四个分类指数,把33种成分股分别纳入工商业、金融、地产和公共事业四个分类指数中。

【参考案例】

案例一　上证50指数编制方法

(一)样本选取

1. 样本空间:上证180指数样本股。

2. 样本数量:50只股票。

3. 选样标准:规模;流动性。

4. 选样方法:根据流通市值、成交金额对股票进行综合排名,取排名前50位的股票组成样本,但市场表现异常并经专家委员会认定不宜作为样本的股票除外。

(二)指数计算

上证50指数采用派许加权方法,按照样本股的调整股本数为权数进行加权计算。

计算公式为: 报告期指数 = 报告期成分股的调整市值/基期 ×1 000

其中，调整市值 = $\sum$（市价 × 调整股数）。

调整股本数采用分级靠档的方法对成分股股本进行调整。

（三）指数的修正

①修正公式：

上证50指数采用"除数修正法"修正。当成分股名单发生变化、成分股的股本结构发生变化或成分股的调整市值出现非交易因素的变动时，采用"除数修正法"修正原固定除数，以保证指数的连续性。

修正公式为：修正前的调整市值/原除数 = 修正后的调整市值/新除数。其中，修正后的调整市值 = 修正前的调整市值 + 新增（减）调整市值；由此公式得出新除数（即修正后的除数，又称新基期），并据此计算以后的指数。

②需要修正的情况：

（1）除息——凡有成分股除息（分红派息），指数不予修正，任其自然回落。

（2）除权——凡有成分股送股或配股，在成分股的除权基准日前修正指数。

修正后调整市值 = 除权报价 × 除权后的股本数 + 修正前调整市值（不含除权股票）

（3）停牌——当某一成分股停牌，取其最后成交价计算指数，直至复牌。

（4）摘牌——凡有成分股摘牌（终止交易），在其摘牌日前进行指数修正。

（5）股本变动——凡有成分股发生其他股本变动（如增发新股、配股上市、内部职工股上市引起的流通股本增加等），在成分股的股本变动日前修正指数。

（6）停市——部分样本股停市时，指数照常计算；全部样本股停市时，指数停止计算。

（四）成分股调整

上证50指数依据样本稳定性和动态跟踪相结合的原则，每半年调整一次成分股，调整时间与上证180指数一致。特殊情况时也可能对样本进行临时调整。每次调整的比例一般情况不超过10%。样本调整设置缓冲区，排名在40名之前的新样本优先进入，排名在60名之前的老样本优先保留。

（资料来源：作者根据相关资料改写而成。）

案例二　A股被正式纳入MSCI指数

MSCI（Morgan Stanley Capital International，名晟公司或摩根士丹利资本国际公司），是一家提供全球指数及相关金融衍生产品标的的国际公司，其推出的MSCI指数广受投资人欢迎，全球的投资专业人士（包括投资组合经理、经纪交易商、交易所、投资顾问、学者及金融媒体）均使用MSCI指数。MSCI指数是全球投资组合经理最常使用的投资标的。

2018年6月1日，A股首次被纳入MSCI指数，纳入的成分股数量为234只，纳入因子为2.5%，同年9月1日，A股的纳入因子由2.5%扩大到5%。市场用"成人礼"一词来形容A股"入摩"，这标志着A股由此开启了走向全球的大门。

2019年3月1日，MSCI宣布，将现有A股在MSCI全球基准指数中的纳入因子由5%提高至20%。

该纳入过程将分为三步，在计划完成后，A股在MSCI新兴市场指数将包含253只大盘A股和168只中盘A股，其中包括27只创业板股票；届时，A股在MSCI新兴市场指数中的占比将由目前的 0.7% 上升至 3.3%。根据 MSCI 的预测，每一次纳入 2.5% 的因子，将为 A 股带来约 110 亿美元的增量资金，纳入因子从 5% 提升至 20% 大约可带来 660 亿美元的增量资金，约合人民币 4 429 亿元。

（资料来源：作者根据相关资料改写而成。）

案例三　新三板又一“乌龙指交易”刷新最高成交价

新三板又一次惊现大乌龙，史上成交价最高的一起“乌龙指交易”诞生了。2017 年 3 月 10 日早盘 10 点 58 分，新三板协议转让企业宁波水表（834980.OC）出现了两笔严重偏离市场价格的超级乌龙指，一名买方 1 分钟内以 1970 元的价格分两次共买入 2 000 股，实际交易额达到 394 万元。这是迄今两市及新三板的最高成交价格。

原来是“土豪”把键盘敲错了，原计划是按照 19.70 的价格买 2 000 股的，结果小数点没敲上，误将 19.70 元的报价报成 1 970.00 元。若按 19.70 元价格计算，成交额也仅为 3.84 万元。也就是说，买方一次性损失高达 390 万元。两位各捡漏 195 万元的幸运儿分别来自长江证券成都南路营业部和方正证券株洲新华路营业部，盯盘紧、手速快！不容忽视，乌龙指已成为新三板的一种独特现象，或与新三板交易制度密切相关。截至 2017 年 3 月 9 日，共有 9 214 家挂牌企业采取协议转让方式，占比 85%。

新三板需要对协议转让进行改革和优化，如在交易挂单时引入警醒功能，当挂单价格明显偏离正常市价时，交易软件会自动提醒警示，让交易者避免出现价格小数点输入失误以及被“钓鱼”，降低失误性乌龙的概率。相较之下，做市制度具备优越性。

据了解，协议转让虽然同样也能达成交易、形成价格，但是与广大股民熟悉的 A 股竞价交易相比，协议转让的效率较低、操作比较复杂，容易出错。在协议转让中，系统不会自动为买卖双方撮合交易，投资者需要手动进行一系列操作才能完成成交。协议转让中，市场遵循的不是价格优先，而是时间优先，全凭投资者眼疾手快，才能抢得最优价格。新三板业内人士认为，由于交易流程中的人工操作成分较大，并且一些交易者对新三板的交易规则还不够熟悉，因此不可避免会出现乌龙指。

（资料来源：作者根据相关资料改写而成。）

案例四　纳斯达克指数介绍

1971 年 2 月 8 日，股票交易发生了革命性的创新。在那一天，一个称为纳斯达克（NASDAQ）的系统为 2 400 只优质的场外交易股票提供实时的买卖报价。此前，这些非主板上市股票的报价是由主要交易商和持有详细名单的经纪人公司提供的。现在，纳斯达克连接着全国 500 多家造市商的终端，形成了计算机系统的中心。与纳斯达克股市不同，在纽约股市或者美国股票市场（AMEX）交易的股票会被指派一个单独的专家经纪人，他负责保持这只股票的供求有序。纳斯达克改革了报价方法，它不采取集中式报价，这样就使得股票对投资者和交易商更有吸引力。

在纳斯达克创立之初，在主板上市显然比在纳斯达克交易享有更高的名望。纳斯达克的股票大多是最近上市的新兴小公司或是达不到在大的股票交易所上市要求的小公司、新公司。然而，许多年轻的高科技公司认为纳斯达克的计算机系统是一个更加符合自然规律的地方。许多像英特尔和微软这样的公司即使已经达到要求，都没有选择迁入纽约证券交易所这样的“主板”。

纳斯达克指数是所有在纳斯达克交易的股票的资产加权指数,在1971年第一个交易日时被设为100点。大约10年后,该指数到了200点;又过了10年,1991年该指数到达500点。1995年7月,该指数到达了它第一个具有里程碑意义的点——1 000点。2021年该指数到达15 000点,是上一个里程碑的15倍。

(资料来源:作者根据相关资料改写而成。)

重要概念

股价平均数　加权股价平均数　股票价格指数　道·琼斯股票价格平均指数

上证综合指数　上证180指数　深证综合指数　沪深300指数

复习思考

(1)股票价格指数编制有哪些要求?

(2)简述股票价格指数的编制步骤。

(3)简述拉斯拜尔指数和派许指数在计算方法上的区别。

(4)简述道·琼斯股票价格平均指数主要的内容。

(5)我国主要有哪些股价指数?它们是如何编制的?

(6)对比道·琼斯指与上证综指2007年1月~2014年5月走势图,你有何看法?

第9章 证券投资的基本因素分析

【学习目标】

- 掌握宏观经济分析的基本方法和指标。
- 掌握行业分析的基本方法和指标。
- 掌握公司财务分析的指标。
- 了解经济周期性波动。

9.1 证券投资的宏观因素分析

证券投资活动是整个国民经济运行系统中的一部分、一个子系统,宏观经济发展的方向和宏观经济因素的变化,特别是货币政策和财政政策的变化对证券投资策略的制定具有非常重要的决定性作用。国民经济发展运行状态的任何变化,都会在证券市场上得到非常灵敏的反映,人们常说证券市场的股票价格指数是国民经济发展运行的"晴雨表"就是这个道理。

国家宏观经济基本状况分析应依据一些相关的经济指标要素的统计数字来进行计算、对比和分析,相关的经济指标包括国内生产总值与经济增长率、财政收支情况、固定资产投资规模、通货膨胀、失业率、利率、汇率和国际收支等要素。

9.1.1 判断宏观经济形势的主要指标

1. 国民生产总值(GNP)

GNP是一国在一定时期内生产的最终产品的货币总价值。经济学上用价格指数来调整名义GNP的值,得到实际GNP,从而剔除了通货膨胀因素的影响。

实际GNP的升降被称为经济周期,经济周期包括"衰退"和"扩张"两个主要阶段,而"高峰"和"低谷"通常被称为"繁荣"和"萧条",它们是衰退和扩张这两个阶段的转折点。经济周期的形式是不规则的:周期的"峰""谷"水平不同;每个阶段持续时间和周期长度不同。但周期却往往具有相似性。

2. 就业率

高就业率(或低失业率)是宏观经济追求的另一个重要目标。当失业率很高时,资源被浪费,人们收入减少,有效需求不足。失业率上升与下降是以GNP相对于潜在GNP的变动为背景的。

3. 通货膨胀率

通货膨胀是指用某种价格指数衡量的一般价格水平的上涨。通货膨胀对社会经济产生的影响有:收入和财富的再分配;不同商品相对价格的变动。但是这种影响是十分复杂的,因为,通货膨胀有平衡和不平衡之分,有被预期和未被预期之分,从程度上则有温和的、严重的和恶性的三种。

4. 对外经济政策

对外经济政策是指在开放经济条件下,国家为实现国际收支平衡与国内经济稳定相互协调而制定实施的方针、政策。其内容包括:汇率政策、对外贸易政策、外汇管制政策和国际资本政策。一切开放的经济都需要进口和出口物品和劳务,对外经济的政策目标是以稳定的外汇汇率和进出口大致平衡为标志的对外经济关系。

9.1.2　宏观经济政策对证券市场的影响

1. 财政政策对证券市场的影响

(1)财政政策的含义。财政政策是政府依据客观经济规律制定的指导财政工作和处理财政关系的一系列方针、准则和措施的总称。

财政政策分为长期、中期、短期财政政策。财政政策的短期目标是促进经济稳定增长。财政政策的中长期目标,首先是资源的合理配置,其次是收入的公平分配。

(2)财政政策的手段。财政政策的手段主要包括国家预算、税收、国债、财政补贴、财政管理体制、转移支付制度等。

①国家预算。国家预算能够全面反映国家财力规模和平衡状态,是各种财政政策手段综合运用结果的反映,是财政政策的主要手段。国家预算收支的规模和收支平衡状态可以对社会供求的总量平衡发生影响。国家预算的支出方向可以调节社会总供求的结构平衡。

②税收。它是国家凭借政治权力参与社会产品分配的重要形式,它既是筹集财政收入的主要工具,又是调节宏观经济的重要手段。税收可调节收入的分配和调节社会总供求的结构。

③国债。国债是国家按照有偿信用原则筹集财政资金的一种形式,也是实现政府财政政策、进行宏观调控的重要工具。国债可以调节国民收入初次分配形成的格局,可以调节国民收入的使用结构和产业结构,还可以调节资金供求和货币流通量。

④财政补贴。它是国家为了某种特定需要,将一部分财政资金无偿补助给企业和居民的一种再分配形式。

⑤财政管理体制。它是中央与地方、地方各级政府之间以及国家与企事业单位之间资金管理权限和财力划分的一种制度,其主要功能是调节各地区、各部门之间的财力分配。

⑥转移支付制度。它是中央财政将集中的一部分财政资金,按一定的标准拨付给地方财政的一项制度。其主要功能是调整中央政府与地方政府之间的财政纵向不平衡。

(3)财政政策对证券市场的影响。财政政策分为宽松的财政政策、紧缩的财政政策和中性财政政策。总的来说,紧缩的财政政策使过热的经济受到控制,证券市场将走弱,而宽松的财政政策则刺激经济发展,证券市场将走强。

为了实现短期财政政策目标,财政政策的运作主要是发挥"相机抉择"作用,有以下几种情况。

①当社会总需求不足时,单纯使用宽松的财政政策,通过扩大支出,增加赤字,以扩大社会总需求,也可以采取扩大税收减免、增加财政补贴等政策,刺激微观经济主体的投资需求,证券价格将上涨。

②当社会总供给不足时,单纯使用紧缩性财政政策,通过减少赤字、增加公开市场上出售国债的数量,以及减少财政补贴等政策,压缩社会总需求,证券价格将下跌。

③当社会总供给大于社会总需求时,可以搭配运用"宽松""紧缩"政策,一方面通过增加赤字、扩大支出等政策刺激总需求增长;另一方面采取扩大税收、调高税率等措施抑制微观经济主体的供给。如果支出总量效应大于税收效应,那么,对证券价格的上扬会起到推动作用。

④当社会总供给小于社会总需求时,可以搭配使用"宽松""紧缩"政策,一方面通过压缩支出、减少赤字等政策缩小社会总需求;另一方面采取扩大税收减免、减少税收等措施刺激微观经济主体增加供给。支出的压缩效应大于税收的紧缩效应,证券价格将下跌。

2. 货币政策对证券市场的影响

(1)货币政策的含义及目标。货币政策是指政府为实现一定的宏观经济目标而制定的关于货币供应和货币流通组织管理的基本方针和准则。

货币政策对经济的调控体现在:通过调控货币供应量保持社会总供给与总需求的平衡;通过调控利率和货币总量控制通货膨胀,保持物价总水平的稳定;调节国民收入中消费与储蓄的比重;引导储蓄向投资的转化并实现资源的合理配置。

货币政策的目标总体上包括:稳定币值(物价),充分就业,经济增长,国际收支平衡。货币政策的中介指标在市场经济比较发达的国家为利率、货币供应量、超额准备金和基础货币等。

我国货币政策目标定为"保持货币币值的稳定,并以此促进经济增长";货币政策的中介指标为:货币供应量、信用总量、同业拆借利率和银行备付金率。

(2)货币政策的工具。货币政策工具又称货币政策手段,是指中央银行为调控中介指标,实现货币政策目标所采用的政策手段。货币政策工具可分为一般性政策工具和选择性政策工具。

①存款准备金政策。它是中央银行凭借法律授权规定,调整商业银行缴存中央银行的存款准备金比率以变动货币乘数,影响商业银行信贷规模、信贷结构,间接调控货币供给量的金融政策。

当中央银行提高法定存款准备金率时,商业银行可运用的资金减少,贷款能力下降,货币乘数变小,市场货币量便会相应减少,所以在通货膨胀时,中央银行可提高法定准备金率;反之,则降低。

②再贴现政策。它是指中央银行对商业银行用持有的未到期票据向中央银行再贴现

的政策规定。再贴现政策一般包括再贴现率的确定和再贴现的资格条件。

再贴现率主要着眼于短期。中央银行根据市场资金供求状况调整再贴现率,能够影响商业银行资金借入的成本,进而影响商业银行对社会的信用量,从而调节货币供给总量。

中央银行对再贴现资格条件的规定则着眼于长期,可以起到抑制或扶持作用,并改变资金流向。

③公开市场业务。它是指中央银行在金融市场上公开买卖有价证券,以此来调节市场货币量的政策行为。

当中央银行认为应该增加货币供给量时,就在金融市场上买进有价证券(主要是政府债券);反之就出售所持有的有价证券。

④选择性货币政策工具。选择性政策工具主要有两类:直接信用控制和间接信用指导。

直接信用控制。它是以行政命令或其他方式,直接对金融机构尤其是商业银行的信用活动进行控制。其具体手段包括:规定利率限额、信用配额、信用条件限制,规定金融机构流动性比率和直接干预等。

间接信用指导。是指中央银行通过道义劝告、窗口指导等办法来间接影响商业银行等金融机构行为的做法。

(3)货币政策对证券市场的影响。货币政策分为宽松的货币政策、紧缩的货币政策和中性货币政策。总的来说,紧缩的货币政策使过热的经济受到控制,证券市场将走弱,而宽松的货币政策则刺激经济发展,证券市场将走强。

①紧缩的货币政策。减少货币供应量,提高利率,加强信贷控制。如果市场物价上涨,需求过度,经济过度繁荣,秩序混乱,这时被认为社会总需求大于总供给,这时中央银行就会采取紧缩货币的政策以减少需求。

②宽松的货币政策。增加货币供应量,降低利率,放松信贷控制。如果市场产品销售不畅,经济运转困难,资金短缺,设备闲置,被认为是社会总需求小于总供给,中央银行则会采取扩大货币供应的办法增加总需求。

3. 收入政策对证券市场的影响

(1)收入政策的含义及目标。收入政策是国家为实现宏观调控总目标和总任务在分配方面制定的原则和方针。它规定着财政政策和货币政策的作用方向和作用力度,收入政策最终也要通过财政政策和货币政策来实现。

收入政策目标包括收入总量目标和收入结构目标。收入总量目标着眼于近期的宏观经济总量平衡,根据供求不均衡的两种状况分别选择紧分配政策和超分配政策。收入政策的结构目标则着眼于中长期的产业结构优化和经济与社会协调发展,着重处理积累与消费、公共消费与个人消费、各种收入的比例、个人收入差距等关系。

(2)收入政策对证券市场的影响。收入总量调节政策有紧分配与超分配两种。紧分配政策导致社会可分配收入减少,除消费及实业投资外,可进行证券投资的比例降低,使流入股市资金减少;同时企业居民收入增长率降低,使人们对未来经济预期不乐观,导致股价下跌。反之,实行超分配政策,可使企业居民收入增加,有更多的资金进入股市,推动股价上涨。但超分配超越了一定界限,会导致严重通货膨胀,又会对股市产生不利影响。

收入结构政策侧重对积累、消费、公共消费与个人消费以及各种收入比例进行调节。

如财政收入、公共消费比例减少,企业居民可支配收入增加,将会有更多的资金流入股市;反之,则产生相反效应。收入拉开差距,使社会游资比重增大,会强化股市投机,有利于股市上涨;反之,收入过于平均化,分散资金入市,则使股价走势相对平稳。

9.2 证券投资的行业分析

9.2.1 产业的市场类型

市场种类包括完全竞争、垄断竞争(不完全竞争)、寡头垄断、完全垄断。

1. 完全竞争产业

完全竞争是指许多企业生产同质产品的市场类型。完全竞争的特点是:①生产者众多,各种生产要素可以完全流动;②产品不论是有形或无形的,都是同质的,无差别的;③没有一个企业能够影响产品的价格,企业永远是价格的接受者而不是价格的制定者;④企业的盈利由市场对产品的需求决定;⑤生产者和消费者对市场具有完全和充分的信息。

完全竞争产业其根本特点在于所有的企业都无法控制市场的价格和使产品差异化。在现实经济中,完全竞争的市场类型很少见,初级产品的市场类型近似于完全竞争。

2. 垄断竞争产业

垄断竞争是指许多生产者生产同种但不同质产品的市场类型。垄断竞争的特点是:生产者众多,各种生产要素可以自由流动;生产的产品同种但不同质,即产品之间存在着差异,它是垄断竞争与完全竞争的主要区别;由于产品差异性的存在,生产者可以树立自己产品的信誉,从而对其产品的价格有一定的控制能力。

制成品的市场一般属于这种类型。

3. 寡头垄断产业

寡头垄断是指相对少量的生产者在某种产品的生产中占据很大市场份额的情形。在寡头垄断的市场上,寡头对市场的价格和交易具有一定的垄断能力。每个生产者的价格政策和经营方式及其变化都会对其他生产者形成重要影响。

在寡头垄断市场上,通常存在着一个起领导作用的企业,其他企业随该企业定价与经营方式的变化而相应地进行某些调整。资本密集型、技术密集型产品,如钢铁、汽车、彩电、冰箱、空调等,以及少数储量集中的矿产品如石油等的市场多属这种类型。

4. 完全垄断产业

完全垄断是指独家企业生产某种特质产品的情形,特质产品是指那些没有或缺少相近的替代品的产品。完全垄断可分为两种类型:政府完全垄断,如铁路、邮递、彩票等部门;私人完全垄断,如根据政府授予的特许专营权或根据专利形成的独家经营,以及由于资本雄厚、技术先进而建立的排他性的私人垄断经营,如微软对计算机操作系统的垄断。

完全垄断市场类型的特点是:由于市场被独家企业所控制,产品又没有或缺少合适的替代品,因此,垄断者能够根据市场的供需情况制定理想的价格和产量,在高价少销和低价多销之间进行选择,以获取最大的利润;垄断者在制定产品的价格与生产数量方面的自由性是有限度的，它要受到反垄断法和政府管制的约束。

9.2.2　产业的景气周期性

1. 增长性产业

增长性产业的运动形态与经济活动总水平的周期及其振幅关系不大。这些产业收入增加的速率相对于经济周期的变动来说，并未出现同步变化，因为它们主要依靠技术的进步、新产品的推出以及更优质的服务，从而使其呈现出高增长形态。在近几年，计算机软件、通信、电子元件和生物工程等产业表现出了这种形态，投资者对高增长的产业十分感兴趣，主要是因为这些行业的高成长性给投资者带来了股票价值的成倍增长。

2. 周期性产业

周期性产业的运动状态直接与经济周期相关。当经济处于上升时期，这些产业会紧随其扩张；当经济衰退时，这些产业也相应跌落。产生这种现象的原因是，当经济上升时，对这些产业相关产品的购买被延迟到经济改善之后，例如耐用消费品、建材、房地产、金融、工程机械、酒店服务就属于典型的周期性产业。

3. 防御性产业

防御性产业的产品需求相对稳定，受经济周期的影响不大。正是因为这个原因，对其投资便属于收入投资，而非资本利得投资，公用事业属于防御性产业，因为需求对其产品的收入弹性较小，所以这些公司的收入相对稳定。

9.2.3　产业的生命周期与股票投资

每个产业都要经历一个由成长到衰退的发展演变过程。这个过程被称为产业的生命周期。一般地，产业的生命周期可分为4个阶段，即初创期（又称幼稚期）、成长期、成熟期和衰退期。

1. 初创期

（1）只有为数不多的风险基金投资于这个新兴的产业，由于初创期产业的创立投资和产品的研究、开发费用较高，而产品市场需求狭小（因为大众对其尚缺乏了解），销售收入较低，因此这些创业公司财务上可能不但没有盈利，反而普遍亏损。

（2）较高的产品成本和价格与较小的市场需求还使这些创业公司面临很大的投资风险。

（3）企业还可能因财务困难而引发破产的危险，因此，这类企业更适合投机者而非投资者。

在初创期后期，随着产业生产技术的提高、生产成本的降低和市场需求的扩大，新产业便逐步由高风险低收益的初创期转向高风险高收益的成长期。

2. 成长期

（1）在这一时期里，拥有一定市场营销和财务力量的企业逐渐主导市场，这些企业往往是较大的企业，其资本结构比较稳定。

（2）在成长期，新产业的产品经过广泛宣传和消费者的试用，逐渐以其自身的特点赢得了市场，市场需求开始上升，新产业也随之繁荣起来。与市场需求变化相适应，供给方面相应地出现了一系列的变化。产品逐步从单一、低质、高价向多样、优质和低价方向发展。新产业出现了生产厂商和产品相互竞争的局面。

(3)生产厂商随着市场竞争的不断发展和产品产量的不断增加,市场的需求日趋饱和。生产厂商不能单纯地依靠扩大生产量、提高市场的份额来增加收入,而必须依靠追加生产投资、提高生产技术、降低成本,以及研制和开发新产品的方法来争取竞争优势,以战胜竞争对手和维持企业的生存。因而,这一时期企业的利润虽然增长很快,但所面临的竞争风险也非常大,破产率与合并率相当高。

在成长期的后期,由于产业中生产厂商与产品竞争优胜劣汰规律的作用,市场上生产厂商的数量在大幅度下降之后开始稳定。由于市场需求基本饱和,产品的销售增长率减慢,迅速赚取利润的机会减少,整个产业开始进入稳定期。

3. 成熟期

(1)在这一时期里,在竞争中生存下来的少数大厂商垄断了整个产业的市场,每个厂商都占有一定比例的市场份额。

(2)产业的利润由于一定程度的垄断达到了很高的水平,而风险却因市场比例比较稳定,新企业难以打入成熟期市场。

(3)产业增长速度降到一个适当的水平。在某些情况下,整个产业的增长可能会完全停止,其产出甚至下降。由于产业丧失其资本的增长,致使产业的发展很难较好地保持与国民生产总值同步增长,当国民经济陷入衰退、萧条时,产业甚至蒙受更大的损失。但是,由于技术创新的原因,某些产业或许实际上会有新的增长。

在短期内很难识别何时进入成熟期,但总而言之,在这一阶段一开始,投资者便希望收回资金。

4. 衰退期

这一时期出现在较长的稳定期后。由于新产品和大量替代品的出现,原产业的市场需求逐渐减少,产品的销售量也开始下降,某些厂商开始向其他更有利可图的产业转移资金。因而原产业出现了厂商数目减少、利润下降的萧条景象。至此,整个产业便进入了生命周期的最后阶段。在衰退期里,厂商的数目逐步减少,市场逐渐萎缩,利润率停滞或不断下降。当正常利润无法维持或现有投资折旧完毕后,整个产业便逐渐解体了。

5. 产业的生命周期分析的注意事项

(1)上述产业生命周期 4 个阶段的说明只是一个总体状况的描述,它并不适用于所有产业的情况。产业的实际生命周期由于受产业性质、政府干预、国外竞争和能源结构的变化等许多因素的影响而复杂得多。

(2)研究产业生命周期的主要目的在于帮助人们选择较合理的产业进行投资,对投资者起到重要的指导作用。

9.2.4 产业业绩预测与股票投资

预测产业业绩所需考虑的因素应包括以下几个方面。

(1)历史资料。它为计算一个产业的销售和收入规模及稳定性提供了必要的基础。历史资料能说明该产业在过去的销售情况如何、该产业的增长情况、周期变动等。

(2)技术因素。在众多技术因素中,最重要的是首先要考虑产品的稳定性。通过产品稳定性分析,检验产品的性质及技术复杂性,有助于判断产品的未来需求是否保持不变,或出现大幅度变化。

投资者还必须不断地考察一个产业产品生产的前途,分析其被优良产品或消费需求替代的趋势,充分了解各种产业技术发展的状况和趋势。

(3)竞争因素。投资分析家应考虑产业受到保护而不受竞争侵害的程度,有一些重要因素会使新企业进入现有产业市场感到困难。

在市场上,如果消费者对企业现有产品怀有某种偏好,那么企业较流行的产品就具有竞争优势。现存的企业与其新的竞争者相比较来看,前者通常能以较低的成本进行生产,因为它具有绝对成本的优势。一般来说,某一产业受竞争刺激的敏感性越弱,该产业越安全。

(4)社会倾向。在当今社会,消费者和政府越来越强调经济产业所应负的社会责任,越来越注重工业化给社会带来的种种影响。社会倾向对企业的经营活动、生产成本和利润收益等方面都会产生一定的影响。

9.2.5　政府的影响和干预

(1)政府影响的产业范围。政府的管理措施可以影响到产业的经营范围、增长速度、价格政策、利润率和其他许多方面。政府实施管理的主要产业包括公用事业、运输部门、金融部门等。

(2)政府对行业的促进干预和限制干预。

(3)国家产业政策主要通过财政政策和货币政策来实现。优先发展的产业将得到一系列政策优惠和扶植,因而将获得较高的利润,并具有良好的发展前景。

9.3　公司因素分析

9.3.1　公司财务分析

1. 财务报告的形式

(1)资产负债表。资产负债表是反映公司在某一特定日期(往往是年末或年中)财务状况的静态报告,资产负债表反映公司资产负债之间的平衡关系。资产负债表由资产和负债两部分组成,每部分各项目的排列一般以流动性的高低为序。资产部分表示公司所拥有的或所掌握的,以及其他公司所欠的各种资源或财产。负债部分(广义负债)包括负债(狭义负债)和股东权益两项,负债表示公司所应支付的所有债务;股东权益表示公司的净值。资产、负债和股东权益的关系用公式可表示为:资产 = 负债(广义) = 负债(狭义) + 股东权益。

(2)损益表和利润分配表。利润及利润分配表是一定时期内(通常是 1 年或半年内)经营成果的反映,是关于收益和损耗情况的财务报表。利润及利润分配表是一个动态报告,它展示公司的损益账目,反映公司在一定时期的业务经营状况,直接明了地揭示公司获取利润能力的大小、潜力以及经营趋势。利润及利润分配表由四个主要部分构成:第一部分是营业收入;第二部分是与营业收入相关的生产性费用、销售费用和其他费用;第三部分是利润;第四个部分是公司利润分配去向。有的公司公布财务资料时以损益表代替利润及利润分配表。在损益表的基础上加上利润分配的内容就是利润及利润分配表。

(3)现金流量表。以现金为基础编制的财务状况变动表,称为现金流量表。现金流量表是反映现金的来源及运用,以及不涉及现金的重大的投资和理财活动。它包括三个部分:一是经营活动产生的现金流量,二是投资活动产生的现金流量,三是筹资活动产生的现金流量。

2. 财务报表分析

(1)公司偿债能力分析。短期偿债能力是指公司偿付流动负债的能力。流动负债是一年内或超过一年的一个营业周期内需要偿付的债务。一般来说流动负债需以流动资产来偿付,通常需要以现金直接偿还。评价公司短期偿债能力的财务比率主要有流动比率、速动比率和现金比率。

①流动比率。流动比率是公司流动资产与流动负债的比率。计算公式为

$$\text{流动比率}=\frac{\text{流动资产}}{\text{流动负债}}$$

流动比率是衡量公司短期偿债能力的一个重要财务指标,这个比率越高,说明公司偿还流动负债的能力越强,流动负债得到偿还的保障越大,但是,过高的流动比率也可能是公司滞留在流动资产上的资金过多,会影响到公司的获利能力。根据经验,流动比率在 2 ∶ 1 左右比较合适。

②速动比率。流动资产扣除存货后的资产称为速动资产。速动资产与流动负债的比率称为速动比率。其计算公式为

$$\text{速动比率}=\frac{\text{速动资产}}{\text{流动负债}}=\frac{\text{流动资产}-\text{存货}}{\text{流动负债}}$$

通过速动比率来判断公司短期债能力比用流动比率进了一步,因为它扣除了变现力较差的存货。速动比率越高,说明公司的短期偿债能力越强。根据经验,一般认为速动比率为 1 ∶ 1 时比较合适。

③现金比率。现金比率是公司的现金类资产与流动负债的比率。其计算公式为

$$\text{现金比率}=\frac{\text{现金}+\text{现金等价物}}{\text{流动负债}}$$

现金比率反映公司的直接支付能力,现金比率高,说明公司有较好的支付能力。但是,如果这个比率过高,意味着公司拥有过多的获利能力较低的现金类资产,公司资产未能得到有效的运用。

长期偿债能力是指公司偿还长期负债的能力。反映公司长期偿债能力的财务比率主要有资产负债率和股东权益比率。

①资产负债率。资产负债率是公司负债总额与资产总额的比率,也称为负债比率或举债经营比率,它反映公司的资产总额中有多少是通过举债得到的。其计算公式为

$$\text{资产负债率}=\frac{\text{负债总额}}{\text{资产总额}}$$

资产负债率反映公司偿还债务的综合能力,这个比率越高,公司偿还债务的能力越差;反之,偿还债务的能力越强。

对于资产负债率,公司的债权人、股东和公司经营者往往从不同的角度来评价。

首先,从债权人角度来看,他们最关心的是其贷给公司资金的安全性。债权人总是希望公司的负债比率低一些。其次,从公司股东的角度来看,其关心的主要是投资收益的高低。因此,股东所关心的往往是全部资产报酬率是否超过了借款的利息率。公司股东可以

通过举债经营的方式，以有限的资本、付出有限的代价而取得对公司的控制权，并且可以得到举债经营的杠杆利益。最后，站在公司经营者的立场，他们既要考虑公司的盈利，也要顾及公司所承担的财务风险。资产负债率作为财务杠杆不仅反映了公司的长期财务状况，也反映了公司管理当局的进取精神。

至于资产负债率为多少才合理并没有一个确定的标准。一般而言，处于高速成长时期的公司，其负债比率可能会高一些，这样所有者会得到更多的杠杆利益。

②股东权益比率。股东权益比率是股东权益与资产总额的比率，该比率反映公司资产中有多少是所有者投入的。其计算公式为

$$股东权益比率=\frac{股东权益总额}{资产总额}$$

股东权益比率与负债比率之和等于1。因此，这两个比率是从不同的侧面来反映公司长期财务状况的。

股东权益比率的倒数，称作权益乘数，即资产总额是股东权益的多少倍。该乘数越大；说明股东投入的资本在资产中所占比重越小。其计算公式为

$$权益乘数=\frac{资产总额}{股东权益总额}$$

影响公司偿债能力的其他因素还包括如下几点。

①或有负债。或有负债是公司在经济活动中有可能会发生的债务。或有负债不作为负债在资产负债表的负债类项目中进行反映，除了已贴现未到期的商业承兑汇票在资产负债表的附注中列示外，其他的或有负债在会计报表中均未得到反映。这些或有负责在资产负债表编制日还不能确定未来的结果如何，一旦将来成为公司现实的负债，则会对公司的财务状况产生重大影响，尤其是金额巨大的或有负债项目。

②担保责任。在经济活动中，公司可能会发生以本公司的资产为其他公司提供法律担保。这种担保责任，在被担保人没有履行合同时，有可能会成为公司的负债，但是，这种担保责任在会计报表中并未得到反映，因此在进行财务分析时，必须要考虑到公司是否有巨额的法律担保责任。

③租赁活动。公司在生产经营活动中，可以通过财产租赁的方式解决急需的设备。通常财产租赁有两种形式:融资租赁和经营租赁。采用融资租赁方式，租入的固定资产作为公司的固定资产入账，租赁费用作为公司的长期负债入账，这在计算前面有关的财务比率中都已经计算在内。但是，经营租赁的资产，其租赁费用并未包含在负债之中，如果经营租赁的业务量较大、期限较长或者具有经常性，则其租金虽然不包含在负债之中，但对公司的偿债能力也会产生较大的影响。

(2)公司营运能力分析。公司的营运能力反映了公司资金的周转状况，对此进行分析，可以了解公司的营业状况及经营管理水平。公司的资金周转状况与供、产、销各个经营环节密切相关，在供、产、销各环节中，销售有着特殊的意义。我们可以通过产品销售情况与公司资金占用量来分析公司的资金周转状况，评价公司的营运能力。评价公司营运能力常用的财务比率有:存货周转率、应收账款周转率、流动资产周转率、固定资产周转率、总资产周转率等。

①存货周转率。也称存货利用率，是公司一定时期的销售成本与平均存货的比率。其计算公式为

$$存货周转率=\frac{销售成本}{平均存货}$$

$$平均存货=\frac{期初存货余额+期末存货余额}{2}$$

存货周转率说明了一定时期内公司存货周转的次数,可以用来测定公司存货的变现速度,衡量公司的销售能力及存货是否过量。在正常情况下,如果公司经营顺利,存货周转率越高,说明存货周转得越快,公司的销售能力越强,营运资金占用在存货上越少。但是,存货周转率过高,也可能说明公司管理方面存在一些问题,如存货水平低,甚至经常缺货,或者采购次数过于频繁,批量太小等。存货周转率过低,常常是库存管理不力,销售状况不好,造成存货积压,说明公司在产品销售方面存在一定的问题,但也可能是公司调整了经营方针,因某种原因增大库存的结果。

存货周转状况也可以用存货周转天数来表示。其计算公式为

$$存货周转天数=\frac{360}{存货周转率}=\frac{平均存货\times 360}{销售成本}$$

②应收账款周转率。应收账款周转率是公司一定时期赊销收入净额与应收账款平均余额的比率,它反映了公司应收账款的周转速度。其计算公式为

$$应收账款周转率=\frac{赊销收入净额}{应收账款平均余额}$$

$$应收账款平均余额=\frac{期初应收账款+期末应收账款}{2}$$

应收账款周转率是评价应收账款流动性大小的一个重要财务比率,它反映了公司在一个会计年度内应收账款的周转次数,可以用来分析公司应收账款的变现速度和管理效率。这一比率越高,说明公司催收账款的速度越快,可以减少坏账损失,而且资产的流动性强,公司的短期偿债能力也会增强。但是,如果应收账款周转率过高,可能是因为公司奉行了比较严格的信用政策、信用标准和付款条件过于苛刻的结果。这样会限制公司销售量的扩大,从而影响公司的盈利水平。这种情况往往表现为存货周转率同时偏低。如果公司的应收账款周转率低,说明公司催收账款的效率太低,或者信用政策十分宽松,这样会影响公司资金利用率和资金的正常周转。

③流动资产周转率。流动资产周转率是销售收入与流动资产平均余额的比率,它反映的是全部流动资产的利用效率。其计算公式为

$$流动资产周转率=\frac{销售收入}{流动资产平均余额}$$

$$流动资产平均余额=\frac{期初流动资产+期末流动资产}{2}$$

流动资产周转率表明在一个会计年度内公司流动资产周转的次数,它反映了流动资产周转的速度。该指标越高,说明公司流动资产的利用率越好。但是,究竟流动资产周转率为多少才算好,并没有一个确定的标准。通常分析流动资产周转率应比较公司历年的数据并结合行业特点。

④固定资产周转率。固定资产周转率也称固定资产利用率,是公司销售收入与固定资产平均净值的比率。其计算公式为

$$固定资产周转率=\frac{销售收入}{固定资产平均余额}$$

$$固定资产平均余额=\frac{期初固定资产净值+期末固定资产净值}{2}$$

这项比率主要用于分析对厂房、设备等固定资产的利用效率,该比率越高,说明固定资产的利用率越高,管理水平越好。如果固定资产周转率与同行业平均水平相比偏低,说明公司的生产效率较低,可能会影响公司的获利能力。

⑤总资产周转率。总资产周转率也称总资产利用率,是公司销售收入与资产平均总额的比率。其计算公式为

$$总资产周转率=\frac{销售收入}{资产平均总额}$$

$$资产平均总额=\frac{期初资产总额+期末资产总额}{2}$$

总资产周转率可用来分析公司全部资产的使用效率。如果这个比率低,说明公司利用资产进行经营的效率较差,会影响公司的获利能力,公司应该采取措施提高销售收入或处置资产,以提高总资产利用率。

(3)公司获利能力分析。获利能力是指公司赚取利润的能力。获利能力分析是公司财务分析的重要组成部分,也是评价公司经营管理水平的重要依据。对公司获利能力进行分析,一般只分析公司正常经营活动的获利能力,不涉及非正常的经营活动。评价公司获利能力的财务比率主要有:资产报酬率、股东权益报酬率、销售毛利率、销售净利率率等,对于股份有公司,还应分析每股利润、每股现金流量、每股股利、股利发放率、每股净资产、市盈率等。

①资产报酬率。又称资产收益率、资产利润率或投资报酬率,是公司在一定时期内的净利润与资产平均总额的比率。其计算公式为

$$资产报酬率=\frac{净利润}{资产平均总额}\times 100\%$$

资产报酬率主要用来衡量公司利用资产获取利润的能力,它反映了公司总资产的利用效率。这一比率越高,说明公司的获利能力越强。

②股东权益报酬率。也称净资产收益率、净值报酬率或所有者权益报酬率,它是一定时期公司的净利润与股东权益平均总额的比率。其计算公式为

$$股东权益报酬率=\frac{净利润}{股东权益平均总额}\times 100\%$$

$$股东权益平均总额=\frac{期初股东权益+期末股东权益}{2}$$

股东权益报酬率反映了公司股东获取投资报酬的高低。该比率越高,说明公司的获利能力越强。

③销售净利率。销售净利率是公司净利润与销售收入净额的比率。其计算公式为

$$销售净利率=\frac{净利润}{销售收入净额}\times 100\%$$

销售净利率说明了公司净利润占销售收入的比例,它可以评价公司通过销售赚取利润的能力。销售净利率表明公司每元销售收入可实现的净利润是多少。该比率越高,公司通

过扩大销售获取收益的能力越强。评价公司的销售净利率时,应比较公司历年的指标,从而判断公司销售净利率的变化趋势。但是,销售净利率受行业特点影响较大,因此,还应该结合不同行业的具体情况进行分拆。

④每股利润。也称每股收益或每股盈余,是股份公司税后利润分析的一个重要指标。每股利润是税后净利润扣除优先股股利后的余额,除以发行在外的普通股平均股数。其计算公式为

$$每股利润=\frac{净利润-优先股股利}{发行在外的普通股平均股数}$$

每股利润反映股份公司获利能力的大小。每股利润越高,说明股份公司的获利能力越强。

⑤每股现金流量。每股现金流量是经营活动现金净流量扣除优先股股利后的余额,除以发行在外的普通股平均股数。其计算公式为

$$每股现金流量=\frac{经营活动现金净流量-优先股股利}{发行在外的普通股平均股数}$$

每股现金流量越高,说明公司越有能力支付现金股利。

⑥每股股利。每股股利是普通股分配的现金股利总额除以发行在外的普通股股数,它反映了普通股获得现金股利的多少。其计算公式为

$$每股股利=\frac{现金股利总额-优先股股利}{发行在外的普通股股数}$$

每股股利的高低,不仅取决于公司获利能力的强弱,还取决于公司的股利政策和现金是否充裕。

⑦股利发放率。也称股利支付率,是普通股每股股利与每股利润的比率。它表明股份公司的净收益中有多少用于股利的分派。其计算公式为

$$股利发放率=\frac{每股股利}{每股利润}\times 100\%$$

股利发放率主要取决于公司的股利政策,一般而言,如果一个公司的现金量比较充裕,并且目前没有更好的投资项目,则可能倾向于发放现金股利;如果公司有投资项目,则可能会少发股利,而将资金用于投资。

⑧每股净资产。也称每股账面价值,是股东权益总额除以发行在外的股票数量。其计算公式为

$$每股净资产=\frac{股东权益总额}{发行在外的股票股数}$$

每股净资产并没有一个确定的标准,但是,投资者可以比较分析公司历年的每股净资产的变动趋势,来了解公司的发展趋势和获利能力。

⑨市盈率。也称价值盈余比率或价值与收益比率,是指普通股每股市价与每股利润的比率。其计算公式为

$$市盈率=\frac{每股市价}{每股利润}$$

市盈率是反映股份公司获利能力的一个重要财务比率,这一比率是投资者作出投资决策的重要参考因素之一。一般说来,市盈率高,说明投资者对该公司的发展前景看好,愿意以比较高的价格购买该公司股票,所以一些成长性较好的高科技公司股票的市盈率通常要高一些。

但是也应注意，如果某种股票的市盈率过高，则意味着这种股票具有较高的投资风险。

9.3.2　公司经营状况分析

1. 产品分析

(1)产品品牌的知名度。有些产品由于有很高的质量、优良的服务和广泛的宣传而成为家喻户晓、众口皆碑的名牌产品或优质服务，这种优势意味着生产这些商品的公司的销售优势，从而其利润额将会较快增长，公司股东的收益也会相应增加。

(2)产品的市场份额。在产品价格确定的情况下，销售数量的增加和产品需求的稳定性就显得非常重要，因为它们会直接影响到公司的利润和股东收益。产品的销售量一般和产品的知名度是一致的，但也有例外的情况，如由于市场管制、运输不便、产品价格过高，以及产品的用途比较专一(如某些医药品)等原因，商品的销售量与其知名度之间也会出现不一致的现象。

此外，商品的市场份额和商品销售的绝对量一样，对公司的市场竞争能力具有重要的影响，有时甚至比绝对量更为重要。市场份额指某公司的销售量占整个市场的百分比。市场份额的扩大通常意味着收益的增长和竞争实力的加强。但有时市场份额的扩大也会导致经营成本的提高，从而部分抵消收益的增长。

(3)产品的营销模式。不同的产品有不同的营销模式，有的公司的产品依赖于几个主要客户，那么，主要客户的生产规模、发展趋势、市场竞争力、反向依赖程度以及和所投资公司的关系都必须纳入分析的范围。特别要注意的是，有的公司的主要客户就是母公司，母公司与子公司间关联交易是否有操纵利润的嫌疑，投资者往往有一个误解，虚增利润对中小投资者有利，但要切记，天下没有免费的午餐；有的公司的产品是生活用品，面对千家万户，营销网点的分布和营销方式对公司产品的销量影响很大。

(4)产品市场的类型。公司产品的销售市场可划分为地区性、区域性、全国性和国际性市场四种。

①地区性市场。有些公司的产品市场为地区性质的，如水、电、煤气等公用事业和一些规模较小的公司。

②区域性市场。区域性市场是由几个不同的地区性市场组成的。因此，产品面向区域性市场的公司除了要受本地各种经济、非经济因素的影响，还要受到其他地区类似因素的影响和区域性市场内部同一行业公司相互竞争的挑战。

③全国性市场。产品面向全国的大公司受全国经济形势的影响要比受区域性或地区性因素的影响更大。这类公司由于市场广大，因此利润较高，但面临的市场竞争、成本费用、消费偏好等风险也比较大。

④国际性市场。面向国际市场的大公司或集团在经营活动中要遇到一系列国内行业所没有碰到过的问题。要承担汇率、市场竞争和政府管制，甚至国有化的风险。虽然这些国际性公司的利润要高于国内的同类企业，但其所面临的风险也比国内同类企业高。

(5)产品的生命周期。产品的生命周期分为四个阶段：

①产品介绍期。这一阶段的主要特点是：消费者对新产品不太了解；产品的销售量增加缓慢；产品品种较少和市场竞争较小；企业利润很少，一般有亏损。

②产品成长期。成长期的主要特点是:产品经介绍和宣传已为广大消费者所了解;产品的销售量开始逐渐增加,增长速度加快;新品种逐渐增加,市场竞争日趋加剧;利润逐渐增加。

③产品成熟期。成熟期的主要特点是:市场销售量已达到饱和,市场份额已分配完毕;产品品种增多,质量提高,仿制品和替代品不断出现;市场竞争激烈;预期利润开始下降。

④产品衰退期。衰退期的主要特点是:产品销售量由缓慢下降逐步过渡到迅速下降;消费者已在期待新产品;市场竞争较弱;许多企业开始转产;利润水平较低。

2. 技术状况分析

(1)产品的技术水平分析。考察企业产品的技术水平主要关注这三个方面,一是产品是否具有其他公司难以企及的技术水平,在该行业具有无可争辩的领先地位;二是是否具有专利保护其垄断地位,其他公司不能模仿和假冒;三是技术的盈利前景,技术的先进性应体现在盈利能力上,企业的技术产品没有盈利前景,其股票就没有投资价值;四是产品市场的广度,企业的技术产品具有广阔的市场,才能形成大规模的盈利。

(2)企业的技术开发能力分析。企业的技术开发能力决定企业发展的潜力,股票价值取决于企业未来股利的现值,而能改变企业未来状况的最重要因素就是技术。考察企业技术开发能力应着重于:一是公司的股东背景,新技术的开发往往要耗费大量的财力和物力,并且风险极大,如果有一个研究实力非常强大的股东支持,那么公司的技术开发能力将大为提高。二是公司自身的技术开发能力,这主要考察公司的人员构成,科研机构设置等。

3. 管理阶层分析

(1)管理阶层的能力分析。分析管理阶层的能力可以从管理阶层的学历、管理阶层的从业经验和管理阶层的背景进行分析。

(2)管理阶层的勤勉尽责忠诚分析。对这一方面进行分析因受可获得信息的局限而较为困难,根据经验和信息的可获得性,提供几点作为参考:管理层是否有欺骗和损害股东利益的记录;管理层是否有欺骗和损害股东利益的嫌疑;管理层之间是否有裙带关系;管理层是否总是在追逐时髦;寻找脚踏实地、埋头做主业的上升公司。

(3)公司的内在机制分析。公司的内在机制完善与否是保证公司健康运转的条件,在分析公司的内在机制时,主要考察两个方面。一是公司与大股东,特别是第一大股东之间的关系。公司与股东间交易的定价原则是什么,表决时是否实行了关系人回避,是否有损其他股东的利益,资产交易是否有利于公司的长远发展,资产的盈利能力如何,是否有通过关联交易调节利润的嫌疑,大股东及其子公司是否占用了公司资产,是否实行了"三分开",等等,都是投资者分析的重点。二是公司的内部治理机构是否完善。这方面要考察公司董事会、监事会和经理层之间是否存在相互制衡的关系,是否存在总经理或董事长"一言堂"的情况等。

【参考案例】

案例一　美联储加息对我国金融市场的影响

2008 年美国发生次贷危机,冲击了全球的金融市场,美联储开始实施量化宽松的货币政策,各国主要经济体央行紧跟美联储。2017 年 3 月美联储加息 25 个基点,美联储已基本完成"三点确定一个面"的政策布局。各项扩张式的经济政策随着特朗普上任相继推行,基础设施项目计划的建设及大规模减免税收的推动,预示着美国将进入新一轮经济扩张阶段。为避免未来经济过热,抑制资产泡沫过度膨胀,加息是必然的选择之一。本次加息意味着美联储将进入新的加息周期,中国金融市场与全球各个经济体联系紧密,因而将受到不可避免的影响。

美联储加息会对人民币汇率产生影响,自美联储实行本次加息之后,大部分国家的货币汇率都呈现大幅波动,人民币也随着加息加速贬值。由于美国经济逐渐趋于正常,美联储加息增强投资者对美元的信心,全球资金流向趋于流回美国,观望 2017 年,汇率破 7 具有很大的可能性,人民币汇率的压力依然难以消除。人民币贬值之际,我国经济增速将逐渐放缓,资产价格遭受冲击不断下降,对外出口成本负担加重,经济发展能力有限。此外,虽然央行根据汇率情况增加了资金的投放力度,采取了相应的政策措施,但短时间内很难完全摆脱这种压力,面对美联储加息政策中国市场对于加息的反应仍是过激。央行近期不断调整政策措施,将有效的处理汇率波动和利率之间的关系,2017 年的人民币下行压力应该会有所减缓。

美联储加息对股票市场也产生影响。美联储加息对资本市场产生明显反应,加剧了现阶段中国股市的不稳定性。加息对中国股市形成一定的利空,部分资金从 A 股中流出,并导致股市的短期内大幅度震荡。在美联储会加息的状况下,市场上的投资者对人民币做出空头头寸,抛售 A 股股票,造成部分股票大跌的状况,虽然现期的市场已经对这些消息提前做出了应对,但是热钱流出依然不可避免。从中国整体的经济状况来看,中国在美联储加息的压力之下并不会产生破坏性的股市灾难,但是后期的股市还是会出现资金总量不足,整体的走势偏弱,上行趋势减缓等状况。

基于上述美联储加息对中国金融市场的影响分析,中国如需减缓美联储所带来的负面冲击,关键在于提高经济的内生动力,保持货币和汇率政策的灵活性,以提高我国经济对外的冲击能力,确保中国金融市场健康运行。

(资料来源:作者根据相关资料改写而成。)

案例二　四大连锁药店上市公司对比分析

A 股上市的纯连锁药店公司包括一心堂,老百姓,益丰药房,大参林。连锁药店正处于快速发展期,通过自营和并购两种模式进行扩张,但对资金都有极大的需求。借助上市融资加快跑马圈地也是连锁药店公司的重要战略手段。

(一)公司简介

一心堂:云南鸿翔一心堂药业股份有限公司创始于 1981 年,2014 年在 A 股上市,经营特色慢性病管理,母婴,中药饮片。2007 起多年进入全国连锁十强,截至 2020 年,一心堂门店数为 7 537 家。会员数为 2 400 万。

老百姓:老百姓大药房连锁股份有限公司 2001 年成立于湖南长沙,2015 年上市,国内规模领先的连锁药店之一,经营特色平价药房,中药饮片。截至 2020 年,共有 7 268 家药店分布在湖南、湖北、江西、河南、广东、广西、北京、天津、河北、浙江、上海、安徽、江苏、山东、陕西、甘肃等 22 个省市。会员数为 5 477 万。

益丰药房:益丰大药房连锁股份有限公司 2001 年 6 月第一家平价药房开业,2002 年 9 月成立连锁公司,2015 年上市,国内领先的连锁药店之一。经营特色多元化发展,健康食品,个人护理,母婴食品等。截至 2019 年 6 月,公司在湖南、湖北、上海、江苏等九省市拥有连锁药店 4 127 家,员工 20 000 多人。2020 年 3 月 18 日,益丰大药房以 310 亿元人民币市值位列《2020 胡润中国百强大健康民营企业》第 45 名。

大参林：大参林医药集团股份有限公司成立于1999年，2017年7月31号，大参林正式在上海证券交易所A股主板上市 。2019年年底，实现营业收入111.41亿元。截至2020年第三季度，大参林员工数量超过28 000人，门店5 541 家，遍布广东、广西、河南等十个省份。

（二）财务数据

从营业收入来看，2015—2019年，老百姓一直保持领先，一心堂和大参林整体分别维持第二、第三名的态势增长，而益丰药房一路奋勇直追。2019年A股四大上市连锁药房的营业收入都超过100亿元。

营业收入对比（单位：亿元）

	2019	2018	2017	2016	2015
一心堂	104.8	91.8	77.5	62.5	53.2
老百姓	116.6	94.7	75.1	60.9	45.7
益丰药房	102.8	69.1	48.1	37.3	28.5
大参林	111.4	88.6	74.2	62.7	52.7

从净利润数据来看，大参林的净利润水平要高于其他三家药房，而益丰药房通过几年的发展，净利润水平已接近老百姓和一心堂。从净利润增速来看，益丰药房的增速稳定在30%左右，而最近两年大参林净利润增速有所提高。

净利润（单位：%）

	2019	2018	2017	2016	2015
一心堂	6.04	5.2	4.2	3.5	3.5
老百姓	6.1	5.04	3.9	3.4	2.7
益丰药房	6.08	4.4	3.2	2.8	1.8
大参林	6.9	5.3	4.7	4.3	4.2

从毛利率数据来看，四家药房的毛利率都下降至在35%左右。四家药房中，老百姓毛利率相对低一点。整体来说四家药房的毛利率能维持在35%以上。

毛利率对比（单位：%）

	2019	2018	2017	2016	2015
一心堂	38.7	40.53	41.52	41.28	41.92
老百姓	33.59	35.21	35.31	36.06	37.22
益丰药房	39.01	39.73	40.04	39.62	39.23
大参林	39.48	41.65	40.26	40.22	41.03

从ROE这个指标来看，大参林刚刚上市，拥有大量募集资金，ROE数据失真。相对而言，老百姓上市以后资本回报率水平略好，主要还是和负债率高低有一定关系。

（三）对外并购

一心堂2015年至今多次并购，涉及资金超过10亿，门店数量近1 000家。

2015年4月，出资3.23亿并购海南广安堂药品超市，涉及门店数量150家。

2015年6月,出资2.4亿并购山西长城药品零售连锁有限公司,涉及门店数量89家。

2016年9月,出资1.03亿并购重庆宏声音桥大药房连锁有限公司,涉及门店数量81家。

2016年10月,出资2.37亿并购四川区域多家药店,涉及门店数量95家。

2016年11月,出资0.46亿并购广西方略集团崇左医药连锁有限公司,涉及门店130家。

老百姓2015年至今多次并购,涉及资金超过20亿,门店数量超过500家。

2015年6月,出资0.82亿并购湖南省康一馨大药房连锁有限公司,涉及门店55家。

2015年7月,出资0.94亿并购常州市庆和堂大药房连锁有限公司,涉及门店39家。

2015年11月,出资3.48亿收购兰州惠仁堂65%股权。

2016年5月,出资1.3亿收购扬州百姓缘65%股权。

2017年9月,出资2.7亿收购通辽泽强大药房连锁有限责任公司51%股权,涉及门店216家。

益丰药房2015年至今多次并购,涉及资金近10亿,门店数量近400家。

2015年9月,出资0.71亿并购武汉隆泰大药房有限公司,涉及门店34家。

2016年,出资1亿并购韶关市乡亲药房连锁有限公司,涉及门店51家。

2016年7月,出资分别分别出资0.45亿和0.5亿并购宿迁佳和医药连锁旗下36家药店和宿迁市玖玖药品超市连锁旗下55家药店。

2017年,公司增加门店1 110家,其中新开门店662家,收购门店448家,关闭129家,净增加门店981家,年末门店数同比增加24.01%。公司当年营业收入同比增加24.03%。

2018年,公司开始放缓扩张速度,年末门店数同比增加15.66%,与此同时营业收入增速也开始减慢,当年营收同比增速为18.39%。

大参林于2017年上市,募集资金中将有9.17亿用于未来三年新开1 311家门店。

由于这四家连锁药房各自都在扩充门店,进行并购整合,商誉水平整体呈现上升趋势。对商誉数据对比可知,高速扩张的益丰药房商誉值较高,就商誉数值而言是大参林、一心堂的2倍,可以看出,益丰药房在并购方面是加速"快跑"。同时,大参林、老百姓和一心堂自身的商誉也是呈现上升趋势。以大参林为例,大参林业务版图主要集中于广东、广西、河南等深耕地区,现在向福建、河北、陕西、浙江、江苏等市场迈进及开发。由于南北地域的文化差异大及各地区的市场亦有不同,跨区域发展对企业经营管理的要求较高。在相对空白的区域进行首次布点时,品牌知名度、规模经济效应等尚未体现,这也是扩张并购对公司带来经营管理上的挑战。

商誉(单位:亿元)

	2019	2018	2017	2016	2015
一心堂	10.6	10.7	10.5	7.9	4.9
老百姓	23.3	19.8	15.3	12.2	7.6
益丰药房	30.4	27.3	6.9	5.2	2.8
大参林	9.8	5.3	1.6	1.2	0.1

(四)医药零售行业分析

我国医药零售行业市场长期有较大的发展空间,整个CDP的快速增长,城镇化水平的提升,老龄化社会的到来,二胎政策的放开,处方外流,行业集中度提升,连锁率提高等。行业龙头企业依靠品牌、规模、资金、人才、综合管理等优势已经形成了一定的竞争力。

美国市场前三大连锁药店巨头西维斯、沃尔格林、来德爱共有2万家门店，占零售市场总数30%，处方药销售额1 150亿美元，占市场份额51%。我国医药零售终端2019年销售额4 196亿元，增长率近五年呈现下降趋势。

2008—2019 医药零售终端数据

	销售额/亿元	增长率/%
2008	1 430	
2009	1 645	15
2010	1 886	14.6
2011	2 039	10.8
2012	2 309	13.2
2013	2 571	11.3
2014	2 816	9.5
2015	3 093	9.8
2016	3 377	9.2
2017	3 647	8
2018	3 919	7.5
2019	4 196	7.1

医药零售行业属于传统商业零售范畴，但与传统商业零售行业相比又有一定的差别，主要体现在销售商品差异化和对销售人员的资质认定。在传统商业逐渐被互联网渗透和颠覆的这个时代，整个医药零售行业也逐渐在互联网的影响下开始新模式的探索，大家都有了自己的App和天猫旗舰店也是大同小异，无非都是想要争夺一个流量入口，等着互联网处方药市场的政策放开。

（资料来源：作者根据相关资料改写而成。）

重要概念

货币政策　财政政策　再贴现政策　公开市场业务　资产负债表
速动比率　某股利润　每股净资产　市盈率

复习思考

(1)财政政策的变动对证券市场价格有何影响？
(2)货币政策的变动对证券市场价格有何影响？
(3)对于处于通货膨胀中的经济应采取怎样的财政政策和货币政策？
(4)论述公司财务分析的主要内容。

第10章 证券投资的技术分析

【学习目标】

- 掌握K线的基本形态及组合。
- 掌握形态理论中头肩形、双重顶(底)、三角形、旗形的含义。
- 掌握切线理论中压力线、支撑线、趋势线、轨道线。

10.1 技术分析概述

10.1.1 技术分析的含义

技术分析是对证券市场的市场行为所作的分析。其特点是通过对市场过去和现在的行为,应用数学和逻辑上的方法,归纳总结出典型的行为,从而预测证券市场的未来的变化趋势。市场行为包括价格的高低、价格的变化、发生这些变化所伴随的成交量,以及完成这些变化所经过的时间。作为一门经验之学的技术分析是建立在合理的假设之上的。

10.1.2 技术分析与基本分析的区别

(1)技术分析是对股票价格变动趋势的分析,其目的是预测股价变动的方向和幅度;基本分析是对股票价值的分析,其目的是判断股票价格相对于价值的高低。

(2)技术分析是根据历史资料分析股票价格的未来变化,有人曾讥讽技术分析是看着后视镜往前开车;基本分析是根据预期股息和贴现率决定股票的价值。

(3)技术分析侧重于短期分析和个股分析;基本分析着重于长期分析和大势分析。

10.1.3 技术分析的基本假设

(1)市场行为涵盖一切信息。

(2)证券价格沿趋势移动。

(3)历史会重演。

第一假设是进行技术分析的基础。主要思想是认为影响证券价格的所有因素——包括内在的和外在的都反映在市场行为中,不必对影响价格的因素具体内容作过多的关心。

这个假设有一定的合理性。任何一个因素对市场的影响最终都体现在价格的变动上。如果某一消息公布后,价格同以前一样没有大的变动,这就说明这个消息不是影响市场的因素,尽管投资者可能都认为对市场有一定的影响力。作为技术分析人员,只关心这些因素对市场行为的影响效果,而不关心具体导致这些变化的东西究竟是什么。

第二个假设是进行技术分析最根本、最核心的因素。这个假设认为价格的变动是按一定规律进行的,价格有保持原来方向的惯性。正是由于此,技术分析者们才花费大力气寻找价格变动的规律。

如果价格一直是持续上涨(下跌),那么,今后如果不出意外,价格也会按这一方向继续上涨(下跌),没有理由改变既定的运动方向。当价格的变动遵循一定规律,就能运用技术分析工具找到这些规律,对今后的投资活动进行有效的指导。

第三个假设是从统计和人的心理因素方面考虑的。投资者在某一场合得到某种结果,那么,下一次碰到相同或相似的场合,这个人就认为会得到相同的结果,就会按同一方法进行操作;如果前一次失败了,后面这一次就不会按前一次的方法操作。

过去的结果是已知的,这个已知的结果应该是用现在对未来作预测的参考。对重复出现的某些现象的结果进行统计,得到成功和失败的概率,对具体的投资行为也是有好处的。

10.1.4 技术分析的要素

技术分析的要素包括价格、成交量、时间与空间。

1. 价格和成交量是市场行为最基本的表现

某一时点的价格和量反映的是买卖双方在这一时点上共同的市场行为,是买卖双方所达成的暂时均衡点。随着时间的变化,均衡点会变化。买卖双方对价格的认同程度可以通过成交量的大小来确定。这种市场行为反映在价量上就出现这样一规律:价升量增、价跌量减。

2. 时间和空间是市场潜在能量的表现

时间因素体现的是事物发展的周而复始的特征,分析时间和空间因素在于了解股票价格波动局部的低点和高点,为预测行情服务。

3. 成交量和价格趋势的一般关系

(1)股价随成交量的递增而上涨,为市场行情的正常特征。

(2)股价上涨,突破前一波的高峰,创下新高价,而此时的成交量水准低于前一波段上涨的成交量水准,则此波段的价涨令人怀疑,同时也是股价趋势潜在的反转信号。

(3)成交量是股价上涨的原动力,股价上涨,原动力不足,显示股价趋势潜在反转的信号。

(4)股价下跌,向下跌破股价的某条重要支撑线;同时出现大成交量,是股价下跌的信号,强调趋势反转形成空头。

(5)成交易是股价的先行指数,当量增时,价迟早会跟上来;当价增而量不增时,价迟早会掉下来。即“价是虚的,而只有量才是真实的”

4. 时间、空间与价格趋势的一般关系

“长线”和“短线”之分,即时间长,波动空间大的过程,对今后价格的影响和预测作用大,反之则小。

10.2　技术分析理论

10.2.1　技术分析的理论基础——道氏理论

1. 主要原理

道氏理论认为,股价虽变化多端,但总是随着一些特定的趋势运行,并从市场上某些代表性股价的变动中反映出来,掌握这些趋势,可预测整个市场将来的运行方向,道氏理论依此将股市波动划分三种不同的趋势。

(1)基本趋势:股票市场上股价长期上涨或下跌的变动趋向,包括两大类牛市(bull market)和熊市(bear market)通常在一年以上,有时好几年。

(2)次级趋势(中期趋势):发生在基本趋势之中,时间比基本趋势短,它的变动方向正好与基本趋势相反。它属于对以往市场行为的一种修正,是正常的自我调整,常出现急升或急跌,时间为几个周期或几个月。

(3)短级趋势:股价在短期内的变动情况,时间为几个小时或几天,属于次级趋势中较短的变动。

2. 道氏理论的四个主要结果

(1)市场价格指数可以解释和反映市场的大部分行为。

(2)市场波动的三种趋势。

(3)交易量在确定趋势中起重要的作用。

(4)收盘价是最重要的价格。

3. 道氏理论的运用

牛市的第一阶段:出现在熊市的末期,投资者对市场已经失去信心,准备抛出所持有的股票离场,此时,股票市场交投清淡,股价已跌到远远低于其内在价值,有远见的投资者通过对各类经济指标和走势进行分析,然后开始选择绩优股吸纳,市场的成交量虽然还处于低迷状态,但已出现微量回升,许多股票已从盲目抛售者流到理性吸纳者手中,市场逐渐开始活跃,吸引新的投资者入市,在市场回升过程中,也伴随着回落,但每一次回落的低点却比上一次低点高,同时上市公司的经营状况和公司业绩开始好转,股市交易量逐渐增强,进一步引起投资者的兴趣,致使投资者入市。

牛市的第二阶段:股市走出徘徊的低谷,但熊市股价的惨跌使投资者心有戒备,当股价上升到一定高度时,投资者往往会裹足不前,但市场发展仍然是向上的,基本趋势属于升势,使得市场股价在较高水平反复升落,持续徘徊一段时间。

牛市的第三阶段:经过一段时期的争持,股票的成交量逐渐放大,并且股价每次回落与调整不是令投资者退场，而是引起更多的投资者入场，市场投资情绪高涨，充满着乐观气氛。基本面逐渐向好的方向发展，公司的利好消息不断传出，进一步刺激了投资者的入市热情，同时伴随着成交量的进一步放大，投资者被乐观气氛包围，在这一阶段末期，垃圾股、冷门股大幅上涨，而一些绩优股增幅较小，当这种情况持续到一定的程度时，使得股票的价格远远超过其内在价值，市场此时的承受能力随时都有崩溃的危险，预示牛市将要结束。

熊市的第一阶段：出现在牛市第三阶段的末期，市场投资气氛最高涨时期，投资者对后市变化缺乏戒备心理，市场上尽是好利消息，正当绝大多数投资者疯狂沉迷于股市狂炒时，一部分明智的投资者、个别大机构和大户开始了解获利筹码，尽管市场的股价持续上涨，但成交量已逐渐减少，此时正是投资者最佳的出货期，可大多数投资者往往意识不到这一点。由于成交量不能同股价同步增长，致使股价开始下跌。

熊市的第二阶段：随着前期的股价下跌，一部分投资者为避免套牢急于抛出，股价的下跌对于从事信用交易的投资者来说打击更大，这部分人往往因为要追加保证金而资金紧张被迫抛售股票，这又进一步加剧了股价的下跌。经过一段跌势之后，投资者发现跌得有些过分，开始少量的介入，使得股价开始反弹，反弹幅度大约是总跌幅的 1/3 ~ 2/3 左右，维持的时间比较短。

熊市的第三阶段：尽管市场经历了中期反弹，但仍不能改变基本向下的趋势，由于股价的惨跌，对投资者的打击很大，整个股市悲观气氛浓烈，一些上市公司效益不佳，经济形势前景不乐观等，都促使股价持续下跌。此时，理性的投资者发现，在股价下跌过程中，许多股票已在前面跌得差不多了，跌不动了，于是开始少量吸纳一些绩优股和蓝筹股，等待将来回升时获得厚利。这一阶段正好和牛市的第一阶段相衔接。

道氏理论最大的不足在于对大的形势的判断有较大的作用，对于每日每时都在发生的小的波动则显得有些无能为力。另一个不足是它的可操作性较差，一方面道氏理论的结论落后于价格，信号太迟；另一方面，理论本身存在不足。

4. 道式理论运用中注意的事项

(1)正确看待技术分析。

(2)技术分析应与基本分析结合起来使用。

(3)结合自我实践，注意主要技术分析方法的综合研判。

10.2.2 K 线理论

1. K 线的画法和主要形状

K 线起源于 1750 年的日本德川幕府时代，由大板堂岛米商本间宗久设计，用来记录米市的价格变化。

图形类似于蜡烛，故称之蜡烛图。K 线是一条柱状的线条；由影线和实体组成。中间的矩形部分是实体。实体的上下端为开盘价和收盘价，分阴线和阳线，开盘价大于收盘价为阳线，反之为阴线。实体上方的直线为上影线，上端点是最高价。实体下方的直线为下影线，下端点是最低价。K 线的画法如下。

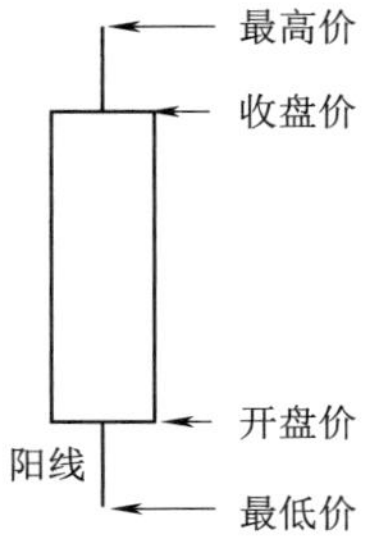

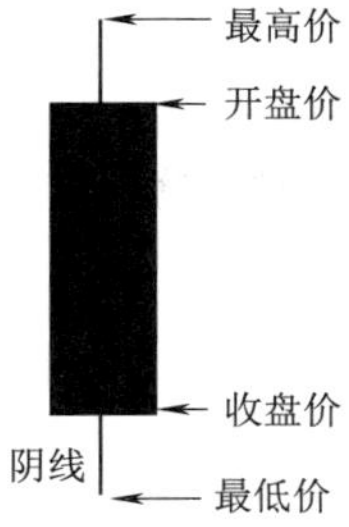

2. K 线的种类

由于开盘价、收盘价、最高价、最低价的不同取值，还会产生其他形状的 K 线，概括起来有下列 5 种。

(1) 光头阳线和光头阴线。这是没有上影线的 K 线，当收盘价或开盘价正好与最高价相等时，就会出现这种 K 线。

光头阳线

光头阴线

(2) 光脚阳线和光脚阴线。这是没有下影线的 K 线，当收盘价或开盘价正好与最低价相等时，就会出现这种 K 线。

光脚阳线

光脚阴线

(3) 光头光脚的阳线和阴线。这种 K 线既没有上影线也没有下影线，当开盘价和收盘价分别与最高价和最低价相等时，就会出现这种 K 线。

光头光脚阳线

光头光脚阴线

(4) 十字星。当收盘价与开盘价相同时，就会出现这种 K 线，它的特点是没有实体。

(5) T 字形和倒 T 字形。在十字星的基础上，如果再加上秃头和光脚的条件，就会出现这两种 K 线。它们没有实体，而且没有上影线或者没有下影线，形状像英文字母 T。

在K线图中,阳线实体的长短代表多方力量的强弱,阴线实体的长短代表空方力量的强弱,上影线表示上方抛压,影线的长短代表抛压的大小,下影线表示下方接盘,影线的长短代表承接力量的大小。K线图是反映股价变动情况的图形,其目的是测量多空双方的力量对比,为我们做多或空提供依据。

3. 组合形态

K线组合形态中所包含的K线可以是单根的也可以是多根的。在K线组合中,两根K线的组合情况非常多,只要掌握了几种特定的组合形态然后举一反三,就可得知别的组合的涵义。

无论是两根K线还是多根K线,都是以两根K线的相对位置的高低和阴阳来推测行情的。前天的K线是判断行情的基础,第二天的K线是判断行情的关键。简单地说,第二天多空双方争斗的区域越高,越有利于上涨;越低,越有利于下降。

以下是几种具有代表性的K线组合情况,由它们的涵义可以得知K线组合的涵义。

(1)连续两阳和连续两阴。这是多空双方的一方已经取得决定性胜利,牢牢地掌握了主动权,今后将以取胜的一方为主要运动方向。右图是空方获胜,左图是多方获胜。第二根K线实体越长,超出前一根K线越多,则取胜一方的优势就越大。

(2)曙光初现和乌云盖顶。曙光初现的第一根K线为阴线,第二根K线为跳低开盘,但收盘价切入第一根K线的实体部分,它表明空方的打压遭遇多方的顽强抵抗,若在股价运行的底部出现,则是见底回升的强烈信号。乌云盖顶正好相反。

(3)阴包阳和阳包阴。阴包阳是第一根阳线的实体较长,但第二根阴线的实体更长,第二根阴线把第一根阳线完全覆盖,阴包阳显示多方的进攻在空方的反击下土崩瓦解,后市看跌。阳包阴情况完全相反。

阴包阳　　　　阳包阴

(4)早晨之星和黄昏之星。一根实体较长的阴线之后紧接着出现一根跳低开盘的小阳线,第三天又出现一根阳线,且收盘价切入第一根阴线的上半部分。这种组合若出现在股价运行的底位,则是见底反转的信号。黄昏之星情况完全相反。

早晨之星　　　　黄昏之星

(5)应用 K 线理论应注意的问题。K 线分析的错误率是比较高的。K 线分析方法只能作为战术手段,不能作为战略手段,必须与其他方法结合。K 线分析的结论在空间和时间方面的影响力是不大的。根据实际情况,不断"修改和调整"组合形态。

10.2.3 切线理论

切线理论是按一定方法和原则在由股票价格的数据所绘制的图表中画出一些直线,然后根据这些直线的情况推测股票价格的未来趋势。这些直线就叫切线。切线的作用主要是起支撑和压力的作用。

1. 趋势分析

(1)趋势的定义。趋势是价格的波动方向,或者说是证券市场运动的方向。市场变动不是朝一个方向直来直去,中间肯定要出现曲折,从图形上看就是一条曲折蜿蜒的折线,每个折点处就形成一个峰或谷。由这些峰和谷的相对高度,我们可以看出趋势的方向。

(2)趋势的方向。趋势的方向分为上升方向、下降方向和水平方向。

①上升方向:如果后面的峰和谷都高于前面的峰和谷,则趋势就是上升方向。

②下降方向:如果后面的峰和谷都低于前面的峰和谷,则趋势就是下降方向。

③水平方向,也就是无趋势方向。如果后面的峰和谷与前面的峰和谷相比,没有明显的高低之分,几乎呈水平延伸,则趋势就是水平方向,如图 10-1 所示。

(3)趋势的类型。按道氏理论的分类,趋势分为三种类型:主要趋势、次要趋势和短暂趋势。主要趋势是趋势的主要方向,主要趋势是价格波动的大方向,一般持续的时间比较长、幅度大。次要趋势是在进行主要趋势的过程中进行的调整。短暂趋势是对次要趋势的过程中所进行的调整。这三种类型的趋势的最大区别是时间的长短和波动幅度的大小上的差异。以上三种划分可以解释绝大多数的行情。

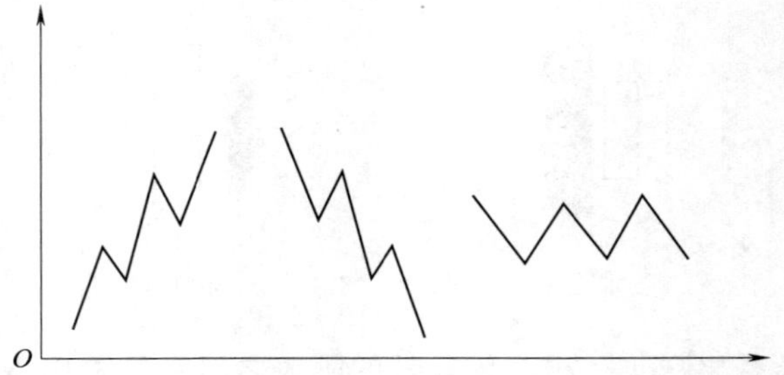

图 10-1 上升、下降、水平趋势方向图

2. 支撑线和压力线

(1)支撑线和压力线的定义和作用。支撑线又称为抵抗线。当股价跌到某个价位附近时,股价停止下跌,甚至有可能还有回升。这个起着阻止股价继续下跌或暂时阻止股价继续下跌的价格就是支撑线所在的位置。

压力线又称为阻力线。当股价上涨到某价位附近时,股价会停止上涨,甚至回落。这个起着阻止或暂时阻止股价继续上升的价位就是压力线所在的位置。

支撑线和压力线的作用是阻止或暂时阻止股价向一个方向继续运动。同时,支撑线和压力线又有彻底阻止股价按原方向变动的可能,如图 10-2 所示。

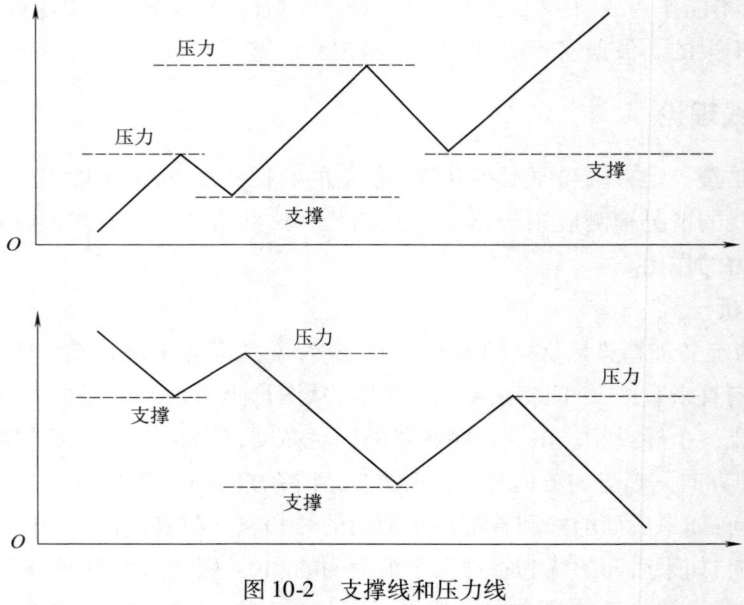

图 10-2 支撑线和压力线

(2)支撑线和压力线的相互转化。一条支撑线如果被跌破,那么这个支撑线将成为压力线;同理,一条压力线被突破,这个压力线将成为支撑线。这说明支撑线和压力线的地位不是一成不变的,而是可以改变的,条件是它被有效的足够强大的股价变动突破。

(3)支撑线和压力线的确认和修正。支撑线或压力线对当前时期影响的重要性出于对三个方面的考虑。一是价格在这个区域停留的时间的长短;二是价格在这个区域伴随的成交量大小;三是这个支撑区域或压力区域发生的时间距离当前这个时期的远近。价格停留的时间越长,伴随的成交量越大,离现在越近,则这个支撑或压力区域对当前的影响就越大；反之就越小。

3. 趋势线和轨道线

(1)趋势线。趋势线是衡量价格的趋势的，由趋势线的方向可以明确地看出价格的趋势。在上升趋势中，将两个依次上升的低点连成一条直线，就得到上升趋势线。在下降趋势中，将两个依次下降的高点连成一条直线，就得到下降趋势线。上升趋势线起支撑作用，下降趋势线起压力作用。

趋势线有两种作用：

①对价格今后的变动起约束作用。使价格总保持在这条趋势线的上方(上升趋势线)或下方(下降趋势线)。

②趋势线被突破后，趋势将反转。被突破的趋势线将起相反的作用。

(2)轨道线。轨道线又称通道线或管道线，是基于趋势线的一种支撑压力线。在经得到趋势线后，通过第一个峰和谷可以做出这条趋势线的平行线，这条平行线就是轨道线。

与突破趋势线不同，对轨道线的突破并不是趋势反向的开始，而是趋势加速的开始。轨道线的另一个作用是发出趋势转向的预警。如果在一次波动中未触及到轨道线，离得很远就开始掉头，这往往是趋势将要改变的信号。

4. 黄金分割线和百分比线

这两种切线是水平的直线。众多水平切线中只有一条被确认为支撑线或压力线。

(1)黄金分割线。画黄金分割线的第一步是记住若干个特殊的数字。

0.191、0.382、0.5、0.618、0.809、1.618、2.00、2.618、4.236

其中，0.382、0.618、1.618、2.618 最为重要，价格极容易在由这四个数产生的黄金分割线处产生支撑和压力。

第二步找到最高点或者最低点，分别乘以上面所列特殊数字就得到黄金分割线。

(2)百分比线。将某个趋势的最低点和最高点之间的区域进行等分。等分的位置就是百分比线的位置，是未来支撑位可能出现的位置。分位点的位置是下面的分数。

1/8、1/4、3/8、1/2、5/8、3/4、7/8、1/3、2/3

其中，1/2、1/3、2/3 这三条线最为重要。

5. 应用切线理论应注意的问题

支撑线、压力线有被突破的可能，在应用时会有一些令人困惑的现象。往往要等到价格已经离开很远时，才发现突破的有效和无效。

影响价格波动的因素很多，支撑线、压力线只是其中的一方面。多方面考虑才能提高正确的概率。

10.2.4　形态理论

价格的移动主要是保持平衡的持续整理和打破平衡的突破这两种过程。这样，可以把证券价格曲线的形态分成两个大的类型：持续整理形态；反转突破形态。前者保持原来的方向，后者与原来的方向相反。

反转突破形态有时简称为反转形态。其最主要的特点是，形态所在的平衡被打破以后，价格的波动方向与平衡之前的价格趋势方向相反。例如，之前是上升趋势，在经过了一段时间的平衡整理之后,价格的波动趋势是下降。

反转突破形态是形态理论研究的重内容。判断反转形态的时候要注意以下几点。股价原先必须确有趋势存在,才能谈得上趋势反转的问题;某一条重要的支撑线或压力线的被突破,是反转形态突破的重要依据;某个形态形成的时间越长,规模越大,则反转后带来的市场波动也就越大;交易量是向上突破的重要参考因素,但向下突破时,交易量可能作用不大。

持续整理形态有时简称为持续形态。其最主要的特点是,形态所在的平衡被打破以后,价格的波动方向与平衡之前的价格趋势方向相同。例如,之前是上升趋势,在经过了一段时间的平衡整理之后,价格的波动趋势仍然是上升。

持续整理形态也要考虑平衡被打破的问题. 不过这不是研究持续整理形态的重点。持续整理形态与反转突破形态相比,最大的区别就是它所需要花费的时间比后者少。持续整理形态仅仅是事先就有的价格运动趋势方向的暂时休止,时间一般不长。

虽然上面将形态进行了分类,但是实际中的形态有些是不容易区分的。"这个形态究竟属于哪一类"经常是个问题。例如,一个局部的三重顶底形态,在一个更大的范围内有可能被认为是矩形形态的一部分;一个三角形形态有时也可以被当成反转突破形态,尽管多数时间我们都把它当成持续整理形态。其实,一个形态究竟叫什么名字并不重要,我们所关心的是这个形态之后价格将向何处去。

各个时期的证券投资者,在长期的实践中对各种价格曲线的形态进行了综合分析整理,总结出了十几种具有代表性的形态,每个形态都会告诉人们一些有用的内容。下面对这些形态作出详细介绍。

1. 反转突破形态

反转突破形态是投资者应该花大力气研究的一类重要的技术形态。反转突破形态主要有双重顶底、三重顶底、头肩顶底和圆弧顶底、V 形反转五种。所谓的顶和底是指阶段的高点和低点。对这五种形态的正确识别和正确运用将使证券投资者受益匪浅。

(1)双重顶和双重底。双重顶和双重底(double tops and bottom pattern)就是市场上众所周知的 M 头和 W 底,这种形态在实际中出现得非常频繁。图 10-3就是这种形态的简单形状。

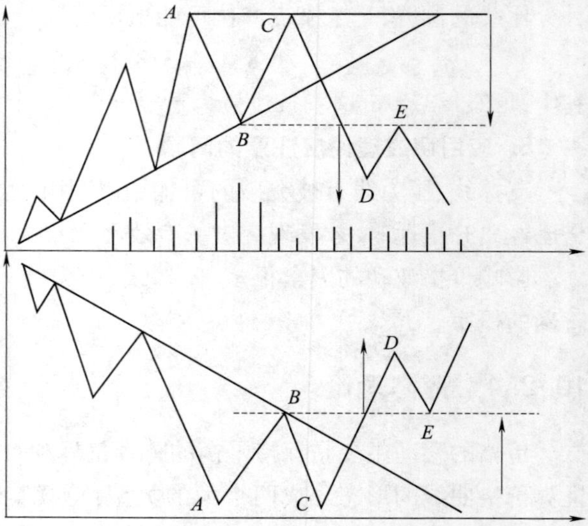

图 10-3 双重顶底反转突破形态

从图 10-3 中可看出,双重顶底一共出现两个顶和底,也就是两个相同高度的高点和低点。下面以 M 顶为例说明一下双重顶底形成的过程。

M 顶就是存在两个位置相同的高点,在上升趋势过程的末期,证券价格在第一个高点 A 建立了新高点,之后进行正常的回档,受上升趋势线的支撑,这次回档将在 B 点附近停止。往后就是继续上升,但是力量不够,上升高度不足,在 C 点(与 A 点等高)遇到压力,证券价格向下,这样就形成 A 和 C 两个顶的形状。

M 头形成以后,有两种可能的前途:第一是未突破 B 点的支撑位置,证券价格在 A、B、C 三点形成的狭窄范围内上下波动,演变成今后要介绍的矩形。第二是突破 B 点的支撑位置继续向下,这种情况才是真正出现了双重顶反转突破形态。前一种情况只能说是出现了一个潜在的双重顶反转突破形态。

以 B 点作平行于 AC 连线的平行线(图中中间一条虚线),就得到一条非常重要的直线——颈线(neck line)。颈线有两个重要的作用,一是确认形态;而是计算形态高度。

前面已经说过,一个真正的双重顶反转突破形态的出现,除了必要的两个相同高度的高点以外,还应该向下突破 B 点支撑,该点的位置就是颈线。只有突破颈线,M 顶的形态才得到确认,形态的含义即趋势将反转才能成立。突破颈线就是突破支撑线,所以也有突破被认可的问题。前面介绍的有关支撑压力线被突破的确认原则在这里都适用。主要的是百分比原则和时间原则,前者要求突破到一定的百分比数,后者要求突破后有多日成立,通常至少是两日。

双重顶反转突破形态一旦用到确认,就可以利用它对后市进行预测了主要功能是测算功能。测算功能可以叙述如下:从突破点算起。证券价格将至少下跌到与形态高度相等的距离。

所谓的形态高度就是从 A 或 C 到 B 的垂直距离,亦即从顶点到颈线的垂直距离。如果形态得到确认,通常认为价格将继续运行至少一个形态高度。如图 10-3 中箭头所指位置可能是证券价格至少下跌到的位置,换句话说,证券价格必须在这条线之下才能找到像样的支撑,这之前的支撑都不足取。

以上是以双重顶为例,而双重底有完全相似或者说完全相同的叙述。只要将对双重顶的介绍反过来叙述就可以了。

(2)头肩顶和头肩底。头肩顶和头肩底(head and shoulders tops and bottom pattern)是实际证券价格形态中出现得最多的形态,是最著名和最可靠的反转突破形态。图 10-4 是这种形态的简单形式。

从图 10-4 中看出,头肩形态一共出现三个顶和底,也就是要出现三个局部的高点和局部低点。中间的高点(低点)比另外两个都高(低),称为头,左右两个相对较低(高)的两个高点(低点)称为肩,这就是头肩形名称的由来。以下以头肩顶为例对头肩形进行介绍。

在上升趋势中,不断升高的各个局部的高点和低点保持着上升的趋势,然后在某一个地方趋势的上涨势头将放慢。图 10-4 中 A 和 B 点还没有放慢的迹象,但在 C 和 D 点已经有了势头受阻的信号,这说明这轮上涨趋势可能已经出了问题。最后,证券价格走到了 E 点和 F 点,这时反转向下趋势已势不可挡。

这种头肩顶反转向下的道理与前面所介绍的支撑线和压力线的内容有密切关系。图 10-4中的直线 L_1 和直线 L_2 是两条明显的支撑线。在 C 点和 D 点突破直线 L_1 说明上升趋势的势头已经遇到了阻力,E 点和 F 点之间的突破则是趋势的转向。另外,E 点的反弹高度没有超过 C 点,D 点的回落高度已经低于 A 点,都是上升趋势出了问题的信号。

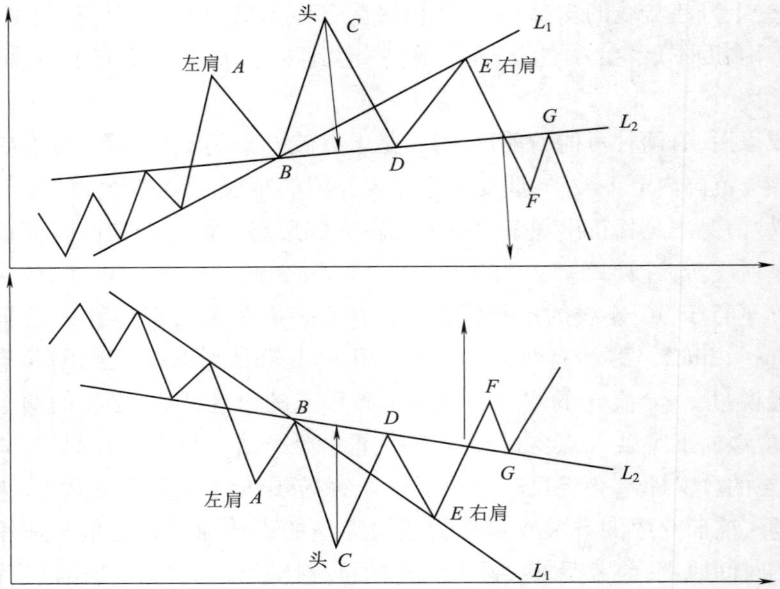

图 10-4　头肩顶底反转突破形态

图 10-4 中的直线 L_2 其实就是头肩顶形态中极为重要的直线——颈线。从前面的分析中,我们已经知道,在头肩顶形态中,颈线是支撑线,起支撑作用。但颈线还有一个重要的作用就是确认形态。头肩顶形态走到了 E 点并调头向下,只能说是原有的上升趋势已经转化成了横向延伸,还不能说已经反转向下了。只有当曲线波动到了 F 点,即证券价格向下突破颈线后,才能说头肩顶反转形态已经形成。同大多数的突破一样,这里颈线的被突破也有一个被认可的问题。百分比原则和时间原则在这里都适用。

一旦颈线突破,反转确认之后,投资者就应该知道证券价格下一步的大方向是下跌,而不是上涨或横向盘整。对于未来下跌的深度,投资者可以借助头肩顶形态的测算功能进行估计。从突破点算起,证券价格至少要下跌到与形态高度相等的距离。

头肩顶形态高度的测算方法是这样的,量出从头部到颈线的距离(图 10-4 中从 C 点向下的箭头长度),这个长度就是头肩顶形态的形态高度。上述原则是证券价格下落的最起码的深度,是最近的目标。证券价格的实际下落的位置要根据很多其他的因素来确定。上述原则只是给出了一个范围,只对投资决策有一定的指导作用。预计证券价格今后将要跌到什么位置能止住或将要能到什么位置而调头,永远是进行证券买卖的投资者最关心的问题,也是最不易回答的问题。

以上是以头肩顶为例、对头肩形顶底形态进行了介绍。对于头肩底而言,除了在成交量方面与头肩顶有所区别外,其余可以说与头肩顶一样,只是方向正好相反。例如,上升改成下降,高点改成低点,支撑改成压力。

(3)三重顶底形态。三重顶和三重底(triple top and bottom patterns)可以看成是头肩形态的一种小的变体,它是由三个基本上一样高或基本上一样低的顶和底组成。与头肩形的区别是头的价位回缩到与肩差不多相等的位置,有时可能甚至低于或高于肩部一点。从这个意义上讲,三重顶底与双重顶底也有相似的地方,前者比后者多反复了一次。

图 10-5 是三重顶底的简单图形。三重顶底的颈线差不多是水平的,三个顶和底也是差不多相等高度的。

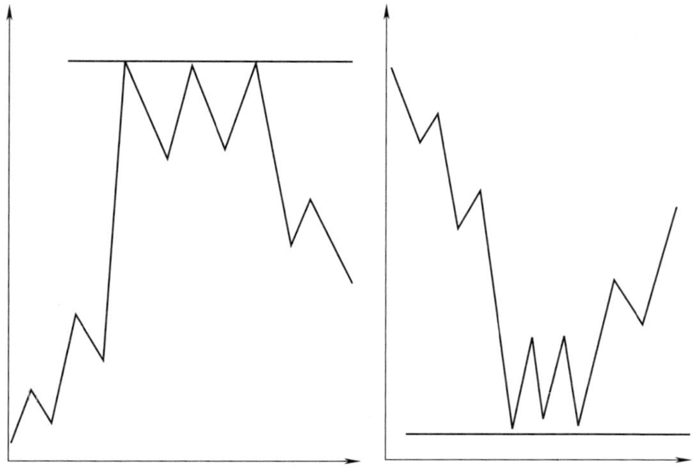

图 10-5　三重顶底反转突破形态

应用和识别三重顶底主要是用识别头肩形的方法。直接应用头肩形的结论和应注意的事项。在头肩形中适用的叙述对三重顶底都适用,这是因为三重顶底从本质上说就是头肩形。有些文献上甚至不把三重顶底单独看成一类形态,而直接纳入头肩形态。与一般头肩形最大的区别是,三重顶底的颈线和顶底(或低部)连线是水平的,这就使得三重顶底具有矩形的特征。比起头肩形来说,三重顶底更容易演变成持续形态,而不是反转形态。另外,如果三重顶底的三个顶(底)的高度依次从左到右是下降(上升)的,则三重顶底就演变成了直角三角形态。这些都是我们在应用三重顶底时应该注意的地方。

(4)圆弧形态。如果将证券价格在某一段时间的顶部高点用曲线连起来,每一个局部的高点都考虑到,有可能得到一条类似于圆弧的弧线,盖在证券价格之上。将每个局部的低点连在一起也能得到一条弧线,如图 10-6 所示。

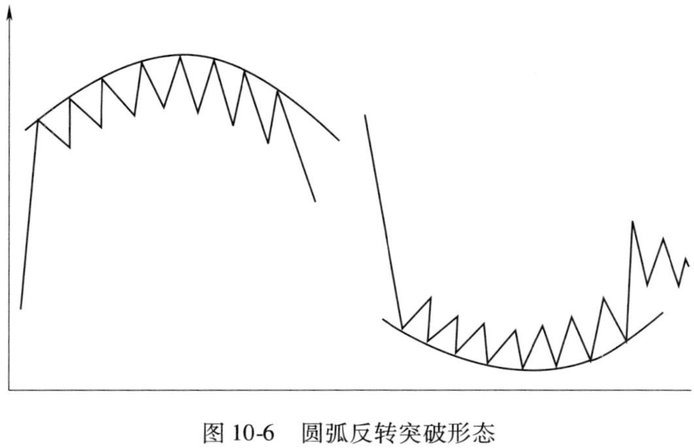

图 10-6　圆弧反转突破形态

圆弧形顶和底(rounding top and bottom patterns)又称为碟形、圆形、碗形等。不过,图 10-6中的曲线不是数学意义上的圆,也不是抛物线,而仅仅是一条弯曲的曲线。投资者已经习惯于使用直线，在遇到图 10-6 中这样的顶和底时，用直线显然就不够了，因为顶底的变化太频繁，一条直线应付不过来。

圆弧形在实际中出现的机会较少，但是一旦出现则是绝好的机会，它的反转深度和高度是不可测的，这一点同前面几种形态有一定区别。

圆弧的形成过程与头肩形中的复合头肩形有相似的地方，只是圆弧形的各种顶或底没有明显的头肩的感觉。这些顶部和底部的地位都差不多，没有明显的主次区分。这种局面的形成在很大程度上是一些机构大户炒作市场的产物。这些人手里有足够的证券筹码，如果一下抛出太多，证券价格下落太快，手中的证券可能不能全部卖出，只能一点一点地往外抛，形成众多的来回拉锯直到手中证券筹码接近抛完时，才会大幅度打压，一举使证券价格下降到很深的位置。此时会形成圆弧顶。反之，如果这些人手里持有足够的资金，如果一下子买进得太多，证券价格上得太快，也不利于今后的买入，也要一口一口地吃。直到证券价格一点一点地来往拉锯，知道建仓目标完成，接近圆弧边缘时，才会用少量的资金一举往上提拉一个很高的高度，因为这时证券的筹码大部分在机构大户手中，别人无法打压。

在识别圆弧形时，成交量也是很重要的。无论是圆弧顶还是圆弧底，在它们的形成过程中。成交量的过程都是两头多，中间少。越靠近圆弧的顶或者底，成交量越少，到达顶或者底的时候成交量达到最少。而在突破后的一段，都伴随着成交量的放大。

圆弧形形成所花时间越长，今后反转的力度就越强，越值得投资者去关注这个圆弧形。一般来说，应该与一个头肩形形成的时间相当。

(5)V 形反转。V 形(V-shape reversal)是一种反转形态，它出现在剧烈的市场动荡之中，底和顶只出现一次，V 形没有试探顶和底的过程，而是迅速地到顶或底，又迅速地反转。出于形态酷似英文字 V，所以叫 V 形。图 10-7 是 V 形的基本形状。

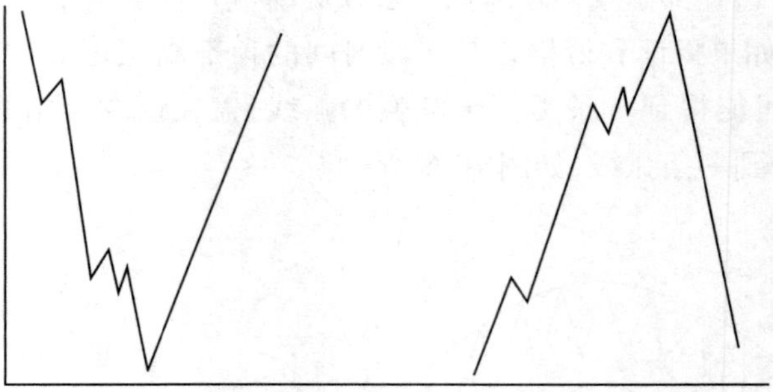

图 10-7　V 形反转突破形态

V 形反转事先没有征兆，无论是 V 形顶还是 V 形底的出现，都没有明显的形成过程，这一点同其他反转形态有较大的区别，因此往往让投资者感到突如其来，甚至难以置信。而一般的反转形态都有一个较明显的步骤：首先是原来的走势趋缓，市场多空双方的力量渐趋均衡；接着价格也由先前的走势转为横向徘徊；最后，多空力量的对比发生变化，走势发生逆转，股价反向而行。但 V 形走势却迥然不同，它没有中间那段过渡性的横盘过程，其关键转向过程仅 2 ~3 个交易日，有时甚至一个交易日内完成整个转向过程。

在上海和深圳股票市场中，V 形基本上是由某些突发的利好或利空消息而引起的，这些消息我们是不可能提前知道的。从技术的角度看，只能根据其他技术分析方法得到 V 形可能会出现的信号,例如,可以用技术指标寻找到 V 形的低点。而且 V 形反转的另一个重要特征是在转折点必须有大成交量的配合,且成交量在图形上呈倒 V 形。若没有大成交量,则 V 形走势不宜信赖。

2. 持续整理形态

(1)三角形。三角形态(triangles patterns)是属于持续整理形态的一类形态,价格运行近似走出了一个三角形的形态。三角形主要分为三种分为对称三角形、上升三角形和下降三角形。第一种有时也称正三角形,后两种合称直角三角形。以下分别就这三种形态进行介绍。

①对称三角形。对称三角形情况大多是发生在一个大趋势进行的途中,它表示原有的趋势暂时处于休整阶段,之后还要随着原趋势的方向继续行动。由此可见,见到对称三角形后,今后走向最大的可能是原有的趋势方向。

图 10-8 是对称三角形的一个简化的图形,这里的原有趋势是上升,所以,三角形态完成以后是突破向上。从图中可以看出,对称三角形有两条聚拢的直线,上面的向下倾斜,起压力作用;下面的向上倾斜,起支撑作用、两直线的交点称为顶点。另外,对称三角形要求至少应有 4 个转折点,图中有 6 个转折点。4 个转折点的要求是必然的,因为每条直线的确定需要两个点,上下两条直线就至少要求有 4 个转折点。正如趋势线的确认要求第三点验证一样,对称三角形一般应有 6 个转折点,这样,上下两条直线的支撑压力作用才能得到验证。

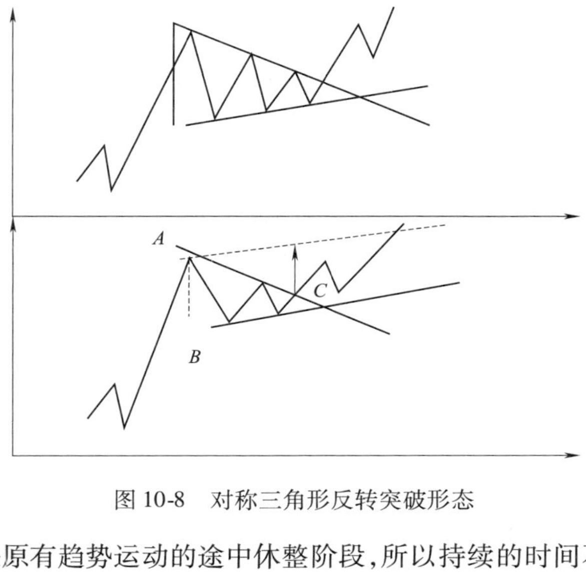

图 10-8 对称三角形反转突破形态

对称三角形只是原有趋势运动的途中休整阶段,所以持续的时间不应该太长。持续时间太长了,保持原有趋势的能力就会下降,一般说来、突破上下两条直线的包围,继续沿原有既定的方向的时间要尽量早些,越靠近三角形的顶点,三角形的各种功能就越不明显,对我们进行买卖操作的指导意义就越不强。突破的位置一般应在三角形的横向宽度的二分之一到四分之三的某个地点。

三角形的横向宽度指的是图中顶点到虚线的距离。由对称三角形的特殊性,我们实际上可以预测证券价格向上或向下突破的时间区域,只要得到了上下两条直线(三角形的两个边)就可以完成这项工作。投资者可在图上根据两条直线找到顶点,然后,计算出三角形的横向宽度,标出二分之一和四分之三的位置。这样,这个区域就是证券价格未来可能要突破,并保持原来趋势的位置。这对于我们进行买卖是很有指导意义的。不过这有个大前提,必须认定证券价格一定要突破这个三角形。如果证券价格不在预定的位置突破三角形,那么这个对称三角形形态可能转化成别的形态。对于突破的确认的问题,投资者可以沿用以往的对策按各自的喜好,采用百分比原则、日数原则或收盘价原则均可。

对称三角形被突破后,也有测算功能。这里介绍两种测算价位的方法,以原有的趋势上升为例。

方法一:如图 10-8 所示。从 *C* 点向上的带箭头的直线的高度,是未来证券价格至少要达到的高度,箭头直线长度与 *AB* 连线长度相等。*AB* 连线的长度称为对称三角形形态的高度。从突破点算起,证券价格至少要运动到与形态高度相等的距离。

方法二:如图 10-8 所示。过 *A* 作平行于下边直线的平行线,图中的斜虚线,是证券价格今后至少要达到的位置。

从几何学上可以证明,用这两种方法得到的两个价位在绝大多数情况下是不相等的。前者给出的是个固定的数字,后者给出的是个不断变动的数字,达到虚线的时间越迟,价位就越高。这条虚线实际上是一条轨道线。方法一简单易于操作和使用。方法二更多地是从轨道线方面考虑。

②上升三角形。上升三角形是对称三角形的变形体。对称三角形有上下两条直线。将上面的直线逐渐由向下倾斜变成水平方向就得到上升三角形。除了上面的直线是水平的以外,上升三角形同对称三角形在形状上没行什么区别。

上升三角形中,处在价格曲线上边的直线所起的作用是压力,处在下面的直线起支撑作用。在对称三角形中,压力和支撑都是逐步加强的,一方是越压越低,另一方是越撑越高,看不出谁强谁弱。在上升三角形中就不同了,压力是水平的,始终都是一样,没有变化,而支撑都是越撑越高。由此可见,上升三角形比起对称三角形来,有更强烈的上升意识.多方比空方更为积极。通常以三角形的向上突破作为这个持续过程终止的标志。

如果证券价格原有的趋势是向上,则很显然,遇到上升三角形后,几乎可以肯定今后是向上突破。一方面要保持原有的趋势,另一方面形态本身就有向上的愿望。这两方面的因素使证券价格很难逆大方向而动。

如果原有的趋势是下降的,则出现上升三角形后,以后证券价格的趋势判断起来就有些难度。一方要继续下降,保持原有的趋势,另一方要上涨,两方必然发生争执。如果在下降趋势处于末期时(下降趋势持续了相当一段时间),出现上升三角形还是以看涨为主。这样,上升三角形就成了反转形态的底部。从这里也可以看出,形态的类型是相对的,三角形形态在有时也可以成为反转突破的形态。

上升三角形被突破后也有测算的功能,测算的方法同对称三角形类似。图 10-9 中的上图是上升三角形的简单图形表示,以及测算的方法。

③下降三角形。下降三角形同上升三角形正好相反,是看跌的形态,如图 10-9 所示。下降三角形的基本内容同上升三角形可以说完全相似,只要相反叙述就可以了。

(2)矩形。矩形(rectangle)又称箱形,也是一种典型的整理形态,也称箱型整理。证券价格在两条横着的水平直线之间上下波动，上也上不去，下也下不来，一直做横向延伸的运动。

矩形在形成之初，多方和空方全力投入，各不相让。空方在价格高上去后，在某个位置就抛出，多方在证券价格下跌后到某个价位就买入。时间一长就形成两条明显的上下界线。随着时间的推移，双方的战斗热情会逐步减弱，市场趋于平淡。

如果原来的趋势是上升，那么经过一段矩形整理后，会继续原来的趋势，多方会占优并采取主动，使证券价格向上突破矩形的上界。如果原来是下降趋势，则空方会采取行动，突破矩形的下界，如图 10-10 所示。

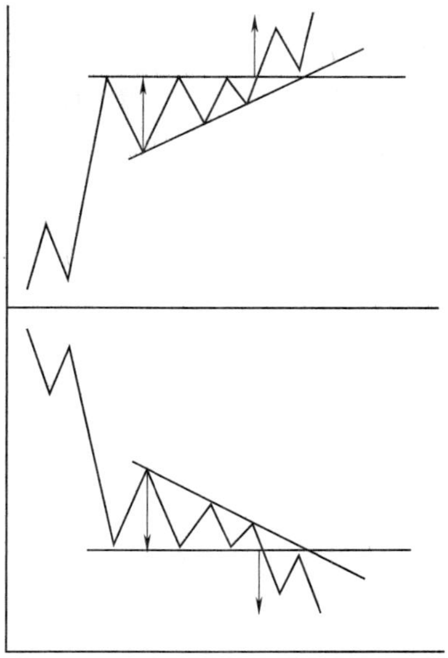

图 10-9　上升三角形与下降三角形反转突破形态

从图 10-10 中可以看出，矩形在其形成的过程中极可能演变成三重顶底形态，这是投资者应该注意的。正是由于矩形的判断有这么一个容易出错的可能性，在面对矩形和三重顶底进行操作时，几乎一定要等到突破之后才能采取行动，因为这两个形态今后的走势方向完全相反。一个是反转突破形态，要改变原来的趋势；一个是持续整理形态，要维持原来的趋势。

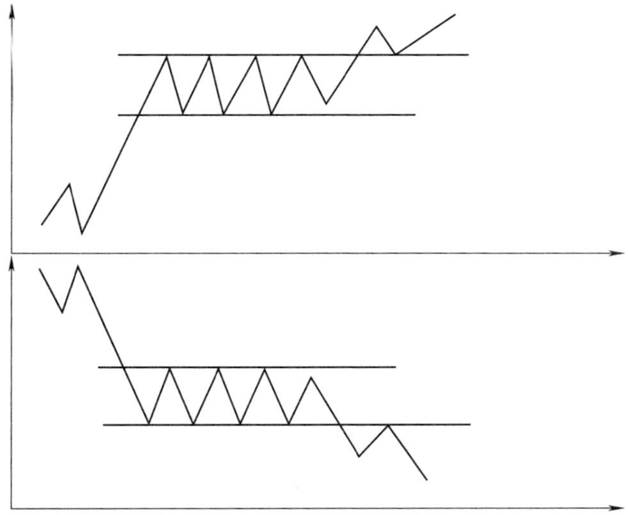

图 10-10　矩形反转突破形态

矩形被突破后，也具有测算意义，形态高度就是矩形的高度。面对突破后证券价格的反扑，矩形的上下界线同样具有阻止反扑的作用。

与别的大部分形态不同，矩形为投资者的买卖行动提供了一些短线炒作的机会。如果在矩形形成的早期，能够预计到证券价格将按矩形进行调整，那么．就可以在矩形的下界线附近买入，在矩形的上界线附近抛出，来回作几次短线的进出。如果矩形的上下界线相距较远，那么，这种短线的收益也是相当可观的。

(3)旗形。旗形和楔形也是最为常见的持续整理形态。在价格的曲线图上，这两种形态出现的频率最高。一段上升或下跌行情的中途,可能多次出现这样的图形。两者都是一个趋势的中途休整过程,休整之后,还要保持原来的趋势方向。这两个形态的特殊之处在于,它们的形态本身都有明确的方向,并与价格波动原有的趋势方向相反。例如,如果原有的趋势方向是上升方向,则这两种形态的形态方向就是下降方向。

从本质上讲,旗形和楔形没有根本的区别,在实际的画图过程中,有时很难区别。

旗形(flags formation)从几何学的观点看,旗形应该叫平行四边形。它的形状是一个上倾或下倾的平行四边形,如图 10-11 所示。

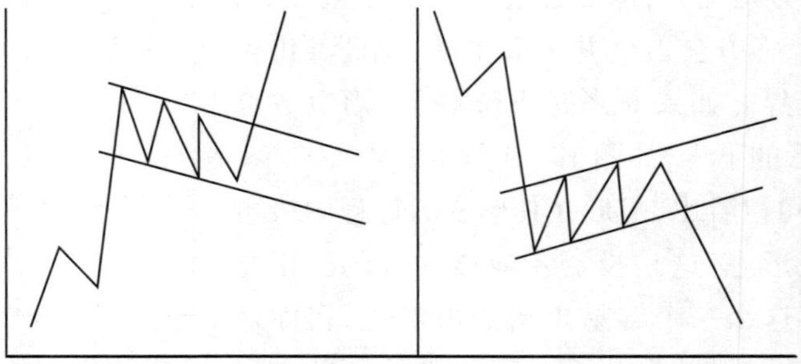

图 10-11　旗形反转突破形态

旗形大多发生在市场极度活跃的情况下,价格的运动是剧烈的、近乎于直线上升或直线下降的方式。在市场急速而又大幅度的波动中,股价经过一连串紧密的短期波动后,形成一个稍微与原来趋势呈相反方向倾斜的长方形,这就是旗形走势。旗形走势的形状就如同一面挂在旗杆顶上的旗帜,故此得名。旗形可分为上升旗形和下降旗形。

这种剧烈运动的结果就是产生旗形的条件。由于上升下降得过于迅速,中场必然会有所休整,旗形就是完成这一休整过程的主要形式之一。旗形的上下两条平行线起着文撑和压力作用这一点有些像轨道线,这两条平行线的某一条被突破是旗形完成的标志。

旗形的测算功能。旗形的形态高度是平行四边形左右两条边的长度,旗形被突破后,价格至少要走到形态高度的距离。另一种测算方法是用"旗杆"的高度。价格的波动在突破旗形后,大多数情况要运动到"旗杆"高度的距离。

应用旗形时,要注意以下几点。

①旗形出现之前,应该有一个"旗杆";也就是价格有一个近乎于直线上升或直线下降的运动过程,这在行情火爆的时候经常能够看到。

②旗形持续的时间不能太长。时间如果太长,旗形保持原来趋势的能力将下降。

③旗形形成之前和被突破之后,成交量都很大。在旗形的形成过程中,成交量从左向右逐渐减少。

(4)楔形。楔形(wedge formation),楔形和旗形是两个极为相似的形态,楔形有时也被称为第二旗形。如果将旗形中上倾或下倾的平行四边形变成上倾和下倾的三角形,就会得到楔形。楔形分上升楔形和下降楔形,如图 10-12 所示。

上升楔形是指股价经过一次下跌后产生强烈技术性反弹,价格升至一定水平后又掉头下落,但回落点比前次高,然后又上升至新高点,再回落,在总体上形成一浪高于一浪的势头。如果把短期高点、低点连接,则形成两条向上的直线,且两者呈收敛之势。下降楔形则正好相反,股价的高点和低点形成一浪低于一浪之势。

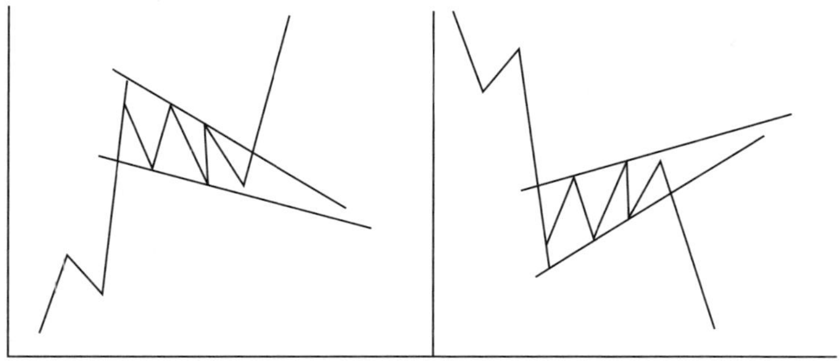

图 10-12　楔形反转突破形态

同旗形一样,楔形也有保持原来趋势的功能,而楔形之势原来趋势的短期调整,趋势的途中会遇到这种形态。上升楔形表示一个技术性反弹渐次减弱的情况,常在下跌行情中的回升阶段出现,显示股价尚未见底,只是一次下跌后技术性反弹。下降楔形常出现于中长期上涨趋势的回落调整阶段。在楔形形成过程中,成交量渐次减少,而在楔形形成之前和突破之后,成交量一般都很大。

楔形与三角形的区别在于楔形的上下两条边都是朝着同一个方向倾斜,而前面介绍的三角形上下两边的倾斜方向相反。楔形与旗形和三角形稍微不同的地方是,楔形偶尔也可能出现在顶部或底部而作为反转形态。这种情况一定是发生在一个趋势经过了很长时间接近尾声的时候。我们可以借助很多别的技术分析方法,从时间上来判断趋势是否可能接近尾声。尽管如此,当我们看到一个楔形后,首先还是把它当成持续整理形态。

与旗形另一个不同是,楔形形成所花费的时间较长,一般需要 2 周以上的时间方可完成。

3. 缺口

(1)缺口的定义。缺口是技术分析中常用的概念,通常又称为跳空,是指证券价格在快速大幅度波动中没有留下任何交易的一段真空区域。从这个意义上看,缺口也属于形态的一种。缺口的出现往往伴随着向某个方向运动的一种较强动力。缺口的宽度表明这种运动的强弱,一般来说,缺口越宽,运动的动力越大;反之,则越小。不论何种方向运动所形成的缺口,都将成为日后较强的支撑或压力区域,不过这种支撑或压力效能依不同形态的缺口而定。

(2)缺口的类型。缺口分析是技术分析的重要手段之一,对于缺口的论述有很多内容,这里只介绍最基本的。有关的技术分析著作常将缺口划分为普田缺口、突破缺口、持续性缺口和消耗性缺口四种形态。由于缺口具有不同形态,而每种形态各具特点,人们可以根据不同的缺口形态预测行情走势的变化方向和变化力度,因此,缺口分析已成为当今技术分析中极其重要的分析工具。

①普通缺口。普通缺口经常出现在股价整理形态中,特别是出现在矩形多对称三角形等整理形态中。持续整理的特点之一就是成交量逐渐减少,投资者的交易行为容易选择在形态的顶部或底部位置进行,中间区域无人问津,由此形成缺口。由于股价仍处于盘整阶

段，因此，在形态内的缺口并不影响股价的短期的走势。普通缺口具有的一个比较明显的特征是，它一般会在3日内回补；同时，成交量很小，很少有主动的参与者。如果不具备这些特点，就应考虑该缺口是否属于普通缺口形态。普通缺口的支撑或阻力效能一般较弱。

普通缺口的这种短期内必补的特征，给投资者的短线操作带来了一个简便的机会，即当向上的普通缺口出现之后，在缺口上方的相对高点抛出证券，待普通缺口封闭之后再买回证券；而当向下方向的普通缺口出现之后，在缺口下方的相对低点买入证券，待普通缺口封闭之后再卖出证券。这种操作方法的前提是必须判明缺口是否为普通缺口，且证券价格的涨跌是否达到一定的幅度。

②突破缺口。突破缺口是证券价格向某一方向急速运动，跳出原有形态所形成的缺口。突破缺口蕴含着较强的动能，常常表现为激烈的价格运动，具有极大的分析意义，一般预示这行情走势要发生重大变化。突破缺口的形成在很大程度上取决于成交量的变化情况，特别是向上的突破缺口。若突破时成交量明显增大，且缺口未被封闭（至少未完全封闭），则这种突破形成的缺口是真突破缺口。若突破时成交量未明显增大，或成交量虽大，但缺口短期内很快就被封闭，则这种缺口很可能是假突破缺口。

一般来说，突破缺口形态确认以后，无论价位的升跌情况如何，投资者都必须立即做出买入或卖出的指令，即向上突破缺口被确认立即买入；向下突破缺口被确认立即卖出，因为突破缺口一旦形成，行情走势必将向突破方向纵深发展。

③持续性缺口。持续性缺口是在证券价格向某一方向有效突破之后，由于急速运动而在途中出现的缺口，它是一个趋势的持续信号。在缺口产生的时候，交易量可能不会增加，但如果增加的话，则通常表明一个强烈的趋势。

持续性缺口的市场含义非常明显，它表明证券价格的变动将沿着既定的方向发展变化，并且这种变动距离大致等于突破缺口至持续性缺口之间的距离，即缺口的测量功能。持续性缺口一般不会在短期内被封闭，因此，投资者可在向上运动的持续性缺口附近买入证券或者在向下运动的持续性缺口附近卖出证券，而不必担心是否会套牢或踏空。

④消耗性缺口。消耗性缺口一般发生在行情趋势的末端，表明股价变动的结束。若一轮行情走势中已出现突破缺口与持续性缺口，那么随后出现的缺口就很可能是消耗性缺口。判断消耗性缺口最简单的方法就是考察缺口是否会在短期内封闭。若缺口封闭，则消耗性缺口的形态可以确立。消耗性缺口容易与持续性缺口混淆，它们的最大区别是：消耗性缺口出现在行情趋势的末端，而且伴随着大的成交量。

由于消耗性缺口形态表明行情走势已接近尾声，因此，投资者在上升行情出现消耗性缺口时应及时卖出证券，而在下跌趋势中出现消耗性缺口时买入证券。

4. 应用形态理论应注意的问题

形态理论是技术分析理论中较早得到应用的方法，相对来说比较成熟，为我们提供了很多价格运动轨迹有用的形态。但是，在应用形态理论的时候，还必须注意下面的问题。

(1)形态识别的多样性。站在不同的角度，面对不同时间区间的价格形态图形，对同一位置的某个形态可能有不同的解释。例如，一个头肩形可能被认为是某个局部的顶部或底部的反转形态。但是，如果从更大的范围来看，它有可能仅仅是一个更大的波动过程中的中途持续形态，比如说是个三角形或楔形。在实际的投资行为中，对这样的形态我们究竟应该怎样判断呢？这个问题其实是对波动趋势“层次”的判断问题。当然、还是应该使用尽可能宽的时间区间，因为时间区间宽的形态所包含的信息更多。

(2)形态突破真假的判断。在进行实际操作的时候，形态理论要等到形态已经完全明朗后才行动。形态的明朗必然涉及到支撑压力线的突破问题。

(3)信号慢半拍，获利不充分。形态理论需要等到形势明朗后才行动，这就将面临获利不充分的问题。从某种意义上讲，有错失机会之嫌。在我国则更是如此，因为我国证券市场趋势的持续性比较差，时间短、幅度小。如果等到突破后才行动，有时的错误是不可限量的。甚至可以说，利用形态分析已经失去意义。

(4)形态的规模会影响预测的结果。形态的规模是指价格波动所留下的轨迹在时间和空间上的覆盖区域。形态规模大，表明在形态完成的过程中，价格的上下波动所覆盖的区域大，在技术图形上所表现出来的就是价格的起伏大，从开始到结束所经过的时间跨度长。相反，小规模的形态所覆盖的价格区域小，时间长度也短。对形态的规模大小，可以用几何学中的相似的概念来解释。规模大的形态是规模小的形态的放大。当然，对大小的判断将会涉及主观的因素。

从实际的应用的角度讲，规模大的形态和规模小的形态都对行情判断有作用，不能用简单的一句话说清楚两者的区别。一般来说，规模越大的形态所作出的结论越具有战略的性质，规模越小的形态所作出的结论越具有战术的性质。从形态的度量功能看，规模大形态的高度就大，对今后的预测的深度就必然大。

建议在实际中尽量使用规模大的形态。形态规模越大，其结果越具有稳定性和持续件，不容易被改变。同所有的分析方法一样，用本节介绍关于价格形态的识别方法仅仅是进行实际投资行为的参考方法。它的结论只是某一方面的建议，不能把它们当成万能的工具而完全依赖它们。

10.3　技术分析指标

10.3.1　指标分析概述

指标分析是指按确定的方法对原始数据进行处理，制成图表，并用制成的图表对股市进行分析的方法。原始数据指的是开盘价、最高价、最低价、收盘价、成交量和成交金额，有时还包括成交笔数。

技术分析的应用主要通过以下几方面进行。

(1)指标的背离：指标的走向与股价(指数)的走向不一致，包括顶背离和底背离。

(2)指标的交叉：指标中的两条(或多条)线发生相交现象，如金叉和死叉。

(3)指标的高位和低位：指指标进入超买区和超卖区。

(4)指标的徘徊：指标处在进退都可的状态，没有明确的对未来方向的判断。

(5)指标的转折：指标的图形发生了调头，这种调头有时是一个趋势的结束和另一个趋势的开始。

(6)指标的盲点:指指标无能为力的时候。

每一个技术指标都是从某一特定方面对股市进行观察。技术指标可以进行定量的分析。在进行技术指标的分析和判断时,也经常用到别的技术分析方法的基本结论。技术指标是一种分析工具,每种工具都有自己的适用范围。各个指标在预测大势方面有准确程度的区别,一般不可能考虑到每一个技术指标,通常是以四五个技术指标为主,别的指标为辅。

10.3.2 主要的技术指标

1. 趋势型指标

(1)移动平均线(MA)。移动平均数是统计学用以研究事物发展变化趋势的方法,假设有一反映事物发展变化某一方面特征的数字:

$$a_0, a_1, a_2 \cdots, a_n$$

假定数列 a 存在某种趋势,上升、下降或上下变动,数列的这个趋势是受到某种主要因素影响的结果。但一些次要的、偶然的因素也在影响这个数列,使其呈现出不规则变动,我们可用逐项移动平均的办法消除这些次要的、偶然的变动,使其主要趋势呈现出来。设移动项数是 3,移动项数常被称为移动平均数的参数,则移动平均数为

$$b_0 = \frac{a_0 + a_1 + a_2}{3} \qquad b_1 = \frac{a_1 + a_2 + a_3}{3} \qquad b_{n-2} = \frac{a_{n-2} + a_{n-1} + a_n}{3}$$

我们也可以把移动平均数的参数设定为 5、10、20 等,分别求 5、10、20 日移动平均数,如果把这些数值标在坐标系中,连结这些点得到一条曲线,我们称这些曲线为 5、10、20 日移动平均线,记为 MA(5)、MA(10)、MA(20)。

MA 有 5 个特点:

①追踪趋势。MA 能够表示价格的趋势方向,并追随这个趋势。MA 消除了价格在升降过程中出现的小起伏。因此,可以认为,MA 的趋势方向反映了价格波动的方向。

②滞后性。在价格原有趋势发生反转时,调头转向的速度落后于价格的趋势。等到 MA 发出趋势反转信号时,价格调头的幅度已经很大了。

③稳定性。MA 在数值上要发生比较大地改变,都比较困难,必须是当天的价格有很大的变动。这种稳定性有优点,也有缺点。

④助涨助跌性。当价格突破了 MA 曲线的时候,无论是向上突破还是向下突破,价格有继续向突破方面再走一程的愿望。

⑤支撑压力性。MA 在价格走势中起支撑线和压力线的作用。对 MA 的突破,实际上是对支撑线或压力线的突破。

参数的作用将加强 MA 上述几方面的特性。参数选择得越大,上述的特性就越强。根据参数取值的大小,可以将 MA 分为长期、中期和短期三类。

使用 MA 需考虑两个方面:第一是价格与 MA 之间的相对关系,第二是不同参数的 MA 之间同时使用。

MA 在股价走势预测中的运用,经典的是葛兰碧法则,其内容如下:

三种买入信号:第一,移动平均线从下降开始走平,价格从下向上穿移动平均线;第二,

价格连续上升远离移动平均线，突然下跌，但在移动平均线附近再度上升；第三，价格跌破移动平均线，并连续暴跌，远离移动平均线。

三种卖出信号：第一，移动平均线从上升开始走平，价格从上向下穿移动平均线；第二，价格连续下降远离移动平均线，突然上升，但在移动平均线附近再度下降；第三，价格下穿移动平均线，并连续暴涨，远离移动平均线。

MA 的盲点体现在两方面。第一，信号频繁。当价格处于盘整阶段，MA 势必会发出很多的信号，产生信号频繁的现象。第二，支撑压力结论的不确定。

(2)平滑异同移动平均数(MACD)。MACD 的英文全称是 moving average convergence and divergence，直译为平滑异同移动平均线。该指标是在对价格进行指数平滑的基础上进行行情的研判。MACD 由正负差(DIF)、异同平均数(MACD)和柱状线(BAR)这三部分组成。DIF 是 MACD 的核心。MACD 是在 DIF 的基础上得到的。BAR 又是在 DIF 和 MACD 的基础上产生的。

DIF 是快速 EXPMA 与慢速 EXPMA 的差，DIF 的正负差的名称由此而来。快速和慢速的具体体现是 EXPMA 的参数的大小。快速是短期的，慢速是长期的。由此可见，计算 DIF 需要用到两个参数，即计算快慢两个 EXPMA 的参数。

目前，计算 MACD 的流行说法是两个参数是 12 和 26。DIF 具体的计算公式

$$\text{EXPMA}n+1(12)=\text{EXPMA}n(12)\times 11/(12+1)+Pn+1\times 2/(12+1)$$

$$\text{EXPMA}n+1(26)=\text{EXPMA}n(26)\times 25/(26+1)+Pn+1\times 2/(26+1)$$

其中，P 是收盘价。参数为 12 者属于快速的，参数为 26 者是慢速的。

在计算了 EXPMA 之后，DIF 从下面公式得到

$$\text{DIF}=\text{EXPMA}(12)-\text{EXPMA}(26)$$

MACD 是计算 DIF 的移动平均，也就是连续若干个交易日的 DIF 的移动平均。对 DIF 作移动平均就如同对收盘价作移动平均一样，其计算方法同 MA 一样。引进 MACD 的目的是为了消除 DIF 的一些偶然的现象，使信号更加可靠。

由于要计算移动平均，就涉及到参数，这是 MACD 的另一个参数。计算 MACD 一共需要 3 个参数。前两个用于计算 DIF，后一个用于计算 MACD。计算公式为

$$\text{MACD}(12,26,10)=(\text{DIF}t+1+\text{DIF}t+2+\cdots+\text{DIF}t+10)/10$$

BAR 的计算公式为

$$\text{BAR}=2\times(\text{DIF}-\text{MACD})$$

以参数为 12、26 和 2 为例，计算结果见表 10-1。

表 10-1　参数为 12、26 和 2 的计算结果

日期	收盘价	EXV～(12)	EXP～(26)	Dm(12,26)	MACD(12,26,2)	BAR
1	100	100.000	100.000	0.000	0	0
2	110	101.538	100.740	0.792	0.396 0	0.792
3	105	102.071	101.056	1.015	0.903 5	0.223

MACD 主要是从四个方面进行行情预测。

①DIF 和 MACD 由负数变成正数，与横坐标轴产生交叉，则市场属于多头市场。在较低

的位置 DIF 向上突破 MACD 是买入信号。属于黄金交叉的范畴;在横轴附近,DIF 向下跌破 MACD 只能认为是回落,作获利了结。

DIF 和 MACD 由正数变成负数,与横坐标轴产生交叉,则市场属于空头市场。在较高的位置 DIF 向下突破 MACD 是卖出信号,属于死亡交叉的范畴;在横轴附近,DIF 向上突破 MACD 只能认为是反弹,作获利了结。

②当 DIF 的取值达到很大的时候,应该考虑卖出;当 DIF 的取值达到很小的时候,应该考虑买进。

③如果 DIF 或 MACD 与价格曲线在比较低的位置形成底背离,是买入的信号;如果 DIF 或 MACD 与价格曲线在比较高的位置形成顶背离,是卖出的信号。

④当 BAR 横轴下面的绿线缩短的时候买入,当横轴上面的红线缩短的时候卖出。

在市场没有明显趋势而进入盘整时,MACD 的失误率极其高。另外,对未来价格的上升和下降的深度广度,MACD 不能提出有帮助的建议。

2. 超买超卖型指标

(1)威廉指标(WMS%)。威廉指标(WMS%)由拉里威廉于 1973 年首创,取值的大小表示市场当前的价格在过去一段时间内所处的相对高度,进而指出价格是否处于超买或超卖的状态。

①WMS% 的计算公式和参数选择。WMS% 的计算公式为

$$\text{WMS\%}(n)=(Hn-C)/(Hn-Ln)\times 100\%$$

其中,C 是当天的收盘价,Hn 和 Ln 是最近 n 日内(包括当天在内)出现的最高价和最低价。WMS% 有一个参数,那就是选择的交易日的天数 n。表 10-2 是参数为 3 的计算结果。

表 10-2　参数为 3 的计算结果

日期	收盘价	最高价	Hn	最低价	Ln	WMS%(3)
1	1.30	1.35		1.25	0	0
2	1.20	1.28		1.18	0	0
3	1.23	1.25	1.35	1.20	1.18	70.5
4	1.25	1.27	1.28	1.13	1.13	20.0
5	1.37	1.37	1.37	1.22	1.13	0.00

②WMS% 的应用法则从两方面考虑:一是 WMS% 取值的数值大小;二是 WMS% 曲线撞顶底的次数和形态。

从 WMS% 的取值大小方面。WMS% 的取值介于 0~100 之间,可以以 50 为中轴线将其分为上下两个区域。简单地说,WMS% 是高吸低抛。

第一,当 WMS% 低于 10,即处于超买状态,行情即将见顶,应当考虑卖出。

第二,当 WMS% 高于 90,即处于超卖状态,行情即将见底,应当考虑买入。

从 WMS% 曲线撞顶底的次数和形态。第一,WMS% 连续几次撞到或接近撞到顶部 100(或底部 0),局部将形成双重或多重顶(底)、头肩顶或头肩底,此时则是买人(或卖出)的信号。第二,WMS% 撞顶和撞底次数的原则是,至少 2 次,至多 4 次。如果发现 WMS% 已经是第 4 次撞顶或撞底,应该采取行动。

（2）KDJ 指标。KDJ 指标又称随机指数，是由莱恩首创的。

KDJ 的计算比较复杂，首先要选择周期（n 日、n 周等），再计算当天的未成熟随机值（即 RSV 值），然后计算 K 值、D 值、J 值等。

①RSV 的计算公式为：

$$\mathrm{RSV}(n)=(C-L_n)/(H_n-L_n)\times 100\%$$

式中 C——当天的收盘价；

L_n——之前 n 日内的最低价；

H_n——之前 n 日内的最高价。

②某一天的 K 值 $=2/3\times$ 前一日 K 值 $+1/3\times$ 当日 RSV，即

$$K_i=2/3K_{i-1}+1/3\mathrm{RSV}_i$$

K_i 和 RSV_i 分别表示某一天当天的 K 值和 RSV 值；

K_{i-1} 表示前一天的 K 值，若无前一天的 K 值，则用 50 来代替。

③某一天当天的 D 值 $=2/3\times$ 前一日 D 值 $+1/3\times$ 当日 K 值，即

$$D_i=2/3D_{i-1}+1/3K_i$$

D_i 和 c 分别表示当天的 D 值和 K 值；

D_{i-1} 表示前一天的 D 值，若无前一天的 D 值，则用 50 来代替。

④J 值 $=3\times$ 当日 K 值 $-2\times$ 当日 D 值，即

$$J_i=3K_i-2D_i$$

例：手中有某只股票 30 日的数据，以 9 日为周期，想计算第 9 天的 KDJ 值，计算方法为先计算第 9 天当天的 RSV 值：

$$\mathrm{RSV}=(C-L)\div(H-L)\times 100$$

式中 C——第 9 天当天的收盘价；

L——从第 1 天到第 9 天这 9 天内的最低价；

H——从第 1 天到第 9 天这 9 天内的最高价。

再计算第 9 天的 K 值：

$$K\text{ 值}=2/3\times\text{第 8 日 }K\text{ 值}+1/3\times\text{第 9 日 RSV}$$

第 8 日 K 值用 50 代替。

第三步计算第 9 天的 D 值：

$$D\text{ 值}=2/3\times\text{第 8 日 }D\text{ 值}+1/3\times\text{第 9 日 }K\text{ 值}$$

第 8 日 D 值用 50 代替。

第四步计算第 9 天的 J 值：

$$J\text{ 值}=3\times\text{第 9 日 }K\text{ 值}-2\times\text{第 9 日 }D\text{ 值}$$

有了第 9 天的 K 值和 D 值，则可以进一步计算第 10 天的 K 值、D 值和 J 值，再用第 10 天的 K 值和 D 值计算出第 11 天的 K 值、D 值和 J 值，依此类推。

KDJ 指标应用时主要从四个方面进行考虑。

①KDJ 的数值。KDJ 的取值范围是 0～100，可将其划分为几个区域：超买区、超卖区、徘徊区。按一般的划分法，80 以上为超买区，20 以下为超卖区，其余为徘徊区。KDJ 超过 80 就应该考虑卖出，低于 20 就应该考虑买入。

②KDJ 曲线的形态。当 KDJ 指标在较高或较低位置形成了头肩形和多重顶底时，是采取行动的信号。这些形态一定要在较高位置或较低位置出现，位置越高或越低，结论越可靠。

③KDJ 指标的交叉。K 上穿 D 是金叉，为买入信号，但出现金叉是否就应该买入，还要看别的条件。第一个条件是金叉的位置。应该是在超卖区的位置，越低越好。第二个条件是金叉的次数。有时在低位，K、D 要来回交叉几次，交叉的次数以 2 次为最少，越多越好。第三个条件是金叉的方向，即常说的“右侧相交”原则。

④KDJ 指标的背离。背离就是指标与价格走势不一致。当 KDJ 处在高位，并形成两个依次向下的峰，而此时股价还在一个劲地上涨，这叫顶背离，是卖出的信号；与之相反，KDJ 处在低位，并形成一底比一底高，而股价还在继续下跌，这叫底背离，是买入的信号。

（3）相对强弱指标 RSI。KDJ 指标是韦尔斯—王尔德首创的。其原理就是通过计算股价涨跌的幅度来推测市场运动趋势的强弱度，并据此预测趋势的持续或者转向。实际上它显示的是股价向上波动的幅度占总的波动幅度的百分比，如果其数值大，就表示市场处于强势状态，如果数值小，则表示市场处于弱势。通常该指标称为 RSI 指标。这是一个测市的重要指标，但它的作用与股票和期货的市值大小有着密切的关系，盘子大的波动幅度小，盘子小的波动幅度大。

①其具体计算方法是：

$$\mathrm{RSI}(n) = A/(A+B) \times 100\%$$

式中　A——n 天中股价向上波动的幅度大小；

　　B——n 天中股价向下波动的大小；

　$A+B$——股价在此期间总的波动幅度大小。

②受计算公式的限制，不论价位如何变动，强弱指标的值均在 0～100 之间。强弱指标保持高于 50 表示为强势市场，反之低于 50 表示为弱势市场。

③强弱指标多在 30～70 之间波动。当六日指标上升到达 80 时，表示股市已有超买现象，如果一旦继续上升，超过 90 以上时，则表示已到严重超买的警戒区，股价已形成头部，极可能在短期内反转回转。

④当六日强弱指标下降至 20 时，表示股市有超卖现象，如果一旦继续下降至 10 以下时则表示已到严重超卖区域，股价极可能有止跌回升的机会。

⑤每种类型股票的超卖超买值是不同的。

在牛市时，通常蓝筹股的强弱指数若是 80，便属超买，若是 30 便属超卖，至于二三线股，强弱指数若是 85～90，便属超买，若是 20～25，便属超卖。但不能硬性地以上述数值，拟定蓝筹股或二三线股是否属于超买或超卖，主要是由于某些股票有自己的一套超买/卖水平，即是，股价反覆的股票，通常超买的数值较高（90～95），而视作超卖的数值亦较低（10～15）。至于那些表现较稳定的股票，超买的数值则较低（65～70），超卖的数值较高（35～40）。因此，对一只股票采取买/卖行动前，一定要先找出该只股票的超买/超卖水平。至于衡量一只股票的超买/超卖水平，可以参考该股票过去 12 个月之强弱指标记录。

⑥超买及超卖范围的确定还取决于两个因素。第一是市场的特性，起伏不大的稳定的市场一般可以规定 70 以上为超买，30 以下为超卖。变化比较剧烈的市场可以规定 80 以上

为超买,20 以下为超卖。第二是计算 RSI 时所取的时间参数。例如,对于 9 日 RSI,可以规定 80 以上为超买,20 以下为超卖。对于 24 日 RSI,可以规定 70 以上为超买,30 以下为超卖。应当注意的是,超买或超卖本身并不构成入市的信号。有时行情变化得过于迅速,RSI 会很快超出正常范围,这时 RSI 的超买或超卖往往就失去了其作为出入市警告信号的作用。例如,在牛市初期,RSI 往往会很快进入 80 以上区域,并在此区域内停留相当长一段时间,但这并不表示上升行情将要结束。恰恰相反,它是一种强势的表现。只有在牛市末期或熊市当中,超买才是比较可靠的入市信号。基于这个原因,一般不宜在 RSI 一旦进入非正常区域就采取买卖行动。最好是价格本身也发出转向信号时再进行交易。这样就可以避免类似于上面提到的 RSI 进入超买区但并不立即回到正常区域那样的"陷阱"。在很多情况下,很好的买卖信号是:RSI 进入超买超卖区,然后又穿过超买或超卖的界线回到正常区域。不过这里仍然要得到价格方面的确认,才能采取实际行动。这种确认可以是:

- 趋势线的突破;
- 移动平均线的突破;
- 某种价格型态的完成。

⑦强弱指标与股价或指数比较时,常会产生先行显示未来行情走势的特性,亦即股价或指数未涨而强弱指标先上升,股价或指数未跌而强弱指标先下降,其特性在股价的高峰与谷底反应最明显。

⑧当强弱指标上升而股价下跌,或是强弱指标下降而股价上涨,这种情况称为"背驰"。当 RSI 在 70 ~ 80 上时,价位破顶而 RSI 不能破顶,这就形成了"顶背驰",而当 RSI 在 30 ~ 20 下时,价位破底而 RSI 不能破底就形成了"底背驰"。这种强弱指标与股价变动,产生的背离现象,通常被认为市场即将发生重大反转的信号。

和超买及超卖一样,背驰本身并不构成实际的卖出信号,它只是说明市场处于弱势。实际的投资决定应当在价格本身也确认转向之后才作出。虽然在行情确实发生反转的情况下,这个确认过程会使投资者损失一部分利润,可是却可以避免在行情后来并未发生反转的情况下投资者可能作出的错误的卖出决定。相对地说,这种错误会对投资者造成更大的损失,因为有时候行情会暂时失去动量然后又重新获得动量,而这时价格并不发生大规模的转向。

RSI 的应用法则如下:

①不同参数的两条 RSI 曲线的联合使用。参数小的 PSI 被称为短期 RSI,参数大的被称为长期 RSI。短期 RSI > 长期 RSI,属多头市场;短期 RSI < 长期 RSI,属空头市场。

②从 PSI 取值的大小判断行情。将 0 ~ 100 分成 4 个区域,见表 10-3。

表 10-3　RSI 取值区域划分

100 ~ 80	极强	卖出
80 ~ 50	强	买入
50 ~ 20	弱	卖出
20 ~ 0	极弱	买入

极强与强的分界线和极弱与弱的分界线应该是不明确的。这条分界线实际上是一个区域。这些数字实际上是对这条分界线的大致描述。

③从 RSI 的曲线形态上判断行情。当 RSI 在较高或较低的位置形成头肩形和多重顶底,是采取行动的信号。

④从 RSI 与价格的背离判断行情。RSI 处于高位,并形成一峰比一峰低的依次下降的两个峰,与此同时,价格所对应的是一峰比一峰高的依次上升的两个峰,这就形成顶背离。这是比较强烈的卖出信号。与这种情况相反的是底背离,应该买入。

(4)乖离率(BIAS)。乖离率(BIAS)是描述价格与价格的移动平均线的相距的相对距离。BIAS 的计算公式为

$$n\text{ 日乖离率} = (\text{当日收盘价} - n\text{ 日移动平均价})/n\text{ 日移动平均价} \times 100\%$$

BIAS 的原理是离得太远了就该回头,因为价格天生就有向心的趋向。另外,价格与需求的关系也是产生这种向心作用的原因。

找到某个正数或负数,BIAS 一超过这个正数,就应该考虑抛出;BIAS 低于这个负数,就考虑买入。这个正数或负数与 3 个因素有关:第一,BIAS 选择的参数的大小;第二,选择的股票类型;第三,不同的时期,分界线的高低也可能不同。

一般来说,参数越大,采取行动的分界线就越大。股票越活跃,选择的分界线也越大。BIAS 形成从上到下的两个或多个下降的峰,而此时价格还在继续上升,则这是抛出的信号;BIAS 形成从下到上的两个或多个上升的谷,而此时价格还在继续下跌,则这是买入的信号。

【参考案例】

案例一　价量配合的案例分析

下图是一只股票实际的价量配合图形。从图中可以看出,维持价格的上升需要成交量的配合。

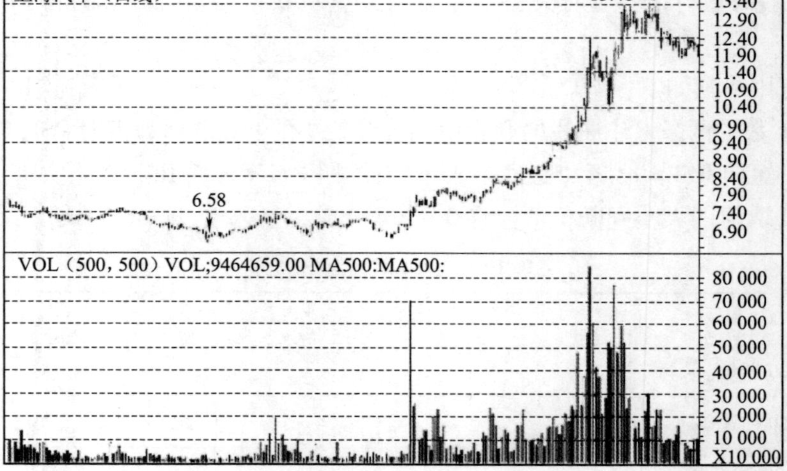

案例二　K 线组合的案例分析

下图是一只股票的实际走势图。在该股形成底部的时候，出现了反转的组合形态——鲸吞型，给出了买入的信号。

案例三　单点黄金分割线案例

下图是单点黄金分割线应用案例。股票从 15 元开始下降，当下降到 15 元的 0.618(9.3 元)、0.50(7.5 元)和 0.382(5.7 元)的时候都可以考虑买入。从结果来看，0.382 的效果最好，几乎是最低点，而其余两次买入都可以有盈利。

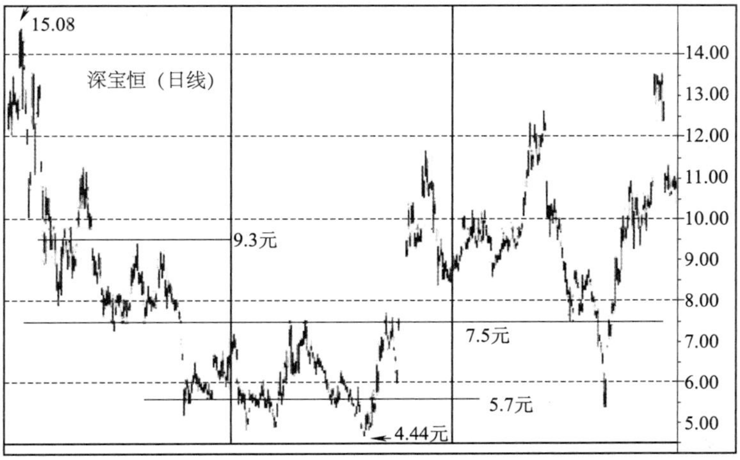

案例四　形态理论的案例分析

下图是一个双重底形态，属于规模比较大的双底形态。双重底之后的上升是巨大的、其颈线在很长时间之后起到了支撑作用。

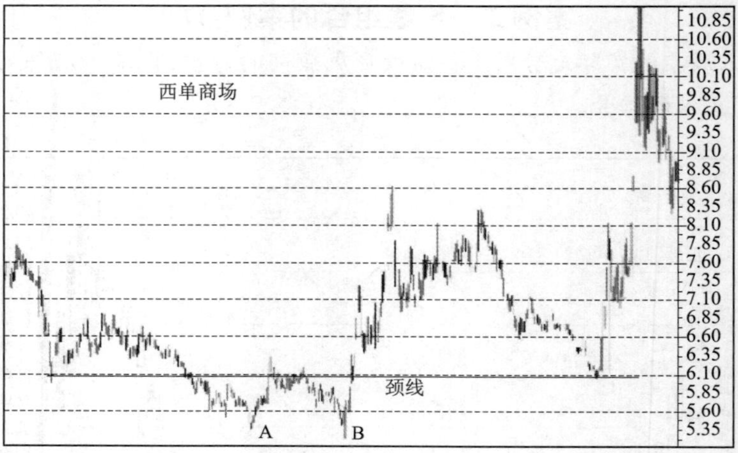

下图中的形态是一个比较复杂的复合头肩底，它的“头”是一个“规模较小”的双重底。左肩和右肩都是旗形或楔形。该形态完成后，出现了较大的上升，直到出现双重顶为止。

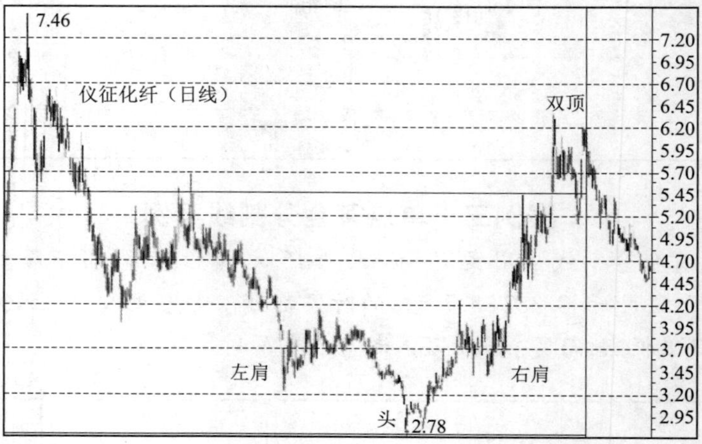

（资料来源：作者根据相关材料整理而成。）

重要概念

技术分析　　缺口　　指标的背离　　指标的交叉
压力线　　支撑线　　趋势线

复习思考

(1)证券投资技术分析的理论基础是什么？
(2)如何理解交易过程中的价量关系？
(3)什么是平滑异同移动平均线？
(4)应用 KDJ 指标应注意哪些方面？
(5)绘图示意并简要说明支撑线与阻力线的转化。

第 11 章　证券投资的收益与风险

【学习目标】

- 了解证券投资投资收益与风险的概念。
- 掌握证券投资收益来源。
- 掌握证券投资风险的类型。
- 掌握证券收益率及风险的度量方法。
- 理解证券投资收益与风险的关系。

11.1　证券投资收益

11.1.1　证券投资收益概述

1. 证券投资收益的内涵

证券投资收益是指投资者在购买、持有和出售某种有价证券的全过程中获得的投资受益超过本金的部分,即证券投资者在从事证券投资活动中所获得的报酬。证券投资收益可以用证券投资报酬率表示。简单说就是投资收益额(即报酬)与投资总额的比率。尽管证券种类很多、性质各异,但就其收益而言,可将其分为固定收益证券和非固定收益证券两大类。在证券的基础投资品种中,债券是固定收益证券的代表,而股票是非固定收益证券的代表,因此,本部分将通过股票和债券对证券投资的收益进行分析。

2. 证券投资收益的主要来源

若投资者进行的是长期投资,则选择股票的收益主要是获得股息或红利收入,部分投资者还能获得资本增值收入,选择债券投资的收益主要是获得固定的利息收入;若投资者进行的是短期投资,则其投资收益主要是差价收入;若投资者采用长、中、短期相结合灵活操作的策略,则其收益可能包括投资股票的股息、红利收入、投资债券的利息收入及买卖证券的差价收入和资本增值收入等。

3. 证券投资收益的形式

证券投资收益的形式分为绝对形式的收益额和相对形式的收益率。一般,理论上往往应用的相对形式的收益率。收益率分为期望收益率、必要收益率与实际收益率。

(1)期望收益率是投资者在投资时期望获得的报酬率。

(2)必要收益率是投资者愿意投资所要求的最低报酬率。

(3)实际收益率是投资者投资后所实际获得的报酬率。

显然,如果期望收益率小于必要收益率,投资者将不会投资。当市场均衡时,期望收益率等于必要收益率。而实际收益率则是已经实现的收益率,可以说,实际收益率是一个后验收益率。实际收益率与期望收益率之间的差异即是风险,差异越大,风险就越大。

11.1.2 证券投资预期收益率的度量

1. 单一证券预期收益率

面对未来收益的不确定性,单一证券预期收益率的度量可以应用两种方法:历史数据法、情景综合分析法。

(1)历史数据法(history data analysis)。历史数据法假定未来与过去相似,以长期历史数据为基础,根据过去的经历推测未来的资产类别收益。有关历史数据包括三类:资产的收益率、标准差衡量的风险水平以及不同类型资产之间的相关性等数据。因此,预期收益率的计算公式为

$$E(R_i) = \frac{1}{n}\sum_{i=1}^{n} R_{i_i}$$

式中 $E(R_i)$——投资 i 证券的预期报酬率;

R_i——第 i 期的历史收益率;

n——所有历史数据的期数。

(2)情景综合分析法(scenario analysis)

与历史数据法相比,情景综合分析法在预测过程中的分析难度和预测的适当时间范围不同,也要求更高的预测技能,由此得到预测结果在一定程度上也更有价值。一般来说,情景综合分析法的预测期间在3~5年左右。运用情景综合分析法进行预测的基本步骤如下。

①分析目前与未来的经济环境,确认经济环境可能存在的状态范围,即情景。

②预测在各种情景下,各类资产可能的收益与风险,各类资产之间的相关性。

③确定各情景发生的概率。

④以情景的发生概率为权重,通过加权平均的方法估计各类资产的收益与风险。

预期收益率的计算公式为

$$E(R_i) = \sum_{i=1}^{n} R_i P_i$$

式中 $E(R_i)$——投资 i 证券的预期报酬率;

R_i——第 i 种情况下的收益率;

P_i——第 i 种情况发生的概率;

n——所有可能情况的数目。

【例 11-1】投资者准备投资甲、乙两个证券,其有关情景见表 11-1。请计算这两个证券的期望收益率。

表 11-1　甲、乙证券相关情景表

经济情况	概率	甲证券收益率	乙证券收益率
繁荣	0.3	40%	50%
正常	0.5	20%	20%
衰退	0.2	-10%	-25%

解：$\overline{R_{甲}} = 0.3 \times 40\% + 0.5 \times 20\% + 0.2 \times (-10\%) = 20\%$

$\overline{R_{乙}} = 0.3 \times 50\% + 0.5 \times 20\% + 0.2 \times (-25\%) = 20\%$

2. 证券组合的预期收益率

证券组合投资(security portfolio investment)，是多个证券的集合投资。证券组合投资的预期报酬率是投资组合中各项投资预期报酬率的加权平均，权数是各项投资额占总投资额的比重，其计算公式为

$$E(R_p) = \sum_{i=1}^{n} W_i \cdot E(R_i)$$

式中　$E(R_p)$——投资组合的预期报酬率；

W_i——投资 i 证券的投资额在投资总额中的比重。

【例 11-2】某投资组合由 A、B、C 三种股票组成，其预期报酬率分别为 9%、10%、15%，这三种股票的投资额在投资总额中的比重分别为 10%、30%、60%，计算该组合投资的预期报酬率。

解：$E(R_p) = 9\% \times 10\% + 10\% \times 30\% + 15\% \times 60\% = 12.9\%$

11.1.3　股票投资收益

1. 股票投资收益的来源

股票投资收益是投资者从购入股票开始到出售股票为止整个持有期间的收入。它由股利收入、资本利得两部分组成。股利收入从公司的税后利润中支付，是对股东的投资回报。资本利得是投资者在资本市场中买卖股票的差价。另外，资本公积转增股本并不属于股票投资收益。资本公积转增股本通俗地讲，就是用资本公积金向股东转送股票。从理论上来讲，只是资本公积、股本两个会计科目的调整，企业的股东权益总额保持不变，投资者只是股数增多，股价随之下降，不会带来收益。

股利包括股息与红利。股息(dividend)，就是股票的利息，是指公司按照票面金额的一个固定比率向股东支付利息。红利(bonus 或 extra dividend)，虽然也是公司分配给股东的回报，但它与股息的区别在于，股息的利率是固定的(特别是对优先股而言)，而红利数额通常是不确定的，它随着公司每年可分配盈余的多少而上下浮动。因此，有人把普通股的收益称为红利，而股息则专指优先股的收益。红利则是在上市公司分派股息之后按持股比例向股东分配的剩余利润。获取股息和红利，是股民投资于上市公司的基本目的，也是股民的基本经济权利。

一般来讲，上市公司在财会年度结算以后，会根据股东的持股数将一部分利润作为股息分配给股东。根据上市公司的信息披露管理条理，我国的上市公司必须在财会年度结束

的4个月内公布年度财务报告,且在年度报告中要公布利润分配预案,所以上市公司的分红派息工作一般都集中在次年的第二和第三季度进行。

股息和红利的分配受国家税收政策的影响。上市公司的股东不论是自然人还是法人都要依法承担纳税义务,我国税法规定,股息红利按20%征收个人所得税,目前减半征收,即10%。

(1)股利的发放日期。股利的派发权是属于股东大会,但派发股利的具体方案则由董事会提出,一经股东大会认可,即可确定进行。公司股票是可以转让的。为了确定哪些人可以领到股利,必须在发放股利前确定一些日期界限。

这里有4个重要日期需要注意,因为它们无论对于那些注重当前收入的人,或是对注重资本利得的人都十分重要。

①宣布股利日。即董事会宣布决定在某日发放股利的日期。

②股权登记日。凡此日在公司股东名册上有名字的人都可分享到最近一次股利。由于股票交易与股东是不断变化的,公司很难确定某期股息派发中股东有哪些人。因此,董事会必须决定某一天为股权登记日,让股东进行股权登记,以便公司确认股东并派发股息。

③除息除权日。在除息除权日当天或其后购买股票者将无权领取最近一次股利。除息日一般在股权登记日后的第一个工作日。

④股利发放日。将股利正式发放给股东的日期。

上述日期对股票交易是十分重要的。如果持股人在股权登记日卖出股票,那么他将失去分享股利的权利,如果持股人在除息除权日当天或以后买进股票,那么他也无权分享即将分配的一次股利,这次股利仍将归原股东领取。很显然,股利的宣布日、发放日对股票交易价格有一定的影响。

(2)股利的支付方式。股利的支付方式有现金股利、股票股利、财产股利、负债股利、建业股利等多种。

①现金股利。现金股利是以货币形式支付的股息和红利,是最普通、最基本的股利形式。现金股利亦称派现,与股票股利相对,是股份公司以货币形式发放给股东的股利。企业向股东支付的现金,一般来自企业的当期盈利或累计利润。所有股利都必须由董事会公布,收取股息者需要缴付税项。发放现金股利的多少主要取决于公司的股利政策和经营业绩。上市公司发放现金股利主要出于三个原因:投资者偏好;减少代理成本;传递公司的未来信息。公司采用现金股利形式时,必须具备两个基本条件:第一,公司要有足够的未指明用途的留存收益;第二,公司要有足够的现金。

②股票股利。股票股利是以股票的方式派发的股利,通常是由公司用新增发的股票或一部分库存股票作为股利,代替现金分派给股东。股票股利是股东权益账户中不同项目之间的转移,对公司的资产、负债、股东权益总额毫无影响。股票股利也称为送红股,是指股份公司以增发本公司股票的方式来代替现金向股东派息,通常是按股票的比例分发给股东。股东得到的股票股利,实际上是向公司增加投资。新建或正在扩展中的公司,往往会借助于分派股票股利而少发现金股利。

股票股利对股东来讲,其意义主要有以下几点。

第一,如果公司在发放股票股利后同时发放现金股利,股东会因所持股数的增加而得到更多的现金；

第二，有时公司发放股票股利后其股价并不成比例下降，这可使股东得到股票价值相对上升的好处；

第三，发放股票股利通常由成长中的公司所为，因此，投资者往往认为发放股票股利预示着公司将会有较大发展，利润将大幅度增长，足以抵消增发股票带来的消极影响。这种心理会稳定住股价甚至反致略有上升。

第四，在股东需要现金时，还可以将分得的股票股利出售。有些国家税法规定，出售股票所需交纳的资本利得（价值增值部分）税率，比收到现金股利所需交纳的所得税率低，这使得股东可以从中获得纳税上的好处。

③财产股利。财产股利是公司用现金以外的其他财产向股东分派股利。最常见的是公司持有的其他公司或子公司的股票、债券、也可以是实物。股票持有者凭股票从股份公司取得的现金以外的其他财产的收入就为财产股利。财产股利的发配取决于公司的股利政策，如果公司不发派财产股利，股东没有获得财产股利的权利。

④负债股利。负债股利是公司通过建立一种负债，用债券或应付票据作为股利分派给股东。

⑤建业股利。建业股利又称建设股利，是指经营铁路、港口、水电、机场等业务的股份公司，由于其建设周期长，不可能在短期内开展业务并获得盈利，为了筹集到所需资金，在公司章程中明确规定并获得批准后，公司可以将一部分股本还给股东作为股息。建业股利不同于其他股利，它不是来自于公司的盈利，而是对公司未来盈利的预分，实质上是一种负债分配，也是无盈利无股利原则的一个例外。

建业股份公司是以公司筹集到的资金作为投资盈利分发给股东的股利。这种情况多发生在那些建设周期长、资金周转缓慢、风险大的公司。因为建设时间长，一时不能赢利，但又要保证股利的发放吸引投资者。股利的发放一般是在期末结算后，在股东大会通过结算方案和利润分配方案之后进行。有些公司的股利一年派发两次，但是中期派息与年终派息有的不同，中期派息是以上半年的盈利为基础，而且要考虑到下半年不致于出现亏损的情况。公司董事会必须决定是将可动用作为判断标准。从根本上讲，看股东们考虑的是眼前利益还是将来公司的发展，从而所带来的更大利益。

2. 股票实际收益率

股票实际收益率主要包括股利收益率、持有期收益率。

（1）股利收益率。股利收益率，是指股份公司以现金派发股利与本期股票价格的比率。表明持有期内某年的股利收益水平，用下列公式表示

$$\text{股利收益率} = \frac{\text{年现金股利}}{\text{本期股票价格}} \times 100\%$$

公式中本期股票价格指证券市场上的该股票的当日收盘价，年现金股利指上一年每一股股票获得的股利，本期股票收益率表明以现金价格购买股票的预期收益。计算本期收益率一般不是为了进行投资决策，它只是投资管理的一个环节。

（2）持有期收益率。持有期收益率是指投资者买入股票持有一定时期后又卖出该股票，在投资者持有该股票期间的收益率。该指标一般用于总结股票投资的成效。

①短期股票投资的收益率。如果投资者持有股票时间不超过1年,不用考虑资金时间价值,其持有期收益率可按如下公式计算

$$K = \frac{(P_1 - P_0) + D}{P_0} \times 100\%$$

式中 K——股票投资收益率;

P_1——股票出售价格;

D——支付的股利;

P_0——股票购买价格。

【例 11-3】2007 年 2 月 9 日,投资者购买某公司每股市价为 65 元的股票,2008 年 1 月,持有的上述股票每股获现金股利 4.90 元,2008 年 2 月 9 日,将该股票以每股 68 元的价格出售。则持有期收益率为

$$K = \frac{(68 - 65) + 4.90}{65} \times 100\% = 12.15\%$$

②长期股票投资的收益率。企业进行长期股票投资,每年获得的股利是经常变动的,当企业出售股票时,也可收回一定资金。此外,长期股票投资,因为涉及的时间较长,所以投资收益率的计算要考虑资金时间价值因素,显得较为复杂。其计算公式为

$$P_0 = \sum_{j=1}^{n} \frac{D_j}{(1 + K)^j} + \frac{P_n}{(1 + K)^n}$$

式中 K——股票投资收益率;

P_0——股票的购买价格;

P_n——股票的出售价格;

D_j——各年获得的股利;

n——投资期限。

【例 11-4】投资者在 2005 年 4 月 1 日投资 510 万元购买某种股票 100 万股,在 2006 年、2007 年和 2008 年的 3 月 31 日每股各分得现金股利 0.5 元、0.6 元和 0.8 元,并于 2008 年 3 月 31 日以每股 6 元的价格将股票全部出售,计算该项投资的持有期收益率。

根据持有期收益率的计算公式,则

$$510 = \frac{0.5 \times 100}{(1 + K)} + \frac{0.6 \times 100}{(1 + K)^2} + \frac{0.8 \times 100}{(1 + K)^3} + \frac{6 \times 100}{(1 + K)^3}$$

采用逐次测试法和插值法来进行计算,得到计算结果,但精度不高。可以应用 Excel 中的 IRR 函数会得到更为精确的答案。

$$持有期收益率 = IRR(\{-510, 50, 60, 80, 600\}) = 13.30\%$$

11.1.4 债券投资收益

1. 债券投资收益的来源

债券收益的来源由三部分组成:一是债券的利息收入;二是资本利得;三是利息再投资收益。

(1)利息收入。债券的利息收入,是指按照债券的票面利率计算而来的收益。一般把

债券利息的支付分为一次性付息和分期付息两大类。分期付息债券又称附息债券或息票债券。分次付息一般分按年付息、半年付息和按季付息三种方式。对投资者来说,在票面利率相同的条件下,分次付息可获取利息再投资收益,或享有每年获得现金利息便于支配的流动性好处。

(2)资本利得。资本利得是指买卖债券所获得的差价收益,按我国现行法律,资本利得无须交纳个人所得税。

(3)再投资收益。再投资收益是投资债券所获现金流量再投资的利息收入。对于附息债券而言,投资期间的现金流是定期支付的利息,再投资收益是将定期所获得的利息进行再投资而得到的利息收入。

2. 影响债券收益的因素

(1)内部因素。内部因素是指债券本身相关的因素,债券自身有六个方面的基本特性影响着其定价。

①期限。一般来说,债券的期限越长,其市场变动的可能性就越大,其价格的易变性也就越大,投资价值越低。

②票面利率。债券的票面利率越低,债券价格的易变性也就越大。在市场利率提高的时候,票面利率较低的债券的价格下降较快。但是,当市场利率下降时,它们增值的潜力也较大。

③提前赎回条款。提前赎回条款是债券发行人所拥有的一种选择权,它允许债券发行人在债券发行一段时间以后,按约定的赎回价格在债券到期前部分或全部偿还债务。这种规定在财务上对发行人是有利的,因为发行人可以发行较低利率的债券取代那些利率较高的被赎回的债券,从而减少融资成本。而对于投资者来说,他的再投资机会受到限制,再投资利率也较低,这种风险是要补偿的。因此,具有较高提前赎回可能性的债券应具有较高的票面利率,也应具有较高的到期收益率,其内在价值也就较低。

④税收待遇。一般来说,免税债券的到期收益率比类似的应纳税债券的到期收益率低。此外,税收还以其他方式影响着债券的价格和收益率。例如,任何一种按折扣方式出售的低利率附息债券提供的收益有两种形式:息票利息和资本收益。在美国,这两种收入都被当作普通收入进行征税,但是对于后者的征税可以迟到债券出售或到期时才进行。这种推迟就表明大额折价债券具有一定的税收利益。在其他条件相同的情况下,这种债券的税前收益率必然略低于高利附息债券,也就是说,低利附息债券比高利附息债券的内在价值要高。

⑤流通性。流通性是指债券可以迅速出售而不会发生实际价格损失的能力。如果某种债券按市价卖出很困难,持有者会因该债券的市场性差而遭受损失,这种损失包括较高的交易成本以及资本损失,这种风险也必须在债券的定价中得到补偿。因此,流通性好的债券与流通性差的债券相比,具有较高的内在价值。

⑥债券的价格。债券的价格可分为发行价格和交易价格。由于债券票面利率和实际利率有差别,所以它的发行价格往往高于或低于面值。债券价格若高于面值,它的实际收益率将低于票面利率;反之,收益率则高于票面利率。债券的交易价格是投资者从二级市场上买卖债券的价格其价差将直接影响到债券收益率的高低。

⑦债券的信用等级。债券的信用等级是指债券发行人按期履行合约规定的义务、足额支付利息和本金的可靠性程度,又称信用风险或违约风险。一般来说,除政府债券以外,一般债券都有信用风险,只不过风险大小有所不同而已。信用越低的债券,投资者要求的到期收益率就越高,债券的内在价值也就越低。

(2)外部因素。影响债券投资价值的外部因素包括基础利率,市场利率和其他因素。

①基础利率。基础利率是债券定价过程中必须考虑的一个重要因素,在证券的投资价值分析中,基础利率一般是指无风险债券利率。政府债券可以看作是现实中的无风险债券,它风险最小,收益率也最低。一般来说,银行利率应用广泛,债券的收益率也可参照银行存款利率来确定。

②市场利率。市场利率风险是各种债券都面临的风险。在市场总体利率水平上升时,债券的收益率水平也应上升,从而使债券的内在价值降低;反之,在市场总体利率水平下降时,债券的收益率水平也应下降,从而使债券的内在价值增加。并且,市场利率风险与债券的期限相关,债券的期限越长,其价格的利率敏感度也就越大。

③其他因素。影响债券定价的外部因素还有通货膨胀水平以及外汇汇率风险等。通货膨胀的存在可能会使投资者从债券投资中实现的收益不足以抵补由于通货膨胀而造成的购买力损失。当投资者投资于某种外币债券时,汇率的变化会使投资者的未来本币收入受到贬值损失。这些损失的可能性也都必须在债券的定价中得到体现,使其债券的到期收益率增加,债券的内在价值降低。

3. 债券实际收益率

债券实际收益率包括债券直接收益率、债券到期收益率、持有期收益率、提前赎回收益率等。

(1)债券直接收益率。债券直接收益率又称本期收益率、当前收益率,指债券的年利息收入与买入债券的实际价格之比率。

$$债券直接收益率 = \frac{年利息收入}{债券的买入价} \times 100\%$$

债券直接收益率反映了投资者投资成本带来的收益,忽略了资本损益(买入和卖出之间的差额),不能全面反映投资者的实际收益。

(2)债券到期收益率。债券到期收益率是指买入债券后持有至期满得到的收益。

债券到期收益率计算一般包括短期投资债券收益率的计算和长期投资债券收益率的计算。短、长期投资债券一般以一年为界限。短期投资债券收益率的计算一般不需要考虑时间价值,计算较为简单;长期投资债券一般需要考虑时间价值,计算较为复杂。

①短期投资债券收益率。短期债券投资收益(不考虑资金时间价值),债券投资收益可按下式来计算

$$R = \frac{(M - P + I)}{P} \times 100\%$$

式中 R——债券投资收益率;

M——债券面值;

P——债券购买价格;

I——持有债券期间的利息收入。

【例 11-5】某公司 2017 年 1 月 1 日以 900 元购入面值 1 000 元,票面利率 10%,期限三年,每年年末付息的债券,该公司 2017 年 12 月 31 日到期,求该债券的到期收益率。

$$R = \frac{(1\ 000 - 900) + 1\ 000 \times 10\%}{900} \times 100\% = 22.22\%$$

如果持有期限小于一年,有时候还需要对收益率进行年化处理。

②长期投资债券收益率。债券投资尤其是长期证券投资,因为涉及的时间较长,风险较大,在计算投资收益率时应当考虑资金时间价值因素。债券的到期收益率是能使未来现金流入现值等于债券买入价格的贴现率。

到期一次还本付息的债券投资收益率的计算公式:

$$P = \frac{M + M \cdot i \cdot t}{(1 + R)^n}$$

式中　P——债券买入价;

M——债券面值;

i——债券票面利率;

R——到期收益率;

t——债券期限;

n——剩余期限。

【例 11-6】投资者 2018 年 1 月 1 日以 1 010 元价格购买了 B 公司于 2015 年 1 月 1 日发行的面值为 1 000 元、票面利率为 10% 的 5 年期债券。要求:如果该债券为一次还本付息债券,计算其到期收益率。

解:根据一次还本付息到期收益率的计算公式,则

$$1\ 010 = (1\ 000 + 1\ 000 \times 10\% \times 5) \times (P/F, i, 2)$$

$$(P/F, i, 2) = 0.673\ 3$$

查复利现值系数表,用插值法可求得 $i = 21.92\%$。

分期付息债券到期收益率的计算公式为

$$P = \sum_{j=1}^{n} \frac{I}{(1 + R)^j} + \frac{M}{(1 + R)^n}$$

式中　P——债券买入价;

M——债券面值;

I——债券每期利息;

R——到期收益率;

n——剩余期数(年、月、季度等)。

【例 11-7】投资者 2018 年 1 月 1 日以 1 010 元价格购买了 B 公司于 2015 年 1 月 1 日发行的面值为 1 000 元、票面利率为 10% 的 5 年期债券。要求:如果该债券为每年年末付一次利息债券,计算其到期收益率。

解:根据分期付息债券到期收益率的计算公式,则

$$1\ 010 = 1\ 000 \times 10\% \times (P/A, i, 2) + 1\ 000 \times (P/F, i, 2)$$

查年金现值系数表和复利现值系数表:当贴现率为 10% 时,计算结果为 1 000 元;当贴

现率为8%时,计算结果为1 035.63元。因此,到期收益率i在8%和10%之间,用插值法可求得$i=9.44\%$。需要说明的是,上述计算只是停留在理论上的计算。在实际操作当中,收益率的计算要考虑购买成本、交易成本、通货膨胀和税收成本等因素。需要对上述计算结果做相应的调整。

贴现债券的投资收益率。贴现债券无票面利率,购买价格与票面面值的差价就是债券的利息。

$$P=\frac{M}{(1+R)^n}$$

【例11-8】某贴现债券面值为1 000元,2016年6月1日发行,期限三年,发行价格为816元,要求计算该债券到期收益率。

$$816=1\ 000\times(P/F,i,3)$$

$$(P/F,i,3)=0.816$$

查复利现值系数表得:$i=7\%$

(3)持有期收益率、提前赎回收益率

持有期收益率是指从购入到卖出这段持有期限里所能得到的收益率。

提前赎回收益率是指债券发行人在债券规定到期日之前赎回债券时投资人所取得的收益率。

持有期收益率、提前赎回收益率的计算与上述的到期收益率基本相同,所不同的是债券到期收益率计算中所用的面值相应改为债券的卖出价格、债券的赎回价格即可。

11.2 证券投资风险

11.2.1 证券投资风险特点

证券投资风险是指投资者在证券投资过程中遭受损失或达不到预期收益率的可能性。

证券投资风险作为一种风险,在具备了一般风险特征的同时,也有其自身特有的性质,这主要是股票证券的特殊性所决定的,即证券仅是一种虚拟资本或价值符号,其价格体现了投资者对未来收益的预期。根据证券投资风险的定义,我们将其主要特征归纳为以下几个方面。

1. 客观存在性

由于证券市场的风险因素是客观存在的,通过其在时间和数量上积累,引发风险事故从而影响整个证券市场的价格波动,造成了投资者的实际收益与预期收益的偏差,所以证券投资风险也是客观存在的,不以投资者的主观意志为转移的。在证券市场的投资活动中,人们通常所说的"风险防范"也是在承认证券投资风险客观存在的前提下设法规避和降低风险。

2. 不确定性

由风险因素触发的风险事故,会引起投资者心理预期的改变,从而造成市场的价格波动,并进一步对投资者的投资收益产生影响,其具体表现为实际收益相对于预期收益的偏差。偏差可能是正的(高于预期),也可能是负的(低于预期),因此,证券投资风险具有不确定性。

3. 可测度性

尽管证券投资风险具有不确定性,但我们仍然可以通过一定的方法来对其大小进行测度。从统计学的角度来看,证券投资风险是实际收益与预期收益的偏离程度,偏离程度越高,风险越大,偏离程度越低,风险越小。同时,我们可以运用一定的统计方法对收集的历史数据进行计算,从而实现这种偏离程度的量化。

4. 相对性

证券投资风险是相对的,由于投资者对风险偏好的不同,他们各自对风险也会采取不同的态度,风险承受能力强的投资者为获取高收益而敢冒高风险,风险承受能力低的投资者为避免风险而宁可选择低收益。因此,某一程度的证券投资风险在某些投资者看来很高,而某些投资者看来很低。

5. 危害性

虽然证券投资风险会给投资者的实际收益带来一定的不确定性,但涉及到可能发生的损失与投资者的预期偏差过大时,证券投资风险就具有一定的危害性。如前所述,当证券市场价格波动幅度过大时,容易引发过度的投机行为,投资者在盲目追涨的同时,往往会蒙受惨重的损失。另外,随着证券市场内在风险的进一步扩大,会引发金融风暴和经济危机,对国家的社会、经济、政治的稳定造成相当大的危害。

6. 可防范性

尽管证券投资风险是客观存在的,同时又带有不确定性,甚至达到一定程度后更具危害性,但我们仍然可以采取一定的方法来防范和规避证券投资风险,尽可能避免或减小风险带来的损失和危害。比如投资者可以借鉴现代投资组合理论,利用分散化投资来降低投资组合的风险,同时,他们也可以通过做空机制来对冲证券市场价格下跌所带来的风险。政府可以通过对现行制度进行改革以及加强市场监管力度,从根本上消除可能出现的证券投资风险。

11.2.2　证券投资风险类型

证券投资的总风险是系统风险和非系统风险的总和。

1. 系统性风险

系统性风险是指由于全局性事件引起的投资收益变动的不确定性。系统风险对所有公司、企业、证券投资者和证券种类均产生影响,因而通过多样化投资不能抵消这样的风险,所以又成为不可分散风险或不可多样化风险。系统性风险的特点包括:由共同因素引起;影响所有股票的收益;不可能运用多样化投资来回避和消除。

系统性风险主要是由政治、经济及社会环境等宏观因素造成的,包括政策风险、利率风险、购买力风险和经济周期波动风险等。

(1)政策风险。政府的经济政策和管理措施的变化,可以影响到公司利润、投资收益的变化;证券交易政策的变化,可以直接影响到证券的价格。而一些看似无关的政策变化,比如对于私人购房的政策,也可能影响证券市场的资金供求关系。因此,经济政策、法规出台或调整，对证券市场会有一定影响，如果这种影响较大时，会引起市场整体的较大波动。

(2)经济周期波动风险。经济周期性波动风险是证券市场行情周期性变动而引起的风险。这种行情变动不是指证券价格的日常波动和中级波动，而是指证券行情长期趋势的改变。周期波动是经济发展过程中常见的现象，它表现为经济周而复始地由扩张到紧缩的不断循环运动。证券投资风险中，决定性的因素是经济周期的变动。

(3)利率风险。市场价格的变化随时受市场利率水平的影响。利率从两方面影响：一是改变资金流向。二是影响公司盈利。利率风险对不同证券的影响是不同的：其是固定收益证券的主要风险，特别是债券的主要风险；是政府债券的主要风险；对长期债券的影响大于短期债券。一般来说，市场利率提高时，会对股市资金供求方面产生一定的影响。

(4)购买力风险。由于物价的上涨，同样金额的资金，未必能买到过去同样的商品。这种物价的变化导致了资金实际购买力的不确定性，称为购买力风险，或通货膨胀风险。在证券市场上，由于投资证券的回报是以货币的形式来支付的，在通胀时期，货币的购买力下降，也就是投资的实际收益下降，也存在给投资者带来损失的可能。只有名义收益率大于通货膨胀率时，才有实际收益。购买力风险对不同证券的影响是不同的，最容易受其损害的是固定收益证券。购买力风险对不同的股票的影响是不同的，在通货膨胀的不同阶段，对股票的影响也不同。

2. 非系统性风险

非系统性风险是指由非全局性事件引起的对市场中部分股票产生不利影响，从而导致该部分或个别股票呈现出的风险。这些因素有很多种，如股份公司经营不善；市场供求关系发生变化、产业结构调整等。由于非系统性风险是个别性的风险，而不会对市场整体发生作用，投资者可以通过分散化投资或转换投资品种来消除这种风险。因此，非系统性风险也被称为可分散风险或可回避风险。非系统性风险的特点包括：由特殊因素引起；只影响某种股票的收益；可通过多样化投资来清除或回避。

非系统性风险主要包括如下方面。

(1)信用风险。信用风险也称违约风险，指不能按时向股票持有人支付本息而给投资者造成损失的可能性。此类风险主要针对债券投资品种，对于股票只有在公司破产的情况下才会出现。造成违约风险的直接原因是公司财务状况不好，最严重的是公司破产。

(2)经营风险。经营风险主要指上市公司经营不景气，甚至失败、倒闭而给投资者带来损失。上市公司经营、生产和投资活动的变化，导致公司盈利的变动，从而造成投资者收益本金的减少或损失。例如经济周期或商业营业周期的变化对上市公司收益的影响，竞争对手的变化对上市公司经营的影响，上市公司自身的管理和决策水平等都可能会导致经营风险，如投资者购买垃圾股或低价股(*ST)就可能承担上市公司退市风险。

(3)财务风险。财务风险是指公司因筹措资金而产生的风险，即公司可能丧失偿债能力的风险。公司财务结构的不合理，往往会给公司造成财务风险。公司的财务风险主要表现为：无力偿还到期的债务，利率变动风险，再筹资风险。形成财务风险的主要因素有资本负债比率、资产与负债的期限、债务结构等因素。一般来说，公司的资本负债比率越高、债务结构越不合理,其财务风险越大。

11.2.3　证券投资风险的度量

1. 单一证券风险的度量

为了定量的衡量风险大小,可以借助统计学中衡量离散程度的指标。

(1)方差

方差是反映概率分布中各种可能出现结果对期望值的偏离程度,即离散程度的差异总和,通常用 σ^2 来表示,其计算公式为

$$\sigma^2 = \sum_{i=1}^{n} (X_i - X -)^2 \cdot P_i$$

(2)标准差

标准差是方差的平方根,通常用 σ 来表示,其计算公式为

$$\sigma = \sqrt{\sum_{i=1}^{n} (X_i - X -)^2 \cdot P_i}$$

【例 11-9】根据例 11-1 的资料,计算这两个项目的标准差。

解:

$$\sigma_{甲} = \sqrt{(40\% - 20\%)^2 \times 0.3 + (20\% - 20\%)^2 \times 0.5 + (-10\% - 20\%)^2 \times 0.2} = 17.32\%$$

$$\sigma_{乙} = \sqrt{(50\% - 20\%)^2 \times 0.3 + (20\% - 20\%)^2 \times 0.5 + (-25\% - 20\%)^2 \times 0.2} = 25.98\%$$

(3)变异系数

变异系数是标准差与期望值之比,也称标准离差率,通常用 CV 来表示,其计算公式为

$$CV = \frac{\sigma}{E(R_i)}$$

变异系数是一个相对数,当比较期望值不相同的投资项目的风险程度时,该指标更加合理。

【例 11-10】根据例 11-1 的资料,计算这两个项目的变异系数。

解:

$$\mathrm{CV}_{甲} = \frac{\delta_{甲}}{E(R_{甲})} = \frac{17.32\%}{20\%} = 86.6\%$$

$$\mathrm{CV}_{乙} = \frac{\delta_{乙}}{E(R_{乙})} = \frac{25.98\%}{20\%} = 129.9\%$$

2. 证券组合风险的度量

组合投资的风险可以用方差和标准差来衡量。组合投资的预期报酬率是投资组合中各项投资预期报酬率的加权平均,但组合投资的风险不是各项投资方差或是标准差的加权平均。组合投资的风险不仅取决于组合内各项投资的风险,还与各项投资之间的关系有关。

组合投资的标准差的计算公式为

$$\sigma_P = \sqrt{\sum_{j=1}^{m} \sum_{k=1}^{m} W_j \cdot W_k \cdot \sigma_{jk}}$$

式中　σ_P——投资组合的标准差;

m——投资组合中投资的个数；

W_j——投资 j 的金额比重；

W_k——投资 k 的金额比重；

σ_{jk}——投资 j 和投资 k 预期报酬率的协方差。

协方差是表示两种投资报酬率之间的相关程度的绝对数，相关系数是表示两种投资报酬率之间的相关程度的相对数，它们的关系式为：

$$\sigma_{jk} = \rho_{jk} \cdot \sigma_j \cdot \sigma_k$$

式中 ρ_{jk}——两种投资的相关系数；

σ_j、σ_k——投资 j 和投资 k 的标准差。

如果组合资产只有两种，则组合的标准差为

$$\sigma_p = \sqrt{w_1^2 \cdot \sigma_1^2 + 2w_1 \cdot w_2 \cdot \sigma_{1,2} + w_2^2 \cdot \sigma_2^2}$$

组合的协方差的计算公式为

$$\sigma_{1,2} = \rho_{1,2} \cdot \sigma_1 \cdot \sigma_2$$

【例 11-11】 假设例 11-1 中的甲、乙证券组合，投资比例分别为 40% 和 60%，两种证券的相关系数为 1，计算该证券组合的标准差。

解：

$$\sigma_{1,2} = 1 \times 17.32\% \times 25.98\% \approx 0.045$$

$$\sigma_P = \sqrt{(40\%)^2 \times (17.32\%)^2 + 2 \times 40\% \times 60\% \times 0.045 + (60\%)^2 \times (25.98\%)^2} = 22.52\%$$

3. 系统风险的度量

β 系数也称为贝塔系数（Beta coefficient），是一种风险指数，用来衡量个别股票或股票基金相对于整个股市的价格波动情况。β 系数是一种评估证券系统性风险的工具，用以度量一种证券或一个投资证券组合相对总体市场的波动性。

（1）单一证券系统风险的度量

β 系数的计算公式为

$$\beta_i = \sigma_{i,M} / \sigma_M^2$$

式中 $\sigma_{i,M}$——证券 i 收益率与整个市场（市场投资组合）M 收益率的协方差；

σ_M^2——整个市场（市场投资组合）M 收益率的方差。

（2）证券组合系统风险的度量

β 系数的计算公式为

$$\beta_p = \sum_{i=1}^{n} W_i \cdot \beta_i$$

式中 β_i——证券 i 的贝塔系数；

W_i——投资 i 证券的投资额在投资总额中的比重。

贝塔系数绝对值越大，显示其收益变化幅度相对于大盘的变化幅度越大；绝对值越小，显示其变化幅度相对于大盘越小。如果是负值，则显示其变化的方向与大盘的变化方向相反；大盘涨的时候它跌，大盘跌的时候它涨。

全体市场的 β 系数为 1，若投资组合的波动大于全体市场的波动幅度，则 β 系数大于 1。反之，若投资组合的波动小于全体市场的波动幅度，则 β 系数就小于 1。β 系数越大的证券，通常是投机性较强的证券。以美国为例，通常以标准普尔 500 指数（S&P500）代表股市，贝他系数为 1。一个共同基金的贝塔系数如果是 1.10，表示其波动是股市的 1.10 倍，亦即上涨时比市场表现优 10%，而下跌时则更差 10%；若贝他系数为 0.5，则波动情况只及一半。$\beta=0.5$ 为低风险股票，$\beta=1$ 表示为平均风险股票，而 $\beta=2$ 表示为高风险股票，大多数股票的 β 系数介于 0.5 到 1.5 间。

β 系数一般不需要投资者自己计算，而由一些投资者服务机构定期计算并公布。

11.3 证券投资收益与风险的关系

11.3.1 收益与风险不可分割

投资者投资于证券的直接目的在于获取收益，因而投资决策的目标是使得收益最大化。但由于收益与投资之间存在时间上的滞后，这种滞后导致收益受许多未来不确定因素的影响，从而使得收益成为一个未知量。

投资者在进行决策时只能根据经验和所掌握的资料对未来形势进行判断和预测，形成对收益的估计（预期）。未来收益的实现将受不确定因素的影响而偏离预期，这种偏离将导致投资者可能得不到预期收益甚至亏损的危险，这便是投资者的风险。

可见，证券投资者要想获取一定收益就必须承担一定的风险。风险与收益同在，收益以风险为代价，风险用收益来补偿，二者在证券投资中总是形影相随。投资者投资的目的是为了得到收益，与此同时，又不可避免地面临着风险，证券投资的理论和实战技巧都围绕着如何处理这两者的关系而展开。

11.3.2 收益与风险成正比

收益与风险的基本关系是：收益与风险相对应。也就是说，风险较大的证券，其要求的收益率相对较高；反之，收益率较低的投资对象，风险相对较小。但是，绝不能因为风险与收益有着这样的基本关系，就盲目地认为风险越大，收益就一定越高。风险与收益相对应的原理只是揭示风险与收益的这种内在本质关系：风险与收益共生共存，承担风险是获取收益的前提；收益是风险的成本和报酬。风险和收益的上述本质联系可以表述为下面的公式

$$\text{必要收益率} = \text{无风险利率} + \text{风险补偿}$$

必要收益率是人们愿意进行投资所必需赚得的最低收益率，在完全有效的市场中，证券的期望收益率就是它的必要收益率。必要收益率是投资者承受各种风险应得的补偿。

无风险利率是指把资金投资于某一没有任何风险的投资对象而能得到的收益率，这是一种理想的投资收益，我们把这种收益率作为一种基本收益，再考虑各种可能出现的风险，使投资者得到应有的补偿。现实生活中不可能存在没有任何风险的理想证券，但可以找到某种收益变动小的证券来代替。美国一般将联邦政府发行的短期国库券视为无风险证券，把短期国库券利率视为无风险利率。这是因为美国短期国库券由联邦政府发行，联邦政府

有征税权和货币发行权，债券的还本付息有可靠保障，因此没有信用风险。政府债券没有财务风险和经营风险，同时，短期国库券以91天期为代表，只要在这期间没有严重通货膨胀，联邦储备银行没有调整利率，也几乎没有购买力风险和利率风险。短期国库券的利率很低，其利息可以视为投资者牺牲目前消费，让渡货币使用权的补偿。在短期国库券无风险利率的基础上，我们可以发现以下几个规律。

(1)同一种类型的债券，长期债券利率比短期债券高。这是对利率风险的补偿。如同是政府债券，都没有信用风险和财务风险，但长期债券的利率要高于短期债券，这是因为短期债券没有利率风险，而长期债券却可能受到利率变动的影响，两者之间利率的差额就是对利率风险的补偿。

(2)不同债券的利率不同。这是对信用风险的补偿。通常，在期限相同的情况下，政府债券的利率最低，地方政府债券利率稍高，其他依次是金融债券和企业债券。在企业债券中，信用级别高的债券利率较低，信用级别低的债券利率较高，这是因为它们的信用风险不同。

(3)在通货膨胀严重的情况下，债券的票面利率会提高或是会发行浮动利率债券这种情况是对购买力风险的补偿。

(4)股票的收益率一般高于债券。这是因为股票面临的经营风险、财务风险和经济周期波动风险比债券大得多，必须给投资者相应的补偿。在同一市场上，许多面值相同的股票也有迥然不同的价格，这是因为不同股票的经营风险、财务风险相差甚远，经济周期波动风险也有差别。投资者以出价和要价来评价不同股票的风险，调节不同股票的实际收益，使风险大的股票市场价格相对较低，风险小的股票市场价格相对较高。

当然，风险与收益的关系并非如此简单。证券投资除以上几种主要风险以外，还有其他次要风险，引起风险的因素以及风险的大小程度也在不断变化之中；影响证券投资收益的因素也很多。所以这种收益率对风险的替代只能粗略地、近似地反映两者之间的关系，更进一步说，只有加上证券价格的变化才能更好地反映两者的动态替代关系。

【参考案例】

案例一　乐视债务危机

2016年11月份，乐视网、乐视控股创始人贾跃亭发布名为《乐视的海水与火焰：是被巨浪吞没还是把海洋煮沸》的公开信承认乐视资金状况出现问题，此后，2016年四季度起，机构开始大批撤离乐视网。相关机构统计数据显示，持有乐视网的基金在2016年四季度末相较2016年三季度末减少了24只。乐视网2017年一季报则显示，此前公司的第二大股东鑫根资本也退出了乐视网前十大股东名单。

2017年1月13日，融创中国150亿元投资乐视旗下多项业务。至此，2016年年末突然爆发的乐视危机偃旗息鼓。但融创中国的150亿元并未彻底将乐视拖出泥潭。近期，一系列“债主讨债”事件，让乐视再度“深陷危机”。面对来自各方的压力，乐视似乎并没有行之有效的解决办法。

2017年2月份，乐视网发布了每10股转增20股的年度分配预案，刺激了当时股价的走高。然而，在2017年4月8日证监会主席刘士余批评部分上市公司“10送30”的乱象，并表示将对高送转类上市公司列入重点检查和监测范围。乐视网等10转增20股或以上的公司因此成为市场重点关注的对象。乐视网在4月13日紧急发布公告,将每10股转增20股变更为每10股转增10股,转增比例下调了一半。

2017年2月28日,亚足联官方宣布与乐视终止亚冠转播合同,将2017－2020年剩余的旗下赛事版权转售给体奥动力。随后3月3日,乐视体育也失去了中超的独家版权,苏宁体育取代了乐视体育拿下了中超2017赛季独家版权。失去了亚冠和中超的乐视体育的发展受到了很大的影响。

2017年3月20日,乐视重金挖来拥有丰富汽车营销和管理经验的管理层丁磊正式确认离职。据悉,乐视在汽车板块投了上百亿,但还是缺钱,新车虽然发布,但是迟迟没有上市。

2017年4月17日下午易到创始人周航发声明:易到当前确实存在着资金问题,这个问题最直接的原因是乐视对易到的资金挪用13亿。4月18日,一些易到司机聚集易到总部准备提现,并有一些易到司机到乐视总部楼下拉横幅讨薪。

2017年6月26日,招商银行上海川北支行向上海市高级人民法院申请财产保全,请求冻结乐视系3家公司和贾跃亭夫妇约12.37亿元资产。让贾跃亭及乐视的状况再度处于惊险边缘,引发更多债权人的恐慌。

2017年7月3日,上海市高级人民法院裁定,对乐视系3家公司及提供连带责任担保的贾跃亭、甘薇夫妇的12.36亿元资产进行司法冻结。理由是乐视方面在招商银行上海川北支行的贷款到期未偿还本息,银行多次催收无果后诉诸法律途径。欠招行钱的主要是乐视移动,它是乐视超级手机的运营主体。

2017年7月6日晚间,乐视网公告称,贾跃亭将辞去乐视网董事长一职,同时辞去董事会提名委员会委员、审计委员会委员、战略委员会主任委员、薪酬与考核委员会委员相关职务,退出董事会,辞职后将不再在乐视网担任任何职务。此前,工商资料还显示,贾跃亭已不再担任乐视控股的法定代表人,由吴孟接任。

2017年8月22日,银禧科技公告称,旗下子公司兴科电子科技有限公司通过债转股方式,将乐视移动应收账款总计约3.25亿元全部清理完毕,兴科电子科技将获得共计约12.26%的易到股份。

2017年9月19日,游戏公司冰穹互娱宣布,以现金形式收购乐视游戏100%股权。乐视游戏股东之一为乐视投资管理(北京)有限公司,乐视投资为乐视致新电子科技(天津)有限公司的全资子公司,乐视致新是乐视网持股比例为40.31%的子公司。

2017年9月20日消息,据媒体报道,近日乐视体育实际控制人贾跃亭已经与新投资者签署《股权转让协议》,根据这份协议,贾跃亭持有的乐视体育30.66%的股份绝大多数将转让给新投资者。本次交易的接盘方并非单一买家,而是由数家颇有实力的投资主体组成的财团,资金来源均为自有资金。目前贾跃亭正在加速处理乐视非上市体系的资产。

2017年9月27日晚间,乐视网发布公告称,公司名称将从"乐视网信息技术(北京)股份有限公司"变更为"新乐视信息技术(北京)股份有限公司",简称"新乐视"。同时,乐视公司证券代码保持不变,仍为"300104"。

2017年11月16日融创中国发布公告,向乐视网和乐视致新合计借款17.9亿元,用于两家公司的一般运营资金。同时,融创中国旗下的融创房地产还同意为乐视网提供不超过

30亿元的债务担保。融创中国表示,11月15日,其合约控制的公司天津嘉睿和乐视致新、乐视网签订了一份借款协议,天津嘉睿同意向乐视致新提供5亿元借款,用于乐视致新的一般运营资金。作为该笔借款的先决条件之一,乐视致新将其持有的乐视投资100%股权质押给天津嘉睿;同时,乐视网将其持有的重庆乐视小额贷款公司100%股权、霍尔果斯乐视新生代全部股权,以及乐视体育6.47%股权质押给天津嘉睿。同日,天津嘉睿还和乐视网签订了另一份借款协议,向后者提供借款12.9亿元,用于乐视网的一般营运资金。作为借款的条件之一,乐视网将其持有的乐视致新13.54%股权和乐视云50%股权质押给天津嘉睿。

2017年12月22日,北京法院审判信息网上挂出了飞毛腿(福建)电子有限公司与乐视控股(北京)有限公司、乐视移动智能信息技术有限公司买卖合同纠纷一审民事裁定书。根据裁定书,飞毛腿电子向北京市第三中级人民法院申请财产保全,请求冻结乐视移动、乐视控股名下的银行存款或查封、扣押其相应价值的财产,限额1.67亿元。北京证监局2017年12月25日发布通告,责令乐视网前任董事长贾跃亭于2017年12月31日前回国,切实履行公司实际控制人应尽义务,配合解决公司问题,稳妥处理公司风险,切实保护投资者合法权益。

(资料来源:作者根据相关资料整理而成。)

案例二　康美药业财务造假

康美药业财务造假案件经过几个月的彻查,终于真相大白。2019年8月16日晚,证监会公布了对康美药业的处罚决定。证监会表示,康美药业有预谋、有组织,长期、系统实施财务造假行为,恶意欺骗投资者,影响极为恶劣,后果特别严重。

证监会表示,已经向涉案当事人送达事先告知书,依法拟对康美药业及马兴田等22名当事人予以行政处罚,并对6名当事人采取证券市场禁入措施。证监会表示,下一步将充分听取当事人的陈述申辩意见,坚持法治、专业原则,加快办案进度,用足用好现有手段,严格依法处罚。对涉嫌犯罪的,严格按照有关规定移送司法机关追究刑事责任。

2018年以来,监管层加大了对上市公司的监管力度。尤其是2019年,不少白马股纷纷爆出财务问题,扰乱市场的同时,也让不少投资者蒙受损失。业内人士表示,要大幅度提高资本市场违法成本,守住监管底线,让违法违规者无利可图,才能维护资本市场生态环境,保护投资者利益。

康美药业在一份标题为《关于前期会计差错更正的公告》中阐述了2017年年报中出现的14项会计错误。公告称,由于财务数据出现会计差错,造成康美药业2017年营业收入多计入88.98亿元,营业成本多计入76亿元,销售费用少计入5亿元,财务费用少计入2亿元,销售商品多计入102亿元,货币资金多计入299亿元,筹资活动有关的现金项目多计入3亿元。

随着证监会的立案调查,康美药业"不翼而飞"的300亿元逐渐浮出水面。证监会表示,经查,2016年至2018年期间,康美药业涉嫌通过仿造、变造增值税发票等方式虚增营业收入,通过伪造、变造大额定期存单等方式虚增货币资金,将不满足会计确认和计量条件工程项目纳入报表,虚增固定资产等。同时,康美药业涉嫌未在相关年度报告中披露控股股东及关联方非经营性占用资金情况。上述行为致使康美药业披露的相关年度报告存在虚假记载和重大遗漏。

这意味着,这300亿元纯属康美药业在业绩上动手脚,虚增数额。调查显示,2016年至2018年,该公司分别虚增货币资金225.48亿元、299.44亿元和361.88亿元,累计金额高达

886 亿元以上,占同期净资产分别达到 76.74%、93.18% 和 108.24%。

根据康美药业披露,2016 年至 2018 年,康美药业分别虚增营业收入 89.99 亿元、100.32 亿元和 16.13 亿元。同时,在 2016 年至 2018 年间,虚增营业利润 6.56 亿元、12.51 亿元、1.65 亿元。对此,康美药业在公告中"轻描淡写"地表示,"公司对上述问题带来的影响,向广大投资者致以最诚恳的歉意。公司将提高规范运作及信息披露水平,严格规范信息披露的相关管理制度,针对查实的相关问题进行认真切实整改,努力提升公司治理水平"。

2019 年,上市公司或董监高遭立案调查的案例比往年多了不少。据不完全统计,截至 6 月底,2019 年已有 50 家上市公司遭立案调查;2018 年全年仅 27 件,2017 年为 19 件。这些被调查的上市公司主要涉嫌信息披露违法违规,具体涉及财务造假、内幕交易等。2019 年 8 月 18 日晚,深交所披露了 2019 年以来上市公司违规处分情况。数据显示,2019 年至今,针对上市公司信息披露和规范运作方面的违规事项,深交所共作出纪律处分决定书 62 份,处分总量较去年同期的 37 份明显增长。其中,涉及公开谴责 22 份、通报批评 52 份,对违规性质恶劣的 8 名责任人予以公开认定不适合担任上市公司董监高的处分。除 43 家上市公司受到直接处分外,深交所还对违规行为负有直接责任或未尽到勤勉尽责义务的 47 名股东、202 名董监高、3 名年审会计师予以相应处分。

因财务造假从"神坛跌落"的白马股不在少数。康得新、辅仁药业、獐子岛等一众知名公司通过财务造假的方式提高营收和利润,以实现提高股价的目的。数据显示,康得新涉嫌在 2015 年至 2018 年期间,通过虚构销售业务等方式虚增业务收入,并通过虚构研发费用、产品运输费用等方式,虚增营业成本、研发费用和销售费用。通过上述方式,康得新虚增利润总额 119 亿元。市场中的各类主体,不管是上市公司还是中介机构,都必须谨记和坚持"四个敬畏",敬畏市场,敬畏法治,敬畏专业,敬畏投资者。任何与市场规律和法律法规对抗、不敬畏风险、伤害投资者的行为,最终必然要受到市场和法律的惩罚。

(资料来源:作者根据相关资料整理而成。)

重要概念

证券投资收益	股息	现金股利	股票股利
债券直接收益率	债券到期收益率	系统性风险	非系统性风险

复习思考

(1)股票、债券投资收益的来源有哪些?

(2)股票、债券收益率如何计算?

(3)证券投资风险的类型有哪些?

(4)证券投资风险如何度量?

(5)什么是 β 系数? 它有什么意义?

第12章 证券市场监管

【学习目标】

- 了解证券市场监管的意义、原则、目标。
- 理解证券市场监管的方式、手段、模式。
- 熟悉我国证券市场的法律、法规。
- 了解证券市场的行政监管。
- 了解证券市场的自律管理。

12.1 证券市场监管概述

12.1.1 证券市场监管的意义和原则

1. 证券市场监管的意义

所谓证券市场监管，是指证券管理机关运用法律的、经济的以及必要的行政手段，对证券的募集、发行、交易等行为以及证券投资中介机构的行为进行监督与管理。证券市场监管是一国宏观经济监督体系中不可缺少的组成部分，对证券市场的健康发展意义重大。

(1)加强证券市场监管是保障广大投资者权益的需要。投资者是证券市场的重要参与者，他们参与证券交易、承担投资风险是以获取收益为前提的。为保护投资者的合法权益，必须坚持“公开、公平、公正”的原则，加强对证券市场的监管。只有这样，才便于投资者充分了解证券发行人的资信、证券的价值和风险状况，从而使投资者能够比较正确地选择投资对象。

(2)加强证券市场监管是维护市场良好秩序的需要。为保证证券发行和交易的顺利进行，一方面国家要通过立法手段，允许一些金融机构、中介机构和个人在国家政策法令许可的范围内买卖证券并取得合法收益；另一方面，在现有的经济基础和条件下，市场也存在着蓄意欺诈、垄断行市、操纵交易和哄抬股价等多种弊端。为此，必须对证券市场活动进行监督检查，对非法证券交易活动进行严厉查处，以保护正当交易，维护证券市场的正常秩序。

(3)加强证券市场监管是发展和完善证券市场体系的需要。完善的市场体系能促进证券市场筹资和融资功能的发挥,有利于稳定证券市场,增强社会投资信心,促进资本合理流动,从而推动金融业、商业和其他行业以及社会福利事业的顺利发展。

(4)准确和全面的信息是证券市场参与者进行发行和交易决策的重要依据。一个发达、高效的证券市场也必定是一个信息灵敏的市场,它既要有现代化的信息通讯设备系统,又必须有组织严密的科学的信息网络机构;既要有收集、分析、预测和交换信息的制度与技术,又要有与之相适应的、高质量的信息管理人才,而这些都只有通过相关的统一组织管理才能实现。

2. 证券市场监管的原则

(1)依法监管原则。依法治国是我国在总结新中国成立以来若干经验教训基础上形成的共识,是我国在建设现代化、民主化国家进程中最重要的公共管理原则,中国证券市场形成发展的历史也充分说明了依法监管的重要性。依法监管首先要求"有法可依",从目前情况看,我国的证券法律法规体系正逐步健全,但还需要进一步制定相关细则;其次,依法监管还要求"有法必依",加强对证券市场违法违规行为的查处力度,维护证券市场的正常秩序。

(2)保护投资者利益原则。投资者保护不仅关系到资本市场的规范和发展,而且也关系到整个经济的稳定增长。投资者,尤其是中小投资者,由于信息不对称、持股比例小,相对于控股股东和公司管理层处于弱势地位等原因,需要重点保护。投资者的权益受到保护,投资者对市场就有信心,入市的资金和人数也会相应增加。从资本市场的发展历程来看,保护投资者利益,让投资者树立信心,是培育和发展市场的重要环节,是证券监管机构的首要任务和宗旨。国际研究表明,一国或地区投资者保护得越好,资本市场就越发达,抵抗金融风险的能力就越强,对经济增长的促进作用也就越大。投资者保护不仅在我国有很强的现实性,同时也是全球的一个共性问题,即使在成熟市场上,侵害中小投资者利益的事件也时有发生。因此,严厉打击损害中小投资者利益的行为,全力维护市场的"三公",是各国证券监管的首要任务。

(3)"三公"原则。即公开原则、公平原则和公正原则。

①公开原则。这一原则要求证券市场具有充分的透明度,要实现市场信息的公开化。信息披露的主体不仅包括证券发行人、证券交易者,还包括证券监管者;要保障市场的透明度,除了证券发行人需要对影响证券价格的公司情况作出公开的详细说明外,监管者还应当公开有关监管程序、监管身份、对证券市场违规处罚的规定等。

②公平原则。这一原则要求证券市场不存在歧视,参与市场的主体具有完全平等的权利。具体而言,无论是投资者还是筹资者,是机构投资者还是个人投资者,也无论其投资规模与筹资规模的大小,只要是市场主体,则在进入与退出市场、投资机会、享受服务、获取信息等方面都享有完全平等的权利。

③公正原则。这一原则要求证券监管部门在公开、公平原则的基础上,对一切被监管对象给予公正待遇。根据公正原则,证券立法机构应当制定体现公平精神的法律、法规和政策;证券监管机构应当根据法律授予的权限履行监管职责,以法律为依据,对一切证券市场参与者给予公正的待遇;对证券违法行为的处罚及对证券纠纷事件和争议的处理,都应

当公平进行。

(4)监督与自律相结合的原则。这一原则是指在加强政府、证券监管机构对证券市场监管的同时,也要加强从业者的自我约束、自我教育和自我管理。国家对证券市场的监管是证券市场健康发展的保证,而证券从业者的自我管理是证券市场正常运行的基础。国家监督与自我管理相结合的原则是世界各国共同奉行的原则。

12.1.2 证券市场监管的目标

证券市场监管的目标在于:运用和发挥证券市场机制的积极作用,限制其消极作用;保护投资者合法权益,保障合法的证券交易活动,监督证券中介机构依法经营;防止人为操纵、欺诈等不法行为,维持证券市场的正常秩序;根据国家宏观经济管理的需要,运用灵活多样的方式,调控证券发行与证券交易规模,引导投资方向,使之与经济发展相适应。国际证监会公布了证券监管的三个目标:一是保护投资者;二是保证证券市场的公平、效率和透明;三是降低系统性风险。

保护投资者合法权益是证券监管工作的首要目标。深入开展投资者教育工作,是保护投资者合法权益的重要环节,是证券行业的一项基础工作。我国资本市场的投资者教育工作与市场发展状况、投资者队伍不断壮大的实际需要相比尚有相当大的差距,一些市场中介机构对投资者教育工作认识不深,重视不够,投入不足,重客户开发、轻客户风险评估,重业务规模、轻风险揭示,重投资推介、轻基本知识普及,重形式、轻实质内容等问题还比较突出。投资者教育工作的重点是向投资者充分揭示风险和真实、准确、完整、及时地披露信息。

证券公司应当按照监管要求和自律性组织的自律规则,制定投资者教育计划、工作制度和流程,明确投资者教育的内容、形式,做好投资者园地的建设工作。投资者园地要重点突出证券法规宣传、证券知识普及和风险揭示等内容,要设立信息公示专栏,公告本公司基本信息和获取公司财务报告的详细途径。证券公司投资者教育和风险揭示工作必须有机融入证券公司的各项业务流程,具体体现在客户服务体系的各个环节。应当通过公司网站、交易委托系统、客服中心等多种渠道,综合运用电视、报刊、网络、宣传材料、户外广告、培训等手段进行投资者教育工作。在向客户提供交易服务和交易产品时,要严格执行开户程序的规定,确保账户资料真实、准确、完整,资产权属清晰,同时要有针对性地做好各类投资者尤其是新入市的中小投资者的风险承担能力的评估工作,教育投资者树立正确的投资理念,坚决杜绝开户中的弄虚作假现象。要让投资者理解并始终牢记“股市有风险,入市须谨慎”的投资准则,防止不顾一切、盲目投资的非理性行为。

投资咨询公司要客观公正提供专业咨询服务并承担相应责任,引导投资者树立理性投资意识。

上市公司要按照分阶段披露的原则披露重大事项,做到及时披露、及时停牌、及时复牌。要严格执行相关规定,决不允许募集资金进入二级市场。在股价异常变动时,上市公司应及时、准确、公平地发布临时报告,澄清事实并提醒投资者注意风险,使投资者特别是中小投资者了解上市公司的情况,行使知情权。

各证券交易所和登记结算公司要加强对上市公司股价异动的监测和分析,建立对股价异动和信息披露的联动监管快速反应机制，督促上市公司及时披露重大敏感信息。

中国证券业协会要积极发挥行业自律职能，出台投资者教育的工作方案和工作指引，做好对会员投资者教育工作的检查、督促和评估。

12.1.3　证券市场监管的方式与手段

1. 证券市场监管的方式

(1)行政性监督是一种最主要的管理监督方式，也是比较有力和有效的方式。在中国目前情况下，进行行政性管理监督机构的主要有国务院证券管理委员会、中国证券监督管理委员会、国家计委、中国人民银行、财政部、国家外汇管理局等有关部门。这种监管的主要特点在于其具有法律性、强制性和全面性。可见，行政性监管包容了所有与证券市场活动有关的方面。

(2)自律性管理监督主要指交易所、证券经营机构及证券行业协会等建立一套自律性规章制度。这些规章制度都是根据国家的有关法律法规和政策、证券主管机构的要求，所制订的相应经营运作规程、细则等，对其内部以及证券的发行与交易，实行严格的监督管理。由此可见，交易所既是一个证券交易的经营与服务机构，也是一个监督管理机构，具有监督管理证券交易活动的职能，是一种非官方地、带有自律性质的监管。

(3)公开性监督是指每个证券发行和上市公司，必须根据公开原则，公开证券主管机构及证券交易所要求提供的文件资料；资产评估机构要对发行和上市的公司资产进行评估，并签署资产评估报告；信用评级公司要对其信用进行评级，并出具相应的等级证明；会计师事务所要对公司的财务报告进行审核，并签署财务审计报告；证券主管机构和交易所要对所有文件资料进行审核，提出最后审批意见。与此同时，上述文件和资料还要登载在指定的报刊上，公之于众。而且，每一个公开发行证券、并上市的公司，都必须接受这一监督。

(4)社会公众监督是指投资者为了维护自己的合法权益，对证券发行和上市交易以及对发行公司、证券经营机构实行的监督。公众监督的主要方式有：对发行上市的公司进行评价和监督，决定是否对公司进行投资；投资者成为公司股东后，有权参加股东大会，并投票进行表决和检查公司的账簿等记录；新闻媒介、投资团体或者机构投资者也可以进行类似的监督活动。

2. 证券市场监管的手段

(1)法律手段。这一手段是通过建立完善的证券法律、法规体系和严格执法来实现的。这是证券市场监管部门的主要手段，具有较强的威慑力和约束力。

(2)经济手段。这一手段是通过运用利率政策、公开市场业务、信贷政策、税收政策等经济手段，对证券市场进行干预。这种手段相对比较灵活，但调节过程可能较慢，存在时滞。

(3)行政手段。这一手段是通过制定计划、政策等对证券市场进行行政性的干预。这种手段比较直接，但运用不当可能违背市场规律，无法发挥作用甚至遭到惩罚。一般多在证券市场发展初期，法制尚不健全、市场机制尚未理顺或遇突发性事件时使用。

12.1.4　证券市场监管模式

证券市场的监管，是国家金融监管的重要组成部分。由于各国证券市场发育程度不同、政府宏观调控手段不同，所以，各国证券市场的监管模式也不尽相同，概括起来，主要有国家集中统一监管模式和自律模式。

1. 国家集中统一监管模式

在这种模式下，由政府下属的部门，或由直接隶属于立法机关的国家证券监管机构对证券市场进行集中统一监管，而各种自律性组织只是起协助作用。集中统一监管模式以美国、日本、韩国、新加坡等国家为代表。美国根据 1934 年《证券交易法》设立了证券交易管理委员会（SEC），它直接隶属于国会，独立于政府，对全国的证券发行、交易、券商、投资公司等依法实施全面管理；日本的证券主管机关是大藏省，具体执行职能则有隶属于大藏省的证券局、证券交易监视委员会和金融检查部行使。

集中监管体制的优点在于：能公平、公正、高效、严格的发挥监管作用，并能够协调全国证券市场，防止出现过度投机的混乱局面；具有统一的证券法规，使证券行为有法可依、提高了证券市场监督的权威性；监管者地位相对超脱，更注重保护投资者的利益。集中监管的不足在于：证券法规的制定者和监管者超脱于市场，从而使市场监管可能脱离实际，缺乏效率；对市场发生的意外行为反应较慢，可能处理不及时。

2. 自律模式

自律模式通常没有制定直接的证券市场管理法规，而是通过一些间接的法规来制约证券市场的活动；同时，这种模式不设立全国性的证券管理机构，而是仅依靠证券市场的参与者，如证券交易所、券商协会等进行自我管理。英国、德国、意大利、荷兰等国是自律模式的代表。以英国为例，英国没有证券法和证券交易法，只有一些间接的、分散的法规；英国虽然设立了专门的证券管理机构，称为证券投资委员会，依据法律享有极大的监管权力，但它既不属于立法机关，也不属于政府内阁，实际监管工作主要通过英国证券理事会和证券交易协会为核心的非政府机构进行自我监管。

自律监管具有如下优点：能充分发挥市场的创新和竞争意识，有利于市场活跃；允许券商参与制定证券市场监管规则，从而使市场监管更切合实际，制定的监管法律法规具有更大的灵活性、效率更高；自律组织对市场发生的违规行为，能够作出迅速而有效的反应。但是，自律模式的缺点也是显而易见的：通常把重点放在市场的有效运行和充分保护证券交易所会员的经济利益上，对投资者利益往往没有提供充分的保障；由于没有立法作为后盾，监管的手段较为软弱；没有统一的监管机构，难以实现全国证券市场的协调发展，容易造成混乱。

由于上述原因，不少原先实行自我管制的国家或实施集中管制的国家，现在已经逐步向另一种监管模式进行转变。例如，1996 年英国政府宣布，要彻底改变证券市场的传统监管方式，加强政府监管力量，而其他一些实行集中监管模式的国家，如美国、日本等，也开始向自律监管模式靠拢。但是，这些改变并非是从一个极端走向另一个极端，上述国家大都采用较为温和的中间模式，实行分级管理模式，由政府和自律机关相结合进行管理，或者由中央政府、地方政府以及自律机关联合进行监管，这样可以形成官方与民间、中央政府与地方政府之间的权利分配与制衡，克服了上述两种管理模式各自的弊病。

3. 我国证券监管模式的现状

我国目前证券市场监管模式比较偏重于集中统一监管，这是因为我国证券市场起步较晚,历史短暂,正处于发展阶段,目前仍然是一个非高度自由、相对独立、非统一的地方割据市场;它缺乏完善的证券法制体系,市场自律功能较差,政府直接参与、多部门管理。要改变这种格局,我国证券监管模式的设计就应当从实际出发,在政府统一管理、调控、监督、指导下,充分发挥地方政府的作用和证券市场的自律功能,综合运用法律手段和市场调节手段,实施中央监管、地方监管和市场自律相结合的管理模式,逐渐完善和发展中国的证券市场。

12.2　我国证券市场的法律、法规

12.2.1　我国证券市场监管的法律规范

证券市场监管的法律、法规分为三个层次:第一个层次是指由全国人民代表大会或全国人民代表大会常务委员会制定并颁布的法律;第二个层次是指由国务院制定并颁布的行政法规;第三个层次是指由证券监管部门和相关部门制定的部门规章。中国证券市场形成和发展的20多年中,大量相关法律法规相继出台,对市场的规范和有序发展起到了重要作用。

由于法律法规较多,以下仅列举与证券市场比较密切的法律、法规。

1. 法律

(1)《中华人民共和国证券法》。《中华人民共和国证券法》(以下简称《证券法》)于1998年12月29日第九届全国人民代表大会常务委员会第六次会议通过,于1999年7月1日实施。2004年8月28日第十届全国人民代表大会常务委员会第十一次会议通过《关于修改〈中华人民共和国证券法〉的决定》,对部分条款进行了修正。2000年10月27日第十届全国人民代表大会常务委员会第十八次会议对原《证券法》进行了全面修订,并于2006年1月1日起生效。2013年6月29日第十二届全国人民代表大会常务委员会第三次会议《关于修改〈中华人民共和国文物保护法〉等十二部法律的决定》中对《证券法》只修改一条,将第一百二十九条第一款修改为:“证券公司设立、收购或者撤销分支机构,变更业务范围,增加注册资本且股权结构发生重大调整,减少注册资本,变更持有百分之五以上股权的股东、实际控制人,变更公司章程中的重要条款,合并、分立、停业、解散、破产,必须经国务院证券监督管理机构批准。”2014年8月31日第十二届全国人民代表大会常务委员会《关于修改〈中华人民共和国保险法〉等五部法律的决定》中对《证券法》进行个别修改,2013年和2014年的两次修订都是为适应和助力行政审批制度改革和政府职能转变。2019年12月28日第十三届全国人民代表大会常务委员会第十五次会议对原《证券法》进行了一系列新的制度改革完善,于2020年3月1日起施行。

①调整范围。《证券法》的调整范围涵盖了一系列新的制度改革完善,包括:全面推行证券发行注册制度;显著提高证券违法违规成本;完善投资者保护制度;进一步强化信息披露要求;扩大证券法的适用范围等。

②主要内容。《证券法》共分14章,分别为总则、证券发行、证券交易、一般规定、证券上市、禁止的交易行为、上市公司的收购、信息披露、投资者保护、证券交易场所、证券公司、

证券登记结算机构、证券服务机构、证券业协会、证券监督管理机构、法律责任和附则。与2014版证券法条款进行对比，新版证券法从过去的12章变为14章，增设了信息披露和投资者保护两章，但条款总数从过去的240条缩减至226条。

(2)《中华人民共和国公司法》。《中华人民共和国公司法》(以下简称《公司法》)于1993年12月29日由第八届全国人民代表大会常务委员会第五次会议通过，于1994年7月1日起实施。此后，分别根据1999年12月25日中华人民共和国第九届全国人民代表大会常务委员会第十三次会议和2004年8月28日第十届全国人民代表大会常务委员会第十一次会议通过的《全国人民代表大会常务委员会关于修改〈中华人民共和国公司法〉的决定》进行了两次修订。2005年10月27日第十届全国人民代表大会常务委员会第十八次会议再次进行较全面的修订，并于2006年1月1日起施行。2013年12月28日第十二届全国人民代表大会常务委员会第六次会议《关于修改〈中华人民共和国海洋环境保护法〉等七部法律的决定》，对《公司法》进行第三次修正。2018年10月26日第十三届全国人民代表大会常务委员会第六次会议《关于修改的决定》，对《公司法》进行第四次修正。

①调整范围。《公司法》的调整范围包括股份有限公司和有限责任公司，其核心旨在保护公司、股东和债权人的合法权益，维护社会经济秩序。《公司法》确立了我国公司的法律地位及其设立、组织、运行和终止等过程的基本法律准则。

②主要内容。《公司法》共分13章218条，对在中国境内有限责任公司的设立和组织机构，股份有限公司的设立和组织机构，有限责任公司的股权转让，股份有限公司的股份发行和转让，公司董事、监事、高级管理人员的资格和义务，公司债券，公司财务和会计，公司合并、分立、增资、减资，公司解散和清算，外国公司的分支机构，法律责任等内容制定了相应的法律条款。

(3)《中华人民共和国证券投资基金法》。《中华人民共和国证券投资基金法》(以下简称《证券投资基金法》)经2003年10月28日第十届全国人民代表大会常务委员会第五次会议通过，并于2004年6月1日起正式实施。2012年12月28日第十一届全国人民代表大会常务委员会第三十次会议修订。2015年4月24日第十二届全国人民代表大会常务委员会第十四次会议《关于修改〈中华人民共和国港口法〉等七部法律的决定》修正。

①调整范围。《证券投资基金法》的调整范围是证券投资基金的发行、交易、管理、托管等活动，目的是保护投资人及相关当事人的合法权益，促进证券投资基金和证券市场的健康发展。

②主要内容。《证券投资基金法》分为15章154条，包括：总则，基金管理人，基金托管人，基金的运作方式和组织，基金的公开募集，公开募集基金的基金份额的交易、申购与赎回，公开募集基金的投资与信息披露，公开募集基金的基金合同的变更、终止与基金财产清算，公开募集基金的基金份额持有人权利行使，非公开募集基金，基金服务机构，基金行业协会，监督管理，法律责任和附则。

(4)《中华人民共和国刑法》对证券犯罪的规定。《中华人民共和国刑法》于1979年7月1日第五届全国人民代表大会第二次会议通过并实施，1997年3月14日经第八届全国人民代表大会第五次会议修订。1999年12月25日第九届全国人民代表大会常务委员会第十三次会议通过《中华人民共和国刑法修正案》，此后又不断以修正案的形式作了修正，

2002 年 12 月 28 日公布了第四次修正案。第十届全国人民代表大会常务委员会第二十二次会议于 2006 年 6 月 29 日通过《中华人民共和国刑法修正案(六)》。2009 年 2 月 28 日第十一届全国人民代表大会常务委员会第七次会议通过《中华人民共和国刑法修正案(七)》。2011 年 2 月 25 日第十一届全国人民代表大会常务委员会第十九次会议通过《中华人民共和国刑法修正案(八)》。2015 年 8 月 29 日第十二届全国人民代表大会常务委员会第十六次会议通过《中华人民共和国刑法修正案(九)》。2017 年 11 月 4 日第十二届全国人民代表大会常务委员会第三十次会议通过《中华人民共和国刑法修正案(十)》。2020 年 12 月 26 日第十三届全国人民代表大会常务委员会第二十四次会议通过《中华人民共和国刑法修正案(十一)》,自 2021 年 3 月 1 日起施行。

2. 行政法规

2008 年 4 月 23 日,国务院公布《证券公司监督管理条例》(以下简称《监管条例》)和《证券公司风险处置条例》(以下简称《处置条例》)。这两个条例的公布实施,进一步完善了我国证券公司监管的法律法规体系,使证券公司的运行与监管更加规范。

(1)《监管条例》。2014 年 7 月 29 日《国务院关于修改部分行政法规的决定》修订。《监管条例》共分 8 章 97 条,包括总则、设立与变更、组织机构、业务规则与风险控制、客户资产的保护、监督管理措施、法律责任和附则等内容。

(2)《处置条例》。2016 年 2 月 6 日《国务院关于修改部分行政法规的决定》修订。在证券公司综合治理这样的背景下制定的《处置条例》共分 7 章 63 条,包括总则,停业整顿、托管、接管、行政重组,撤销,破产清算和重整,监督协调,法律责任,附则等内容。

3. 部门规章

(1)《证券发行与承销管理办法》。《证券发行与承销管理办法》重点规范了首次公开发行股票的询价、定价以及股票配售等环节,完善了现行的询价制度。首次公开发行股票达到一定规模的,发行人及其主承销商应当在网下配售和网上发行之间建立回拨机制,根据申购情况调整网下配售和网上发行的比例,从而提高公众投资者的中签率。还加强了对发行人、证券公司、证券服务机构和投资者参与证券发行行为的监管,对各参与主体违反法律、法规等行为,设定了记入诚信档案并公布、一定期间内取消其参与相关业务的资格等监管措施和行政处罚条款。

(2)《证券公司融资融券业务试点管理办法》。为了规范证券公司向客户出借资金供其买入上市证券或者出借上市证券供其卖出,中国证监会根据审慎监管的原则,制定了《证券公司融资融券业务试点管理办法》和相应的业务指引。《证券公司融资融券业务试点管理办法》分总则、业务许可、业务规则、债权担保、权益处理、监督管理和附则共 7 章 48 条。

(3)《证券市场禁入规定》。为了维护证券市场秩序,保护投资者合法权益和社会公众利益,促进证券市场健康稳定发展,中国证监会根据《证券法》和新《行政处罚法》等法律、行政法规制定《证券市场禁入规定》。《证券市场禁入规定》共 17 条,自 2021 年 7 月 19 日起施行。

12.2.2　我国证券市场监管的主要内容

按照证券交易的过程和证券市场监管的对象,可以把证券市场监管的主要内容分为证券发行市场的监管,证券交易的监管,证券交易市场的监管,对证券经营机构的监管,对证券从业人员的监管和对证券投资者的监管。

1. 证券发行市场的监管

(1)证券发行资格的审核。对证券市场的监管,首先的是对证券发行资格的审核。只有符合证券发行条件,上市公司才能进入市场发行证券。世界各国对证券发行审核的方式主要有两种:注册制和核准制。所谓注册制,实行公开管理的原则,即要求发行人在准备发行证券时,必须将证券发行本身以及同证券发行有关的一切信息及各种资料,完全、准确地向证券主管机关呈报,并申请注册。证券主管机关的权力仅限于要求发行人提供的资料中不包含任何不真实的陈述。由投资者根据这些信息对公司的好坏作出判断。注册制适用于证券市场成熟和投资者素质较高的国家和的确。所谓的核准制,实行实质管理的原则,是指发行人在发行证券时,不仅要充分公开其真实情况,而且必须符合有关法律和证券管理机关规定的必备条件,否则,证券主管机关有权否决证券发行的申请。它在信息公开的条件下,把一些不符合要求的低质量发行人据之门外。核准制适用于证券市场不成熟、投资者素质不高的国家和地区。

我国多年来一直实行审核制,近几年来转为核准制。

我国股票发行审核制度有以下特点。

①发行额度实行计划管理。中国证券监督管理委员会同国家计划委员会根据市场情况来制订年度或跨年度股票发行额度,并下达给省、自治区、直辖市和各部门。

②实行两级审批体制。首先由申请发行者按隶属关系,分别向省、自治区、直辖市、计划单列市人民政府或中央企业主管部门提出公开发行股票的申请。地方政府或中央企业主管部门审批后再统一交到证监委进行审批。

③股票发行与上市连续进行体制。股票发行申请人在取得证券监督管理委员会复审同意意见书后,还应向上海或深圳证券交易所上市委员会提出上市申请,待上市委员会同意接受上市后,方可发行股票。

(2)证券发行信息披露制度。所谓信息披露制度是指公开发行证券的公司,在证券的发行、上市、交易等一系列环节中,按照法律、证券主管机构或股票交易所的规定,以一定的方式及时、准确、完整的向社会公众公布有关信息的行为惯例和活动准则。信息披露制度是维护证券市场的公开、公平、公正的重要保证。

2021 年 3 月 19 日证监会发布《上市公司信息披露管理办法(2021 年修订)》(以下简称《信披办法》),自 2021 年 5 月 1 日起正式施行。此次修订是证监会自 2007 年发布上市公司信息披露管理办法以来的重大、系统化变革,既承继了新《证券法》对信息披露事项的纲领精神,亦结合证券市场监管实践提出了更为具体、完善的指导意见,为督促上市公司等责任主体做好信息披露奠定了良好的制度基础。

2. 证券交易监管

(1)证券上市制度。证券上市包含两层含义:一是指证券经过证券管理机构批准,向社会公开发行,叫发行上市;二是指证券经过证券交易所批准,在交易所内挂牌买卖,叫交易上市。交易上市的证券必须是发行上市的证券,但发行上市的证券不一定都能上市交易。政府债券不必经过证券交易所和证券主管部门审核,可以直接上市发行并交易;公司债券只要达到一定数额,经证券交易所和证券主管机关审批后,方可在证券交易所公开买卖。所以,证券上市主要是股票上市,证券上市制度就是证券交易所和政府有关部门制定的有关股票上市的规则。

①证券上市条件。根据《公司法》《证券法》和《股票发行与交易管理暂行条例》,证券上市条件中的主要项目有:上市公司资本额的规定;上市公司的盈利能力;上市公司的资本结构;上市公司的偿债能力;上市公司的股权分散状况;申请上市的证券市场价值;上市公司的开业时间。

②上市契约和上市公司的义务。发行公司的证券在获得上市批准后,上市公司应与交易所签订上市契约,并作出一定承诺。上市契约的内容分两类:第一,上市公司向证券交易所及时通报公司在财务、营业、雇员、担保品等方面所发生的一切重大变化及其影响的保证;第二,上市公司按时提供一切与公司财务与业务有关的财务报表和统计资料的保证。

证券发行获准上市后应依与证券法律规范、上市契约准则及证券交易所业务规则,承担如下义务。

第一,上市公司要在法定期限内向社会公布上市公告书,定期公布会计师事务所注册会计师签证的财务报表。

第二,上市公司应履行信息持续公开义务。提供包括年度报告书、中期报告书、季度报告书和临时报告书等。

第三,上市公司依证券交易所规定费率,缴纳上市费用。上市费用分为上市初费和上市月费。

第四,承担法律和证券交易所规定的其他业务。

③证券上市程序。我国的《证券法》和《上市公司证券发行管理办法》对证券上市程序作出了基本规定,同时各证券交易所根据具体情况加以补充规定,一般来说证券上市的程序包括申请、审核、上市。

④证券上市的暂停和终止。暂停上市、终止上市是《公司法》规定的一项对上市公司的淘汰制度,是防范、化解证券市场风险,抑制过度投机,保护广大投资者利益的重要措施。

暂停上市是指,上市公司出现下列情况之一,有中国证券监督管理委员会决定其股票上市:

a. 公司股本总额、股权分布等发生变化不再具备上市条件,即发行在外的股本总额小于5 000万元或公开募集的股份小于股本总额的25%;

b. 经有关部门查实公司不按规定公开其财务状况或者对财务会计报告做虚假记载;

c. 公司有重大违法行为;

d. 公司最近3年连续亏损。

终止上市是指,上市公司有上述②、③条规定的行为之一,并且后果严重的;或者公司存在上述①、④条规定的行为之一,在限期内未能消除,不具备上市条件的,由中国证监会决定终止其股票上市。

(2)上市公司的信息持续披露制度。上市公司的信息持续披露制度是指上市公司在其上市交易后,按照规定对公司的经营业绩、重大变动、重要决策等相关内容进行定期报告和临时报告,信息持续披露制度是公开原则在证券市场的集中体现。信息披露文件,包括上市公司的年度报告书、中期报告书等定期报告文件以及临时报告文件书和为执行证券交易所及时公开政策而公开的各类报告文件。

(3)证券交易行为的监管。证券交易行为监管的中心内容是反对证券交易活动中的内幕交易、操纵市场、欺诈客户等行为,以规范证券交易行为,维护证券市场秩序,保护投资者的合法权益和社会公众利益。

①对内幕交易的监管。内幕交易是指证券交易内幕信息和知情人员利用内幕信息进行证券交易活动。证券交易活动中,涉及公司的经营、财务或者对该公司证券的市场价格有重大影响的尚未公开的信息。它包括以下内容:公司的重大投资行为和经营范围的重大变化;公司分配股利或增资的计划,公司股权结构的重大变化等。要防止内幕交易,加强对内幕人员的监管十分重要。一方面,要采取有效的措施提高内幕人员的思想认识水平和职业道德水准;另一方面,要加大法治力度,严惩违法的内幕人员。我国《证券法》规定,证券交易内幕信息的知情人或者非法获取内幕信息的人员从事内幕交易的,责令依法处理非法持有的证券,没收违法所得,并处以违法所得一倍以上十倍以下的罚款;没有违法所得或者违法所得不足五十万元的,处以五十万元以上五百万元以下的罚款。单位从事内幕交易的,还应当对直接负责的主管人员和其他直接责任人员给予警告,并处以二十万元以上二百万元以下的罚款。国务院证券监督管理机构工作人员从事内幕交易的,从重处罚。

②对操纵市场的监管。操纵市场是指以获取不正当利益或者转嫁风险为目的,利用其资金、信息等优势或者滥用职权,制造证券市场假象,影响市场价格,扰乱证券市场秩序的行为。它包括以下内容。

a. 通过单独或合谋,集中资金优势、持股优势或者利用信息优势联合或连续买卖,操着证券交易价格;

b. 与它人串通,以事先约定的时间、价格和方式相互进行证券交易或者相互买卖并不持有的证券影响证券交易价格或者证券交易量;

c. 以自己为交易对象,进行不转移所有权的自买自卖,影响证券交易价格或者交易量;

d. 以其他方法操纵证券交易价格。

我国《证券法》规定,操纵证券交易价格,或者制造证券交易的虚假价格或者证券交易量,获取不正当利益或者转嫁风险的,责令依法处理其非法持有的证券,没收违法所得,并处以违法所得一倍以上十倍以下的罚款;没有违法所得或者违法所得不足一百万元的,处以一百万元以上一千万元以下的罚款。单位操纵证券市场的,还应当对直接负责的主管人员和其他直接责任人员给予警告,并处以五十万元以上五百万元以下的罚款。

③对欺诈客户的监管。欺诈客户是指证券经营机构、证券登记结算机构和发行人或者发行代理人,在证券发行、交易及相关活动中违背客户意志,损害客户利益的欺诈行为。它包括:违背客户的委托为其买卖证券;不在规定时间内向客户提供交易的书面确认文件;挪用客户所委托买卖的证券或者客户提供交易的书面确认文件;挪用客户所委托买卖的证券或者客户账户上的资金等。

我国《证券法》规定,证券公司违背客户的委托买卖证券、办理交易事项,以及其他违背客户真实意思表示,办理交易以外的其他事项,给客户造成损失的,依法承担赔偿责任,并处以违法所得一倍以上十倍以下的罚款;没有违法所得的,处以五十万元以下的罚款。

3. 证券交易市场的监管

证券交易市场是进行证券交易的场所，是由投资者转让证券所形成的交易关系的总和。证券交易分为场内交易和场外交易，证券市场也相应地分为证券交易所和场外市场，因而，证券交易市场的监管分为证券交易所监管和场外市场监管。

（1）证券交易所监管。证券交易所监管包括两方面的内容：一方面是国家证券主管机关依照相关法律和法规对证券交易所的设立、业务、组织和义务等方面的监管；另一方面是证券交易所按照既定的规则对证券的发行，上市与交易各方的相关活动进行监管，即证券交易所的自律监管。

①对证券交易所的监管。证券交易所的组织形式有公司制和会员制，会员制证券交易所比较强调自律监管，公司制证券交易所则重视政府行政管理。世界各国的证券交易所大多采用会员制。我国现有的上海、深圳两家证券交易所均是采用会员制。对证券交易所的监管主要包括两方面：制度监管和内容监管。

中国证监会对证券交易所管理和监督的主要内容包括以下方面。

a. 对证券交易所人员兼职、泄露和利用内幕信息及利用职务之便牟利益的行为作出限制。

b. 要求证券交易所建立符合证券监督管理和监控要求的系统，及时、准确提供真实的证券市场信息。

c. 按规定，向主管机关提供会员和上市公司的有关资料。

d. 在规定的时间内，要求证券交易所编制由具有证券从业资格的会计师事务所审计的财务报告，并报主管机关，必要时，主管机关有权派员检查证券交易所的各方面情况。

e. 证券交易所应按规定将其会员缴存的交易保证金存入银行专门账户，不能擅自动用。

②证券交易所的自律监管。证券交易所的自律监管是由证券交易所的性质和地位决定的。证券交易所为投资者提供证券交易的场所以及与证券交易相关的各项服务，是证券市场的组织者。证券交易所是由会员组成的会员制组织，要从全体会员的共同利益出发，对会员进行自律性管理。

要充分发挥证券交易所的自律监管职能，必须做好以下工作。

a. 制定严格的自律制度，充实和加强证券交易所的自律监管力量。

b. 加强对会员的监管。

c. 强化对上市公司信息披露的监管。

d. 加强对交易活动的监管。

（2）场外市场的监管。场外市场通常是非集中交易的市场。它是一个非组织化、非制度化的市场，不像证券交易所那样对进场有严格的规定和限制，因此交易秩序较乱。对此，我国尚无成文的管理办法。

在我国，场外市场有 STAQ 系统和 NET 系统。STAQ 系统全称为“全国证券交易自动报价系统”，是一个以电子计算机网络为媒介，遍及全国各大主要证券交易柜台，为国库券和法人股提供交易信息的场外市场。我国对 STAQ 系统的监管主要是以自律监管为主。NET 在成立之初，名为“中国证券交易系统有限公司”，而 1995 年 9 月财政部发行记账式国库券，财政部委托其提供总托管服务后，该公司则被改组为“中央国债登记结算有限公司”，形成全国统一的国债簿记结算系统。另外，该公司还承担了银行间同业拆借市场的国债托管、结算业务。我国对 STAQ 和 NET 的监督、检查，尚无完善、明确的条文规定。因此，必须加强对它们的监管，尽快制定出有关管理条例。

我国严禁股票的场外交易。股票场外交易在我国这样一个股票市场还不够成熟的国家，尚不具备发展的条件。

4. 对证券经营机构的监管

对证券经营机构的监管主要包括：对机构的设立进行审批；对机构高级经营管理人员的任职资格进行审查；对机构的经营业务进行日常监督、检查；对机构及其从业人员的违法违规行为进行查处等。

(1)证券经营机构设立的监管。证券经营机构设立的监管主要有注册制和特许制。

①注册制。证券经营机构的注册制是以美国为代表。美国 1934 年的《证券交易法》规定，所有经营全国性证券业务的投资银行(包括证券承销商、经纪商、自营商等)都必须向证券交易委员会登记注册，取得证券交易委员会注册批准后，还得向证券交易所申请会员注册，只有同时取得证券交易委员会的注册批准和证券交易所的会员资格后投资银行才能经营证券业务。

在注册制下证券发行审核机构只对注册文件进行形式审查，不进行实质判断，即降低上市门槛；同时配套有中介机构即券商对预备上市公司的考查，及对作弊中介商加强处罚；并配套有降低退市门槛的规则。2016 年 3 月 1 日，我国国务院对注册制改革的授权将正式实施。2020 年 10 月 9 日国务院印发《关于进一步提高上市公司质量的意见》提出将“全面推行、分步实施证券发行注册制，支持优质企业上市”。

②特许制。证券经营机构特许制以日本为代表。日本《证券交易法》规定，证券公司未经大藏大臣特许，不得经营证券业务，并从证券业务角度划分，将特许分为自营、经纪承销以及募集和销售代理四种，每种特许应分别获得。

(2)证券经营机构行为的监管。证券经营机构行为的监管主要有以下五个方面。

①定期报告制度。设立证券商文件报告制度的目的，是通过证券主管机构对所提供文件的审查、监管活动，全面掌握证券经营机构经营及财务状况，以确保证券经营机构安全营业，忠实履行业务。通常，证券监管机构审查的主要事项包括：

a. 证券经营机构有无欺诈或违反法定义务的行为。

b. 公司财务状况。

c. 证券经营机构负债总额与净资产总额的比率。

d. 从业人员资格。

e. 法定存档文件保存情况等。

②财务保证制度。建立财务保证制度的目的，是以财务的合法性和资产保证来维护证券经营机构的信誉，防止因发生证券事故，损害投资者的利益，并使受损害的投资者得以损失赔偿。财务保证制度的主要内容有：

a. 最低资本额限制。最低资本额限制是指证券经营机构获得经营许可所必须拥有的法定自有资本的最低限额。按照我国《证券法》规定，经纪类证券公司注册资本的最低限额为人民币 5 000 万元，综合类证券公司注册资本最低限额为人民币 5 亿元。

b. 负债比率的限制。我国《证券法》规定，证券公司对外负债总额不得超过其净资产额的规定倍数。

c. 顾客保护规则。主要是保护证券经营机构所持有的客户资金和证券。

③证券经营机构业务资料报送制度。按规定，证券经营机构应当建立和提交会计报表和统计报表报送制度，报表包括资产负债表、损益表以及其他要求提交的报表。同时还规定对证券经营机构试行年度检查制度，证券经营机构在接到年检通知书后，应当报送年检报告书、资产负债表、年度决算报告、《金融机构法人许可证》或《金融机构营业许可证》以及其他要求报送的资料。

④行为规范与行为禁止制度。各国证券法大多规定，证券商在执行其业务时对客户应遵循诚信原则，且不得有操纵市场的行为。我国有关法律、法规规定，严禁证券经营机构从事以下行为：将自营业务和代理业务混合操作；证券经营机构内部人员持有、买卖股票；未安规定的时间、程序、方式承销股票；未按规定发放证券认购申请表等。

⑤证券自营业务的监管。自营商是自行买卖证券、独立承担风险的证券商，法律一般对这类证券商进行比较严格的监管。我国《证券法》规定，只有综合类证券公司才能从事自营业务；自营业务和经纪业务要分业管理、分开办理，业务人员、财务账户均应分开，不得混合操作；自营业务必须使用自有资金和依法筹资的资金；证券公司自营业务必须以自己的名义进行，不得假借他人的名义或个人的名义进行；证券公司不得将自营账户借给他人使用。

(3) 证券经营机构的自律管理制度。证券市场是复杂的经济行为和管理行为的综合体。在这一体系中，政府运用行政机制依法管理市场，使市场行为合法与非法的界限分明，管理手段具有刚性约束。但是，也有一些领域，政府的行为很难奏效，必须借助证券商的自律行为，予以行业或道德约束，以维护投资者的利益，促进市场的公平、公正、公开秩序的建立。这种行业和道德约束的手段就叫做自律管理。

证券上的自律管理有两种形式：证券商协会的自律管理和由会员证券商组成的证券交易所的自律管理。

(4) 证券经营机构的风险管理。对于证券商来说，证券交易中的风险主要来自于两大方面：一方面来自于自营业务活动，决策失误、操作失败必然会给大量投入的资金带来巨大的风险；另一方面来自于委托代理业务的信用风险。就证券市场而言，风险永远存在的，关键是在于如何强化风险的防范和管理，以降低和控制风险。

5. 对证券从业人员的监管

为促进证券行业健康持续发展，保护投资者利益，规范证券业从业人员执业行为，树立从业人员的良好职业形象和维护行业声誉，提高从业人员专业服务水平，国务院证券委员会发布了《证券业从业人员执业行为准则》《证券从业人员职业道德准则》等自律规则，在我国建立证券从业人员资格考试制度，由中国证监会负责实施。各项自律规则对从业人员的界定、申请条件、资格培训和考试、申请程序、资格维持、违规处罚等作出了规定，从而使证券市场在规范化、法制化道路上迈出了重要一步。

(1) 从业人员的分类。证券从业人员是指证券经营机构和中介结构（包括证券公司、信托投资公司、证券清算登记机构、证券投资咨询机构以及其他可经营证券相关业务的机构）中一些特定岗位的人员，可以大致分为两类：管理人员、专业人员。

(2)资格考试与注册制度。我国证券市场规范化建设的一项重要内容，就是通过职业化教育和专业化资格考试培训，使我们的证券业从业人员具有较强的法律意识、规范的职业道德和良好的业务素质。根据国际通行的做法，对证券从业人员进行资格考试和注册，是提高证券从业人员素质和加强管理的一项非常重要的制度。《证券业从业人员资格管理暂行规定》要求，从业人员必须取得证券从业人员资格证书方可从事相关证券业务。

从业人员申请资格须同时具备基本条件和必备条件。

资格证书分为证券代理发行从业资格、证券经济从业资格、投资顾问从业资格、证券中介机构电脑管理从业资格以及中国证监会认为需要认定的其他类别。前文所述的证券从业人员的管理人员中，正、副总经理需取得其中两类资格证书，业务部门正、副经理需取得相关资格证书；专业人员则需取得与所从事业务相对应的资格证书。

6. 对证券投资者的监管

证券投资者的投资行为直接影响证券市场的稳定，为正确引导和调节投资者的投资规模和投资方向，防止利用不正当手段操纵或影响证券市场，以形成一个公平合理、正常有序的投资环境，各国一般都对证券投资者进行管理。

(1)对个人投资者的监管。对个人投资者的监管，有利于保证证券市场的公平、公正、避免可能出现的内幕交易，同时有利于促进党政机关工作人员的廉政建设。具体包括：审查个人投资者的资格；对个人投资者买卖途径的监管；对个人投资者买卖操作的监管。

(2)对机构投资者的监管。对机构投资者的监管涵盖对机构投资者买卖证券资格和行为的监管。主要包括对资金来源、买入资格、资金与买入证券的一致性和投资手续四个方面。

①对机构投资者买卖证券资格的监管。

a. 审查机构投资者资金来源。目前，我国对机构投资者用于证券投资的资金来源有一定的限制，并不是所有的资金都可以用于证券投资。法人机构的下列资金不得用于证券投资：国家预算内的拨款不得用于证券投资，以保证专款专用；向银行贷款的资金不得进行证券投资；凡属于企事业单位的暂收资金、过路资金不得用于证券投资；作为金融机构的城乡信用社吸收的各类存款资金不得用于证券投资。

因此，法人机构用于证券投资的资金必须是企业有权支配的各类资金，主要包括资本金、企业专用基金、基金会所筹集的捐款、社团法人所募集的入会基金以及所收取的会费等。

b. 审查机构投资者是否可以买入想要投资的证券。根据国家有关规定，各级党组织和国家机关、非独立核算的单位、外国组织和外商在华投资企业不得购买我国企业的股票。

c. 审查机构投资者用于够买证券的资金是否与其可以买入的证券一致。不同性质的投资资金应购买与其相对应的证券。如企业、事业单位购买股票，只能使用按照国家有关规定能够有权自主支配的资金，而且所购买的股票只限于法人股，不能购买对公众发行的股票。

d. 审查机构投资者的投资手续是否完备,经办人是否具有单位投资证明,支付款项凭证填写是否准确,买入单位能否及时办妥证券过户手续等。

②对机构投资者买卖行为的监管。根据有关规定,禁止机构投资者的以下投资行为:两种或两个以上单位或个人私下串通,或内外勾结,同时买卖一种证券,制造证券的虚假供求,扰乱市场价格;利用内幕消息从事证券买卖;以操纵市场为目的,连续抬价买入或压价卖出同一种证券,影响市场行情;为诱使他人参与交易,制造或散布虚假的容易使人误解的信息等。

12.3　证券市场的行政监管

12.3.1　证券市场行政监管机构

我国证券市场经过近 20 年的发展,逐步形成了五位一体的监管体系,即国务院证券监督管理机构、国务院证券监督管理机构的派出机构、证券交易所、行业协会和证券投资者保护基金公司为一体的监管体系和自律管理体系。其中国务院证券监督管理机构、国务院证券监督管理机构的派出机构为行政监管机构。

1. 中国证券监督管理委员会

中国证券监督管理委员会(简称"中国证监会")是国务院直属机构,是全国证券、期货市场的主管部门,按照国务院授权履行行政管理职能,依照相关法律、法规对全国证券、期货市场实行集中统一监管,维护证券市场秩序,保障其合法运行。中国证监会成立于 1992 年 10 月。中国证监会设在北京,机关内设 21 个职能部门,1 个稽查总队,3 个中心;中国证监会还设有股票发行审核委员会,委员由中国证监会专业人员和所聘请的会外有关专家担任。中国证监会在省、自治区、直辖市和计划单列市设立 36 个证券监管局,以及上海、深圳证券监管专员办事处。

2. 中国证监会派出机构

中国证监会在上海、深圳等地设立 9 个稽查局,在各省、自治区、直辖市、计划单列市共设立 36 个证监局。其主要职责是:认真贯彻、执行国家有关法律、法规和方针、政策,依据中国证监会的授权对辖区内的上市公司,证券、期货经营机构,证券、期货投资咨询机构和从事证券业务的律师事务所、会计师事务所、资产评估机构等中介机构的证券业务活动进行监督管理;依法查处辖区内前述监管范围的违法、违规案件,调解证券、期货业务纠纷和争议,以及中国证监会授予的其他职责。

12.3.2　证券市场行政监管机构的职责和权限

1. 中国证监会的职责

中国证监会依据《证券法》在对证券市场实施监督管理中可以履行下列职责:

(1)依法制定有关证券市场监督管理的规章、规则,并依法进行审批、核准、注册,办理备案。

(2)依法对证券的发行、上市、交易、登记、存管、结算等行为,进行监督管理。

(3)依法对证券发行人、证券公司、证券服务机构、证券交易场所、证券登记结算机构的证券业务活动,进行监督管理。

(4)依法制定从事证券业务人员的行为准则,并监督实施。

(5)依法监督检查证券发行、上市、交易的信息披露。

(6)依法对证券业协会的自律管理活动进行指导和监督。

(7)依法监测并防范、处置证券市场风险。

(8)依法开展投资者教育。

(9)依法对证券违法行为进行查处。

(10)法律、行政法规规定的其他职责。

国务院证券监督管理机构可以和其他国家或者地区的证券监督管理机构建立监督管理合作机制,实施跨境监督管理。

2. 中国证监会有权采取的措施

中国证监会在履行以上职责时,有权采取下列措施:

(1)对证券发行人、上市公司、证券公司、证券投资基金管理公司、证券服务机构、证券交易所、证券登记结算机构进行现场检查。

(2)进入涉嫌违法行为发生场所调查取证。

(3)询问当事人和与被调查事件有关的单位和个人,要求其对与被调查事件有关的事项作出说明。

(4)查阅、复制与被调查事件有关的财产权登记、通信记录等资料。

(5)查阅、复制当事人和与被调查事件有关的单位和个人的证券交易记录、登记过户记录、财务会计资料及其他相关文件和资料;对可能被转移、隐匿或者毁损的文件和资料,可以予以封存、扣押。

(6)查询当事人和与被调查事件有关的单位和个人的资金账户、证券账户、银行账户以及其他具有支付、托管、结算等功能的账户信息,可以对有关文件和资料进行复制;对有证据证明已经或者可能转移或者隐匿违法资金、证券等涉案财产或者隐匿、伪造、毁损重要证据的,经国务院证券监督管理机构主要负责人或者其授权的其他负责人批准,可以冻结或者查封,期限为六个月;因特殊原因需要延长的,每次延长期限不得超过三个月,冻结、查封期限最长不得超过二年。

(7)在调查操纵证券市场、内幕交易等重大证券违法行为时,经国务院证券监督管理机构主要负责人或者其授权的其他负责人批准,可以限制被调查的当事人的证券买卖,但限制的期限不得超过三个月;案情复杂的,可以延长三个月。

(8)通知出境入境管理机关依法阻止涉嫌违法人员、涉嫌违法单位的主管人员和其他直接责任人员出境。

为防范证券市场风险,维护市场秩序,国务院证券监督管理机构可以采取责令改正、监管谈话、出具警示函等措施。

12.4　证券市场的自律管理

12.4.1　证券交易所的自律管理

我国《证券法》第九十六条规定:“证券交易所是为证券集中交易提供场所和设施,组织和监督证券交易,实行自律管理的法人。”证券交易所、国务院批准的其他全国性证券交易场所的设立、变更和解散由国务院决定。国务院批准的其他全国性证券交易场所的组织机构、管理办法等,由国务院规定。我国《证券法》在借鉴他国经验的基础上,将原由政府部门行使的一部分权力授予了证券交易所,从而确认了证券交易所的组织特性和监管特性。根据 2018 年 1 月 1 日起施行的《证券交易所管理办法》,证券交易所的监管职能包括对证券交易活动进行管理,对会员进行管理,以及对上市公司进行管理。

1. 证券交易所的主要职能

(1)为组织公平的集中交易提供保障。

(2)提供场所和设施。

(3)公布证券交易即时行情,并按交易日制作证券市场行情表,予以公布。

(4)依照证券法律、行政法规制定上市规则、交易规则、会员管理规则和其他有关规则,并报国务院证券监督管理机构批准。

(5)对证券交易实行实时监控,并按照中国证监会的要求,对异常的交易情况提出报告。

(6)对上市公司及相关信息披露义务人披露信息进行监督,督促其依法及时、准确地披露信息。

(7)因突发事件而影响证券交易的正常进行时,证券交易所可以采取技术性停牌的措施;因不可抗力的突发性事件或者为维护证券交易的正常秩序,证券交易所可以决定临时停市等。

2. 证券交易所的一线监管权力

证券交易所作为一线监管者,还具有以下监管权力。

①证券交易所根据需要,可以按照业务规则对出现重大异常交易情况的证券账户的投资者限制交易,并及时报告国务院证券监督管理机构。

②上市公司可以向证券交易所申请其上市交易股票的停牌或者复牌,但不得滥用停牌或者复牌损害投资者的合法权益。证券交易所可以按照业务规则的规定,决定上市交易股票的停牌或者复牌。

③因不可抗力、意外事件、重大技术故障、重大人为差错等突发性事件而影响证券交易正常进行时,为维护证券交易正常秩序和市场公平,证券交易所可以按照业务规则采取技术性停牌、临时停市等处置措施,并应当及时向国务院证券监督管理机构报告。

④因突发性事件导致证券交易结果出现重大异常,按交易结果进行交收将对证券交易正常秩序和市场公平造成重大影响的,证券交易所按照业务规则可以采取取消交易、通知

证券登记结算机构暂缓交收等措施,并应当及时向国务院证券监督管理机构报告并公告。

⑤证券交易所应当加强对证券交易的风险监测,出现重大异常波动的,证券交易所可以按照业务规则采取限制交易、强制停牌等处置措施,并向国务院证券监督管理机构报告;严重影响证券市场稳定的,证券交易所可以按照业务规则采取临时停市等处置措施并公告。

12.4.2 中国证券业协会的自律管理

证券业协会是证券业的自律性组织,是社会团体法人。中国证券业协会正式成立于1991年8月28日,是依法注册的具有独立法人地位的、由经营证券业务的金融机构自愿组成的行业性自律组织。它的设立是为了加强证券业之间的联系、协调、合作和自我控制,以利于证券市场的健康发展。中国证券业协会采取会员制的组织形式,证券公司应当加入中国证券业协会。中国证券业协会的权力机构为全体会员组成的会员大会。中国证券业协会章程由会员大会制定,并报中国证监会备案。

1. 中国证券业协会的职责

根据我国《证券法》,中国证券业协会履行下列职责:

(1)教育和组织会员遵守证券法律、行政法规。

(2)依法维护会员的合法权益,向证券监督管理机构反映会员的建议和要求。

(3)收集整理证券信息,为会员提供服务。

(4)制定会员应遵守的规则,组织会员单位从业人员的业务培训,开展会员间的业务交流。

(5)对会员之间、会员与客户之间发生的证券业务纠纷进行调解。

(6)组织会员就证券业的发展、运作及有关内容进行研究。

(7)监督、检查会员行为,对违反法律、行政法规或者中国证券业协会章程的,按照规定给予纪律处分。

2. 中国证券业协会的自律管理职能

中国证券业协会的自律管理体现在保护行业共同利益、促进行业共同发展方面,具体表现为以下几个方面。

(1)对会员单位的自律管理。中国证券业协会对加入协会的证券公司进行会员自律管理。

①规范业务,制定业务指引。中国证券业协会针对行业发展的共同要求,成立多个专业委员会,规范业务的发展,先后制定过《证券公司证券自营业务指引》、《证券公司集中交易安全管理技术指引》等。

②规范发展,促进行业创新,增强行业竞争力。中国证券业协会先后制定颁发了行业创新类、规范类证券公司的评审办法。

③制定行业公约,促进公平竞争。中国证券业协会先后就证券经纪业务、投资银行业务制定并发布了促进行业公平竞争的行业性自律公约。

(2)对从业人员的自律管理。中国证券业协会对从业人员进行严格的管理,从而为证券市场提供高效的服务。

①从业人员的资格管理与后续职业培训。证券业是知识密集型服务业，从业人员的职业素养成为提升行业竞争力的关键因素；证券业务发展更新快，专业知识、法律法规在我国新兴加转轨的市场中更替节奏快的特点尤为突出，这必然要求行业协会在市场中发挥提供公共资源平台的职能，统一标准，为行业服务。

②为特殊岗位的从业人员提供专业的资质测试和相关的后续职业培训。证券公司高级管理人员、保荐代表人等作为影响行业发展的主要和特定岗位执业人员，其专业水准、职业操守以及规范执业等对行业发展有着深刻的影响，中国证券业协会对上述特定岗位的从业人员不仅严格其进入市场的门槛，而且对其执业状况进行跟踪，记入相应的个人减信信息系统，加强对其后续执业培训；探索投资咨询人员与国际化接轨的方式，引进国际分析师协会的特许执业资格考试。

③制定从业人员的行为准则和道德规范。投资咨询人员不论是专业水准，还是道德操守，都对证券市场有着广泛、深远的影响；投资银行专业人员的勤勉尽责、严格信息披露以及保密等行为准则，都从不同层面影响发行人、投资者的利益。中国证券业协会针对从业人员的岗位特点，制定了相应的行为准则和道德规范。

④从业人员诚信信息管理。中国证券业协会为推进证券业诚信体系建设，增强证券业从业人员诚信观念，提高证券业公信力，促进证券市场健康发展，对证券业从业人员在执业活动中遵纪守法、履约守信的情况和对评价其诚信状况有影响的其他信息建立证券业从业人员诚信信息管理系统，对证券业从业人员诚信信息进行日常管理。

12.4.3　证券投资者保护基金制度

证券投资者保护基金制度是证券投资者保护体系的重要组成部分，是建立证券公司风险处置长效机制的重要措施，也是落实《国务院关于推进资本市场改革开放和稳定发展的若干意见》的重要举措，是在总结证券市场监管经验基础上完善金融监管体系的积极探索。

1. 证券投资者保护基金

为建立防范和处置证券公司风险的长效机制，维护社会经济秩序和社会公共利益，保护证券投资者的合法权益，促进证券市场有序、健康发展，2005 年 6 月 30 日，经国务院批准，中国证监会、财政部、中国人民银行联合发布了《证券投资者保护基金管理办法》（以下简称《管理办法》），设立证券投资者保护基金（以下简称“保护基金”）。证券投资者保护基金是指按照《管理办法》筹集形成的，在防范和处置证券公司风险中用于保护证券投资者利益的资金。

国家设立证券投资者保护基金是建立证券公司风险处置长效机制的主要措施，也是落实《国务院关于推进资本市场改革开放和稳定发展的若干意见》的重要举措，是在总结证券市场监管经验基础上完善金融监管体系的积极探索，更是贯彻落实“三个代表”的具体体现。保护基金的主要用途是证券公司被撤销、关闭和破产或被中国证监会实施行政接管、托管经营等强制性监管措施时，按照国家有关政策规定对债权人予以偿付。

（1）证券投资者保护基金的来源。根据《证券投资者保护基金管理办法》第十二条，证券投资者保护基金的来源包括以下方面：

①上海、深圳证券交易所在风险基金分别达到规定的上限后，交易经手费的 20% 纳入

基金。

②所有在中国境内注册的证券公司,按其营业收入的0.5%~5%缴纳基金,经营管理和运作水平较差、风险较高的证券公司,应当按较高比例缴纳基金;各证券公司的具体缴纳比例由基金公司根据证券公司风险状况确定后,报中国证监会批准,并按年进行调整;证券公司缴纳的基金在其营业成本中列支。

③发行股票、可转债等证券时,申购冻结资金的利息收入。

④依法向有关责任方追偿所得和从证券公司破产清算中受偿收入。

⑤国内外机构、组织及个人的捐赠。

⑥其他合法收入。

证券公司应当缴纳的基金,按照证券公司佣金收入的一定比例预先提取,并由中国证券登记结算有限责任公司代扣代收。证券公司应在年度审计结束后,根据其审计后的收入和事先核定的比例确定需要缴纳的基金金额,并及时向保护基金公司申报清缴。不从事证券经纪业务的证券公司,应在每季后10个工作日内按该季营业收入和事先核定的比例预缴。每年度审计结束后,确定年度需要缴纳的基金金额并及时向保护基金公司申报清缴。

(2)保护基金的使用。证券投资者保护基金是在防范和处置证券公司风险中用于保护投资者利益的基金。

①证券公司被撤销、关闭和破产或被中国证监会实施行政接管、托管经营等强制性监管措施时,依照国家有关政策规定对债权人予以偿付;

②国务院批准的其他用途。

为处置证券公司风险需要动用保护基金的,中国证监会根据证券公司的风险状况制订风险处置方案,保护基金公司制订保护基金使用方案,报经国务院批准后,由保护基金公司办理发放基金的具体事宜。

(3)基金的监督管理。保护基金公司应依法合规运作,按照安全、稳健的原则运用基金资产,并接受中国证监会等相关部委的监督。基金的资金运用限于银行存款、购买国债、中央银行债券(包括中央银行票据)和中央级金融机构发行的金融债券以及国务院批准的其他资金运用形式。

保护基金公司应建立科学的业绩考评制度和信息报告制度,报送中国证监会、财政部、中国人民银行。保护基金公司对证券公司、托管清算机构使用基金的情况,可进行检查或委托专项审计。

中国证监会负责监督证券公司按期足额缴纳基金及向保护基金公司报送财务、业务等经营管理信息和资料。对挪用、侵占或骗取基金的违法行为,依法严厉打击;对有关人员的失职行为,依法追究其责任;涉嫌犯罪的,移送司法机关依法追究其刑事责任。

2. 证券投资者保护基金公司

根据中国证监会、财政部、中国人民银行联合发布的《证券投资者保护基金管理办法》,中国证券投资者保护基金有限责任公司(简称"保护基金公司")于2005年8月30日注册成立。保护基金公司是负责保护基金筹集、管理和使用,不以营利为目的的国有独资公司。

(1)保护基金公司设立的意义。保护基金公司的设立,一是可以在证券公司出现关闭、破产等重大风险时依据国家政策规范地保护投资者权益，通过简捷的渠道快速地对投资者特别是中小投资者予以保护；二是有助于稳定和增强投资者对我国金融体系的信心，有助于防止证券公司个案风险的传递和扩散；三是对现有的国家行政监管部门、证券业协会和证券交易所等行业自律组织、市场中介机构等组成的全方位、多层次监管体系的一个重要补充，将在监测证券公司风险、推动证券公司积极稳妥地解决遗留问题和处置证券公司风险方面发挥重要作用；四是有助于我国建立国际成熟市场通行的证券投资者保护机制。证券投资者保护基金是证券投资者保护的最终措施之一。

（2）保护基金公司的职责。保护基金公司负责基金的筹集、管理和使用，其主要职责包括以下几个方面：

①筹集、管理和运作基金。

②监测证券公司风险，参与证券公司风险处置工作。

③证券公司被撤销、关闭和破产或被中国证监会实施行政接管、托管经营等强制性监管措施时，按照国家有关政策规定对债权人予以偿付。

④组织、参与被撤销、关闭或破产证券公司的清算工作。

⑤管理和处分受偿资产，维护基金权益。

⑥发现证券公司经营管理中出现可能危及投资者利益和证券市场安全的重大风险时，向中国证监会提出监管、处置建议；对证券公司运营中存在的风险隐患会同有关部门建立纠正机制。

⑦国务院批准的其他职责。

【参考案例】

案例一　国际证监会组织

国际证监会组织（International Organization of Securities Commissions，IOSO）是国际上各证券暨期货管理机构所组成的国际合作组织。国际证监会组织的总部设在加拿大蒙特利尔市，正式成立于 1983 年，其前身是成立于 1974 年的证监会美洲协会。现有 193 个会员机构，其中包括 110 个正式会员、11 个联系会员和 72 个附属会员。中国证监会于 1995 年成为其正式会员。

IOSO 的宗旨是通过交流信息，促进全球证券市场的健康发展，各成员组织协同制定共同的准则，建立国际证券业的有效监管机制，以保证证券市场的公正有效，并共同遏制跨国不法交易，促进交易安全。

IOSO 设有主席委员会，四个地区常设委员会（亚太、欧洲、美洲和非洲/中东地区委员会）、执行委员会（下设技术市场委员会和新兴市场委员会）、秘书长和咨询委员会。其中，执行委员会是国际证监会组织的日常管理委员会，由 12 个正式会员及 4 个区域委员会各一名代表组成，委员任期为两年。秘书长负责日常事务，由执行委员会提名、主席委员会任命，任期为 3 年，服从于执行委员会并接受执行委员会主席的直接领导。咨询委员会由全部 45 个附属会员组成，这些会员多为各重要的证券交易所、金融机构或金融公司。我国的上海证券交易所、深圳证券交易所于 1996 年 9 月加入其咨询委员会。

（资料来源：作者根据相关资料改写而成。）

案例二　构建以市场透明度为核心的资本市场秩序

以资本市场为基础而形成的现代金融正在成为现代经济的核心。资本市场的核心作用源于金融活动市场化和全球化基础上的强大的资本配置功能。资本市场通过改善储蓄—投资转化机制，提高储蓄—投资的转化效率和全社会资源的流动性，整合传输复杂的经济信息，分散并转移经济体系的巨大风险，从而引导实体经济有序运行，促进国民经济的成长。

资本市场秩序的核心是维护市场透明度，即市场信息的真实性和及时性。在资本市场秩序的形成过程中，维护市场透明度的许多环节正面临多方面挑战。

在信息披露环节，市场透明度面临的主要问题是上市公司的虚假陈述。虚假陈述直接损害了证券市场的公开原则，严重损害了投资者利益，危害了资本市场秩序的道德基础。

在信息过滤与发布环节面临的主要问题是缺乏独立、公正精神的中介机构的合谋欺骗行为。

在信息整合环节面临的主要问题是内幕交易和操纵市场。内幕交易是对证券市场公平原则的直接损害，还将引发证券市场的道德风险，严重损害公众的投资信心。而市场操纵者通过直接控制证券市场的供求关系，扭曲证券交易价格，从而影响资本的自由流动，严重侵害投资者的合法权益，直接扰乱证券市场正常的交易秩序。

这些行为严重扰乱了资本市场秩序，极大地损害了市场透明度原则，破坏了资本市场“三公”原则的实现基础，是严重的违法行为，也是世界各国证券监管部门监管的重点构建和完善资本市场秩序，从法律事后制度的角度分析，可以归纳为对三大证券违法行为的认定及法律控制，包括行政、民事和刑事控制，而从更为市场化的事前规制角度进行分析，资本市场秩序的构建和完善可能依赖于如下五个方面：

第一，规范的公司治理是资本市场秩序的微观基础。公司治理存在缺陷是上市公司虚假陈述发生的制度原因。股东与经理人之间的利益冲突会导致“内部人控制”现象，大、小股东之间的利益冲突会导致“隧道效应”。为了从上市公司信息披露的初始环节就开始加以有效控制，从而实现维护市场透明度的目标，就必须规范中国上市公司的治理结构。

第二，尽职的中介机构是资本市场秩序的必备要素。政府要加强对中介机构及其从业人员的监管，明确中介机构与政府的分工、加强行业自律以及鼓励中介机构之间进行合并。

第三，符合现代经济活动的会计准则是资本市场秩序形成的技术基础。随着未来中国资本市场的发展和会计师水平的提高，会计准则必然经历一个逐步完善的过程，将越来越符合经济活动规律，更加真实、充分地反映上市公司的经营绩效和未来发展前景，从而为市场透明度的形成和资本市场秩序的维系提供更加规范的技术基础。

第四，有效的监管体系是资本市场秩序构建的宏观环境。未来证券监管制度的完善，首要任务是将“维护市场透明度”作为监管工作的核心任务。此外，应对证监会、交易所和行业协会之间的职责边界加以梳理，未来应努力推动监管方式从以行政监管为基础逐步转向以自律为基础，建立以法律为依据的市场监管型运行机制。应补充各监管机构实施有效监管所必需的人力、物力，赋予其相应的权利。

第五，不断完善的法律体系是资本市场秩序形成的法律基础。中国证券法律体系的完善应以“维护市场透明度”为核心，按照责任、权利对等的原则，完善三大证券违法行为的法律责任,对部分欠合理的法律内容进行调整,建立和完善有效的证券民事责任追究机制以及对英美法系的某些先进经验进行学习。

(资料来源:作者根据相关资料改写而成。)

重要概念

“三公”原则　　内幕交易　　操纵市场　　欺诈客户

复习思考

(1)简述证券市场监管的意义和原则。

(2)简述证券市场监管的目的。

(3)证券市场监管的法律、法规分为哪三个层次?

(4)我国证券市场行政监管机构包括哪些?又有哪些职能?

(5)证券投资者保护基金的来源和用途有哪些?

附录A 证券市场常用术语

大盘:指股市整体状况的表现,通常用价格指数来观察分析。

牛市:股票价格普遍持续上扬的行情,市场前景乐观。

熊市:股票价格普遍持续下跌的行情,市场前景暗淡。

多头:预期未来价格上涨,以目前价格买入一定数量的股票,等价格上涨后高价卖出以获利的投资者。特点为先买后卖的交易行为。

空头:预期未来行情下跌,将手中股票按目前价格卖出,待行情下跌后低价买进以获利的投资者。特点为先卖后买的交易行为。

利多:对多头有利,能刺激股价上涨的各种因素和消息,如银行利率降低、公司经营状况好转等。

利空:对空头有利,能促使股价下跌的各种因素和信息,如银根收紧、利率上升、经济衰退、公司经营状况恶化等。

套牢:预期股价上涨而买入股票,结果股价却下跌,又不甘心将股票卖出,被动等待获利时机的出现。

斩仓(割肉):在买入股票后,股价下跌套牢后,投资者为避免损失增加而低价(赔本)卖出股票的行为。

分红:指上市公司以现金方式发放股利,这种分配方式需缴纳所得税,目前进行分配时送股和红利所得已可自动进入股东账户。

送股:指上市公司将本年的利润留在公司里,发放股票作为红利,从而将利润转化为股本。送红股后,公司的总股本增大了,同时每股净资产降低了。红股来自公司的年度税后利润,只有在公司有盈余的情况下,才会向股东送红股。

转增股本:指公司将资本公积转化为股本,转增股本并没有改变股东的权益,但却增加了股本的规模,因而客观结果与送红股相似。但转增股本来自资本公积,它可以不受公司本年度可分配利润的多少及时间的限制。

开盘价:指每天通过开盘前的集合竞价确定的第一笔成交的价格。

收盘价:指每天成交中最后一笔的价格。

成交数量:指交易成功的数量。

最高价:指当天成交的各种不同价格中最高的成交价格。

最低价:指当天成交的各种不同价格中最低的成交价格。

内盘:靠近买盘价格成交的数量统计时计入内盘。

外盘:靠近卖盘价格成交的数量统计时计入外盘。内盘、外盘这两个数据大体可以用来判断买卖力量的强弱。若外盘数量大于内盘,则表明买方愿意以高价买入的力量较强;若内盘数量大于外盘,则说明卖方力量较强。

换手率:指在一定时间内市场中股票转手买卖占流通股数的比例、是反映股票交易活跃程度强弱的指标之一。换手率太低,说明成交不活跃,如果是庄股,则说明筹码已基本集中在主力手中,浮筹不多。计算公式为:换手率 = 成交股数/流通股总数。

市盈率:是市价与每股收益的比值,是衡量股价高低和企业盈利能力的一个重要指标。计算公式为:市盈率 = 当前每股市场价格/每股税后利润。

附录 B

证券业从业人员一般从业资格考试大纲(2020)

第一部分　证券市场基本法律法规

第一章　证券市场基本法律法规

第一节　证券市场的法律法规体系

了解法的概念与特征;了解法律关系的概念、特征、种类与基本构成;熟悉证券市场法律法规体系的主要层级;了解证券市场各层级的主要法规。

第二节　公司法

掌握公司的种类;熟悉公司法人财产权的概念;熟悉关于公司经营原则的规定;熟悉分公司和子公司的法律地位;了解公司的设立方式及设立登记的要求;了解公司章程的内容;熟悉公司对外投资和担保的规定;熟悉关于禁止公司股东滥用权利的规定。

了解有限责任公司的设立和组织机构;熟悉有限责任公司注册资本制度;熟悉有限责任公司股东会、董事会、监事会的职权;掌握有限责任公司股权转让的相关规定。

掌握股份有限公司的设立方式与程序;熟悉股份有限公司的组织机构;熟悉股份有限公司的股份发行;熟悉股份有限公司股份转让的相关规定及对上市公司组织机构的特别规定。

了解董事、监事和高级管理人员的义务和责任;掌握公司财务会计制度的基本要求和内容;了解公司合并、分立的种类及程序;熟悉高级管理人员、控股股东、实际控制人、关联关系的概念。

熟悉关于虚报注册资本、欺诈取得公司登记、虚假出资、抽逃出资、另立账簿、财务会计报告虚假记载等的法律责任。

第三节　合伙企业法

掌握合伙企业的概念;了解合伙企业与公司的区别;掌握合伙企业的种类;掌握普通合伙人的主体适格性的限制性要求;掌握合伙协议的订立形式与基本原则。

掌握设立合伙企业的条件;熟悉合伙企业财产分割、转让以及处分的相关规定;掌握合伙企业经营中应当经全体合伙人一致同意的重要事项;了解合伙企业利润分配、亏损分担的原则;了解新合伙人入伙的条件;掌握合伙人退伙、除名的情形或条件;掌握特殊普通合伙企业的内容。

掌握有限合伙企业的合伙人、有限合伙企业的名称；了解有限合伙企业协议的内容；掌握有限合伙企业的出资；掌握有限合伙企业事务的执行；掌握有限合伙企业的特殊性；掌握有限合伙和普通合伙的转化。

了解合伙企业的解散事由；了解合伙企业的清算规则；了解合伙企业注销后的债务承担；掌握违反合伙企业法及合伙协议应当承担的主要法律责任。

第四节　证券法

熟悉证券法的适用范围；掌握证券发行和交易的“三公”原则；掌握发行交易当事人的行为准则；掌握证券发行、交易活动禁止行为的规定。

掌握公开发行证券的有关规定；熟悉证券承销业务的种类、承销协议的主要内容；熟悉承销团及主承销人；熟悉证券的销售期限；熟悉代销制度。

掌握证券交易的条件及方式等一般规定；掌握证券上市的条件和终止上市交易的情形；掌握内幕交易行为；熟悉操纵证券市场行为；掌握虚假陈述、信息误导行为和损害客户利益行为。

掌握上市公司收购的方式；熟悉上市公司收购的程序和规则。

掌握信息披露制度、定期报告、临时报告及相关法律责任。

掌握投资者保护制度、投资者的分类、投资者保护机构、债券持有人会议、诉讼规则及相关法律责任。

熟悉证券交易场所的组织架构、交易规则和风险基金制度。

熟悉证券登记结算机构的设立条件、职能、业务规则和证券结算风险基金。

熟悉违反证券发行规定的法律责任；熟悉违反证券交易规定的法律责任；掌握上市公司收购的法律责任；掌握违反信息披露规则的法律责任、违反投资者保护规则的法律责任；熟悉违反证券机构管理、人员管理相关规定的法律责任及证券机构的法律责任。

第五节　证券投资基金法

掌握基金管理人、基金托管人和基金份额持有人的概念、基金份额持有人的权利、基金管理人、基金托管人的职责；了解设立基金管理公司的条件；熟悉基金管理人的禁止行为；掌握基金财产的独立性要求；掌握基金财产债权债务独立性的意义。

熟悉基金公开募集与非公开募集的区别；了解公募基金运作的方式；了解非公开募集基金的合格投资者的要求；了解非公开募集基金的投资范围；了解非公开募集基金管理人的登记及非公开募集基金的备案要求；了解相关的法律责任。

第六节　期货交易管理条例

掌握期货的概念、特征及其种类；熟悉期货交易所的职责；了解期货交易所会员管理、内部管理制度的相关规定；了解期货公司设立的条件；了解期货公司的业务许可制度；了解期货交易的基本规则；了解期货监督管理的基本内容；了解期货相关法律责任的规定。

第七节　证券公司监督管理条例

熟悉证券公司依法审慎经营、履行诚信义务的规定；熟悉禁止证券公司股东和实际控制人滥用权利、损害客户权益的规定；了解证券公司股东出资的规定；了解关于成为持有证券公司 5% 以上股权的股东、实际控制人资格的规定；掌握证券公司设立时业务范围的规定；熟悉证券公司变更公司章程重要条款的规定；了解证券公司合并、分立、停业、解散或者破产的相关规定；了解证券公司及其境内分支机构的设立、变更、注销登记的规定；熟悉有关证券公司组织机构的规定；掌握证券公司及其境内分支机构经营业务的规定；掌握证券公司为客户开立证券账户管理的有关规定；熟悉关于客户资产保护的相关规定；熟悉证券公司客户交易结算资金管理的规定；了解证券公司信息报送的主要内容和要求。

了解证券监督管理机构对证券公司进行监督管理的主要措施（月度、年度报告、信息披露、检查、责令限期整改的情形及可采取的措施）；了解证券公司主要违法违规情形及其处罚措施。

第二章　证券经营机构管理规范

第一节　公司治理、内部控制与合规管理

熟悉证券公司治理的基本要求；掌握证券公司股权管理的相关要求；掌握对证券公司董事会、监事会、高级管理人员的相关要求；熟悉证券公司与客户关系的基本原则。

熟悉证券公司内部控制的基本要求；熟悉证券公司各类业务内部控制的主要内容；了解对证券公司业务创新的相关规定；了解对证券公司内部控制的监督、检查与评价机制。

熟悉证券公司合规、合规管理及合规风险的概念；掌握证券公司合规经营基本原则与应遵守的基本要求；熟悉证券公司合规管理基本制度的有关内容；掌握证券公司董事会、监事会或监事、下属单位负责人的合规管理职责；掌握证券公司工作人员在业务活动和执业行为中的合规管理职责；掌握证券公司合规负责人进行合规审查、合规检查、对公司违法违规行为或合规风险隐患的处理规定；熟悉证券公司合规部门、合规管理人员的相关规定；熟悉证券公司合规负责人和合规管理人员的独立性原则；了解证券公司合规报告的内容规定；了解对证券公司及有关人员违反合规管理规定的监管措施。

掌握证券公司管理敏感信息的基本原则和保密要求；熟悉各主体在证券公司信息隔离墙制度建立和执行方面的职责；掌握证券公司跨墙人员基本行为规范；熟悉证券公司观察名单、限制名单管理的基本要求。

掌握证券公司分类监管的概念；熟悉证券公司分类监管的评价指标体系及评价方法；熟悉基于分类监管要求划分的证券公司基本类别。

第二节　风险管理

掌握证券公司风险控制指标基本规定；了解净资本计算标准；掌握证券公司从事相关证券业务的净资本标准；掌握证券公司应持续符合的风险控制指标标准；了解证券公司编制风险控制指标监管报表相关要求；了解风险控制指标相关监管措施。

掌握全面风险管理的定义；掌握全面风险管理体系所包括的内容和覆盖范围；了解证券公司全面风险管理文化的要求；掌握证券公司全面风险管理的责任主体；了解首席风险官及风险管理部门的履职保障；熟悉证券公司应将子公司风险管理纳入统一体系的要求；掌握证券公司风险管理的政策和机制要求；了解中国证券业协会就证券公司的全面风险管理实施自律管理可采取的措施。

掌握证券公司流动性风险的定义；掌握证券公司流动性风险管理的目标；熟悉证券公司流动性风险管理应遵循的原则；了解证券公司流动性风险管理的组织架构及职责；了解

证券公司流动性风险限额管理的基本要求；了解证券公司融资管理的基本要求。

掌握信用风险的定义及业务类型；了解信用风险管理应遵循的原则；熟悉信用风险管理组织架构的要求；了解信用风险识别、评估和控制的要求；了解风险监控、报告和预警的相关规定。

第三节　投资者适当性管理

熟悉证券经营机构执行投资者适当性的基本原则；掌握经营机构向投资者销售产品或提供服务应了解的投资者信息；掌握普通投资者享有特别保护的规定；熟悉专业投资者的范围；掌握确定普通投资者风险承受能力的主要因素；熟悉划分产品或服务风险等级时应考虑的因素；掌握经营机构在投资者坚持购买风险等级高于其承受能力的产品时的职责；熟悉经营机构销售产品或提供服务的禁止性行为；熟悉经营机构向普通投资者销售产品或提供服务前应告知的信息；掌握经营机构需进行现场录音录像留痕的要求；掌握对经营机构违反适当性管理规定的监管措施。

第四节　证券公司反洗钱工作

掌握反洗钱的定义；掌握客户身份识别和客户身份资料与交易记录保存的基本要求；掌握洗钱和恐怖融资风险评估及客户分类管理要求；掌握可疑交易报告要求及可疑交易报告后续控制措施；熟悉涉及恐怖活动资产冻结的流程及要求；掌握证券公司反洗钱保密要求；熟悉证券公司对境内外分支机构和相关附属机构的管理要求。

第五节　证券公司信息技术管理

了解证券公司借助信息技术手段从事证券基金业务活动的一般规定；掌握证券公司信息技术治理中的权责分配机制；掌握证券公司信息技术合规与风险管理；掌握证券公司信息系统运行各环节的安全管理要求；熟悉证券公司数据全生命周期管理机制；熟悉证券公司信息技术应急管理的组织架构、应急预案、应急演练、信息系统备份能力要求相关规定；熟悉委托信息技术服务机构提供信息技术服务、信息技术服务机构的选取条件、信息技术服务协议及保密协议签署要求；了解证券公司信息技术管理的监管要求及监管措施。

第三章　证券公司业务规范

第一节　证券经纪

了解证券公司经纪业务的主要法律法规；熟悉证券经纪业务的特点；熟悉证券公司经纪业务中营销管理的主要内容、证券经纪人制度的主要内容、账户管理、客户适当性、客户交易结算资金三方存管、交易委托、异常交易行为管理、客户交易安全监控、佣金管理、指定交易及托管、转销户等环节的基本规则、业务风险及规范要求；掌握经纪业务的禁止行为；了解经纪业务风险防范的主要内容；熟悉监管部门对经纪业务的监管措施和自律组织对经纪业务的自律管理措施。

熟悉沪港通、深港通股票范围及主要交易规则；了解对证券基金经营机构开展港股通相关业务内部管理和业务流程的基本要求；掌握科创板、创业板定位、投资者适当性管理要求；了解科创板、创业板特殊交易机制；掌握存托凭证的定义、存托人与托管人职责、投资者保护机制；掌握沪伦通的定义、投资者适当性管理要求；了解沪伦通与深港通业务模式的区别。

第二节　证券投资咨询

掌握证券投资咨询、证券投资顾问、证券研究报告的概念和基本关系；掌握证券投资咨询机构及人员从业管理要求；掌握证券、期货投资咨询业务的管理规定；掌握监管部门对发布证券研究报告业务的有关规定；掌握监管部门对证券投资顾问业务的有关规定；掌握证券公司、证券投资咨询机构及其执业人员向社会公众开展证券投资咨询业务活动的有关规定；掌握利用“荐股软件”从事证券投资咨询业务的相关规定；了解证券基金经营机构使用香港机构证券投资咨询服务的有关规定。

掌握证券投资咨询人员执业行为准则；了解监管部门和自律组织对证券投资咨询业务的监管措施和自律管理措施。

第三节　与证券交易、证券投资活动有关的财务顾问

了解上市公司收购以及上市公司重大资产重组等主要法律法规；掌握财务顾问业务的业务许可情况；熟悉从事上市公司并购重组财务顾问业务的业务规则；熟悉财务顾问的监管和法律责任。

第四节　证券承销与保荐

了解证券公司发行与承销业务的主要法律法规；熟悉证券发行上市保荐业务的一般规定；了解证券发行与承销信息披露的有关规定；掌握证券公司发行与承销业务的内部控制规定；熟悉监管部门对证券发行与承销的监管措施；掌握违反证券发行与承销有关规定的法律责任。

第五节　证券公司融资融券及其他信用业务

了解证券公司信用业务的主要法律法规；掌握融资融券业务管理的基本原则；了解证券公司申请融资融券业务资格应具备的条件；掌握融资融券业务的账户体系；熟悉融资融券业务客户的申请、客户征信调查、客户的选择标准；掌握融资融券业务合同及风险揭示书的基本内容；熟悉融资融券业务所形成的债权担保的有关规定；掌握标的证券、保证金和担保物的管理规定；了解融券业务所涉及证券的权益处理规定；掌握监管部门对融资融券业务的监管措施；了解转融通业务的基本概念及主要规则；了解转融通业务中资金和证券的来源及权益处理；了解科创板及创业板转融通证券出借和转融券业务的基本概念及主要规则。

熟悉股票质押式回购、约定式购回、质押式报价回购业务的主要规则；了解股票质押回购、约定式购回、质押式报价回购业务的风险管理、违约处置及异常交易处理的一般规定。

第六节　证券自营

了解证券公司自营业务的主要法律法规；掌握证券公司自营业务投资范围的规定；了解证券自营业务决策与授权的要求；掌握证券自营业务相关风险控制指标；了解证券自营业务操作的基本要求；掌握自营业务的禁止性行为；了解债券交易的相关监管要求；熟悉证券自营业务的监管措施和法律责任。

第七节　证券资产管理

熟悉证券公司开展资产管理业务的法律法规体系和基本要求；掌握资产管理业务类型。

掌握证券资产管理业务的一般性规定；掌握资产管理业务人员基本要求、合同签署及

内容约定要求;掌握资产管理计划募集推广、委托资产的资产来源等要求;掌握资产管理计划成立及转让的条件;掌握资产管理业务投资者的权利与义务;掌握资产管理计划投资交易的要求;掌握证券公司以自有资金参与资产管理计划的相应要求;熟悉关联交易的要求;熟悉资产管理计划应当终止的情形;熟悉资产管理业务的托管要求;掌握资产管理业务禁止行为的有关规定。

掌握金融机构开展资产管理业务遵循的基本原则、产品种类、适当性、内控要求、金融机构基本职责、代销要求、投资范围、资金池要求、估值要求、禁止刚性兑付要求、分级要求、通道及嵌套要求、人工智能、监管原则等。

了解证券公司大集合资产管理业务的基本概念;了解证券公司大集合资产管理业务的规范要求。

熟悉证券公司开展资产证券化业务的主要规则;了解专项计划管理人主要职责;了解专项计划设立、运作的一般流程;了解资产支持证券挂牌、转让的相关规定;熟悉资产证券化业务的尽职调查规定;了解资产支持证券信息披露的相关要求;熟悉资产证券化业务基础资产负面清单。

了解合格境外机构投资者境内证券投资、合格境内机构投资者境外证券投资的相关监管规定。

掌握监管部门对资产管理业务的监管措施;掌握资产管理业务违反有关规定的法律责任。

第八节　证券公司全国股份转让系统业务及柜台市场业务

了解全国股转系统业务的主要法律法规;熟悉全国股转系统业务的一般规定;掌握全国股转系统主要业务的有关规定;熟悉监管部门对全国股转系统业务的监管措施;掌握违反全国股转系统业务有关规定的法律责任。

了解证券公司柜台交易、柜台市场的概念、基本要求;熟悉证券公司可以在柜台市场发行、销售与转让的产品种类;了解柜台市场发行、销售与转让产品可采取的方式;熟悉柜台交易合同签订、财产担保的有关要求;熟悉柜台市场账户、登记、托管、结算的有关要求;熟悉柜台市场内控制度建设、投资者适当性管理、信息披露的有关要求;了解证券公司柜台市场业务的自律管理要求。

第九节　其他业务

熟悉代销金融产品的规范和禁止性行为。

熟悉证券公司中间介绍业务的业务范围;掌握证券公司开展中间介绍业务的业务规则与禁止行为;熟悉对中间介绍业务的监管措施。

了解证券公司另类投资业务的概念及投资范围;熟悉证券公司另类投资业务的主要业务规则;了解证券公司设立子公司开展另类投资业务的相关规定。

熟悉证券公司私募投资基金子公司业务的相关规定。

掌握非银行金融机构开展证券投资基金托管业务的条件与管理要求。

了解股票期权交易的主要制度安排;熟悉证券公司开展股票期权业务的条件与主要业务规则。

熟悉证券公司金融衍生品的交易范围、种类及其备案管理。

了解证券公司参与区域性股权交易市场的业务范围；熟悉证券公司在区域性股权交易市场提供业务服务的相关规定；了解证券公司参与区域性股权交易市场的自律管理要求。

第四章　证券市场典型违法违规行为及法律责任

第一节　证券一级市场

熟悉擅自公开或变相公开发行证券的特征及其法律责任；熟悉欺诈发行股票、债券的犯罪构成、刑事立案追诉标准及其法律责任；掌握非法集资类犯罪的犯罪构成、立案追诉标准并熟悉其法律责任；掌握违规披露、不披露重要信息的行政责任、刑事责任的认定；了解擅自改变公开发行证券募集资金用途的法律责任；掌握中介机构其他典型违法违规行为及法律责任。

第二节　证券二级市场

掌握诱骗投资者买卖证券、期货合约的刑事责任的认定；掌握利用未公开信息交易的刑事责任、民事责任及行政责任的认定；掌握内幕交易、泄露内幕信息的刑事责任、民事责任及行政责任的认定；掌握操纵证券期货市场的刑事责任、民事责任及行政责任的认定；掌握在证券交易活动中作出虚假陈述或者信息误导的法律责任认定；熟悉背信运用受托财产的犯罪构成、刑事追诉标准及其法律责任。

第五章　行业文化、职业道德与从业人员行为规范

第一节　证券行业文化建设

掌握行业文化建设的重要意义；掌握行业的文化理念；掌握行业文化建设的基本要求。

第二节　证券公司及其工作人员廉洁从业规定

了解廉洁从业的定义；了解证券经营机构及工作人员的范围；

了解廉洁从业的内控机制要求；掌握廉洁从业的禁止性要求；熟悉廉洁从业的行政监管措施、自律惩戒措施及相关法律责任。

第三节　证券市场诚信管理

熟悉中国证监会及中国证券业协会诚信管理的有关规定；掌握证券市场禁入措施的实施对象、内容、期限及程序。

第四节　从业人员行为规范

掌握从事证券业务的专业人员范围；掌握证券业从业人员应当符合的要求；掌握证券业从业人员登记的类别；了解证券业从业人员的登记程序；掌握证券业从业人员执业行为准则；掌握证券从业人员职业道德准则；掌握证券业从业人员的违规处理规定及惩戒机制。

掌握证券公司从事经纪业务相关人员的要求；熟悉从事证券经纪业务相关人员不得存在的行为；了解证券公司承担技术、合规管理和风险控制职责的人员不得从事的工作；了解违反经纪业务相关规定的人员承担的法律责任。

了解证券经纪人与证券公司之间的委托关系；掌握证券经纪业务营销人员执业行为的范围、禁止性规定。

了解证券投资基金销售人员的有关规定；了解从事代销金融产品人员的有关规定。

掌握证券投资咨询人员分类；了解证券投资咨询人员从业登记管理有关规定；掌握证

券投资顾问与证券分析师的注册登记要求；熟悉证券投资咨询人员禁止性行为规定和法律责任。

熟悉保荐代表人应具备的条件；掌握保荐代表人执业行为规范；熟悉保荐代表人的权利及发行人的义务；掌握保荐代表人违反有关规定的法律责任或被采取的监管措施。

熟悉财务顾问主办人应该具备的条件；熟悉财务顾问主办人执业行为规范。

掌握客户资产管理业务投资经理应该具备的条件；熟悉资产管理投资经理执业行为管理的有关要求。

了解证券资信评级业务人员有关规定。

第二部分　金融市场基础知识

第一章　金融市场体系

第一节　金融市场概述

掌握金融市场的概念；熟悉金融市场的分类；了解金融市场的重要性；掌握金融市场的功能。

掌握直接融资与间接融资的概念、特点和分类；熟悉直接融资与间接融资的区别；熟悉直接融资对金融市场的影响。

第二节　全球金融市场

了解全球金融市场的形成及发展趋势；了解国际资金流动方式；熟悉全球金融体系的主要参与者。

了解国际金融监管体系的主要组织。

了解英、美、香港为代表的主要国家和地区金融市场结构和金融监管特征。

第二章　中国的金融体系与多层次资本市场

第一节　中国的金融体系

了解建国以来我国金融市场的发展历史；熟悉我国金融市场的发展现状；了解影响我国金融市场运行的主要因素。

了解金融中介机构体系的构成；掌握商业银行、证券公司、保险公司等主要金融中介机构的业务；了解我国银行业、证券业、保险业、信托业的行业基本情况；熟悉我国金融市场的监管架构；了解“一委一行两会”的职责；了解金融服务实体经济的要求。

了解中央银行的业务（资产负债表）和主要职能；熟悉存款准备金制度与货币乘数的概念；掌握货币政策的概念、措施及目标；掌握货币政策工具的概念及作用原理；熟悉货币政策的传导机制。

了解我国金融业进一步对外开放的背景和主要政策措施；了解我国银行业、证券业、保险业、资本市场新一轮对外开放的实践措施。

第二节　中国的多层次资本市场

掌握资本市场的分层特性及其内在逻辑；掌握中国多层次资本市场的主要内容、结构与意义。

熟悉场内市场的定义、特征和功能；熟悉场外市场的定义、特征和功能；熟悉主板、中小板、创业板的概念与特点；熟悉全国中小企业股份转让系统的概念与特点；熟悉私募基金市场、区域股权市场、券商柜台市场、机构间私募产品报价与服务系统的概念与特点。

了解我国设立科创板并试点注册制的政策背景；熟悉科创板重点服务的企业类型和行业领域；熟悉科创板的制度规则体系；掌握科创板的上市条件及上市指标；掌握科创板制度设计的创新点。

了解创业板改革的背景及定位；熟悉创业板改革的制度规则体系；了解改革后创业板与科创板的差异。

第三章　证券市场主体

第一节　证券发行人

掌握证券市场融资活动的概念、方式及特征。

掌握证券发行人的概念和分类；熟悉政府和政府机构直接融资的方式及特征；熟悉企业（公司）直接融资的方式及特征；熟悉我国上市公司首次融资与再融资的途径；掌握金融机构直接融资的特点。

第二节　证券投资者

掌握证券市场投资者的概念、特点及分类；了解我国证券市场投资者结构及演化。

掌握机构投资者的概念、特点及分类；熟悉机构投资者在金融市场中的作用；熟悉政府机构类投资者的概念、特点及分类；掌握金融机构类投资者的概念、特点及分类；熟悉合格境外机构投资者、合格境内机构投资者的概念与特点；掌握企业和事业法人类机构投资者的概念与特点；掌握基金类投资者的概念、特点及分类。

掌握个人投资者的概念；熟悉个人投资者的风险特征与投资者适当性。

第三节　证券中介机构

掌握证券公司的定义；了解我国证券公司的发展历程；掌握我国证券公司的监管制度及具体要求；掌握证券公司主要业务的种类及内容；了解证券公司业务国际化。

熟悉证券服务机构的类别；了解会计师事务所、律师事务所以及从事资产评估、资信评级、财务顾问、信息技术系统服务等机构应向监管部门备案的证券服务业务内容；熟悉对证券、期货投资咨询机构的管理；掌握我国证券金融公司的定位及业务；掌握对证券金融公司从事转融通业务的管理；熟悉证券服务机构的法律责任和市场准入。

第四节　自律性组织

掌握证券交易所的定义、特征及主要职能；熟悉证券交易所的组织形式；了解我国证券交易所的发展历程。

熟悉证券业协会的性质和宗旨；了解证券业协会的历史沿革；熟悉证券业协会的职责和自律管理职能。

熟悉证券登记结算公司的设立条件与主要职能；熟悉证券登记结算公司的登记结算制度。

第五节　投资者保护机构

掌握证券投资者保护基金的来源、使用、监督管理；熟悉中国证券投资者保护基金公司设立的意义和职责。

了解投服中心设立的意义;熟悉投服中心的职责与主要业务。

第六节 证券监管机构

熟悉证券市场监管的意义和原则、市场监管的目标和手段;掌握我国的证券市场的监管体系;掌握国务院证券监督管理机构及其组成;熟悉《证券法》赋予证券监督管理机构的职责、权限。

第四章 股 票

第一节 股票概述

掌握股票的定义、性质和特征;熟悉普通股票与特别股票、记名股票与不记名股票、有面额股票与无面额股票的区别和特征;掌握股利政策、股份变动等与股票相关的资本管理概念。

掌握普通股股东的权利和义务;掌握公司利润分配顺序、股利分配条件、原则和剩余资产分配条件、顺序;熟悉股东重大决策参与权、资产收益权、剩余资产分配权、优先认股权等概念。

熟悉优先股的定义、特征;了解发行或投资优先股的意义;了解优先股与普通股、债券及其他股债混合产品的比较;了解优先股票的分类及各种优先股票的含义。

了解我国各种股份的概念;了解我国股票按投资主体性质的分类及概念;了解我国股票按流通受限与否的分类及概念;熟悉 A 股、B 股、H 股、N 股、S 股、L 股、红筹股等概念。

第二节 股票发行

熟悉股票发行制度的概念;了解我国股票发行制度的演变;掌握审批制、核准制、注册制的概念与特征;掌握保荐制度、承销制度的概念;了解股票的无纸化发行和初始登记制度。

掌握新股公开发行和非公开发行的基本条件、一般规定、配股的特别规定、增发的特别规定;熟悉增发的发行方式、配股的发行方式;了解新股网上网下申购的要求。

熟悉股票退市制度。

第三节 股票交易

掌握证券交易原则和交易规则;熟悉做市商交易的基本概念与特征;熟悉融资融券交易的基本概念与操作。

掌握证券账户的种类;掌握开立证券账户的基本原则和要求;了解证券托管和证券存管的概念;了解我国证券托管制度的内容;了解证券委托的形式;掌握委托指令的基本类别;熟悉委托指令的内容;熟悉委托受理的手续和过程;了解委托指令撤销的条件和程序;掌握证券交易的竞价原则和竞价方式;了解涨跌幅限制等市场稳定机制;了解证券买卖中交易费用的种类;了解股票交易的清算与交收程序;了解股票的非交易过户。

熟悉股票价格指数的概念和功能;了解股票价格指数的编制步骤和方法;熟悉我国主要的股票价格指数;了解海外国家主要股票市场的股票价格指数。

熟悉沪港通、深港通和沪伦通的概念及组成部分;了解沪港通、深港通股票范围及投资额度的相关规定;了解沪港通与沪伦通的区别。

了解科创板交易的特别规定。

第四节　股票估值

掌握股票票面价值、账面价值、清算价值、内在价值的概念与联系；熟悉股票的理论价格与市场价格的概念及引起股票价格变动的直接原因；了解影响股票价格变动的相关因素；了解基本分析、技术分析、量化分析的概念。

熟悉货币的时间价值、复利、现值、贴现的概念；熟悉影响股票投资价值的因素；了解股票的绝对估值方法和相对估值方法。

第五章　债　　券

第一节　债券概述

掌握债券的定义、票面要素、特征、分类；熟悉债券与股票的异同点。

掌握政府债券的定义、性质和特征；掌握中央政府债券的分类；了解我国国债的品种、特点和区别；掌握地方政府债券的概念；熟悉地方政府债券的发行主体、分类方法；了解我国国债与地方政府债券的发行情况。

掌握金融债券、公司债券和企业债券的定义和分类；了解我国金融债券的品种和管理规定；熟悉各种公司债券的含义；了解我国企业债的品种和管理规定；了解我国公司债券的管理规定；熟悉我国公司债券和企业债券的区别。

掌握国际债券的定义、特征和分类；掌握外国债券和欧洲债券的概念、特点；了解我国国际债券的发行概况。

掌握资产证券化的定义与分类；熟悉资产证券化各方参与者；熟悉资产证券化的具体操作要求；熟悉资产支持证券的概念及分类；熟悉资产证券化的主要产品；了解资产证券化兴起的经济动因；了解美国次级贷款及相关证券化产品危机；了解我国资产证券化的发展历史。

第二节　债券发行

掌握我国国债的发行方式；熟悉记账式国债和凭证式国债的承销程序；熟悉国债销售的价格和影响国债销售价格的因素。

了解财政部代理发行地方政府债券和地方政府自行发债的异同。

熟悉我国金融债券的发行条件、申报文件、操作要求、登记、托管与兑付的有关规定；了解次级责务的概念、募集方式；了解混合资本债券的概念、募集方式。

熟悉我国企业债券和公司债券发行的基本条件、募集资金投向和不得再次发行的情形；了解企业债券和公司债券发行的条款设计要求。

熟悉企业短期融资融券和中期票据的注册规则、承销的组织；熟悉中小非金融企业集合票据的特点、发行规模要求、偿债保障措施、评级要求、投资者保护机制。

熟悉证券公司债券的发行条件与条款设计；了解证券公司次级债券的发行条件；了解证券公司债券发行的申报程序、申请文件的内容；熟悉证券公司债券的上市与交易的制度安排与非公开发行公司债券的特殊安排。

了解国际开发机构人民币债券的发行与承销的有关规定。

第三节　债券交易

掌握债券现券交易、回购交易、远期交易和期货交易的基本概念；熟悉债券现券交易、回购交易、远期交易和期货交易的流程和区别；掌握债券报价的主要方式；熟悉债券的开户、交易、清算、交收的概念及有关规定;熟悉债券登记、托管、兑付及付息的有关规定。

掌握债券评级的定义与内涵;了解债券评级的程序;熟悉债券评级的等级标准及主要内容。

了解银行间债券市场的发展情况;了解交易所债券市场的发展情况;熟悉银行间债券市场与交易所债券市场的交易方式、托管方式及结算方式;熟悉债券市场转托管的定义及条件。

第四节　债券估值

熟悉债券估值的基本原理;熟悉影响债券价值的基本因素;了解债券报价与实付价格;了解零息债券、附息债券、累息债券的估值定价;了解债券当期收益率、到期收益率、即期利率、持有期收益率、赎回收益率的概念;了解利率的风险结构和期限结构的概念。

第六章　证券投资基金

第一节　证券投资基金概述

掌握证券投资基金的概念和特点;掌握基金与股票、债券的区别;掌握契约型基金与公司型基金、封闭式基金与开放式基金的概念与区别;熟悉股票基金、债券基金、混合型基金、货币市场基金的概念;熟悉公募基金与私募基金的区别;掌握交易所交易基金与上市开放式基金的概念、特点;熟悉保本基金、QDII 基金、分级基金、基金中基金以及伞形基金的概念;了解证券投资基金的起源与全球证券投资基金业发展概况;了解我国证券投资基金的发展概况;熟悉公开募集证券投资基金侧袋机制的有关内容。

第二节　证券投资基金的运作与市场参与主体

熟悉我国证券投资基金的运作关系;熟悉基金投资面临的外部风险与内部风险;熟悉基金市场参与主体。

第三节　基金的募集、申购赎回与交易

熟悉拟募集基金应具备的条件;熟悉基金的募集步骤;熟悉开放式基金的认购步骤、认购方式、认购费率和收费模式;熟悉开放式基金申购、赎回的概念;熟悉认购与申购的区别;熟悉申购、赎回的原则;了解申购、赎回费用及销售服务费的概念;熟悉开放式基金份额的转换、非交易过户、转托管与冻结的概念;熟悉封闭式基金的交易规则与交易费用。

第四节　基金的估值、费用与利润分配

熟悉基金资产估值的概念;了解基金资产估值的重要性;熟悉基金资产估值需考虑的因素;熟悉我国基金资产估值的原则;熟悉基金费用的种类;熟悉各种费用的计提标准及计提方式。

熟悉基金收入的来源、利润分配方式;掌握不同类型基金利润分配的原则;熟悉基金自身投资活动产生的税收;熟悉基金投资者(包括个人和机构)投资基金的税收。

第五节　基金的管理

了解基金的投资理念与投资风格;掌握基金公司的投资管理过程;熟悉主要的基金业绩评估方法。

第六节　证券投资基金的监管与信息披露

熟悉基金监管的含义与作用;熟悉我国基金监管机构和自律组织;熟悉对基金机构的

监管内容；掌握对公募基金销售活动的监管内容；掌握对公募基金投资与交易行为的监管的内容；熟悉基金信息披露的含义与作用；掌握基金信息披露的禁止性规定；熟悉基金募集信息披露、运作信息披露和临时信息披露的内容。

第七节 非公开募集证券投资基金

掌握对非公开募集证券投资基金的基本规范；熟悉私募基金的募集程序；熟悉私募基金的信息披露。

第七章 金融衍生工具

第一节 金融衍生工具概述

掌握衍生工具的概念、基本特征；掌握衍生工具的分类；掌握股权类、货币类、利率类以及信用类衍生工具的概念及其分类。

了解金融衍生工具的发展动因、发展现状和发展趋势；掌握金融衍生工具市场的特点与功能；了解我国衍生工具市场的发展状况。

第二节 金融远期、期货与互换

掌握远期、期货、期权和互换的定义、基本特征和区别；掌握金融期货、金融期货合约的定义；了解金融期货合约的主要种类；掌握金融期货的集中交易制度、保证金制度、无负债结算制度、限仓制度、大户报告制度、每日价格波动限制、强行平仓、强制减仓制度等主要交易制度；掌握金融期货的种类与基本功能。

了解人民币利率互换的业务内容；了解信用违约互换的含义和主要风险；了解收益互换的应用。

第三节 金融期权与期权类金融衍生产品

掌握金融期权的定义和特征；熟悉金融期货与金融期权的区别；熟悉金融期权的主要功能；了解金融期权的主要种类；了解金融期权的主要风险指标；了解权证的定义和分类；了解期权品种及其应用。

掌握可转换公司债券、可交换公司债券的概念、特征、发行基本条件；熟悉可交换债券与可转换债券的不同。

第四节 其他衍生工具简介

熟悉存托凭证与结构化金融衍生产品的定义和分类。

第八章 金融风险管理

第一节 概 述

掌握风险的三种定义；掌握损失、不确定性、波动性、危险等与风险密切相关的概念；掌握风险管理的内涵与目标；熟悉风险管理策略的概念及特点；了解风险与金融产品、投资、金融机构相关的现代风险理念。

第二节 金融风险管理基本框架

了解风险管理的流程；了解风险管理的组织机构；熟悉风险偏好与风险容忍度；了解风险限额的原则和理念、风险限额的类别；了解限额管理的环节；掌握资本定义和功能；熟悉资本的主要类别；掌握风险覆盖率和资本杠杆率；熟悉压力测试的定义和标准、压力测试的情景和方法。

第三节　市场风险管理

掌握市场风险的定义和不同的市场风险类型;了解市场风险在业务中的暴露;掌握市场风险衡量中的敏感性分析、波动性分析的原理及相关指标;熟悉市场风险的应对中的限额管理、估值管理、对冲管理、绩效和激励管理。

第四节　信用风险管理

掌握信用风险的概念、内涵和构成要素;熟悉交易对手信用风险;熟悉证券类机构面临的主要信用风险;熟悉传统信用风险评估和现代信用风险经典量化模型的基本方法和理念;熟悉证券公司全面风险管理体系的主要构成;熟悉证券类机构信用风险控制的主要指标限制;熟悉交易对手信用风险管理的主要措施;熟悉信用风险缓释、信用风险转移的主要工具和基本的信用衍生产品。

第五节　流动性风险管理

掌握流动性和流动性风险的定义与分类;了解证券类机构流动性风险的表现;熟悉证券公司流动性风险的衡量指标;了解流动性风险测算模型;熟悉流动性风险管理的策略和技术。

第六节　操作风险和声誉风险管理及其他

掌握操作风险、声誉风险、国别风险、战略风险和系统性风险的概念;熟悉操作风险的分类、评估和管理方法;了解声誉风险的来源和管理原则;熟悉声誉风险的管理方法;熟悉战略风险的来源;了解国别风险、战略风险、系统性风险的管理方法。

(资料来源:中国证券业协会)

参 考 文 献

[1] 王玉霞. 证券投资学[M]. 大连:东北财经大学出版社,2011.

[2] 何嵬. 证券投资学[M]. 哈尔滨:哈尔滨工业大学出版社,2011.

[3] 朴明根. 证券投资学[M]. 北京:清华大学出版社,2009.

[4] 陈文汉. 证券投资学[M]. 北京:电子工业出版社,2013.

[5] 陈建忠. 证券投资学[M]. 北京:中国电力出版社,2009.

[6] 吴晓求. 证券投资学[M]. 北京:中国人民大学出版社,2009.

[7] 方先明. 证券投资学[M]. 南京:南京大学出版社,2007.

[8] 焦广才. 证券投资学[M]. 北京:北京交通大学出版社,2012.

[9] 法博兹. 债券市场:分析与策略(第5版)[M]. 李伟平,译. 北京:北京大学出版社,2006.

[10] 曹凤岐. 证券投资学[M]. 3版. 北京:北京大学出版社,2013.

[11] 刘德红. 证券投资学[M]. 修订版. 北京:北京交通大学出版社,2007.

[12] 韩德宗. 证券投资学教程[M]. 北京:中国物价出版社,2002.

[13] 格雷厄姆,多德. 证券分析(第6版)[M]. 巴曙松,陈剑,译. 北京:中国人民大学出版社,2013.

[14] 王晓芳. 证券投资学[M]. 北京:北京大学出版社,2008.

[15] 邓田生. 证券投资学[M]. 北京:北京邮电大学出版社,2008.

[16] 唐平. 证券投资分析:基础知识、投资分析、案例解析[M]. 重庆:重庆大学出版社,2018.

[17] 吴晓求. 证券投资学[M]. 5版. 北京:中国人民大学出版社,2020.

[18] 蒋海浔,李绍昆. 证券投资学简明教程[M]. 北京:中国人民大学出版社,2019.

[19] 田文斌. 证券投资分析[M]. 3版. 北京:中国人民大学出版社,2020.